Die Fahrabzeichen

der Deutschen Reiterlichen Vereinigung

Bibliografische Information der Deutschen Nationalbibliothek
Die Deutsche Nationalbibliothek verzeichnet diese Publikation in der Deutschen Nationalbibliografie; detaillierte bibliografische Daten sind im Internet über http://dnb.dnb.de abrufbar.

2. Auflage 2026

Herausgeber
Deutsche Reiterliche Vereinigung e.V. (FN), Team Ausbildung

Texte/Gesamtredaktion
Andrea Winkler, Deutsche Reiterliche Vereinigung e.V. (FN), Team Ausbildung

Korrektorat
Korrekturbüro G. und W. Kirchhoff, Büren-Brenken

Titelfoto
Susan und Uwe Reder, Dortmund

Nachweis Fotos und Illustrationen
siehe Seite 223

Gesamtgestaltung
Ute Schmoll, Captain Pixel, Bad Schwalbach

Druck und Verarbeitung
Belvédère Print & Packaging b.v., Oosterbeek/NL

FSC www.fsc.org MIX Papier | Fördert gute Waldnutzung FSC® C016391

ISBN 978-3-88542-876-3

Haftung
Die Benutzung dieses Buches und die Umsetzung der darin enthaltenen Informationen erfolgt ausdrücklich auf eigenes Risiko. Alle textlichen, tabellarischen, grafischen und bildichen Darstellungen in diesem Buch, insbesondere Angaben, Anregungen und Empfehlungen zu Thematik und Sachverhalt des Werkes erfolgen nach bestem Wissen und Gewissen. Sie sind als Beispiele zu verstehen und entbinden alle, die mit Pferden umgehen, nicht von jeglicher Eigenverantwortung. Jede Umsetzung muss individuell und aktuell geprüft werden.
Verlag und Autor übernehmen keine Gewähr für die Aktualität, Korrektheit, Vollständigkeit und Qualität der bereitgestellten Informationen. Druckfehler und Falschinformationen können nicht vollständig ausgeschlossen werden. Verlag und Autor übernehmen keinerlei Haftung für Schäden die sich aus solchen ergeben.

Haftung für Links
Unser Angebot enthält Links zu externen Webseiten Dritter, auf deren Inhalte wir keinen Einfluss haben. Deshalb können wir für diese fremden Inhalte auch keine Gewähr übernehmen. Für die Inhalte der verlinkten Seiten ist stets der jeweilige Anbieter oder Betreiber der Seite verantwortlich. Die verlinkten Seiten wurden zum Zeitpunkt der Verlinkung auf mögliche Rechtsverstöße überprüft. Rechtswidrige Inhalte waren zum Zeitpunkt der Verlinkung nicht erkennbar. Eine permanente inhaltliche Kontrolle der verlinkten Seiten ist jedoch ohne konkrete Anhaltspunkte einer Rechtsverletzung nicht zumutbar. Bei bekannt werden von Rechtsverletzungen werden wir derartige Links umgehend entfernen.

Hinweis
Wenn die männliche Form verwendet wird, meint sie die Funktion und nicht die konkrete Person und spricht gleichberechtigt Angehörige jeden Geschlechts an. Alle erwähnten Bestimmungen gelten für Pferde und Ponys, sofern für Ponys nicht ausdrücklich eine andere Regelung aufgeführt ist.

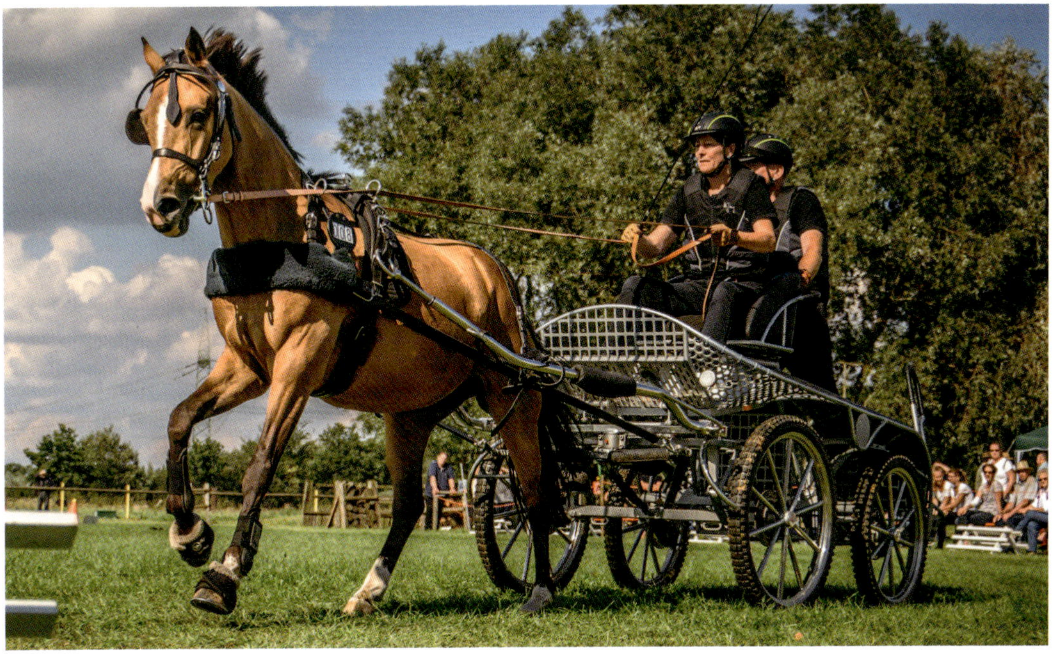

1 Allgemeines zu den Abzeichen im Pferdesport 6

2 Die Natur des Pferdes 8
2.1 Geschichte/Ethologie 8
2.2 Verhalten des Pferdes 9
2.3 Sinnesorgane und Wahrnehmung 13
2.4 Kommunikation zwischen Mensch und Pferd 17
2.5 Sicherheit und Unfallverhütung 18
2.6 Bodenarbeit 22

3 Leitgedanken zum Umgang mit dem Pferd 24
3.1 Die Ethischen Grundsätze des Pferdefreundes 24
3.2 Grundregeln des Verhaltens im Pferdesport 27

4 Pferdehaltung 28
4.1 Unterschiedliche Formen der Pferdehaltung 30
4.2 Weidehaltung 31
4.3 Gruppenhaltung 34
4.4 Haltung in Einzelboxen 36
4.5 Bewegung und Management 38

5 Fütterung 40
5.1 Nahrungsaufnahme und Verdauung 40
5.2 Wasser- und Futtermengen 43
5.3 Fütterung in der Praxis 47

6 Pferdegesundheit, Veterinärkunde, Krankheiten und Gesundheitsfürsorge 48
6.1 Gesundheitsvorsorge 50
6.2 Krankheiten und Notfälle erkennen 53
6.3 Typische Pferdekrankheiten und Erste Hilfe 56
6.4 Infektionskrankheiten und Tierseuchen 59
6.5 Verantwortung für das Lebensende 61

7 Identifizierung und funktionale Anatomie 62
7.1 Identifizierung 62
7.2 Funktionale Anatomie 65
7.3 Exterieurlehre 65

8 Fahrlehre 72
8.1 Grundverständnis für das richtige Fahren 72
8.2 Vorbereiten zum Fahren 75
8.2.1 Pferdepflege 75
8.3 Ausrüstung und Geschirrlehre 80
8.3.1 Ausrüstung des Fahrers und des Beifahrers 80
8.3.2 Ausrüstung des Fahrpferdes... 81
8.3.2.1 Fahrzaum und Gebisse 81
8.3.2.2 Geschirrarten 84
8.3.2.3 Die Achenbachleine für Ein- und Zweispänner 96
8.4 Aufschirren - Anspannen, Ausspannen - Abschirren 100
8.4.1 Aufschirren eines Ein- und Zweispänners 100
8.4.2 Das Anspannen 104
8.4.3 Das Ausspannen 107
8.4.4 Das Abschirren 107
8.4.5 Pflege des Pferdes nach dem Fahren 108
8.5 Stilarten 108
8.6 Wagen 109
8.7 Das Achenbach-Fahrsystem 113
8.8 Die Grundausbildung des Fahrers 114
8.8.1 Leinen aufnehmen und Aufbeziehungsweise Absteigen.... 115
8.8.2 Der Sitz des Fahrers 116
8.8.3 Die Leinenhaltung beim Ein- und Zweispänner 117
8.8.4 Verlängern und Verkürzen der Leinen 119
8.8.5 Das Fahren von Wendungen .. 121
8.8.6 Rückwärtsrichten 124
8.8.7 Die Hilfen und Hilfsmittel des Fahrers 124
8.8.7.1 Hilfengebung 125
8.8.7.2 Zusammenwirken der Hilfen und Entwicklung des Gefühls 127
8.9 Grundausbildung des Fahrpferdes 129
8.9.1 Die Skala der Ausbildung 129
8.9.2 Grundübungen im Fahren 138
8.9.3 Grundlagen im Kegelfahren und Fahren im Gelände 146
8.10 Fahrlehre Vierspänner 148
8.10.1 Ausrüstung für den Vierspänner 148
8.10.2 An- und Ausspannen des Vierspänners 150
8.10.3 Haltung der Leinen beim Vierspänner 152
8.10.4 Verkürzen und Verlängern der Leinen - Ausrichten eines Vierspänners 152
8.10.5 Richtungsänderungen und Wendungen mit dem Vierspänner 154
8.10.5.1 Fahren von Wendungen 155
8.10.6 Rückwärtsrichten 157
8.10.7 Die Peitsche und ihr Gebrauch 157
8.11 Das Zweihandsystem 159
8.11.1 Ein- und Zweispänner 159
8.11.2 Vierspänner 160

9 Longieren von Fahrpferden 162
9.1 Erarbeitung der Ausbildungsskala 164

10 Trainingslehre 168

11 Organisation des Pferdesports 176
11.1 Einstieg in den Turniersport 176
11.2 Die Leistungs-Prüfungs-Ordnung (LPO) 179
11.3 Organisation des Pferdesports 181

12 Fahren im Straßenverkehr und im Gelände, Haftung/ Versicherung, Transport 184
12.1 Fahren im Straßenverkehr 184
12.1.1 Der Beifahrer 185
12.1.2 Pflichten des Fahrzeugführers 186
12.1.3 Mit Fehlern von anderen rechnen 187
12.1.4 Straßenbenutzung 188
12.1.5 Rechtsfahrgebot und Überholen 189
12.1.6 Abbiegen, Spurwechsel und Wenden 190

12.1.7 Überqueren von Straßen 192
12.1.8 Fahren im Verband 192
12.1.9 Alkohol an den Leinen 192
12.1.10 Sport im Straßenverkehr 193
12.1.11 Pferdeäpfel 193
12.1.12 Beleuchtung 196
12.2 Fahren im Gelände 195
12.2.1 Gesetzliche Regelungen für das Fahren in Wald und Flur.... 195
12.2.2 Verhalten in Wald und Flur...... 197
12.2.3 Überwinden oder Passieren natürlicher Hindernisse........... 198
12.3 Haftung und Versicherung für private Gespannfahrer 200
12.3.1 Gesetzliche Regelungen 200
12.3.2 Tierhalter-/Pferdehaftpflichtversicherung........... 200
12.3.3 Privathaftpflichtversicherung 201
12.3.4 Unfallversicherung 201
12.3.5 Versicherung von Wagen und Ausrüstung 201
12.4 Transport und Verladen 202
12.4.1 Vorbereitung zum Verladen 203
12.4.2 Das Verladen 204

13 Grundsätzliches zu den Prüfungen........ 206
13.1 Checkliste zur Erstellung handlungsorientierter Prüfungsaufgaben 206
13.2 Prüfungsgespräch zur Fahrlehre/Reflexion des eigenen Fahrens 207
13.3 Praktisches Fahren 209

14 Die Fahrabzeichen 10, 7 und 6, 5 bis 1 210
14.1 Fahrabzeichen 10 (FA 10)...................... 210
14.1.1 Anforderungen an die Teilprüfung praktisches Fahren 210
14.1.2 Stationsprüfungen 210
14.2 Fahrabzeichen 7 (FA 7) 212
14.2.1 Anforderungen an die Teilprüfung praktisches Fahren 212
14.2.2 Stationsprüfungen 212
14.3 Fahrabzeichen 6 (FA 6)......................... 214
14.3.1 Anforderungen an die Teilprüfung praktisches Fahren.................... 214
14.3.2 Stationsprüfungen.................... 215
14.4 Fahrabzeichen 5 (FA 5) Ein- oder Zweispänner.......................... 216
14.4.1 Anforderungen an die Teilprüfung praktisches Fahren.................... 216
14.4.2 Stationsprüfungen....................217
14.5 Fahrabzeichen 4 (FA 4) Ein- oder Zweispänner.......................... 218
14.5.1 Anforderungen an die Teilprüfung praktisches Fahren.................... 218
14.5.2 Stationsprüfungen.....................220
14.6 Fahrabzeichen 3 (FA 3) Vierspänner...220
14.6.1 Anforderungen an die Teilprüfung praktisches Fahren.....................220
14.6.2 Stationsprüfungen.....................220
14.7 Fahrabzeichen 2 (FA 2) Ein- oder Zweispänner..........................220
14.7.1 Anforderungen an die Teilprüfung praktisches Fahren.....................220
14.7.2 Stationsprüfungen.................... 221
14.8 Fahrabzeichen 2 (FA 2) Vierspänner..... 221
14.8.1 Anforderungen an die Teilprüfung praktisches Fahren.................... 221
14.8.2 Stationsprüfungen..................... 222
14.9 Fahrabzeichen 1 (FA 1) Ein-, Zweispänner oder Vierspänner... 222
14.9.1 Anforderungen an die Teilprüfung praktisches Fahren..................... 222
14.9.2 Stationsprüfungen..................... 222

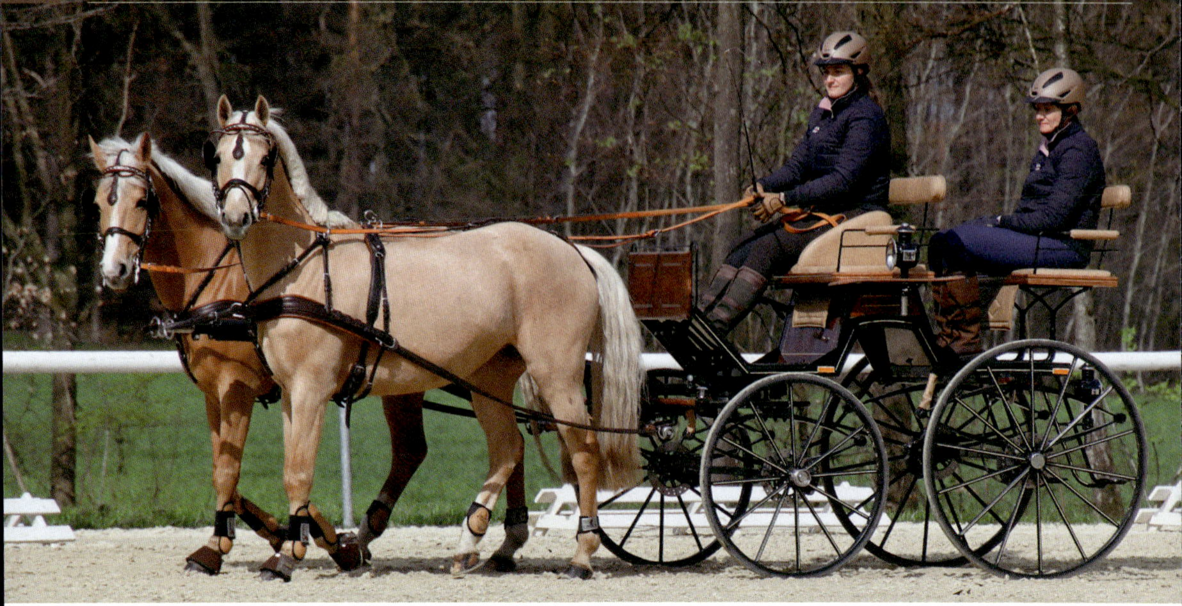

1 Allgemeines zu den Abzeichen im Pferdesport

Fahren lernen und sich ständig verbessern in kleinen Schritten – das ist der Gedanke der Fahrabzeichen FA 10, 7 und 6 sowie 5 – 1. Fahrer aller Altersstufen können verschiedene Abzeichen ablegen. Die Einstiegsabzeichen können in beliebiger Reihenfolge und beliebig oft wiederholt werden. Die Fahrabzeichen **5 – 1** sind **hintereinander** zu absolvieren und dienen neben der allgemeinen Lernerfolgskontrolle des Ausbildungsfortschritts auch dem Einstieg in den Turniersport. Aber unabhängig vom Turniersport- oder Wettkampfgedanken, stellt das Fahrabzeichensystem vorrangig eine Ausbildungsüberprüfung dar.

Durch kleine Schritte bietet das System für jeden Fahrer ein passendes Abzeichen als Dokumentation seines fahrerischen Fortschritts. Dabei steigen die Anforderungen von Abzeichen zu Abzeichen sukzessiv an, sodass jedes Abzeichen auf die erhöhten Anforderungen des jeweils weiterführenden Abzeichens vorbereitet.

Dem Fahrer wird sichtbar bestätigt, dass er über ein entsprechendes Maß an Können und Wissen im Umgang mit dem Pferd und im Fahren verfügt. Das Abzeichen stellt eine öffentliche Anerkennung dar und soll zur weiteren Ausbildung im Umgang mit Pferden sowie im Fahren motivieren.

Die Abzeichen sind ganz bewusst für Einsteiger, Wiedereinsteiger, Fortgeschrittene, Kinder, Jugendliche und Erwachsene angelegt und werden altersgerecht geprüft.

Alle Abzeichen dienen der Verbesserung der Sicherheit mit dem Pferd in alltäglichen Situationen und tragen durch fundierte Ausbildung aktiv zum Tierschutz bei.

Auch die Sicherheit von Pferdegespannen im Straßenverkehr ist ein sensibles Thema geworden, denn einerseits nimmt der Verkehr auf unseren Straßen immer mehr zu, anderseits hat sich die Wahrnehmung der Öffentlichkeit in Bezug auf das „Nutztier Pferd“ verändert. Das Fahr-

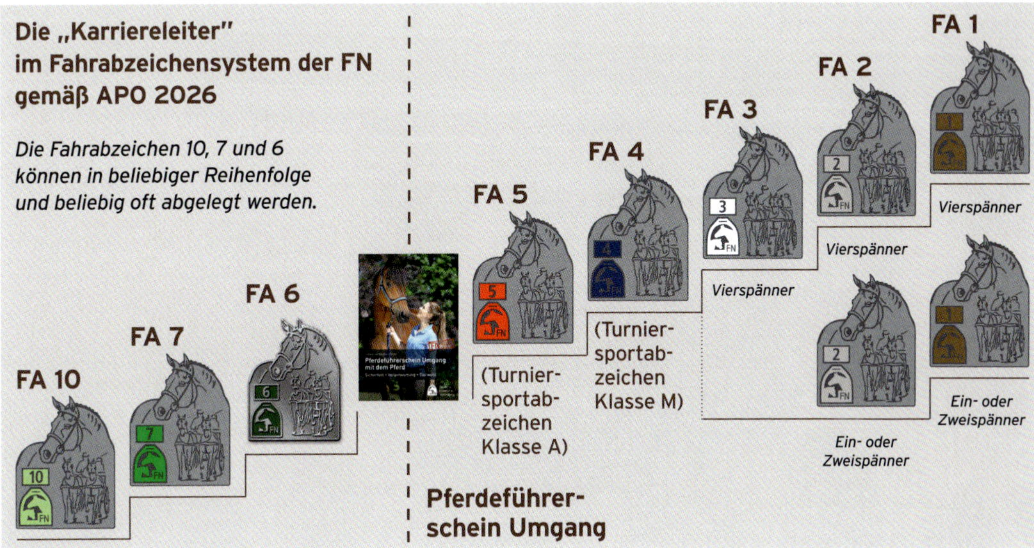

abzeichensystem dient somit auch der Heranführung und der Ausbildung für das Fahren im Verkehr auf der Straße sowie in Wald, Feld und Flur. Mit erfolgreicher Absolvierung der Prüfung zum Fahrabzeichen 5 wird ab dem 14. Lebensjahr automatisch die Kutschenführerscheinkarte des Kutschenführerscheins A - Privatperson ausgestellt. Dabei ist zu beachten, dass Fahrer unter 16 Jahren immer in Begleitung eines volljährigen Beifahrers fahren müssen, der mindestens im Besitz des Kutschenführerscheins A - Privatperson oder des FA 5 ist und eine 2-jährige Fahrpraxis vorweisen kann.

Die Fahrabzeichen 5-1 werden in aufsteigender Reihenfolge mit mindestens 3 Monaten Abstand absolviert. Die Grundlage ist der Pferdeführerschein Umgang oder die Fahrabzeichen 7 und 6.

Die wichtigsten inhaltlichen Bausteine zusammengefasst:

- Es gibt insgesamt acht Fahrabzeichen.
- Alle Altersklassen können alle Abzeichen ablegen.
- Jeder Fahrabzeichenprüfung geht ein Vorbereitungslehrgang voraus.
- Alle Abzeichen können jährlich wiederholt werden.
- Die Bodenarbeit als Grundlage für Sicherheit und Tierwohl ist Bestandteil der Abzeichen.
- Die Stationsprüfungen überprüfen das theoretische Wissen möglichst praxisnah.
- Für die Stationsprüfungen gibt es gemäß APO 2026 keine Noten, das Ergebnis lautet bestanden oder nicht bestanden.
- Ab dem FA 5 fließt die Fahrlehre in die Noten für das praktische Fahren mit ein.
- Voraussetzung für die FA 5-1 ist der Pferdeführerschein Umgang (früher Basispass Pferdekunde) oder die RA/FA 7 und 6.
- Die Teilnahme steht Fahrern mit und ohne Behinderung gleichermaßen offen.

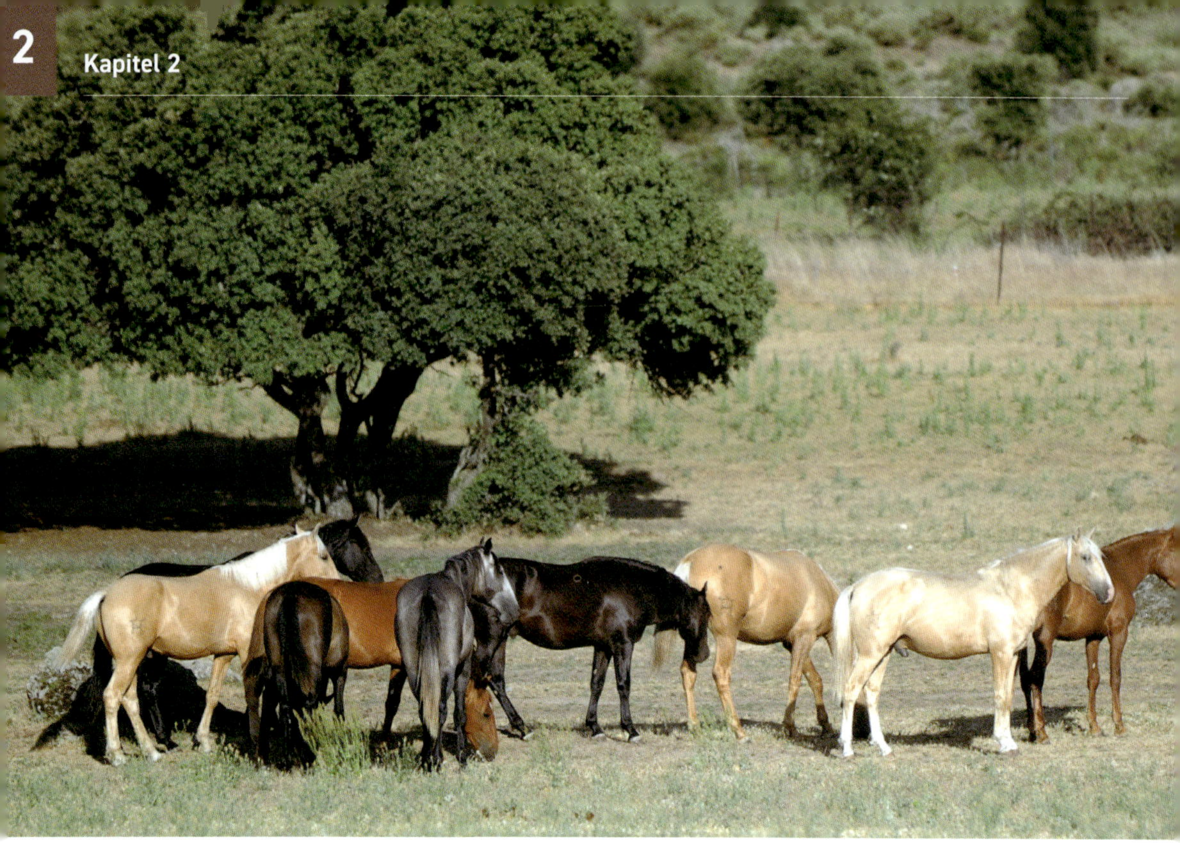

Im Herdenverband fühlen sich Pferde wohl.

2 Die Natur des Pferdes

2.1 Geschichte/Ethologie

Die Urform unserer heutigen Pferde war das vierzehige Eohippus. Es lebte vor 60 Millionen Jahren in Wäldern, war etwa so groß wie ein Fuchs und ernährte sich von Laub. Im Laufe der Geschichte entwickelte sich das Eohippus vom Wald- zum Steppentier, es wurde größer, lief zunächst auf drei Zehen und dann auf einer Zehe und stellte sein Gebiss auf das Fressen von harten Gräsern um.

Der Wechsel des Lebensraums brachte aber noch weitere Veränderungen mit sich. In der Steppe war das Pferd ständig auf der Suche nach Fressbarem, legte dabei weite Strecken zurück und musste bei Gefahr in großer Geschwindigkeit vor Feinden fliehen. So entstand ein hoch spezialisiertes Lauf- und Fluchttier mit hoch sensiblen Sinnesorganen und einem an diesen Lebensraum angepasstes Herz-Kreislaufsystem. Auch das Sozialverhalten spielte für die Arterhaltung in der Steppe eine wichtige Rolle. Nur im Herdenverband mit klar ausgeprägter Rollenverteilung konnte das einzelne Pferd überleben.

Diese Verhaltensweisen sind auch dem modernen Pferd erhalten geblieben, seine natürlichen Bedürfnisse haben sich im Laufe der Entwicklung nicht verändert. Auch unsere Sportpferde sind immer noch **Herdentiere, Fluchttiere** und **Steppentiere** und zeigen die arttypischen Merkmale dieser Spezies auf. Die typischen Instinkte zeigen sie genauso wie die Wildpferde - nur in etwas abgeschwächter Form. So können unsere Hauspferde beispielsweise nach wie vor in entsprechenden Lebensräumen auch ohne Betreuung durch den Menschen gut überleben. Darauf sollte sowohl in der

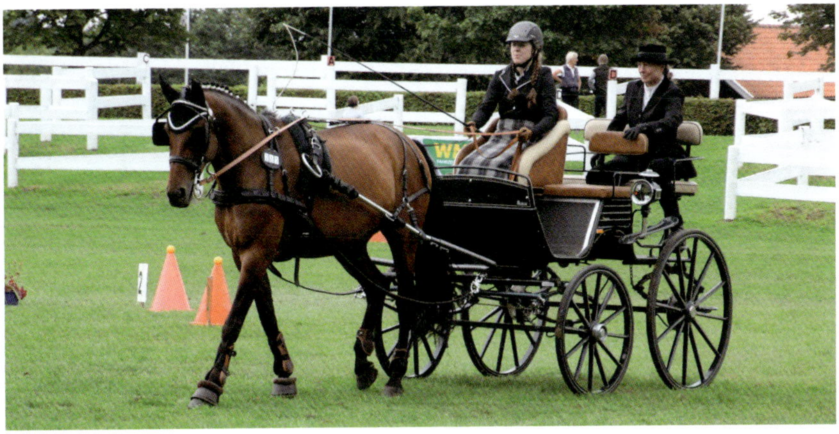

Harmonie ist das oberste Ziel.

Haltung als auch im Umgang mit dem Pferd zu jeder Zeit Rücksicht genommen werden, ganz gleich in welcher Disziplin und auf welchem Niveau die Pferde gearbeitet werden.

Die heutigen Pferderassen entstanden durch **gezielte Selektion** auf bestimmte Merkmale. Dies waren - zumindest in der modernen Warmblutzucht in Europa - in der Regel Eigenschaften, die die sportliche Nutzung betreffen. So hat sich die Pferdezucht immer weiter entwickelt, die Pferde werden immer wendiger, traben immer spektakulärer und sind immer leichter auszubilden.

Die Zuchtauslese hatte aber nie das Ziel, zum Beispiel den Magen des Pferdes zu vergrößern, sodass es mit nur einer Mahlzeit am Tag auskommt. Es muss also bei aller Begeisterung über die modernen Pferde stets bedacht werden, dass sich die **natürlichen Bedürfnisse** und die Anforderungen an die Haltung und den Umgang seit 5000 Jahren kaum verändert haben.

Das gesamte Verhalten des Pferdes ist an das Leben als Flucht- und Herdentier in den Weiten der Steppe angepasst und hat sich im Grunde bis heute nicht verändert. Der Mensch, der sich mit dem Pferd beschäftigt, muss sich - um Missverständnisse und Probleme zu vermeiden - intensiv mit den natürlichen **Verhaltensweisen** des Pferdes auseinandersetzen. Nur dann kann er sein Pferd verstehen und zu einer **harmonischen Kommunikation** mit dem Pferd kommen.

2.2 Verhalten des Pferdes

Die erfolgreiche Kommunikation mit dem Pferd setzt Grundkenntnisse über die Verhaltensbiologie des Pferdes voraus, denn das arttypische Verhalten des Pferdes hat sich durch die Domestikation fast gar nicht verändert.

Herdentier

Das Leben in der Herde mit vielen aufmerksamen Mitgliedern bietet dem Pflanzenfresser Pferd viel besseren **Schutz vor Fressfeinden** als das Leben als Einzelgänger. Innerhalb der Herde gibt es eine klare Hierarchie, an deren Spitze ein sozial starkes Leittier steht. Dabei ist die Position innerhalb der Herde nicht „in Stein gemeißelt", sondern kann sich im Laufe der Zeit verändern. Das Alter der Pferde und die Dauer der Gruppenzugehörigkeit spielen eine wichtige Rolle bei der **Rangordnung**. Diese Veränderbarkeit der Rangordnung zwischen den Pferden muss sich der Mensch im Umgang immer wieder vor Augen führen. Für

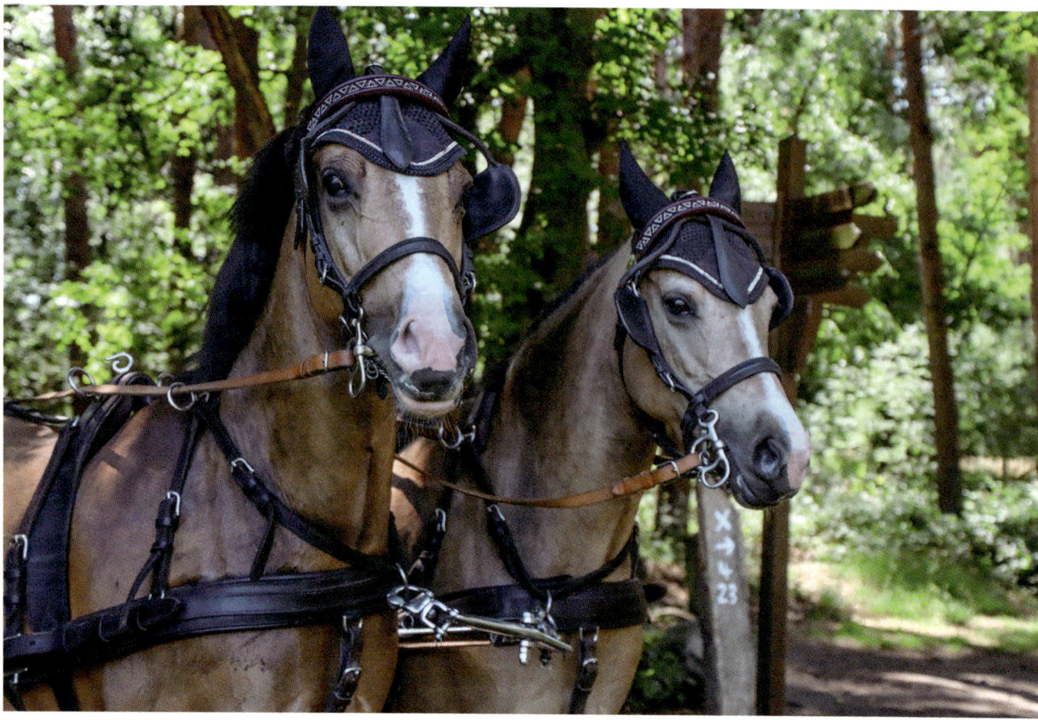

Pferde drücken Empfindungen, Verhaltensweisen und Reaktionen über das sogenannte Ohrenspiel aus.

das Pferd ist der Mensch ein Teil der Herde, und sollte als ranghöheres Mitglied akzeptiert werden, um gefährliche Zwischenfälle zu vermeiden. Um im Rang immer über dem Pferd zu bleiben, muss der Mensch die „Sprache" des Pferdes kennen und seine eigene **Körpersprache** immer bewusst und klar verständlich einsetzen, dafür braucht es viele Jahre Übung und Erfahrung.

Das Pferd kommuniziert non-verbal, der Mensch eher verbal - wer sich hier nicht an das Pferd anpasst, wird über kurz oder lang missverstanden oder nicht akzeptiert. Aus diesem Grund sollten zum Beispiel Kinder oder unerfahrene Personen niemals allein auf eine Wiese mit mehreren Pferden gehen oder ein Pferd aus einer Gruppe herausholen.

Fluchttier

Das Pferd hat sich im Laufe der Entwicklung optimal an das Leben als Fluchttier angepasst. Durch große Schnelligkeit und **hoch sensible Sinnesorgane** ist es dem Pferd möglich, Gefahren rechtzeitig zu erkennen und ihnen durch Flucht zu entkommen. Dabei ist der **Fluchtinstinkt** bei allen Pferden unterschiedlich stark ausgeprägt, aber immer präsent - eine Tatsache, die der Mensch im Umgang und in der Ausbildung stets berücksichtigen muss.

Es besteht ein wichtiger Zusammenhang zwischen der Rangordnung und dem Fluchtverhalten: Läuft ein ranghohes Pferd auf der Weide plötzlich los, werden ihm die anderen wahrscheinlich folgen, um der Gefahr zu entkommen.

Auch unter Pferden gibt es Freunde und Feinde. Das ist wie bei uns Menschen. Manche Pferde verstehen sich gut, kraulen sich gegenseitig das Fell und stehen gern nah beisammen. Andere zeigen ihre Abneigung zueinander sehr deutlich durch Quietschen, Drohen, Treten oder Beißen. Das müssen

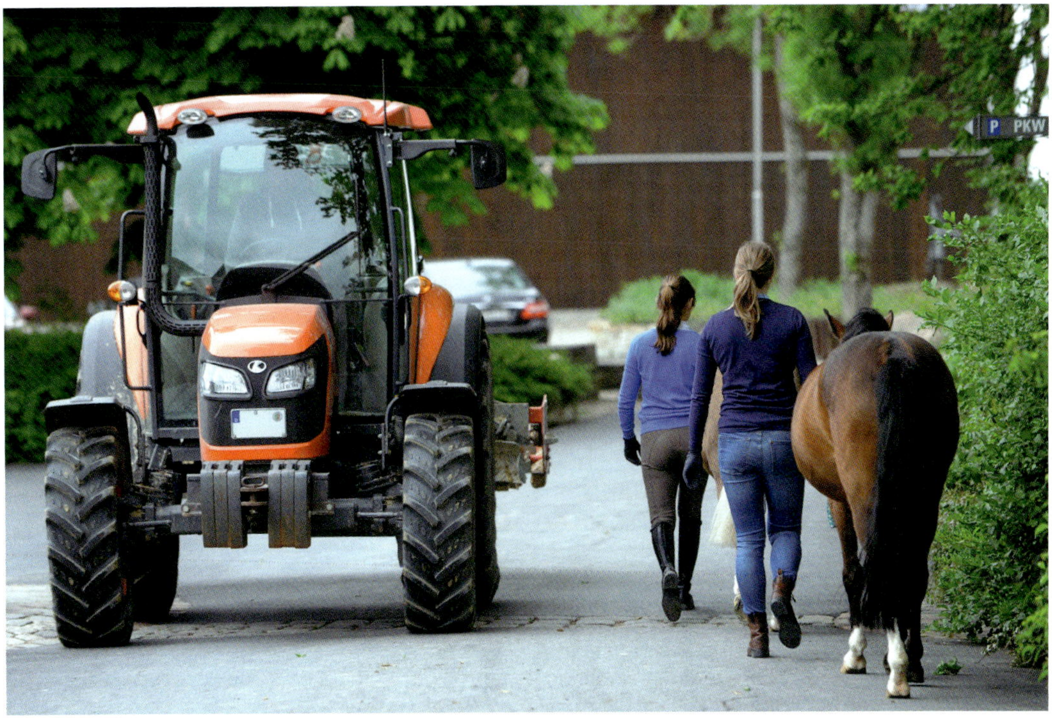

Vertrauensvoll folgt das Pferd dem Menschen auch in schwierigen Situationen.

wir respektieren und zwischen Pferden, die sich nicht mögen, immer einen grosen Abstand einhalten - zum Beispiel beim Anbinden am Putzplatz. Akzeptiert das Pferd den Menschen zum Beispiel beim Führen als ranghöheres Wesen, nimmt es eine Bedrohung zwar wahr, lässt sich aber in den meisten Fällen beruhigen, wenn der Mensch entsprechend „Entwarnung" gibt. Schon aus diesem Grund ist eine klare und konsequente **Kommunikation** mit dem Pferd unerlässlich.

Wichtig ist, dass der Mensch akzeptiert, dass das Pferd anders wahrnimmt und dass Dinge, die das Pferd als Bedrohung ansieht, in unseren Augen oft völlig harmlos sind. Der Mensch darf also nicht bewerten, ob die Angst des Pferdes berechtigt ist oder nicht, vielmehr muss er das Pferd durch seine Position überzeugen. Für eine Schreckreaktion darf das Pferd nicht bestraft werden, denn der Reflex zur Flucht ist ihm angeboren und nicht willkürlich. Stattdessen sollte der Fahrer dem Pferd Sicherheit vermitteln und seine Höherrangigkeit durch ruhiges Korrigieren unterstreichen.

Steppentier

In seinem natürlichen Lebensraum ist das Pferd bis zu 16 Stunden pro Tag mit der Suche nach Nahrung beschäftigt. Der Verdauungsapparat ist auch heute noch auf diese **kontinuierliche Nahrungsaufnahme** eingestellt; lange Fresspausen von mehr als 4 Stunden können bereits zu gesundheitlichen Problemen führen. Zur Nahrungssuche legt es hauptsächlich im Schritt weite Strecken zurück; der Körper des Pferdes ist auf diese Langstreckenbelastung ausgerichtet. Das **Bewegungsbedürfnis** ist dem Pferd auch heute noch erhalten geblieben, kommt aber unter einigen Haltungsbedingungen meistens zu kurz. Jeder Pferdehalter sollte sich - auch aus

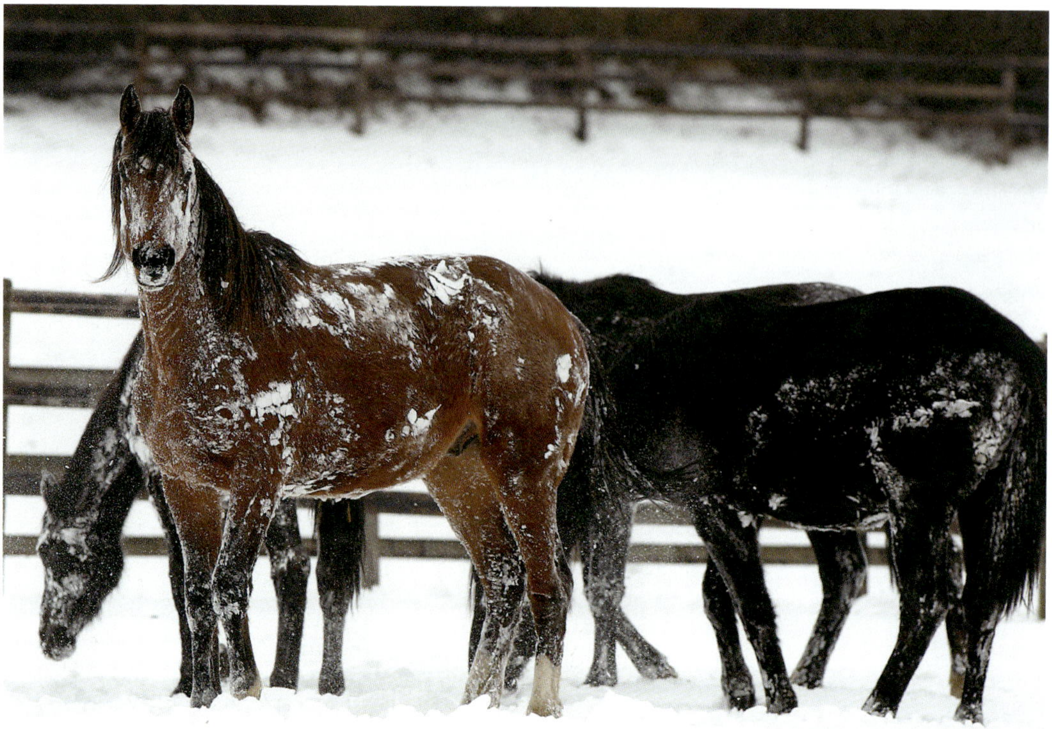

Pferde fühlen sich auch im Schnee wohl.

Gründen der Unfallvermeidung - immer bemühen, dem angeborenen Bedürfnis nach freier Bewegung nachzukommen.

An das Leben in der Steppe hat sich das Pferd auch äußerlich perfekt angepasst, so toleriert es große Temperaturschwankungen und fängt den

Artgerechte Haltung ist auch für Sportpferde ein MUSS.

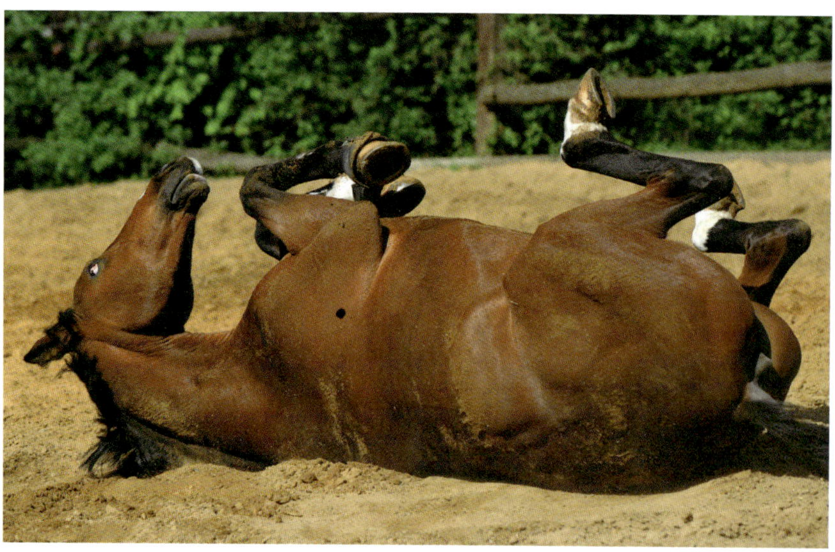

erhöhten Energiebedarf im Winter mit einem dichten Winterfell ab. Dabei fühlt sich das Pferd im Bereich von +25 C° bis -15 C° am wohlsten - die Sorge vieler Pferdebesitzer, dass ihr Liebling im Winter frieren könnte, ist also hierzulande meistens völlig unbegründet. Im Gegenteil: **Klimareize** wie Regen, Schnee, Kälte und Sonne sind für die Gesundheit eher förderlich und sollten auch bei Pferden in Boxenhaltung zumindest stundenweise wirken können. Wer einmal Pferde auf der Weide beobachtet, wird schnell feststellen, dass Wind und Wetter die Tiere nur selten zum Unterstand treibt, wohl aber die pralle Mittagshitze im Hochsommer und die damit einhergehenden Insekten.

Pferde werden heute leider oft nicht sehr artgerecht gehalten - sie bekommen zu viel Kraftfutter, wenig Bewegung und wenig Kontakt zu anderen Pferden. Werden die natürlichen Bedürfnisse des Pferdes aber über längere Zeit nicht befriedigt, können sich Verhaltensauffälligkeiten wie Bocken, Steigen, Beißen und Schlagen entwickeln, schlimmstenfalls sogar Verhaltensstörungen.

Um einen sicheren und harmonischen Umgang mit dem Pferd zu ermöglichen, ist eine artgerechte Haltung absolut notwendig. Viele Pferdebesitzer haben Angst, dass sich ihre Pferde auf der Weide verletzen. Diese Angst ist unbegründet, wenn das Pferd schrittweise an den Weidegang gewöhnt wird.

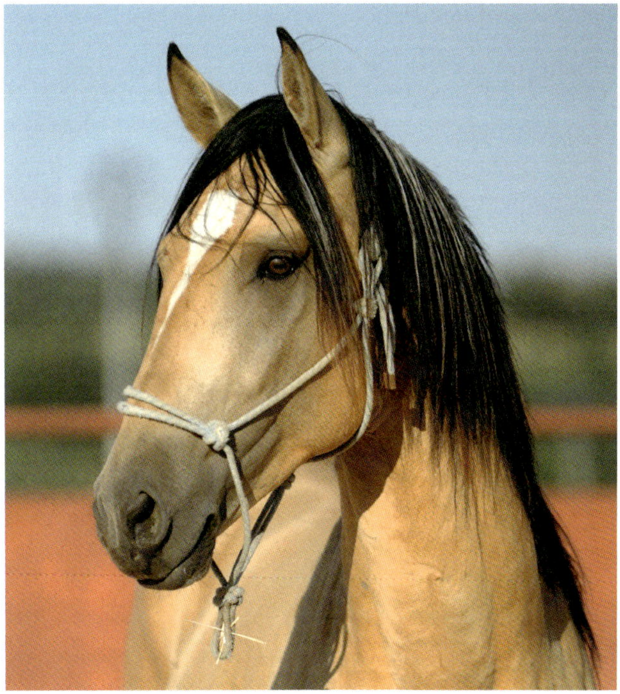

Das Pferd verfügt über sehr sensible Sinnesorgane.

2.3 Sinnesorgane und Wahrnehmung

Der Mensch nutzt seit jeher die feine Sinneswahrnehmung des Pferdes in der Ausbildung. Pferde lernen taktile, optische und akustische Signale des Menschen sehr schnell und reagieren sensibel auf kaum merkliche, konsequente Hilfen - so ist die quasi unsichtbare Kommunikation zwischen Fahrer und Pferd möglich, egal ob vom Bock oder vom Boden aus.

Sehen

Pferde sehen ganz anders als Menschen. Wer das Verhalten seines Pferdes verstehen will, muss sich auch mit dessen visueller Wahrnehmung auseinandersetzen. Zunächst einmal liegen die Augen seitlich rechts und links am Schädel und schaffen ein **monokulares Sehfeld**, das heißt, das Pferd sieht die meisten Dinge zunächst nur mit einem Auge. Dinge, die vor dem

Das Farbspektrum des Pferdes nach Carroll et al. 2007

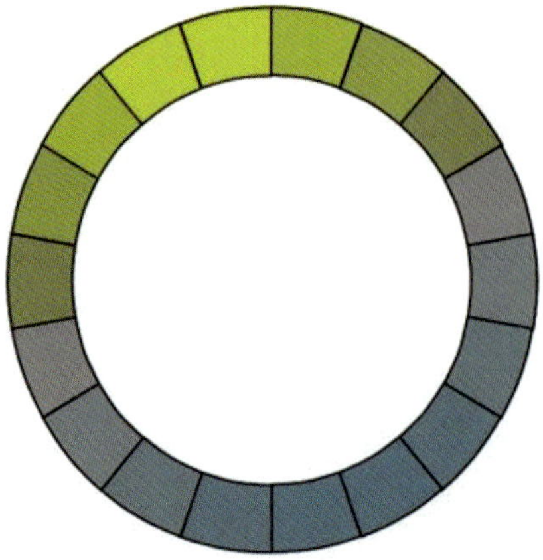

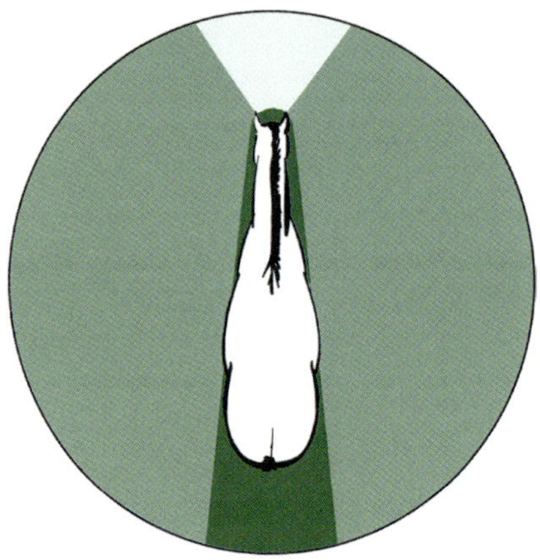

- Dreidimensionales scharfes Sehen (Binokularfeld)
- Zweidimensionales unscharfes Sehen (Monokularfeld)
- Toter Winkel (Blindzone)

Pferdekopf liegen, werden binokular - also mit beiden Augen - gesehen. Entgegen einer weitverbreiteten Meinung können Pferde sehr wohl **Farben** sehen, aber nicht das ganze Farbspektrum, das Menschen sehen können. Es wird davon ausgegangen, dass Pferde gelb und blau gut sehen können, alle anderen Farben werden über ihre Anteile an gelb und blau erkannt.

Beim **Kontrast-Sehen** (hell/dunkel) sind die Pferde uns Menschen allerdings überlegen, ein Grund weshalb manche Pferde sich vor Lichtflecken am Boden erschrecken. In der Springausbildung und bei der Bodenarbeit werden daher gern kontrastreiche Stangen verwendet, da es den Pferden das Taxieren erleichtert. In der **Dämmerung und Dunkelheit** sehen Pferde weitaus besser als der Mensch, allerdings dauert die Gewöhnung von hell auf dunkel mit 2 bis 3 Minuten recht lange. Diese Tatsache sollte der Mensch im Umgang berücksichtigen, zum Beispiel wenn das Pferd verladen oder ein Sprung im Schatten angeritten wird.

Für das **Erkennen von Objekten** spielt auch deren Platzierung eine wichtige Rolle. Über Jahrtausende hat sich das Auge des Pferdes an die Tatsache angepasst, dass Raubtiere meistens am Boden lauern und sich durch Bewegung bemerkbar machen. Deshalb wundert es nicht, dass eine am Boden liegende bunte Plane dem Pferd mehr Angst einflößt, als ein Flugzeug am Himmel - besonders wenn die Plane noch zusätzlich im Wind flattert, muss manchmal mit heftigen Reaktionen gerechnet werden.

Anders als vielfach behauptet, können Pferde sehr wohl **dreidimensional** sehen, allerdings nur Dinge, die sich vor ihrem Kopf befinden, in einem Bereich also, in dem sich beide Sichtfelder überlappen. Seitlich vom Pferdekopf befindliche Gegenstände sieht das Pferd vermutlich eher unscharf und auch nicht räumlich.

Für den Umgang ist es deshalb wichtig, dem Pferd stets die Möglichkeit zu geben, unbekannte Objekte aus der Nähe zu beäugen. Außerdem sollten niemals dünne Drähte als Umzäunung von Weiden oder Paddocks benutzt werden, da sie von Pferden aufgrund ihrer geringeren Sehschärfe erst sehr spät als Begrenzung erkannt werden.

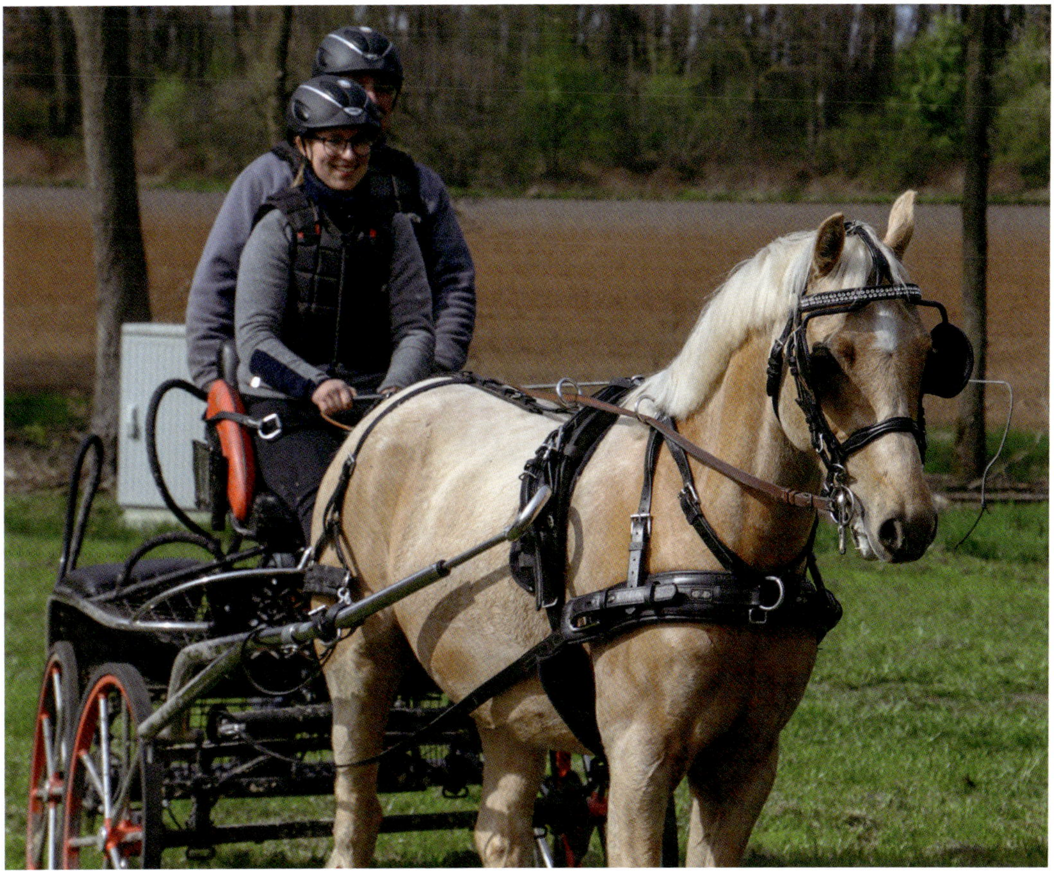

Die Ohren der Pferde sind in alle Richtungen beweglich.

Hören

Schon rein äußerlich betrachtet, wird schnell klar, dass auch die Ohren des Pferdes perfekt an das Leben in der Steppe angepasst sind. Wie ein Radar sind sie in alle Richtungen getrennt voneinander beweglich und wirken durch ihre Form wie ein **Hörtrichter**. Dadurch sind die Ohren des Pferdes hoch sensibel: „Der hört die Mäuse husten" sagt man oft von sehr sensiblen, schreckhaften Pferden. Und tatsächlich hören sie Mäuse, die sich im Gras oder im Stroh bewegen. Und Pferde hören auch Geräusche, die uns Menschen verborgen bleiben, sowohl im Ultra- als auch im Infraschallbereich. Dies gilt es insbesondere dann zu bedenken, wenn das Pferd sich mal wieder scheinbar ohne Grund erschrickt.

Schmecken

Hier zeigen sich große Unterschiede zwischen Wildpferden und Pferden, die sich in menschlicher Obhut befinden. Während das Wildpferd jedes vom Menschen gereichte Futter als unbekannt ablehnt, ist dieser **Schutzmechanismus** bei unseren Hauspferden weitgehend abhanden gekommen. Schon Fohlen schauen sich bei ihrer Mutter ab, dass Müsli, Möhren und andere Leckereien ungefährlich sind. Sie entwickeln daraus eine Art Vertrauen, dass das vom Menschen angebotene Futter unbedenklich ist. Deshalb ist es eine Pflicht des Pferdehalters dafür zu sorgen, dass das Pferd nicht in die Gefahr kommt, giftige Pflanzen oder andere unbekömmliche Dinge zu fressen. Andererseits lässt sich ein

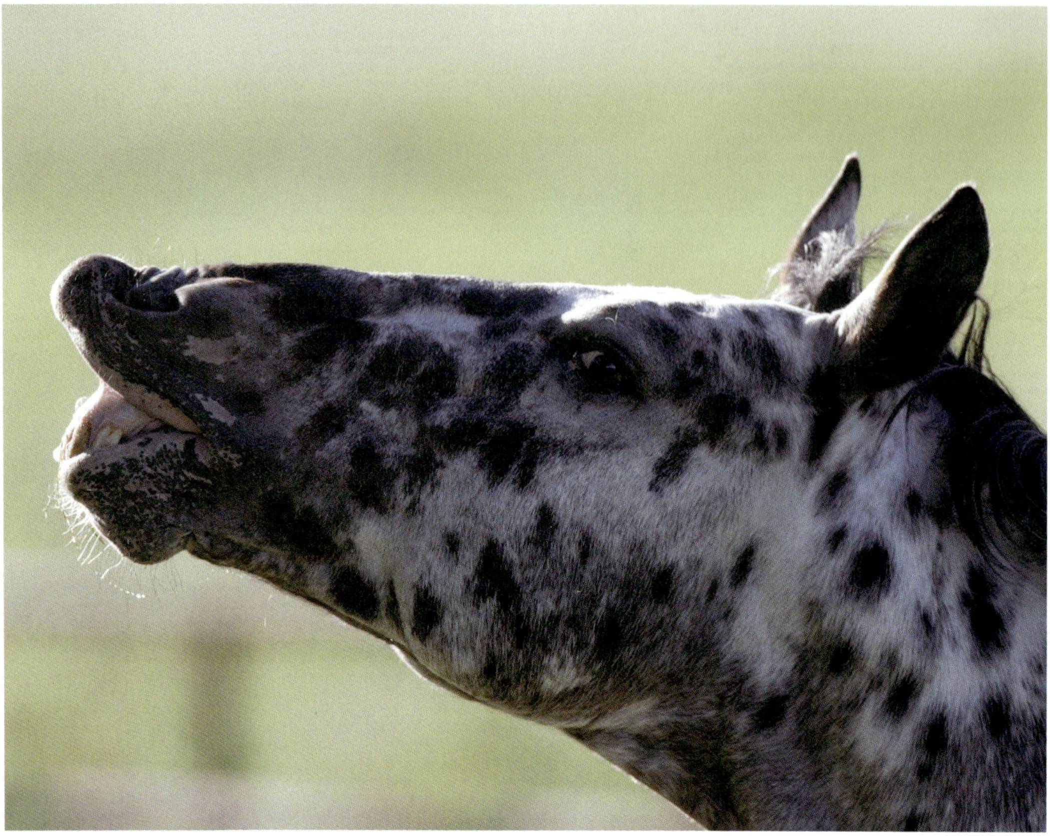

Das Pferd flehmt.

wählerisches Pferd, das ein bestimmtes Futtermittel ablehnt, häufig doch überzeugen, wenn es sieht, dass seine Herdenmitglieder dieses Futter gern und ohne Schäden fressen.

Riechen

Der Geruchssinn hängt eng mit dem Geschmackssinn zusammen. So werden Futtermittel nicht nur über den Geschmack, sondern zuerst einmal über den Geruch selektiert. Durch das **Flehmen** kann das Pferd Gerüche besonders intensiv wahrnehmen. Dabei werden Duftstoffe an das Jacobson'sche Organ weitergeleitet, dass der Individualerkennung von Artgenossen dient. Dass Pferde Angst riechen können, ist also nicht nur sprichwörtlich gemeint: zum Beispiel wenn Pferde in einen fremden Anhänger nicht einsteigen wollen, kann es durchaus sein, dass sie die Unsicherheit eines anderen Pferdes im Anhänger noch wahrnehmen. Ein sicheres Führpferd kann helfen, das Problem zu lösen.

Fühlen

Pferde haben einen sehr ausgeprägten **Tastsinn**, sogar eine kleine Fliege kann das Pferd genau lokalisieren und durch Muskelzittern, Schweifschlagen oder andere Bewegungen verscheuchen. Auch beim Fressen können Pferde dank ihres sensiblen Tastsinns Steinchen von Haferkörnern unterscheiden oder Medikamente fein säuberlich aussortieren. Die **Tasthaare** am Maul wirken wie eine Abstandswarnung und schützen die empfindliche Region – daher ist das Abrasieren dieser Haare verboten und tierschutzwidrig.

Der feine Tastsinn ermöglicht es dem Pferd auch, räumlich nur minimal getrennte Berührungsreize zu unterscheiden. Auch bei der Arbeit am Boden ist die Kommunikation mit **feinen Signalen** kein Problem.
Es sollte immer oberstes Ziel der Ausbildung sein, mit fast unsichtbaren Hilfen auf das Pferd einzuwirken - grobe, dauerhafte Einwirkung ist stets ein Zeichen von Disharmonie und schlechter Kommunikation zwischen Mensch und Pferd.

Gleichgewichtssinn

Als Fluchttier ist ein guter Gleichgewichtssinn für das Pferd überlebenswichtig. Stolpern, Straucheln oder gar Stürzen kann in der natürlichen Umgebung des Pferdes tödliche Folgen haben. Deshalb ist das Pferd immer bestrebt, sich selbst **im Gleichgewicht** zu halten. In der weiteren Ausbildung wird der Gleichgewichtssinn durch vielseitige, abwechslungsreiche Arbeit auf **unterschiedlichen Böden** und mit wechselnden Anforderungen trainiert, sodass das Pferd seine Bewegungen optimal im Raum koordinieren lernt. Der Hals dient dem Pferd dabei in jeder Lebenslage und bei jeder Nutzung durch den Menschen als **Balancierstange**, indem er stets die Gegenbewegung zum restlichen Pferdekörper macht. Diese Funktion darf nicht durch starke Handeinwirkung, zu kurze Leinen oder falsch verschnallte Ausrüstung beeinträchtigt werden. Der drohende Verlust des eigenen Gleichgewichts stellt für das Pferd immer enormen Stress dar, dies sollte nicht nur beim Longieren und Fahren, sondern auch beim Transportieren im Anhänger bedacht werden.

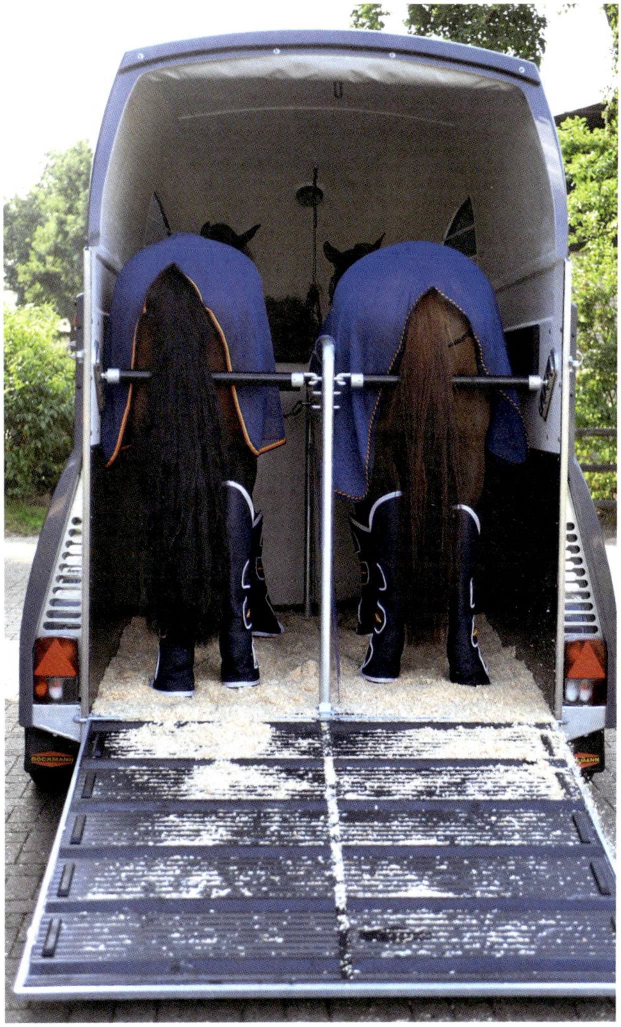

Auch an das Fahren im Anhänger müssen Pferde behutsam gewöhnt werden.

2.4 Kommunikation zwischen Mensch und Pferd

Pferde kommunizieren anders als wir Menschen über Mimik und Körpersprache. Wer sich mit dem Pferd verständigen will, muss diese **Sprache der Pferde** übernehmen. Dabei ist stets eine klare Grenze zu ziehen, damit gewisse Verhaltensweisen wie etwa das verspielte Fellknabbern nicht zu ernsthaften Verletzungen beim Menschen führen. Ein gewisser Sicherheitsabstand ist vom Pferd

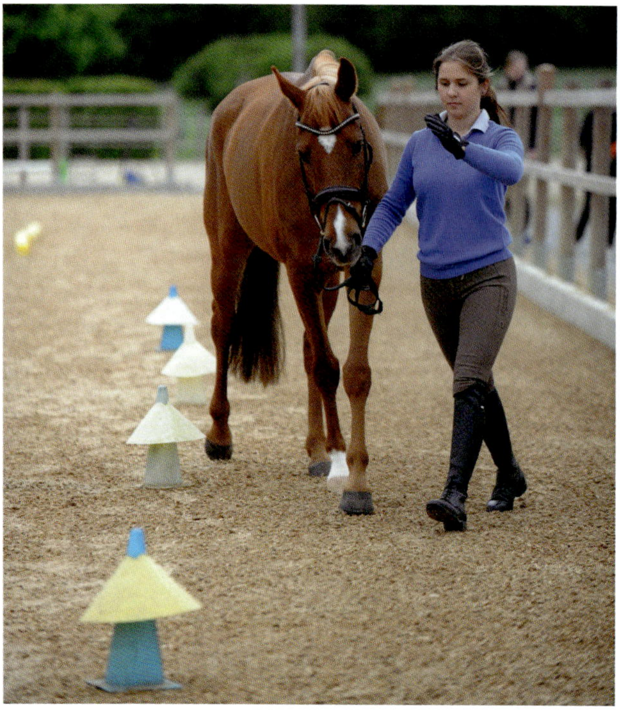

Die Bodenarbeit verfeinert die Kommunikation zwischen Mensch und Pferd.

stets einzuhalten, so wie sich auch ein ranghöheres Tier in der Herde immer wieder Respekt verschafft. Betrachtet das Pferd den Menschen als rangniedriger, kann es schnell und auch in unerwarteten Situationen zu dominantem Verhalten kommen.

Eine **ruhige Ausstrahlung** sowie ein **souveränes** und **selbstbewusstes Auftreten** mit klaren und unmissverständlichen Signalen hilft dabei mehr als lautstarkes oder gewaltsames „Unterwerfen" des Pferdes. Das Einfangen von der Weide gelingt einem Menschen, der als „freundlicher Chef" akzeptiert wird viel eher als dem „wütenden Schreihals".

Das Pferd kommuniziert vorrangig über **visuelle Signale** (sehen), der Mensch ist eher verbal geprägt. So muss das Pferd erst lernen, die stimmlichen Signale und Kommandos des Menschen richtig zu deuten und braucht dafür vor allem Zeit und viele Wiederholungen.

Die **Arbeit am Boden** kann dabei als Vorbereitung auf das Longieren und Fahren – oder auch begleitend dazu – gute Dienste leisten, denn hier lernt das Pferd schon eine ganze Reihe an Signalen und Kommandos kennen und befolgen. Hier sei das Durchparieren als Beispiel genannt: die annehmende Leinenhilfe allein wird beim jungen Pferd zunächst eher auf Widerstand stoßen. In Kombination mit dem bereits am Boden erlernten Stimmkommando (z.B. „Brrr") versteht das Pferd die Hilfe besser und schneller.

Dies ist besonders relevant, weil das Pferd, wenn der Fahrer auf der Kutsche hinter ihm sitzt, über das Sehen kaum noch Informationen erhalten kann und daher auf die **akustischen** und **taktilen Signal**e angewiesen ist.

Ein Problem besteht unter anderem darin, dass durch Veränderungen in der Stimme zum Beispiel durch Ärger oder Angst das entsprechende Stimmkommando für das Pferd schwerer zu verstehen wird. Auch aus diesem Grund muss der Fahrer lernen, seine **Emotionen zu kontrollieren** und dem Pferd immer freundlich und bestimmt gegenüberzutreten. Dies gilt es stets zu berücksichtigen, wenn der Mensch sich dem Pferd verständlich machen will.

2.5 Sicherheit und Unfallverhütung

Mit diesen Kenntnissen über die Natur des Pferdes, seine arttypischen Verhaltensweisen und seine Wahrnehmung lassen sich viele der Regeln für den Umgang mit Pferden und für das Fahren besser nachvollziehen und in den Alltag übertragen. Wer weiß, dass ein Pferd über einen überlebenswichtigen **Fluchtinstinkt** verfügt, der tritt aufmerksamer und umsichtiger an das Pferd heran. Das erhöht die Sicherheit von Pferd und Mensch und hilft, Unfälle zu vermeiden. Daher ist es wichtig, dass jeder Fahrer ein paar grundlegende Regeln für die verschiedenen Bereiche der Beschäftigung mit dem Pferd berücksichtigt.

Im Stall

In allen Haltungsformen ist darauf zu achten, dass das Pferd sich nicht an spitzen Kanten, Ecken, herausstehenden Nägeln, splitternden Brettern oder Balken verletzen kann. Bei der Boxenhaltung bietet eine ausreichend breite **Stallgasse** (ca. 3 m) genug Platz, um zwei Pferde sicher aneinander vorbei führen zu können.

Ein rutschfester, leicht zu reinigender **Bodenbelag** auf der Stallgasse ist gerade bei beschlagenen Pferden wichtig. **Stallgeräte** und Materialien wie Besen, Schaufeln und Mistkarren müssen sicher abgestellt und stets an ihren Platz zurückgeräumt werden. Da Pferde sehr stromempfindlich sind, müssen alle **Elektrokabel** unbedingt sicher und fachmännisch verlegt sein. Sichere, ausreichend weit zu öffnende **Boxentüren** (mindestens 1,20 m breit) sorgen dafür, dass Pferd und Mensch sicher in die oder aus der Box gehen können. Der **Türverschluss** sollte so konzipiert sein, dass er von innen und außen leicht geöffnet, aber nicht vom Pferd bedient werden kann. In vielen Reitbetrieben haben die Boxenwände im oberen Teil **Gitterstäbe**, damit die Pferde sich sehen, riechen, hören und ihre Umgebung überblicken können. Um Unfälle zu vermeiden, müssen die Gitterstäbe höchstens 5 cm oder mindestens 30 cm Abstand haben.

Beim Führen und Anbinden

Richtiges Führen will gelernt sein! Und das geht mit der richtigen **Ausrüstung** los. Die Führperson trägt festes Schuhwerk und Handschuhe, das Pferd entweder ein gut sitzendes Stallhalfter mit Führstrick, ein Knotenhalfter oder eine Trense. Bei der Annäherung geht der Mensch von schräg-vorn an das Pferd heran und spricht es ruhig und deutlich an, damit das Pferd den Menschen wahrnimmt und nicht erschrickt. Das Verhalten des Pferdes wird dabei gut beobachtet, insbesondere das Augen- und Ohrenspiel. Mit etwas Erfahrung erkennt die Führperson schnell, ob das Pferd aufmerksam und freundlich oder aufgeregt ist oder gerade döst und kann entsprechend darauf reagieren.

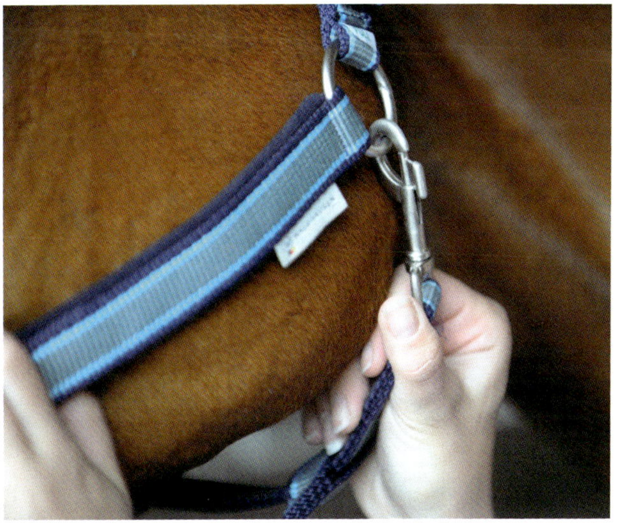

So wird das Halfter korrekt geschlossen.

Beim **Aufhalftern** ist darauf zu achten, dass der Verschluss des Halfters nach außen zeigt - das Pferd könnte sich sonst am Verschluss des Karabiners verletzen.

Zum Führen wird grundsätzlich ein Führstrick mit **Karabinerhaken** verwendet. Stricke mit **Panikhaken** sind für das Anbinden da. Wenn das angebundene Pferd erschrickt und gegen den Strick zieht, öffnet sich der Panikhaken und lässt das Pferd frei, um Verletzungen zu verhindern.

Die Führperson geht auf der linken Seite des Pferdes etwa **in Höhe des**

links: Führstrick mit Karabiner

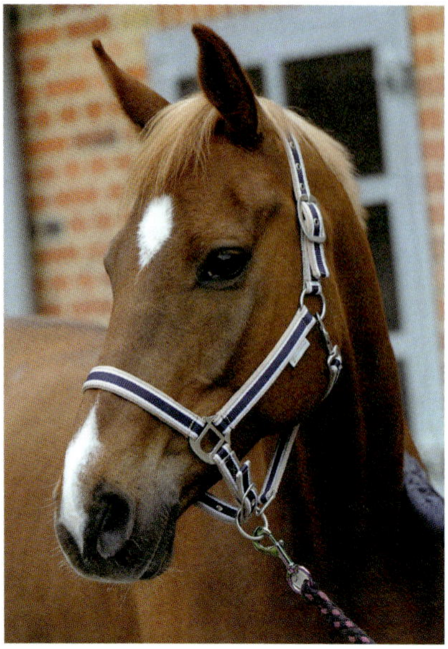

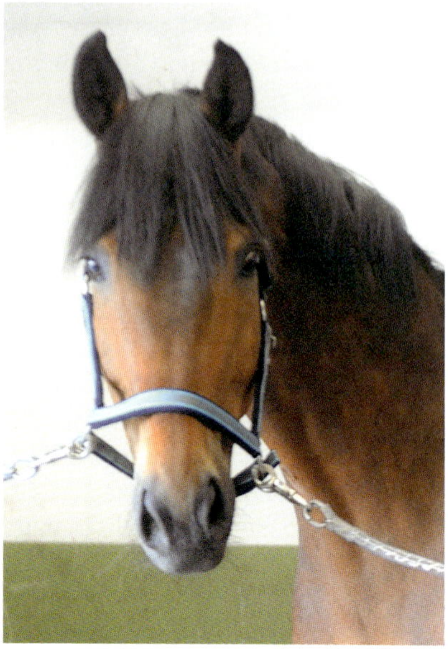

rechts: Beidseitiges Anbinden am Putzplatz mit Panikhaken

Halses. Sie hält den Strick in der rechten Hand etwa 50 cm unterhalb des Karabiners und legt das Strickende geordnet in die Hand. Niemals darf der Strick um die Hand gewickelt werden! Wird das Pferd auf die Weide (oder das Paddock) gebracht, betreten beide diese erstmal zusammen. Das Pferd

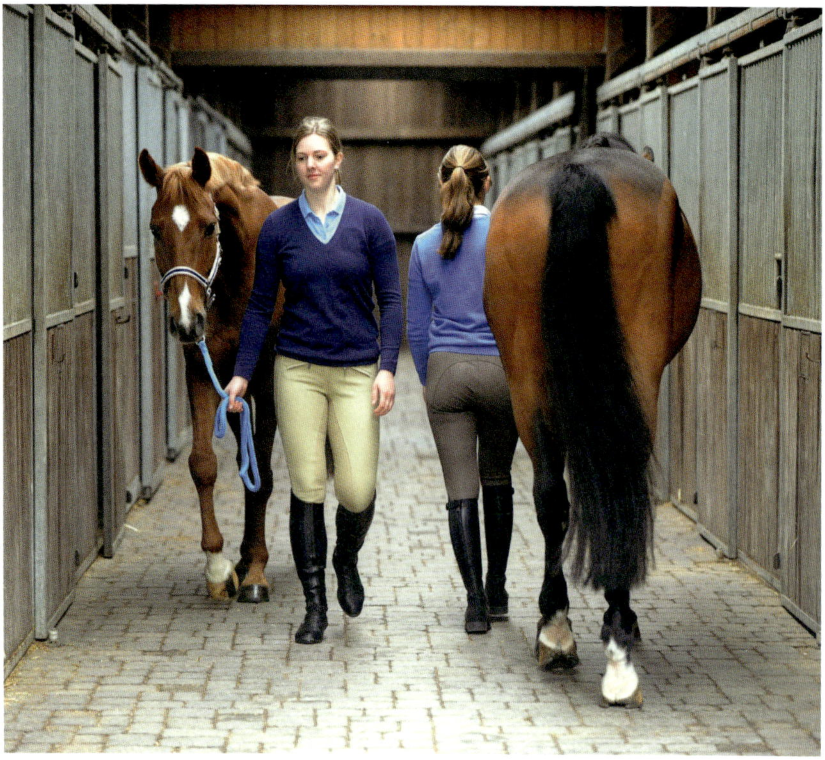

Zwei Pferde werden zügig aneinander vorbeigeführt.

wird in Richtung Tor gewendet, das Tor wird geschlossen und erst dann der Strick gelöst. Sollte das Pferd vor Freude losbuckeln, kann die Führperson nicht so leicht getroffen werden.
Wird das Pferd zum Putzen angebunden, ist zunächst ein sicherer **Putzplatz** zu wählen. Niemals darf das Pferd an beweglichen Gegenständen wie Türen angebunden werden. Für das Anbinden werden Stricke mit Panikhaken verwendet. Ein **Sicherheitsknoten** lässt sich im Notfall mit einer Hand lösen und befreit das Pferd. Pferde werden stets in Brusthöhe und etwa 60 bis 80 cm lang angebunden. Auf der Stallgasse stehen Pferde oft ruhiger, wenn sie beidseitig angebunden werden. Dazu werden entweder Stricke oder mit Schlauch überzogene Ketten verwendet.

Bei der Vorbereitung zum Fahren

Ist das Pferd sicher angebunden, sind auch beim Vorbereiten zum Fahren einige Sicherheitsaspekte zu beachten. Zum **Putzen** steht der Fahrer immer möglichst nah am Pferd und hat das Augen- und Ohrenspiel des Pferdes im Blick. Besonders im Sommer wehren Pferde oft Fliegen ab, indem sie mit dem Schweif schlagen oder ruckartig die Hinterbeine anheben. Um auf die andere Seite zu gelangen, geht der Fahrer entweder in einem großen Bogen um das Pferd herum oder er bleibt nah am Körper des Pferdes und legt eine Hand auf die Kruppe oder an die Schulter.

Das **Aufschirren** erfolgt in festgelegter Reihenfolge (siehe Kapitel 8.4), wobei die Einzelteile des Geschirrs immer sehr vorsichtig auf das Pferd gelegt werden.

Um **Beinschutz** anzulegen, geht der Fahrer in die Hocke und kann so im-

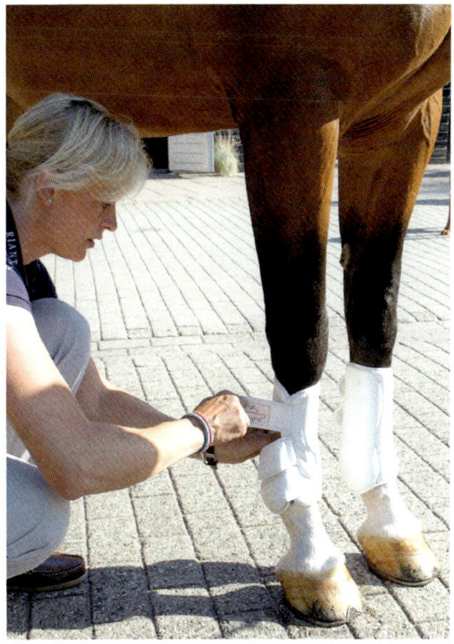

Anlegen der Gamaschen am Vorderbein

mer noch reagieren, wenn das Pferd zur Seite tritt. Dabei kann er durch eine versetze Beinhaltung die Standfestigkeit erhöhen. Niemals darf er sich hinknien oder setzen! Erschrickt sich das Pferd, kommt man nicht schnell genug auf die Füße und kann, im schlimmsten Fall, vom Pferdehuf getroffen werden.

Beim **Auflegen des Fahrzaums** bleibt der Fahrer nah am Pferd und legt nach Abnehmen des Halfters zügig den Fahrzaum an.

Die **Ausrüstung des Gespanns** (Geschirr und Wagen) muss in einem einwandfreien, gepflegten und verkehrssicheren Zustand sein. Nur dann ist ein Höchstmaß an Sicherheit gegeben.

Beim Fahren

Durch vorausschauendes Fahren lassen sich viele Situationen entschärfen und es trägt somit zur Sicherheit bei. Aber auch ein gut geschulter Beifahrer ist einer der wichtigsten Sicherheitsfaktoren besonders beim Fahren im Straßenverkehr, ebenso eine gute Be-

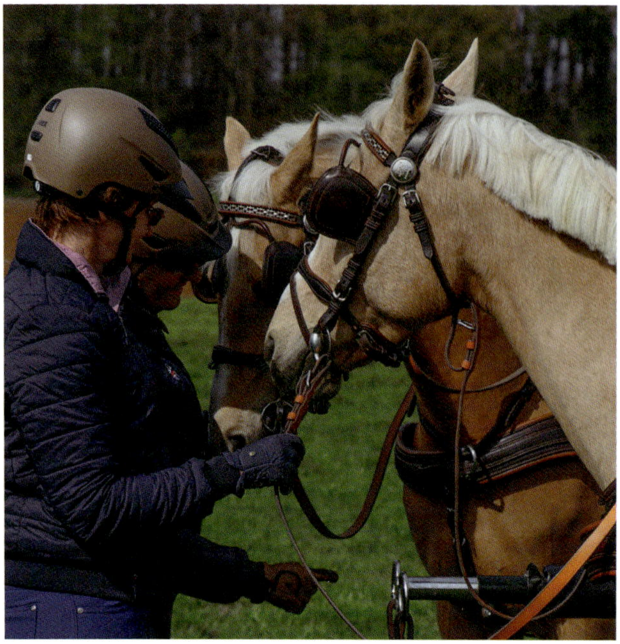

Aus Sicherheitsgründen ist die Kontrolle der Ausrüstung unerlässlich

leuchtung des Wagens bei schwierigen Lichtverhätnissen oder die richtige Einschätzung der Bodenverhältnisse.

Diese Liste mit Sicherheitsaspekten lässt sich noch endlos erweitern. Deutlich wird aber dass sich das Thema Sicherheit wie ein roter Faden durch alle Abzeichen zieht. Pferde sind und bleiben als Fluchttiere, Herdentiere und Steppenbewohner mit enorm sensiblen Sinnesorganen immer ein Stück weit unberechenbar. Dabei ist es wichtig zu verstehen, dass die „Gefahr", die von jedem Pferd ausgeht, nicht auf schlechten Charakter oder bösen Willen zurückzuführen ist, sondern weil das Pferd seine Umwelt ganz anders wahrnimmt und instinktiv reagiert. Somit ist eine sorgfältige Schulung im Umgang mit dem Pferd schon allein aus Gründen der Unfallprävention von Anfang an unerlässlich. Jeder Pferdefreund muss lernen, durch ständige Aufmerksamkeit, Umsicht und vorausschauendes Arbeiten, kritische Situationen oder gar Unfälle möglichst zu vermeiden.

2.6 Bodenarbeit

Die Bodenarbeit gilt als Überprüfung der Kommunikation zwischen Mensch und Pferd. Sicheres Führen lässt auf ein Grundverständnis für die Natur des Pferdes schließen. Die Führperson wirkt mit klaren, deutlichen Signalen auf das Pferd ein und vermittelt ihm Sicherheit auch in schwierigen Situationen. Bei den Abzeichen 10 und 7 steht zunächst der sichere Umgang mit dem Pferd in Alltagssituationen im Vordergrund. Siehe hierzu Kapitel 13. Beim FA 6 und 5 erfolgt das Vorstellen auf der Dreiecksbahn.

Die genaue Beschreibung des Vormusterns auf der Dreiecksbahn findet sich hier:

Nach der Dreiecksbahn wird das Pferd beim FA 5 durch einen Parcours mit drei bis vier Stationen geführt. Diese Stationen können sein:

- Slalom, wahlweise von links oder rechts zu führen
- Stangenlabyrinth
- Halten über einer Stange
- Führen über eine Plane/vorbei an Regenschirmen (Desensibilisierung)

Für die Bodenarbeit zum FA 7, 6 und 5 ist das Pferd auf **Trense** gezäumt. Es ist sauber geputzt und ordentlich herausgebracht. Die Führperson trägt neben festem Schuhwerk und geeigneter Oberbekleidung unbedingt Handschuhe (Verletzungsgefahr). Das Mitführen einer Gerte ist erlaubt. Die Zügel werden über den Hals genommen und etwa drei bis vier Handbreit

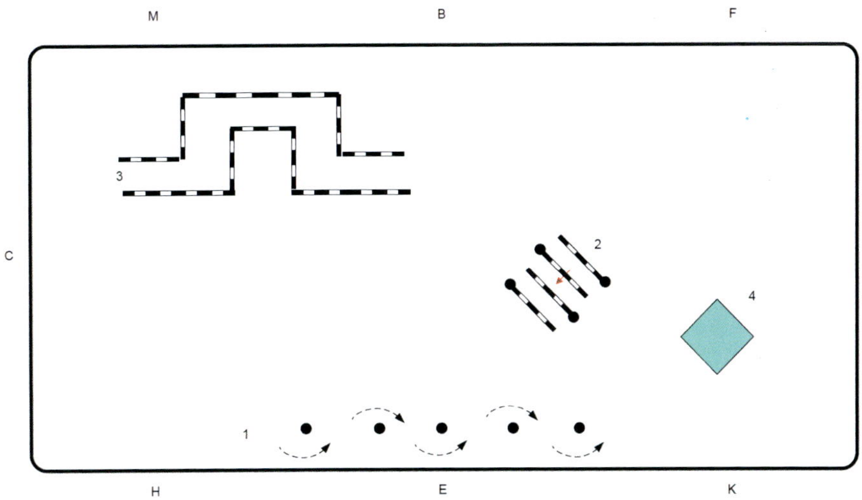

1. *Slalom*
2. *Stangentreten „Hoch-Tief"*
3. *Stangenlabyrinth*
4. *Plane/grüne Matte*

Die Bodenarbeit muss nicht maßstabsgetreu aufgebaut werden, sondern kann auch in einem abgetrennten Bereich der Halle/des Außenplatzes stattfinden.

hinter den Trensenringen korrekt aufgenommen.
Während der gesamten Vorstellung hängen die Zügel leicht durch, das Pferd reagiert überwiegend auf die Körpersprache und -haltung der Führperson. Ein deutlicher oder dauerhafter Gebrauch der Zügel oder der Stimme wird negativ bewertet. Die Führperson befindet sich während des Führens zwischen Pferdekopf und Pferdeschulter und hält eine sichere Distanz zum Pferd bei. Zu Beginn und am Ende wird das Pferd „offen" aufgestellt, sodass die Prüfer alle vier Beine sehen können (siehe Foto S. 67). Gelingt dies nicht sofort, korrigiert die Führperson die Aufstellung nach vorn. Zum Führen von Wendungen kann die linke Hand vor das Pferdeauge genommen werden, um eine optische Begrenzung zu bieten.

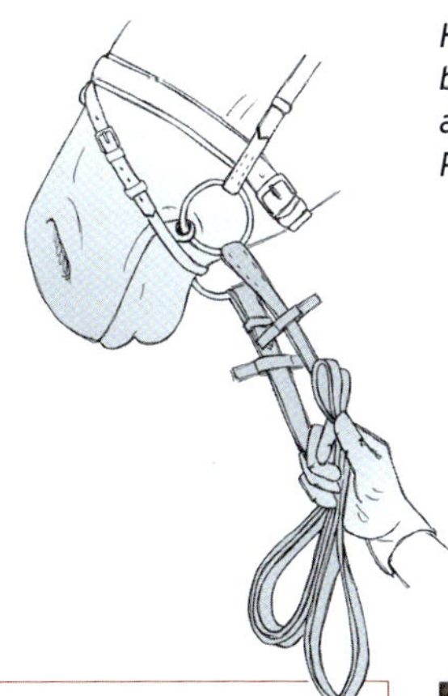

Haltung der Zügel beim Führen des aufgetrensten Pferdes.

Führen im öffentlichem Raum

Wer die Fahrabzeichen 7 und 6 absolviert, besitzt automatisch den Pferdeführerschein Umgang. Darum ist in die Bodenarbeit zum FA 6 auch das Führen im öffentlichen Raum integriert. Der öffentliche Raum liegt außerhalb der Reitanlage. Das kann zum Beispiel eine Straße oder ein Weg zur Weide sein, den auch noch andere Menschen nutzen – vielleicht Autofahrer, Fußgänger oder Menschen mit Hunden. Solche Straßenverkehrssituationen können geübt werden, so dass die Einwirkung und die Kommunikation mit dem Pferd auch bei schwierigen Begegnungen – etwa mit einem großen Traktor oder Kühen auf einer Weide gelingt. In der Prüfung zum FA 6 werden Sicherheitsaspekte zum Führen im öffentlichen Raum erläutert. Das Buch „Pferdeführerschein Umgang mit dem Pferd" bietet zu diesem Thema noch viel mehr Informationen.

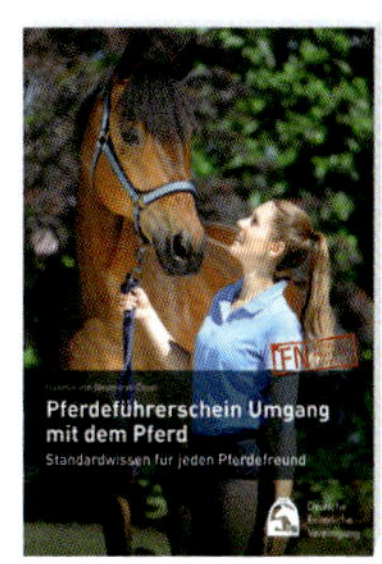

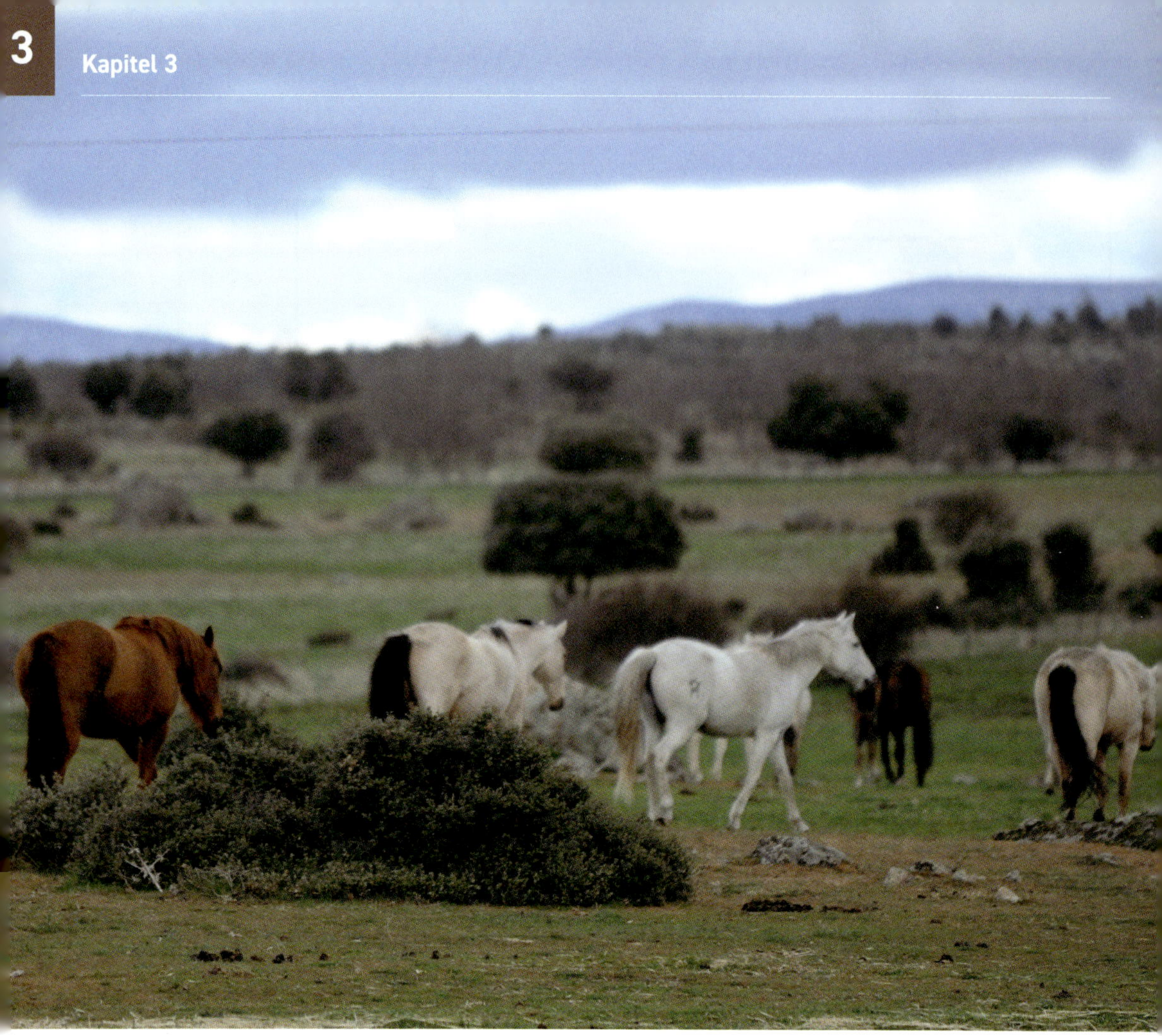

3 Leitgedanken zum Umgang mit dem Pferd

3.1 Die Ethischen Grundsätze des Pferdefreundes

Die heutigen Lebensbedingungen des Pferdes sind ausschließlich vom Menschen geschaffen und erleichtern uns in vielen Dingen die Beschäftigung mit dem Pferd im Freizeit- und im Leistungssport sowie in der Zucht. Dadurch dass der Mensch das Pferd aus seinem natürlichen Lebensraum genommen hat, übernimmt jeder, der mit Pferden umgeht, die Verantwortung für ihr Wohlergehen. Um diese Verantwortung des Menschen für das Pferd besser verständlich und anschaulicher zu gestalten, gibt es seit 1995 die **„Ethischen Grundsätze des Pferdefreundes"**.
In diesen neun Leitgedanken wird deutlich, wie umfangreich und vielschichtig der verantwortungsvolle Umgang mit dem Pferd ist.

Die Ethischen Grundsätze richten sich dabei an ALLE Pferdefreunde – egal in welcher Disziplin, Sparte des Pferdesports, Reitweise, Funktion oder Intensität der Einzelne sich mit Pferden beschäftigt.

1. **Wer auch immer sich mit dem Pferd beschäftigt, übernimmt Verantwortung für das ihm anvertraute Lebewesen.**

   Das heißt: Der Mensch ist für das Wohlergehen des Pferdes verantwortlich – egal ob er Besitzer, Fahrer, Trainer, Pfleger oder Stallbetreiber ist.
   - ➤ Um Verantwortung zu übernehmen, sind Kenntnisse notwendig.
   - ➤ Kinder werden stets von Erwachsenen mit entsprechenden Kenntnissen begleitet.

2. **Die Haltung des Pferdes muss seinen natürlichen Bedürfnissen angepasst sein.**

   Das heißt: Die Natur des Pferdes als Steppentier, Herdentier und Fluchttier ist in der Haltung zu berücksichtigen.
   - ➤ Es ist für genügend freie Bewegung möglichst mit Artgenossen zu sorgen.
   - ➤ Bei der Fütterung muss gutes Raufutter die Hauptzutat sein, Kraftfutter wird angemessen und bedarfsgerecht gegeben.

3. **Der physischen wie psychischen Gesundheit des Pferdes ist unabhängig von seiner Nutzung oberste Bedeutung einzuräumen.**

   Das heißt: Die Bedürfnisse des Menschen bei Nutzung des Pferdes stehen hinter den gesundheitlichen Bedürfnissen des Pferdes.
   - ➤ Ein krankes Pferd muss keine Leistung erbringen.
   - ➤ Auch das mentale Wohlbefinden des Pferdes muss berücksichtigt werden.

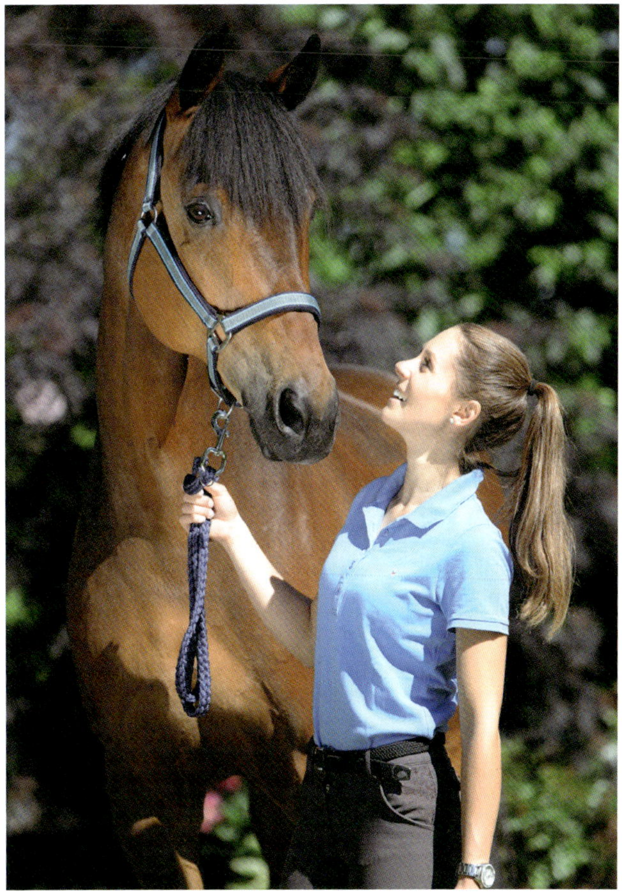

4. **Der Mensch hat jedes Pferd gleich zu achten, unabhängig von dessen Alter, Rasse und Geschlecht sowie Einsatz in Zucht, Freizeit oder Sport.**

   Das heißt: Jedes Pferd hat die gleichen Bedürfnisse und die gleichen Ansprüche an Haltung, Pflege, Fütterung und Betreuung
   - ➤ Das Lehrpferd muss genauso regelmäßig zum Schmied, geimpft und entwurmt werden wie das Turnierpferd.
   - ➤ Das Sportpferd möchte genauso regelmäßig auf die Weide wie die Zuchtstute.

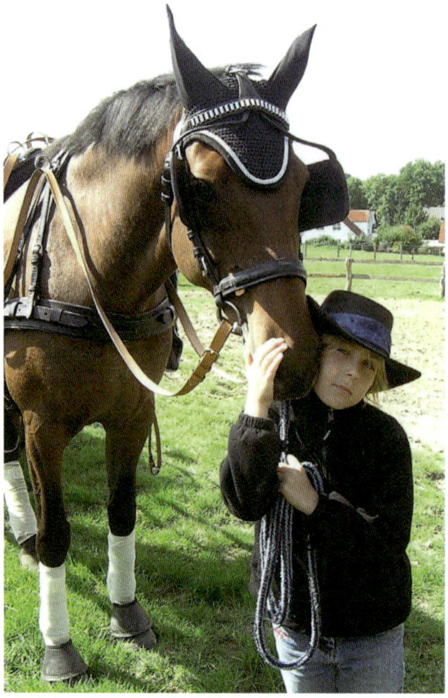

Pferde fördern die Entwicklung von Kindern.

5. Das Wissen um die Geschichte des Pferdes, um seine Bedürfnisse sowie die Kenntnisse im Umgang mit dem Pferd sind kulturgeschichtliche Güter. Diese gilt es zu wahren und zu vermitteln und nachfolgenden Generationen zu überliefern.

Das heißt: Menschen und Pferde haben eine gemeinsame Geschichte. Nicht immer war das Pferd nur Freizeitpartner, sondern viele Jahrhunderte überlebenswichtiges Transport- und Nutztier.

- Durch die lange gemeinsame Entwicklung der Beziehung zwischen Mensch und Pferd ist ein enormes Wissen entstanden.
- Aus früheren Zeiten und alten Kulturen kann man viel über Pferde lernen – und vieles ist auch heute noch relevant.

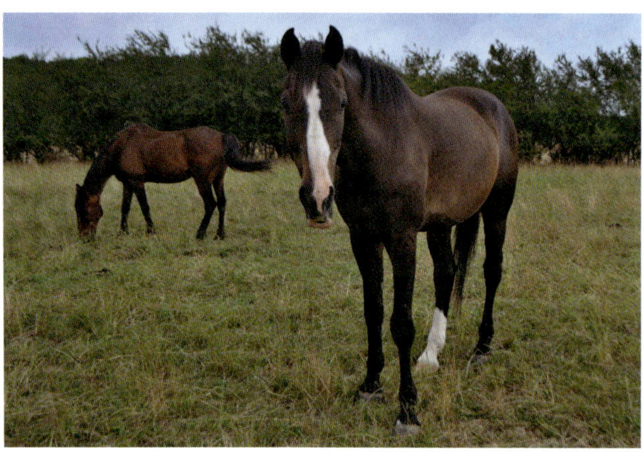

Das alte Sportpferd genießt sein Rentnerleben auf der Weide.

6. Der Umgang mit dem Pferd hat eine persönlichkeitsprägende Bedeutung gerade für junge Menschen. Diese Bedeutung ist stets zu beachten und zu fördern.

Das heißt: Pferde tun Kindern gut. Sie helfen ihnen bei der körperlichen und geistigen Entwicklung.

- Pferde fördern Selbstbewusstsein, Toleranz und Empathie.
- Pferde fordern Selbstdisziplin, Zuverlässigkeit und Sorgfalt.

7. Der Mensch der gemeinsam mit dem Pferd Sport betreibt, hat sich und das ihm anvertraute Pferd einer Ausbildung zu unterziehen. Ziel jeder Ausbildung ist die größtmögliche Harmonie zwischen Mensch und Pferd.

Das heißt: Nur durch eine fachlich fundierte Ausbildung ist dauerhaft pferdegerechtes Fahren möglich.

- Richtiges Fahren nach der klassischen Fahrlehre gilt als praktizierter Tierschutz.
- Harmonie ist unabhängig vom sportlichen Niveau oberstes Ziel.

8. Die Nutzung des Pferdes im Leistungs- sowie im allgemeinen Reit-, Fahr- und Voltigiersport muss sich an seiner Veranlagung, seinem Leistungsvermögen und seiner Leistungsbereitschaft

orientieren. Die Beeinflussung des Leistungsvermögens durch medikamentöse sowie nicht-pferdegerechte Einwirkung ist abzulehnen und muss geahndet werden.

Das heißt: Jedes Pferd hat Stärken und Schwächen, die respektiert werden sollten.

- Aus einem Haflinger wird kein Weltmeister, aber oft ein toller Freizeitpartner.
- Nicht pferdegerechte Methoden und unerlaubte Medikation sind tierschutzwiedrig.

9. Die Verantwortung des Menschen für das ihm anvertraute Pferd erstreckt sich auch auf das Lebensende des Pferdes. Dieser Verantwortung muss der Mensch stets im Sinne des Pferdes gerecht werden.

Das heißt: Das Pferd hat eine kürzere Lebenserwartung als wir Menschen. Daher muss in vielen Fällen der Mensch entscheiden, wann das Pferd erlöst wird.

- Wenn das Pferd kein artgerechtes Leben mehr führen kann, ist der Zeitpunkt für den Abschied gekommen.
- Sportliche, wirtschaftliche oder finanzielle Aspekte dürfen für die Entscheidung nicht ausschlaggebend sein.

Eigentlich sind die neun Punkte der Ethischen Grundsätze für jeden Pferdefreund eine Selbstverständlichkeit. Denn das Wohlergehen des Pferdes hat für jeden Pferdefreund alleroberste Priorität. Und nur wenn **Haltung**, **Versorgung**, **Umgang** und **Ausbildung** des Pferdes unter Berücksichtigung dieser Leitgedanken stattfindet, kann das Pferd sich seiner Natur entsprechend entwickeln und wohlfühlen.

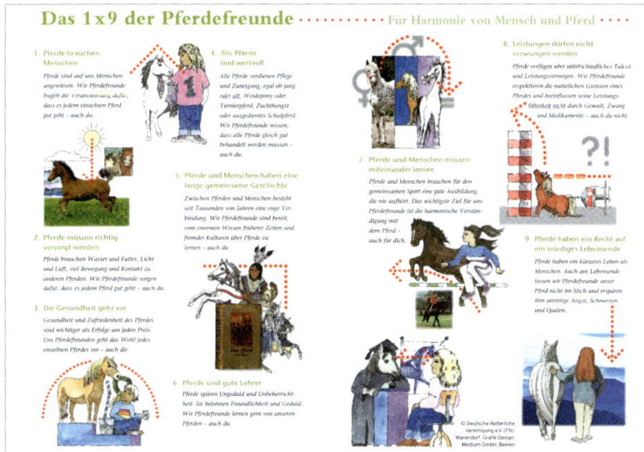

Das kindgerechte Poster zu den Ethischen Grundsätzen ist über www. pferd-aktuell.de/ shop/broschuren-formulare-vertrage-unterrichtsmaterial/ poster-postkarten zu beziehen.

Daher sollte jeder Pferdefreund die Ethischen Grundsätze nicht nur für die Abzeichenprüfung auswendig lernen, sondern diese auch im Alltag – ob zu Hause im Stall oder auf dem Turnier – leben und dadurch auch anderen ein Vorbild sein.

3.2 Grundregeln des Verhaltens im Pferdesport

Da im Reitstall, auf Turnieren oder anderen Reitsportveranstaltungen ganz unterschiedliche Menschen aufeinandertreffen, gibt es für das Miteinander im Pferdesport einen **Verhaltenskodex**. Darin werden in 12 Punkten Grundregeln für den Umgang mit den Mitmenschen in verschiedenen Konstellationen aufgestellt und erläutert. Neben dem allgemeinen, respektvollen Umgang miteinander am Stall geht es dabei auch um das Verhalten von Reit- beziehungsweise Fahrlehrern, Richtern und Prüfern oder auch Eltern. Werte wie Achtung, Respekt, Zuverlässigkeit, Toleranz und Fairness, aber ebenso Ordnung, Disziplin und Selbstbeherrschung machen das Leben für alle Beteiligten angenehmer – im Allgemeinen und ganz besonders im Pferdesport.

Grundregeln des Verhaltens im Pferdesport (Verhaltenskodex)

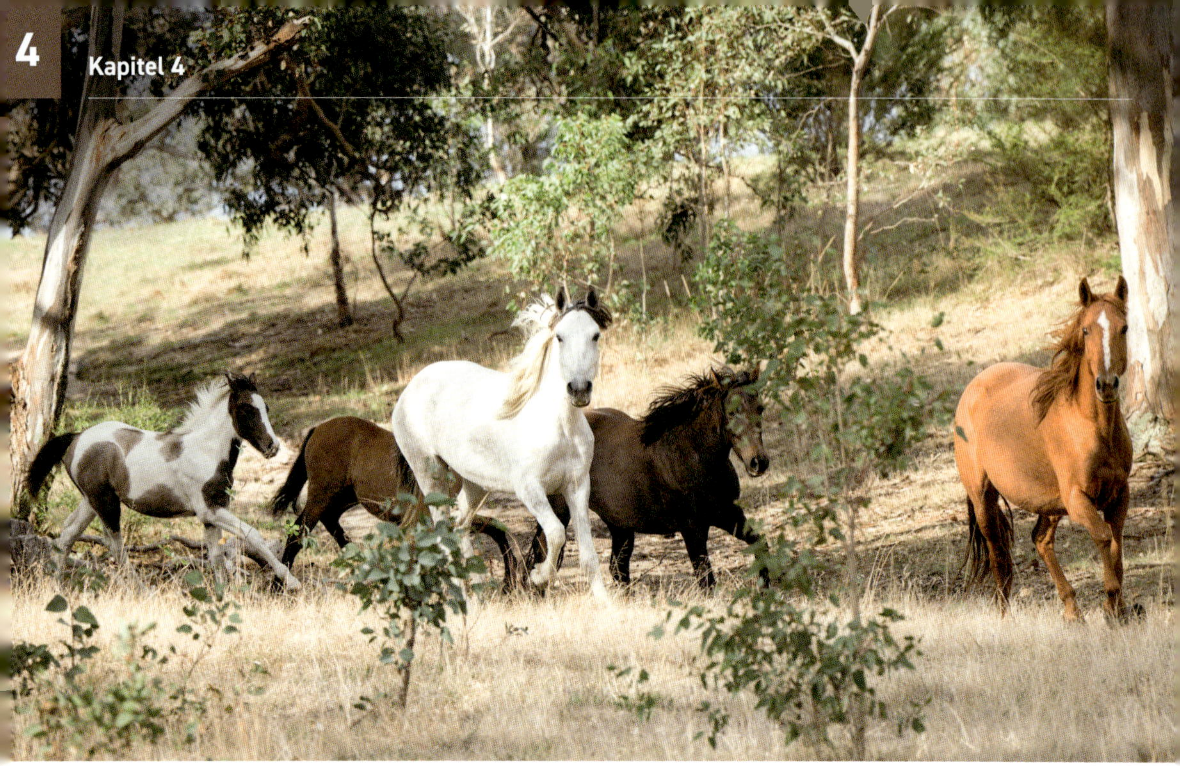

Der ursprüngliche Lebensraum der Pferde lädt zum Laufen in der großen Weite ein.

4 Pferdehaltung

Die Haltung (Unterbringung, Fütterung, Tagesablauf) und das Bewegungsangebot (freie und kontrollierte Bewegung) müssen den natürlichen Bedürfnissen der Pferde Rechnung tragen. Ihr ursprünglicher Lebensraum war die weitläufige, grasbewachsene Steppe; an das Leben dort ist das Pferd angepasst.

- Als **Grasfresser** können sie sich ausschließlich von frischem Gras oder Heu ernähren. Um ihren Nahrungsbedarf zu decken, fressen sie viele Stunden am Tag. Sie brauchen regelmäßigen, unbegrenzten Zugang zu sauberem Wasser. Für ihren Stoffwechsel sind sie von genügend Licht abhängig.
- Als **Herdentiere** fühlen sie sich in der Gesellschaft von Artgenossen wohl und sicher. Sie suchen den Schutz der Herde und konkurrieren um einen höheren Platz in der Rangordnung. Sie wollen mit befreundeten Artgenossen soziale Fellpflege betreiben oder spielen.
- Als **Fluchttiere** brauchen sie genügend Bewegungsraum, um einen Sicherheitsabstand zwischen sich und jede reale oder vermeintlich drohende Gefahr legen zu können.
- Als **Lauftiere** legen sie täglich große Strecken zurück: beim Grasen im ruhigen Schritt, auf dem Weg zu Futter- und Wasserstellen in ausdauerndem Trab, beim Spiel und auf der Flucht im raumgreifenden Galopp.
- Als **Klimawiderständler** (Tiere, die sich wechselnden Temperaturen gut anpassen können) brauchen sie den Reiz von unterschiedlichem Wetter und sind unempfindlich gegen leichten Regen und trotzen auch größeren Temperaturschwankungen. Schutz suchen sie nur vor Wetterextremen (Sturm, heftigem Regen, Gewitter).
- Als **Nestflüchter** können selbst wenige Stunden alte Fohlen bereits im vollen Tempo mit der Herde mithalten. Für eine gesunde Entwicklung

Text Isabelle von Neuman-Cosel, entnommen aus „Pferdeführerschein Umgang mit dem Pferd" von Isabelle von Neumann-Cosel, Deutsche Reiterliche Vereinigung e.V. (Hrsg.), FNverlag, Warendorf 2019

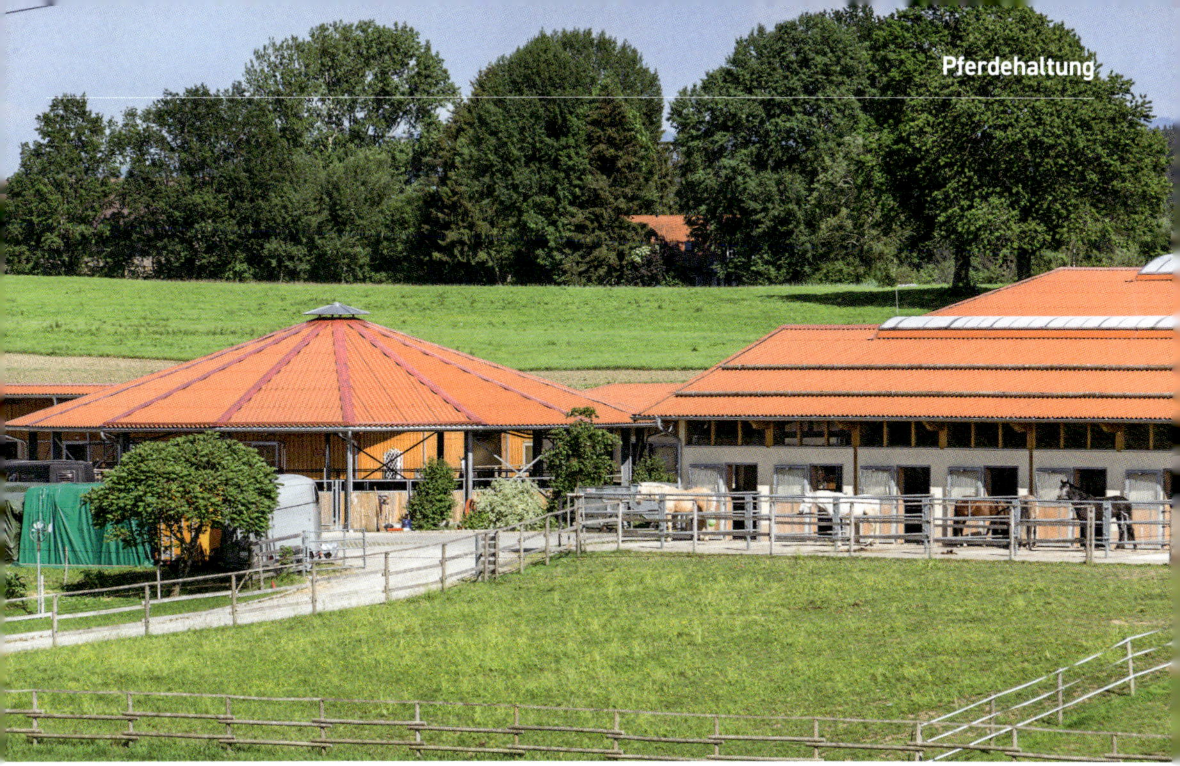

Artgerechte Pferdehaltung orientiert sich an den natürlichen Bedürfnissen der Pferde.

brauchen sie lebenslang genug Bewegung.

➤ Als **Zehenspitzengänger** können sie sich energiesparend bewegen. Sie dösen zur Entspannung regelmäßig im Stehen, brauchen aber auch einige Stunden Schlaf im Liegen. Pferde legen sich allerdings nur hin, wenn sie sich sicher fühlen. Fohlen und Jungpferde haben ein größeres Schlafbedürfnis.

Die Haltung muss sich in jedem Einzelfall daran messen lassen, wie gut sie die natürlichen Bedürfnisse des Pferdes erfüllt. Nur unter dieser Voraussetzung kann ein Pferd gesund, ausgeglichen und leistungsfähig bleiben.

Im Überblick:

Tierschutz und Pferdehaltung

Artgerecht sind:

➤ eine bestmögliche, den natürlichen Bedürfnissen entsprechende Unterbringung, Versorgung und Pflege

➤ Haltung in der Gesellschaft von Artgenossen mit genügend Kontaktmöglichkeiten

➤ ausreichende Bewegungsangebote

➤ Für alle Verantwortlichen: Fähigkeiten und Kenntnisse, die eine angemessene Ernährung, Pflege und verhaltensgerechte Unterbringung gewährleisten können

Tierschutzwidrig sind:

➤ Anbindehaltung in Ständern

➤ Stacheldraht und Knotengitter als alleinige Einzäunung von Weiden oder Paddocks

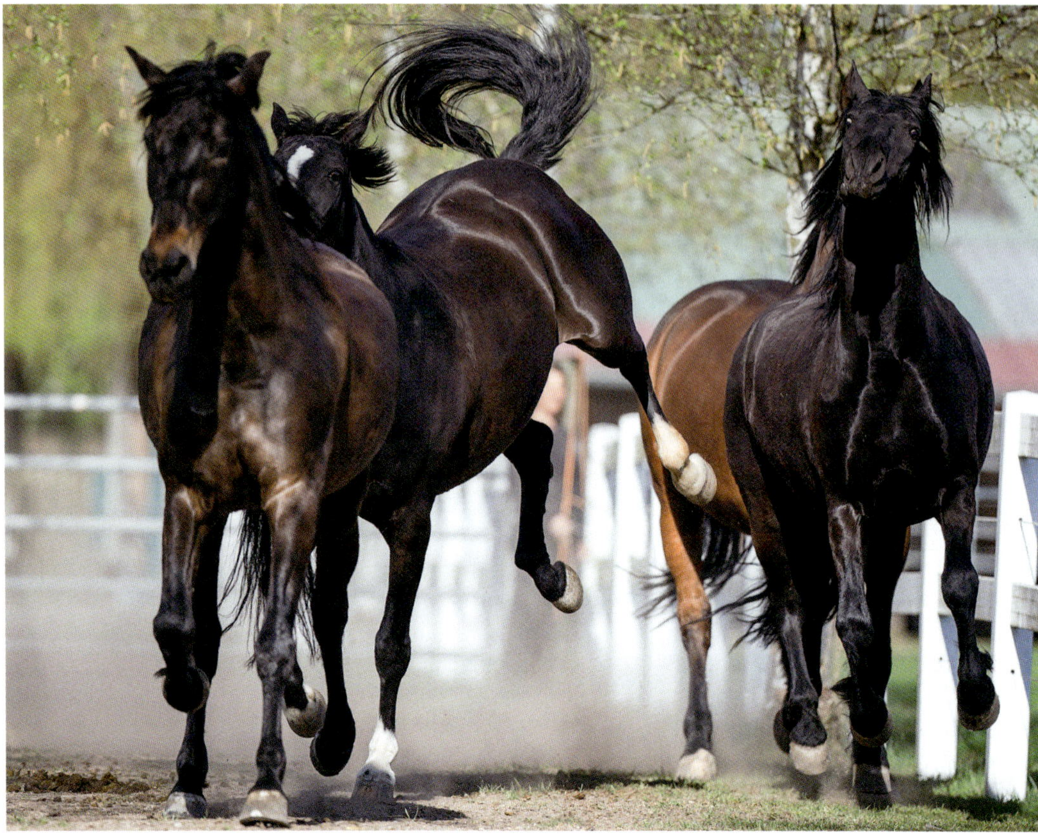

Streitigkeiten um die Rangordnung bergen Verletzungsgefahren.

4.1 Unterschiedliche Formen der Pferdehaltung

Für die artgerechte, sichere Unterbringung von Pferden gibt es verschiedene Konzepte; alle haben Vor- und Nachteile. Die passende Haltung für jedes einzelne Pferd hängt von vielen unterschiedlichen Faktoren ab.

Einzeln oder in der Gruppe?

Die größten Gegensätze bestehen zwischen Einzelhaltung und Gruppenhaltung. Einzeln heißt dabei nicht allein: Auch wenn Pferde einzeln in einer Box, auf einer Weide, einem Paddock oder in einem Auslauf gehalten werden, brauchen sie Pferdenachbarn, die sie hören, sehen und riechen können.

Die typische Form der **Einzelhaltung** ist die **Box** mit durchgehenden Trennwänden, eventuell mit angeschlossenem Kleinauslauf, der oftmals auch als Paddock bezeichnet wird. Alternativ können Pferde auch einzeln in einem Auslauf mit Unterstellmöglichkeit oder auf einer Koppel gehalten werden.

Typische Formen der **Gruppenhaltung** sind die **Weide** und/oder der **Offenstall** mit Auslauf. Ein weiteres Konzept bieten **Bewegungsställe**, in denen auseinander liegende Funktionsbereiche (z. B. Auslauf-, Fress-, Liegebereich) besondere Bewegungsanreize bieten.

Unabhängig von der Haltungsform muss dem Bedürfnis, sich täglich mehrstündig bewegen zu können, Rechnung getragen werden.

Einzelhaltung von Pferden ist grundsätzlich sicherer und vereinfacht sehr viele organisatorische Abläufe. Dabei sollte unbedingt für ausreichende Bewegungsmöglichkeiten und angemessene Licht- und Luftzufuhr gesorgt werden. Zudem benötigen Pferde immer die Möglichkeit sozialer Interaktion.

Gruppenhaltung von Pferden erfordert Erfahrung und Fingerspitzengefühl. Nicht alle Pferde lassen sich zu harmonischen Gruppen zusammenschließen; auch in größeren Herden ist es üblich, dass Pferde sich in Untergruppen von 2 bis 10 Mitgliedern zusammentun.

Zusammenstellung von Pferdegruppen

Bei der Zusammenstellung von Gruppen für eine Weidehaltung oder Gruppenhaltung kann eine **geschickte Planung** das Risiko von Streitigkeiten um die Rangordnung verringern.

Pferde mit **ähnlichen Eigenschaften** (Rasse, Geschlecht, Alter, Temperament) schließen sich meist leichter einander an: zum Beispiel eine Gruppe älterer Wallache, Zuchtstuten, Rentner oder Fohlen. Ältere Stuten oder Wallache übernehmen oft gegenüber jüngeren Pferden eine Art Aufsichtsfunktion und halten das Konkurrenzverhalten gleichaltriger Jungpferde in Schach. Wallache und Stuten können harmonische Paare bilden – allerdings kann es während der Rosse in gemischten Gruppen mit Stuten und Wallachen zu Problemen kommen.

Neue Pferde müssen behutsam integriert werden – entscheidend für den Erfolg ist, dass das neue Pferd schon vorher ausreichend Sozialkontakte zu anderen Pferde hatte. Auch vertraute Herden müssen gut beobachtet werden, um mögliche Veränderungen in der **Gruppendynamik** rechtzeitig zu bemerken. Es kann nötig werden, unverträgliche Pferde aus der Gruppe zu entfernen oder kranke Pferde zu ihrer eigenen Schonung vorübergehend herauszunehmen.

Leitlinien zur Beurteilung von Pferdehaltungen unter Tierschutzgesichtspunkten

Das Bundesministerium für Ernährung und Landwirtschaft hat „Leitlinien zur Beurteilung von Pferdehaltungen unter Tierschutzgesichtspunkten" veröffentlicht. Diese Leitlinien sind zwar keine Gesetze, werden aber in der Regel von öffentlichen Stellen als Maßstab herangezogen, wenn es um Entscheidungen in Fragen der Pferdehaltung geht. Zudem bieten sie jedem Pferdehalter Maßstäbe, um die eigene Haltung kritisch zu überprüfen. Die Leitlinien enthalten unter anderem eine Fülle detaillierter Vorgaben für die Größe und Beschaffenheit von Pferdeboxen, Ställen Ausläufen und Weiden. Die hier beschriebenen Ansprüche an artgerechte Pferdehaltung entsprechen diesen Leitlinien. Zusätzlich bieten die Deutsche Reiterliche Vereinigung und die Landwirtschaftskammern der Bundesländer Informationen, Beratung und Service-Leistungen zum Thema Pferdehaltung an.

4.2 Weidehaltung

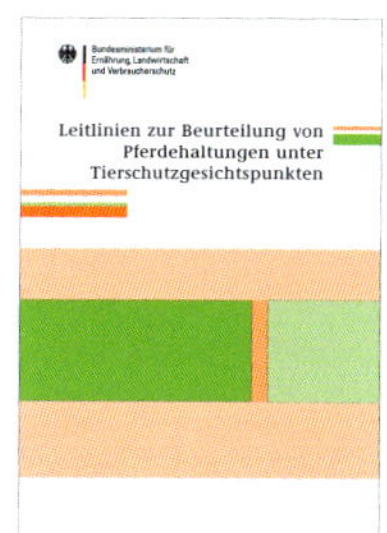

Die Weidehaltung ist ideal für Pferdegruppen mit möglichst konstanter Besetzung: Zuchtstuten, Fohlen und alte Pferde.

In der Regel beschränkt sich Weidehaltung auf das Sommerhalbjahr von Anfang Mai bis Ende Oktober. Sollen Pferde **ganztägig** oder Tag und Nacht draußen bleiben, brauchen sie Schutz vor Wetterextremen, also vor heftigem Regen, Sturm, starker Sonneneinstrahlung und quälenden Insekten. Je nach Situation kann beispielsweise auch eine Baumgruppe ein natürlicher Witterungsschutz sein.

Ganzjährige Weidehaltung – also auch im Winter – erfordert deutlich mehr Infrastruktur. Die Pferde brauchen einen ausreichenden **Witterungsschutz**, der über eine trockene und weiche Liegefläche (z.B. Stroh, Späne, Sand etc.) verfügt. Heu und Kraftfutter müssen

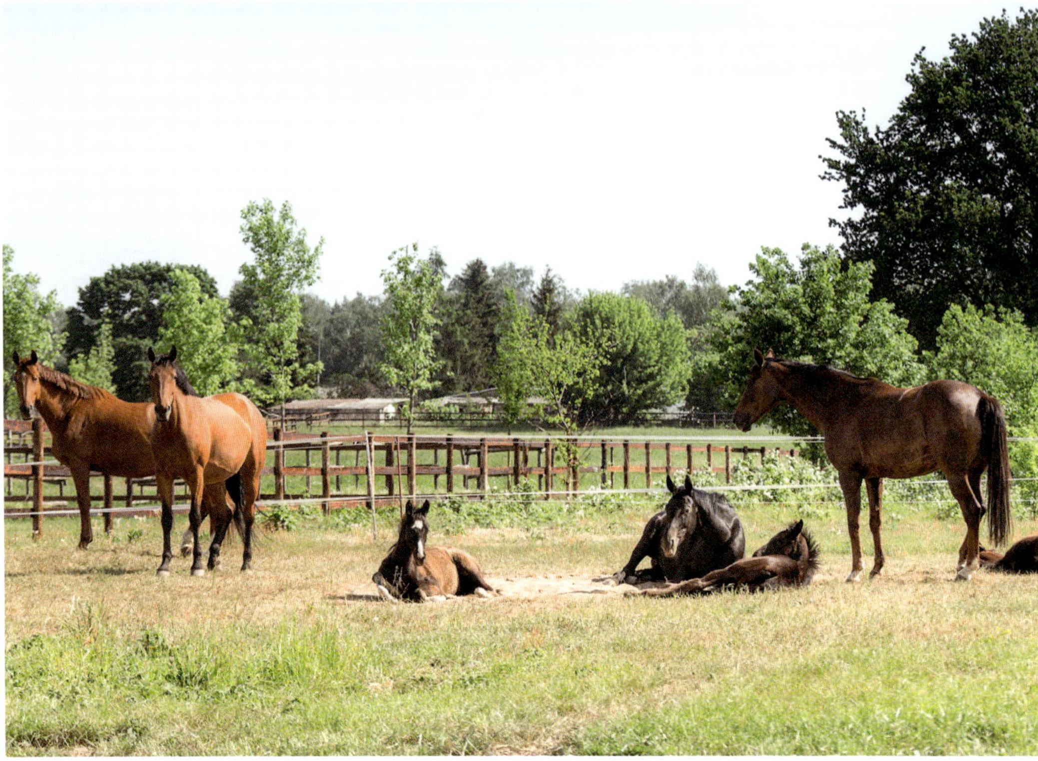

Nur in einer vertrauten Gruppe ruhen Pferde im Liegen.

zugefüttert werden können. Werden Pferde im Winter dauerhaft auf nassen, matschigen Böden gehalten, können sie krank werden (z. B. Mauke oder Strahlfäule, siehe Seite 58).

Giftpflanzen

Viele Giftpflanzen werden von Pferden wegen ihres Geruchs oder Geschmacks verschmäht, aber bei einigen hoch giftigen Pflanzen versagt

Weidehaltung Pro und Kontra	
Vorteile	**Nachteile**
• entspricht den artspezifischen Bedürfnissen am ehesten • Gras kann zugleich als Futter dienen • Pferde können ihr Sozialverhalten ausleben • bei entsprechender Größe in der Fläche, vielfältiger Geländeformation und günstiger Zusammensetzung der Pferdegruppe bieten sich zahlreiche Bewegungsanreize • komfortabel, wenn Witterungsschutz gegen extremes Wetter oder starke Insektenplage vorhanden	• hoher Flächenbedarf • Verletzungsgefahr durch Streitigkeiten um die Rangordnung • Grasaufnahme kann kaum gesteuert werden • fehlende Infrastruktur für individuelle Fütterung und Bewegung • bei kleiner Fläche und kleiner Pferdegruppe wenig Bewegungsanreize • in den Wintermonaten, je nach Bodenbeschaffenheit und Größe der Lauffläche, Gefahr drastischer Verschlechterung der Grasnarbe und des Bodens

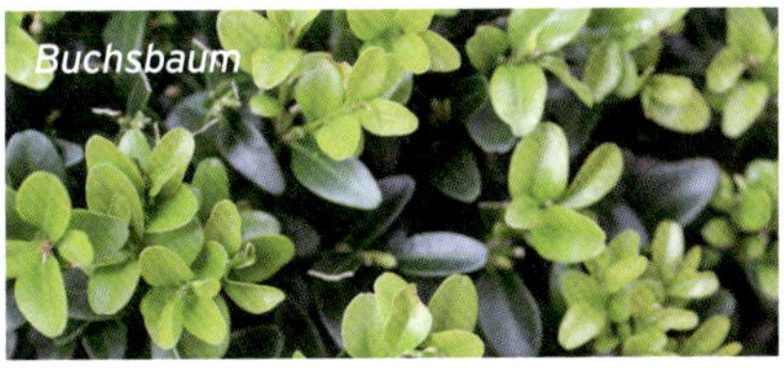

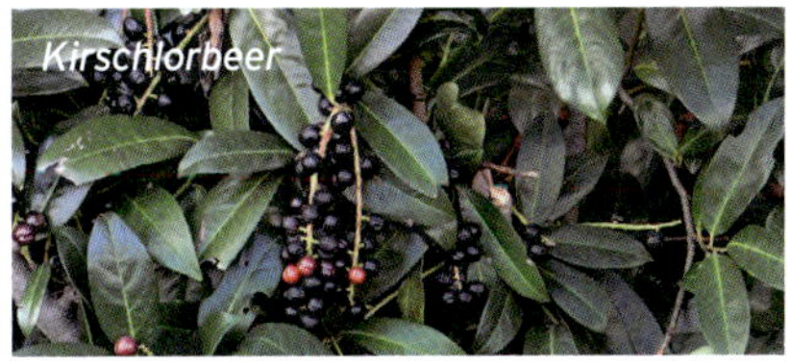

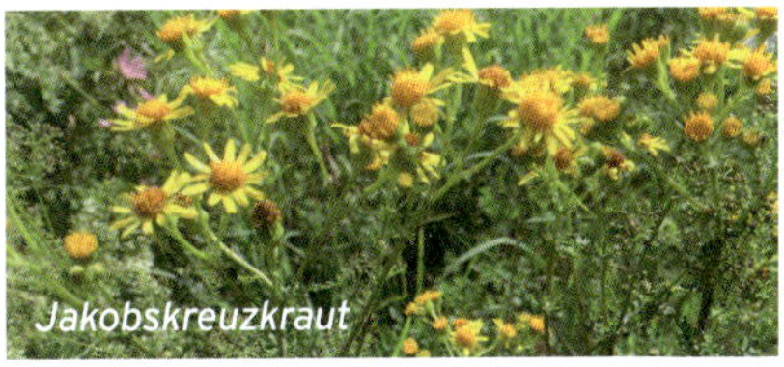

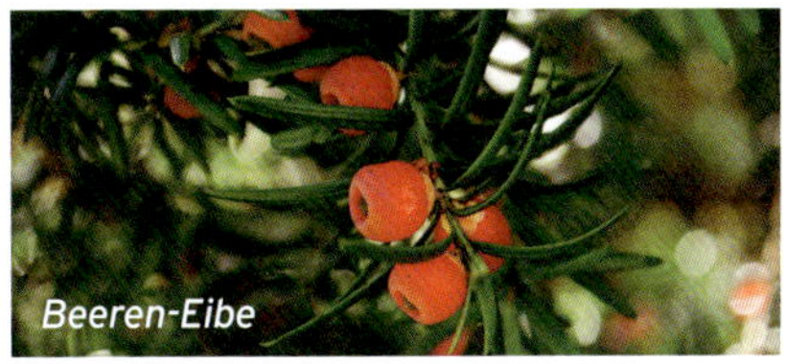

ihr **Frühwarnsystem**. Eine besondere Gefahr geht von den Pflanzen aus, die noch im getrockneten Zustand - also im Heu - giftig wirken, zum Beispiel das Jakobskreuzkraut. Ebenfalls von Pferden gefressen werden die hochgiftigen Samen des Bergahorn-Baumes. Besonders dann, wenn das Futter knapp ist, werden Giftpflanzen aufgenommen.
Generell sollten Koppeln im Frühjahr auf vorhandene oder neu angesiedelte Giftpflanzen überprüft werden.
Die hier gezeigten Pflanzen stellen nur eine kleine Auswahl dar.

Im Überblick:

Die Pferdeweide

- **Grundfläche:** bei ganzjähriger Weidehaltung ab 0,5 ha pro Großpferd
- **Form:** Weiden möglichst langgezogen statt quadratisch anlegen für einen besseren Bewegungsspielraum
- **Einzäunung:** gut sichtbar, stabil und möglichst ausbruchssicher; bewährt haben sich Holzzäune in Kombination mit Elektrobändern; 1,20 m bis 1,60 m hoch
- **Boden:** bevorzugt trockene, mineralische Böden; bei Nässe Zerstörung der Grasnarbe und Morastbildung vermeiden
- **Bewuchs:** ideal sind Weiden, die mit einer Vielfalt an eher „mageren", trittfesten und an den Standort angepassten Pflanzen bewachsen sind; auf Giftpflanzen kontrollieren
- **Pflege:** Entfernung von Mist, Nachmähen, Abschleppen zur Einebnung, bei Bedarf Kalken und Nachsäen
- **Witterungsschutz:** Schutz vor Nässe, starkem Wind, Insekten; muss für alle Pferde zugänglich sein (vor allem bei dauerhafter oder ganzjähriger Weidehaltung)
- **Wasser:** regelmäßiger Zugang zu frischem, sauberem Wasser
- **Zufütterung:** je nach Bedarf für alle Pferde zugängliche Heufütterung und die Möglichkeit für individuelle Gabe von Kraftfutter
- **Zusammensetzung der Pferdegruppe:** auf Verträglichkeit und ähnlichen Energiebedarf achten
- **Kontrolle:** mindestens einmal täglich

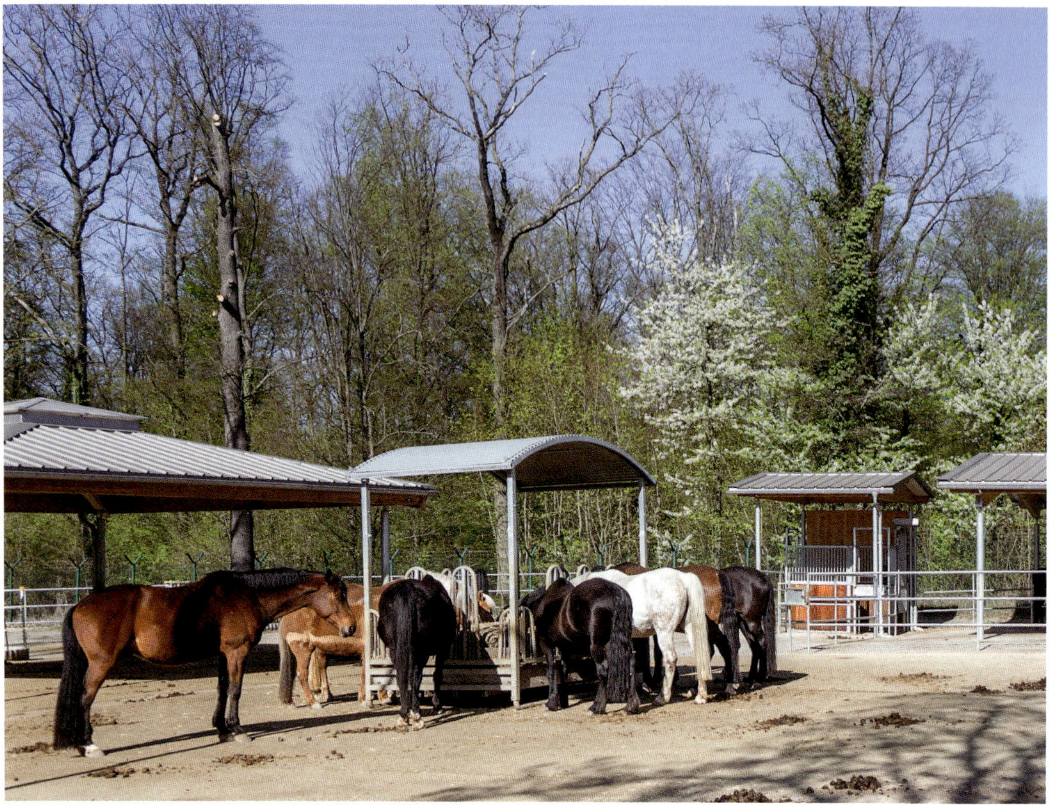

Gruppenhaltung mit getrennten, aber gut zugänglichen Bereichen für Futteraufnahme, Witterungsschutz und Ruhen

4.3 Gruppenhaltung

Es gibt verschiedene Formen der Gruppenhaltung; ihnen gemeinsam ist, dass Pferde mit mehreren Artgenossen zusammen leben.

Wenn die Pferdegruppe in einem Stall gehalten wird, ohne ständigen Zugang nach draußen, spricht man von einem **Innenraumlaufstall** (z.B. Stuten oder Jungpferde in Gestüten). Sobald Auslauf-, Fress- und Liegebereiche ge-

Gruppenhaltung Pro und Kontra	
Vorteile	**Nachteile**
• ganzjährig nutzbar • Pferde können Sozialverhalten ausleben • komfortabel bei einer ausgeglichenen Herdenzusammensetzung • auf befestigtem Untergrund und bei entsprechend geschickter Platzierung von Wasser- und Futterstellen mehr Bewegungsanreize (auch bei ungünstiger Witterung) • individuelle Fütterung und Bewegung möglich	• höhere Verletzungsgefahr, wenn sich die Dynamik in der Pferdegruppe durch eine nicht konstant zusammenlebende Herde ändert • nur für eine begrenzte Gruppengröße möglich

trennt voneinander angeordnet sind, handelt es sich um einen **Mehrraumlaufstall**.
Ein Stall mit offenen Türen und einer direkt angeschlossen, befestigten Bewegungsfläche und somit ein permanenter Zugang zu Außenbereichen, auch bei schlechtem Wetter, wird als **Offenstall** bezeichnet.
Sind die Funktionsbereiche Bewegung, Fressen und Ruhen weit voneinander entfernt, ist vom **Bewegungsstall** oder **Aktivstall** die Rede. Die Pferde müssen sich bewegen, um alle Funktionsbereiche zu erreichen. Dabei wird oftmals die Kraftfutteraufnahme – ein wichtiger Bewegungsanreiz – elektronisch gesteuert. Ein am Pferd angebrachter Transponder steuert den Zugang zum Fressstand, wo das Futter in vielen kleinen Rationen am Tag individuell zugeteilt wird.
In der Gruppenhaltung muss ausreichend Platz für jedes Pferd vorhanden sein; enge Stellen und Sackgassen müssen vermieden werden. Für alle Pferde muss **genügend Platz** zum Ruhen und zum Fressen zur Verfügung stehen.

Im Überblick:

Gruppenhaltung

- **Anforderungen:** ausreichender Platz, genügend Liegeflächen, keine Engstellen oder Sackgassen, wenn möglich ergänzender Weidegang
- **Bei Gruppen-Auslaufhaltung:** überdachter Witterungsschutz, genügend Liegefläche, befestigter Auslauf
- **Zugang zu Futter und Wasser für jedes Pferd:** Gruppen-Heufütterung, Fressstände oder andere Einrichtungen für Kraftfuttergabe, frostsichere Tränke
- **Zusammenstellung der Pferdegruppe:** planvolle Gruppenzusammenstellung, behutsame Einführung von Neulingen, soziale Dynamik in der Gruppe aufmerksam beobachten, Verträglichkeit entscheidet

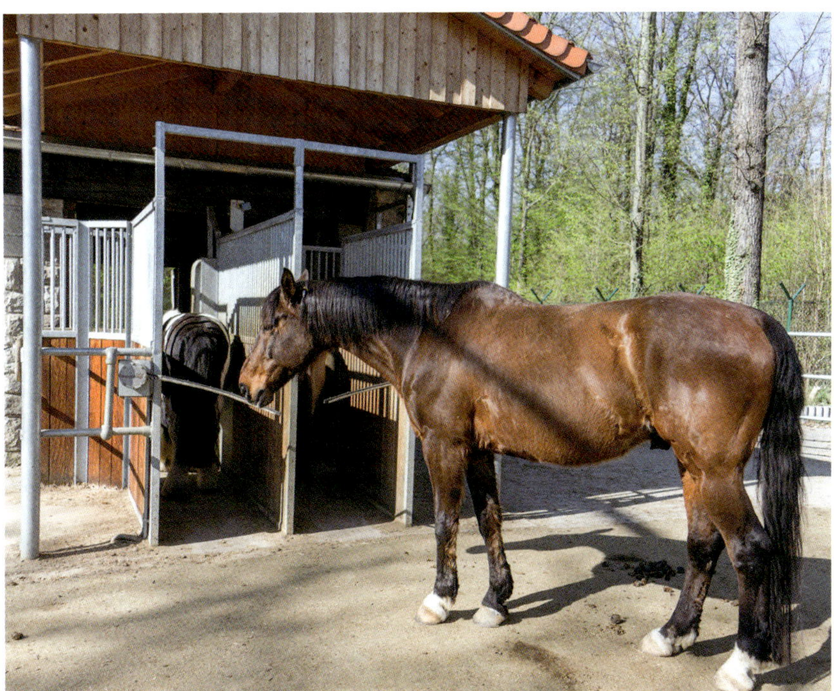

Kraftfutterstation im Aktivstall – Pferde erhalten ihr Kraftfutter in vielen kleinen Portionen und werden so zur Bewegung angeregt.

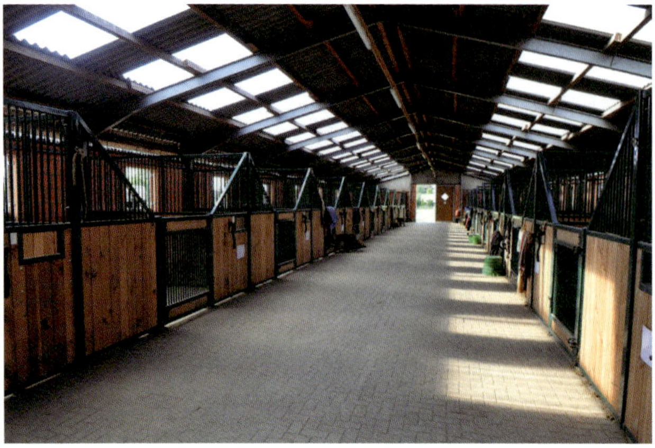

Ein heller, luftiger Stall mit viel Raum für Sozialkontakte

4.4 Haltung in Einzelboxen

Boxenhaltung ist dort üblich, wo eine wechselnde Zahl von Pferden mit unterschiedlichen Eigentümern individuell untergebracht, versorgt und bewegt werden soll.

Stall mit Einzelboxen

Einzelboxen erlauben eine sichere, komfortable Unterbringung für Pferde. Sie bieten allen Pferden einen **geschützten Raum**, wo sie ungestört fressen, dösen und schlafen können - in der Gruppenhaltung keine Selbstverständlichkeit. Wegen der starken Einschränkung der Bewegungsmöglichkeit muss Boxenhaltung immer mit Angeboten zur freien und kontrollierten Bewegung kombiniert werden.

Vorgelagerte Paddockboxen bieten den Pferden die Möglichkeit, sich nach Wunsch im Freien aufzuhalten.

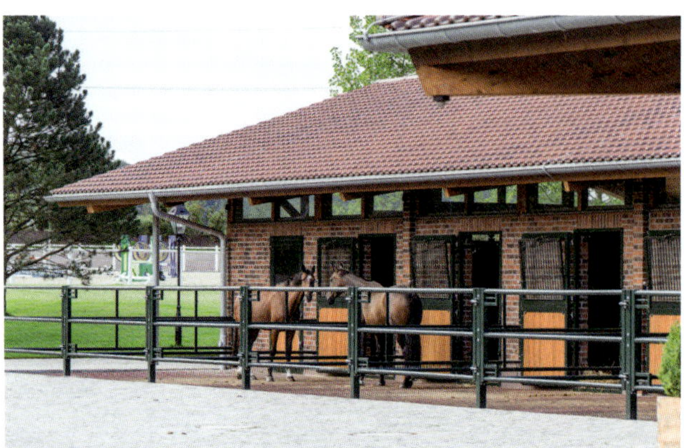

Boxen mit vorgelagerten **Paddocks** (Kleinausläufen), die sie nach Belieben aufsuchen können, bieten den Pferden auch in Einzelboxenhaltung Umwelt- und Klimareize. Hier können sie Licht, Luft und Sonne tanken und direkten Berührungskontakt mit dem Stallnachbarn aufnehmen.

Ein Einzelpaddock muss mindestens dieselbe Grundfläche wie eine Pferdebox haben. Die Zeit, die ein Pferd hier verbringt, kann allerdings nicht zur freien Bewegung gezählt werden. Von freier Bewegung wird erst ab einer Auslaufgröße von mindestens 150 qm gesprochen, sodass sich das Pferd in allen drei Grundgangarten zumindest kurz bewegen kann.

Anforderungen an eine Pferdebox

Eine Pferdebox soll **sicher, groß, hell** und **luftig** sein und **Kontakt** zu Artgenossen erlauben. Daher ist es üblich, Boxenzwischenwände und Boxenvorderwände nur bis zum Buggelenk zu schließen und auf den geschlossenen Trennwandbereich Gitter aufzusetzen. Die Box muss Verletzungsgefahren ausschließen und ausreichend groß sein, um dem Pferd zu erlauben, sich mit ausgestreckten Beinen hinzulegen. Zur üblichen Einrichtung einer Box gehören ein großer, splittersicherer **Futtertrog** mit flachem Boden sowie ein ständiges Angebot an **frischem Wasser**, bevorzugt aus einer fest installierten Selbsttränke, die täglich kontrolliert werden sollte.

Wahl der Einstreu

Die beiden am häufigsten für die Einstreu verwendeten Varianten sind **Getreide-Stroh** (auch in gehäckselter oder pelletierter Form) und **Hobelspäne**. Stroh - zugleich ein Raufutterangebot - bietet den großen Vorteil, dass die Pferde sich wie in der freien Natur intensiv mit der Futteraufnahme

Im Überblick:
Die Pferdebox

- **Grundfläche:** mindestens doppelte Widerristhöhe zum Quadrat (Rechenbeispiel für ein 1,70 m großes Pferd: Widerristhöhe = 3,40 m 3,40 m x 3,40 m = 11,56 m^2, also ca. 12 m^2)
- **Wände und Krippe:** glatt, ohne Verletzungsgefahr (keine scharfen Ecken oder Kanten, herausstehenden Nägel oder Schrauben, Löcher in Brettern oder Wänden)
- **Trennwände:** müssen mindestens Seh-, Hör- und Riech- (Schnupper)-Kontakt ermöglichen
- **Gitter mit engem Abstand:** für Großpferde höchstens 5 cm, damit sich kein Pferdehuf darin verklemmen kann; Abstände für Ponys und Fohlen nach Bedarf kleiner
- **Gitter mit großem Abstand:** mindestens 30 cm, damit ein Pferd nicht mit durchgestecktem Kopf darin hängenbleiben kann
- **Boden:** eben, widerstandsfähig, wasserundurchlässig, rutschfest
- **Selbsttränke:** in anderer Ecke als die Krippe und der Futterplatz für Heu, Anbringung etwa in Brusthöhe - für Fohlen und kleinere Ponys entsprechend tiefer
- **Türen:** möglichst breit (mindestens 1,20 m); Höhe: 1,4 x Widerristhöhe; sichere, für Pferde nicht erreichbare Verschlüsse
- **Fenster:** Fensterfläche für jedes Pferd möglichst 1 m^2
- **Temperatur:** angeglichen an die Außentemperatur, nur extreme Temperaturen abgemildert
- **Stallgasse:** bei Großpferden mindestens 2,50 m breit, bei doppelter Boxenreihe besser 3 m breit; rutschfester Boden; genügend Anbindemöglichkeiten

beschäftigen können. Das Stroh sollte sich durch gute Qualität - erkennbare goldgelbe Farbe und guter Geruch - auszeichnen und darf keinen offensichtlichen Schimmel (dunkle Verfärbung, schimmeliger Geruch) enthalten. Als Alternative bieten sich entstaubte Hobelspäne an. Obwohl bei der Haltung auf Spänen weniger Mist anfällt, ist die Entsorgung problematischer. Wird kein Stroh als Einstreu verwendet, muss das Pferd anderweitig mit ausreichendem Raufutter versorgt werden. Andernfalls entstehen zu lange Fresspausen.

Box- und Paddockpflege

Je nach Größe und Futtergabe scheiden Pferde täglich größere Mengen **Kot** (ca. 10 bis 20 kg) und **Urin** (ca. 5 bis 10 l) aus. Damit sich durch die entsprechenden Fäulnisvorgänge keine zu große Menge des Reizgases **Ammoniak** bildet, muss die Einstreu trocken und sauber gehalten werden. Daher sollten Boxen möglichst **täglich**

Boxenhaltung Pro und Kontra	
Vorteile	**Nachteile**
• ungestörter Rückzugsort für Pferde zum Fressen, Dösen, Ruhen • größtmögliche Sicherheit • individuelle Fütterung, wenn nötig medizinische Versorgung, Pflege und Bewegung durch den Pferdehalter sind problemlos möglich	• stark eingeschränkte Bewegungsmöglichkeit • begrenzter Sozialkontakt • möglicherweise Mangel an Außenreizen

Stundenweiser Aufenthalt im Paddock sollte auch im Winter eine Selbstverständlichkeit sein.

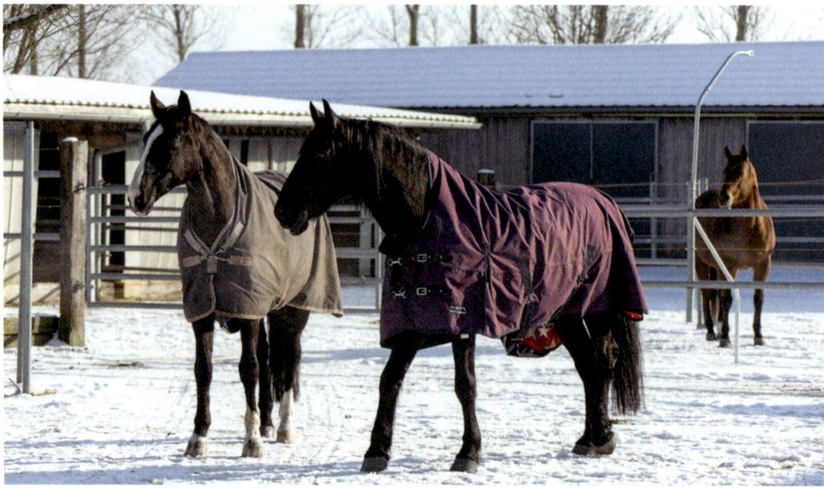

gepflegt werden; nur so kann Pferden ein komfortabler Liegeplatz bei gutem Stallklima geboten werden.
Von **Matratzeneinstreu** spricht man, wenn zwar täglich reichlich frisch eingestreut, aber die Box nur in längerfristigen Abständen vollständig ausgemistet wird. So entsteht eine feste Schicht als Liegefläche unter der frischen Einstreu. Diese Art des Ausmistens erfordert einen sehr gut belüfteten Stall. Selbstverständlich sollten auch die angrenzenden Paddocks täglich gesäubert werden.

4.5 Bewegung und Management

Pferde, die als Sport- oder Freizeitpartner eingesetzt werden, erhalten durch Training regelmäßige, **kontrollierte Bewegung** (Training, Arbeit). Zusätzlich muss jedes Pferd täglich die Möglichkeit zur **freien, ungehinderten Bewegung**, am besten an der frischen Luft, haben – je mehr, desto besser.
Ein mehrstündiges Bewegungsangebot, welches sowohl freie als auch kontrollierte Bewegung umfasst, gehört zu den Mindeststandards bei der Pferde-

Paddocks und eine großzügige Führanlage bieten Alternativen für freie und kontrollierte Bewegung.

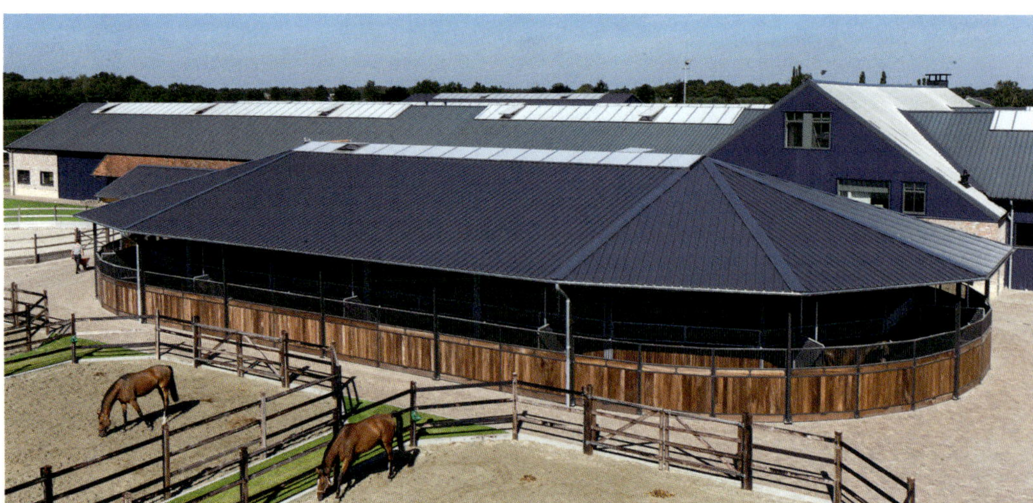

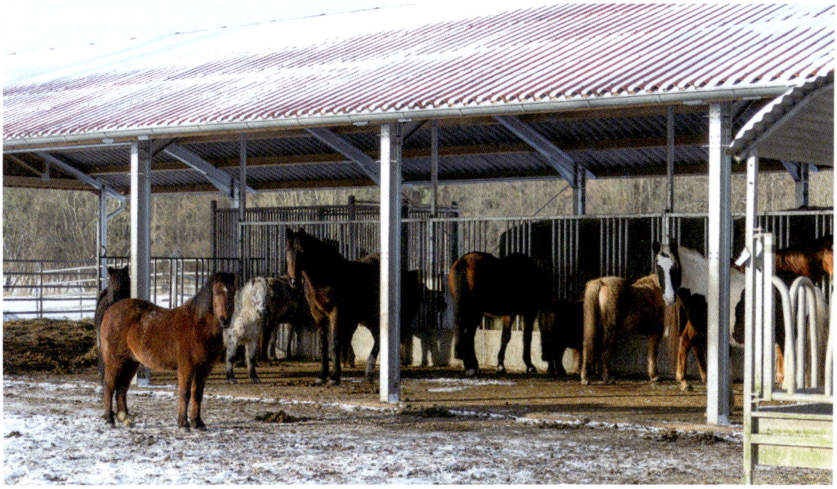

Offenstallhaltung im Winter – die Qualität des Bodens ist entscheidend.

haltung. Ein Mangel an kontrollierter Bewegung muss durch ein deutlich erhöhtes Angebot an freier Bewegung ausgeglichen werden. Pferde, die nicht gezielt bewegt werden können (Zuchtstuten, Jungpferde, Rentner) brauchen so viel freie Bewegung wie möglich.

Bei den Angeboten zur freien Bewegung geht es neben einem Beitrag zur Erfüllung des Bewegungsbedürfnisses um die Befriedigung weiterer **artspezifischer Bedürfnisse**: Licht und Luft, Wälzen, Sozialkontakte, Erkundung der Umgebung.

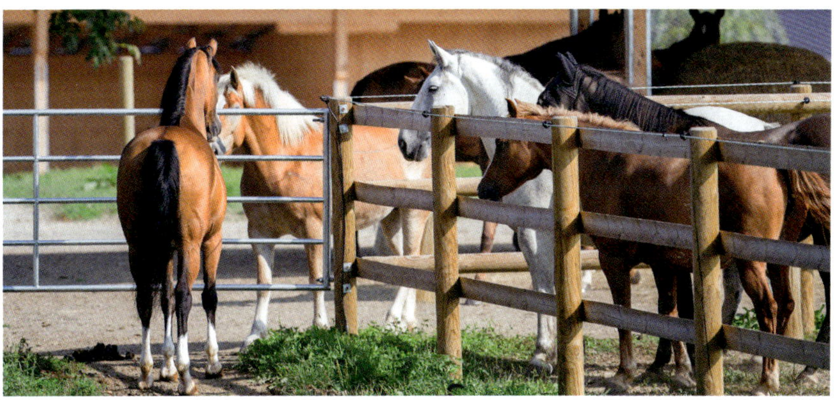

Pferdegesellschaft bietet Beschäftigung.

Im Überblick:

Tierschutz und Leistung im Pferdesport

Verboten

- ist, einem Pferd – außer in Notfällen – Leistungen abzuverlangen, denen es offensichtlich nicht gewachsen ist oder die seine Kräfte übersteigen.
- ist, bei einem sportlichen Wettkampf Dopingmittel zu verabreichen.
- sind, Ausbildungs- und Trainingsmaßnahmen, die für das Pferd mit erheblichen Schmerzen, Leiden oder Schäden verbunden sind.

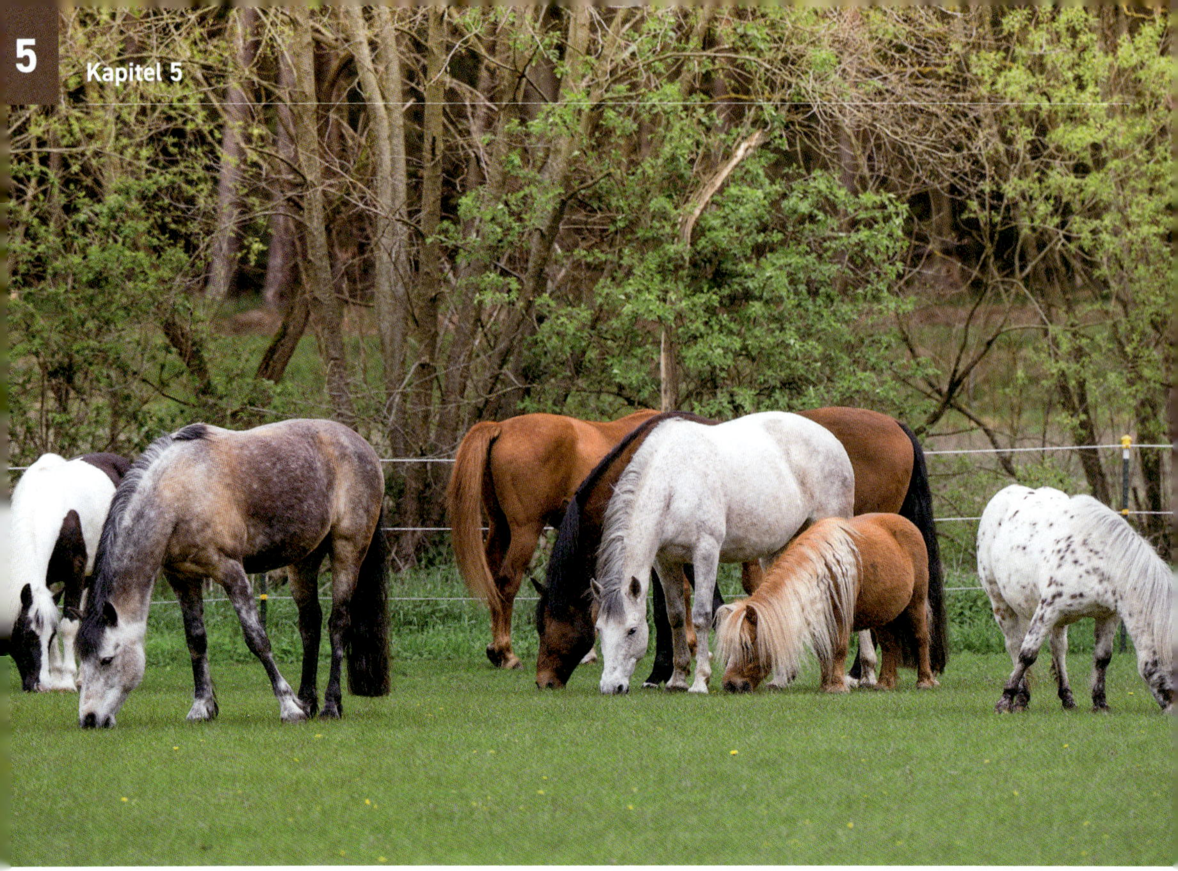

Frisches Gras ist das natürliche Lieblingsfutter aller Pferde.

5 Fütterung

5.1 Nahrungsaufnahme und Verdauung

Das Verdauungssystem der Pferde als ursprüngliche Steppenbewohner ist auf die Aufnahme von **rein pflanzlicher Nahrung** spezialisiert.

Vom Maul bis in den Magen

Pferde sind außerordentlich geschickt darin, ihre Nahrung passend auszuwählen. Sehr bewegliche Lippen mit sensiblen **Tasthaaren** erlauben es ihnen, unerwünschte Bestandteile oder Fremdkörper auszusortieren.
Mithilfe der Lippen, der Schneidezähne und der Zunge wird die Nahrung erfasst und in den hinteren Bereich des Maules transportiert, wo die Backenzähne die aufgenommene Nahrung zerkleinern.
Der Kauvorgang löst die **Speichelproduktion** aus, durch Zusatz von Speichel entsteht ein Speisebrei, der durch die bis zu 1½ m lange Speiseröhre in den Magen abgeschluckt wird.

Text Isabelle von Neumann-Cosel, entnommen aus „Pferdeführerschein Umgang mit dem Pferd" von Isabelle von Neumann-Cosel, Deutsche Reiterliche Vereinigung e.V. (Hrsg.), FNverlag, Warendorf 2019

Tierschutz und Fütterung

Im Tierschutzgesetz ist festgelegt, dass ein Tierhalter sein Tier entsprechend seinen natürlichen Bedürfnissen füttern muss - die nicht-ausreichende Versorgung mit Raufutter ist somit tierschutzrelevant.
Jeder Pferdehalter muss sich die nötigen Kenntnisse aneignen, um sein Pferd bedarfsgerecht füttern zu können.

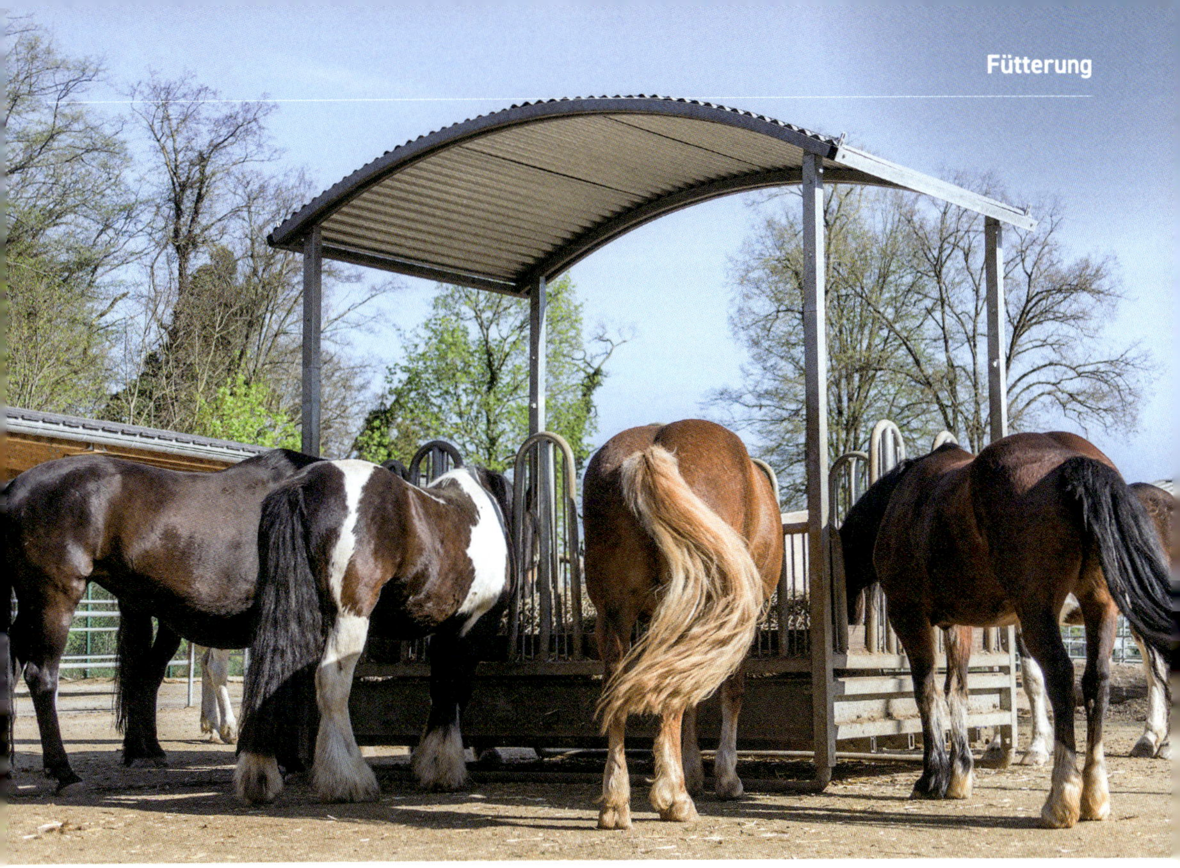

Getrocknetes Gras – Heu – ist der wichtigste Bestandteil der Fütterung.

Ein kräftiger Schließmuskel verhindert, dass Nahrung in den Schlund zurückfließt, wenn der Magen gefüllt ist. Daher können Pferde nicht erbrechen - was einmal heruntergeschluckt wurde, muss die lange Magen-Darm-Passage antreten.

Der **Pferdemagen** ist relativ klein und liegt weit vorn, das heißt, noch in dem Teil der Bauchhöhle, der durch die Rippen geschützt ist. Er fasst nur **12 bis 14 l** Inhalt. Im Magen wird das Futter geschichtet und mit Magensaft versetzt. Diese Verdauungsphase ist wichtig für den ungestörten Ablauf der Verdauung.

Zur Sicherheit

- Sowohl für die Nahrungsaufnahme als auch für die Verdauung brauchen Pferde viel Zeit und Ruhe.
- Während der Fütterungszeiten und mindestens eine Stunde danach sollten Pferde nicht gestört und auf keinen Fall gearbeitet werden.

Vom Dünndarm bis zum Äppelhaufen

Der Weg der Nahrung führt weiter über den 16 bis 24 m langen Dünndarm und dann über den 8 bis 9 m langen Dickdarm. Der zwischen Dünn- und Dickdarm abzweigende Blinddarm (bis zu 1 m lang) zieht sich auf der rechten Pferdeseite von der Flanke bis in Richtung Brustbein. Hier werden schwer verdauliche Nahrungsbestandteile zersetzt.

Die unverdaulichen Reststoffe werden als **Kot** abgesetzt. Bei einem gesunden Pferd mit intakter Verdauung soll der Kot die Form kleiner Äpfel haben. Am Aussehen des Kots lassen sich **Verdauungs- und Gesundheitsprobleme** ablesen. Pferdeäpfel sollen weich, aber deutlich geformt, glänzend grünbraun-gelb gefärbt sein und keinen unangenehmen Geruch haben.

Die Verdauungsorgane

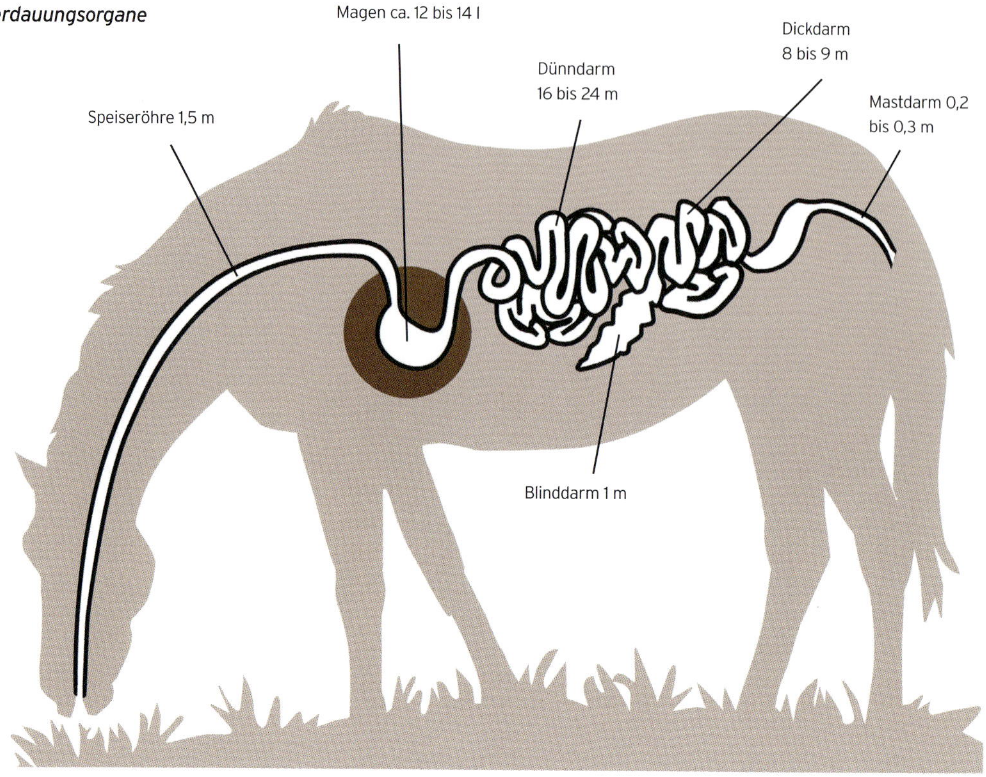

Im Überblick:
Mögliche Verdauungsprobleme

- Unzerkleinert heruntergeschluckte Nahrung (z.B. Apfelstücke) oder quellfähige Nahrungsmittel, die trocken verfüttert wurden (z.B. getrocknete Rübenschnitzel, Weizenkleie) → **Schlundverstopfung**
- Hygienisch nicht einwandfreies Futter (Befall mit Bakterien oder Schimmelpilzen, gefrorenes oder vergorenes Futter) → **Fehlgärungen und Entzündungen in Magen und Darm,** auch **Magenüberladung** oder **Verdichtung des Mageninhalts**
- Futtermittel, die verkleistern können (Roggen oder Weizen) nur in geringem Umfang verfüttern → **Gefahr von Magenentzündungen und Fehlgärungen**
- Zu hoher Fruktangehalt (Gras im Frühjahr) oder mangelhafter Stärkeaufschluss (zu viel unbehandelte Gerste oder Mais) → **schwerwiegende Erkrankungen (z.B. Hufrehe)**
- Zu niedriger Anteil von Raufutter (Heu, Futterstroh) → **Verdauungsprobleme, Entzündung der Magenschleimhaut**
- Frisches, nicht abgelagertes Heu und Stroh wird oft zu gierig aufgenommen → **Gefahr von Kolik, Magen- und Darmentzündung, Hufrehe**
- Zu hoher Strohanteil oder Wassermangel → **Gefahr von Verstopfung**

5.2 Wasser- und Futtermengen

Pferde haben einen hohen Bedarf an Wasser und Futter. Beides in erforderlicher Menge und in guter Qualität bereitzuhalten setzt eine anspruchsvolle Planung voraus.

Richtiges Tränken

Ein ausgewachsenes Großpferd mit einem Gewicht von 500 bis 600 kg braucht, je nach Witterung, körperlicher Belastung und Fütterung mit Raufutter, etwa **25 bis 60 l Trinkwasser** am Tag. Das Wasser sollte entweder in einer Selbsttränke frei zugänglich sein oder aus einem Eimer mehrmals täglich frisch angeboten werden. Dabei sollten Pferde ihren Durst vor der Fütterung und 1 bis 3 Stunden danach stillen können. Der Wasserbedarf steigt zum Beispiel nach der Gabe von Heu oder Futterstroh, nach Wasserverlust durch Ausscheidungen (Schwitzen) und ist darüber hinaus abhängig von der Witterung. Tränkanlagen beziehungsweise Tränkeimer müssen täglich kontrolliert und gegebenenfalls gereinigt werden.

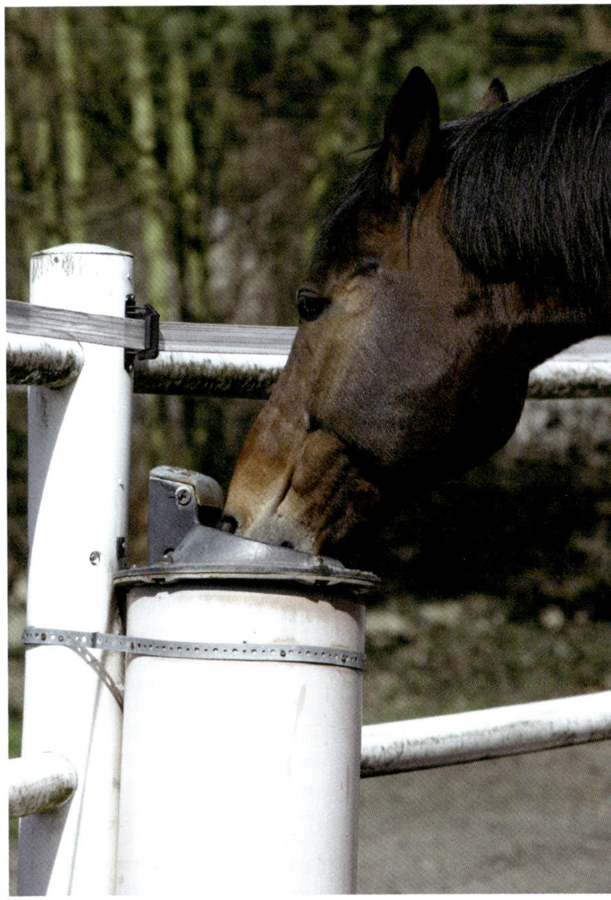

Tränken müssen frei zugänglich und frostfest sein.

Passendes Futter

Die richtige **Zusammensetzung, Dosierung** und **Qualität** des Futters entscheiden über Gesundheit, Wohlbefinden und Leistungsbereitschaft eines Pferdes. Daher sollte die genaue Wahl der Futtermittel und -menge immer mit einem Fachmann abgesprochen werden.

An erster Stelle in der Fütterung steht die Gabe von genügend **Raufutter**, also Heu oder Silage und Futterstroh (Hafer-, Weizen- oder Gerstenstroh). Pferden sollte vor jeder Kraftfutter-Mahlzeit Raufutter vorgelegt werden (siehe Seite 45). Heu ist dabei das einzige Nahrungsmittel, das man Pferden unbedenklich zur Selbstversorgung bis an die Sättigungsgrenze (ad libitum) anbieten kann (mit Ausnahme von Pferden und Ponys, die zu Übergewicht neigen). Jedes Pferd muss täglich mindestens **1,5 kg Raufutter** (Heu, Stroh, gut strukturierte Silage) **pro 100 kg Körpergewicht** erhalten. Durch Stroh, das üblicherweise auch zum Einstreuen des Stalls verwendet wird, kann das Pferd seinen Raufutterbedarf ergänzend decken, die Gabe von Stroh darf das Füttern von Heu oder Silage allerdings nie vollständig ersetzen. Andernfalls besteht die Gefahr einer **Verstopfungskolik**. Die reichliche Gabe von Heu oder Silage verhindert am besten, dass Pferde zu viel Stroh aufnehmen. Qualitativ ein-

> **Im Überblick:**
> ## Tränken
>
> - Ein Pferd braucht in Abhängigkeit von Körpergewicht, Raufuttergabe, Witterung und Flüssigkeitsverlust **bis zu 60 l sauberes Wasser am Tag** (mindestens 3-mal pro Tag bis zur Sättigung anbieten, vor und 1 bis 3 Stunden nach den Mahlzeiten tränken).
> - Übermäßige Wasseraufnahme **direkt vor der Fütterung** sollte vermieden werden.
> - Selbsttränken oder Eimer müssen **regelmäßig gereinigt** werden.
> - **Erhitzten Pferden** sollte nicht zu viel auf einmal und kein zu kaltes Wasser vorgesetzt werden.
> - Bei **hohen Temperaturen** wird empfohlen, Pferden während oder nach dem Training Wasser anzubieten. So kann einer Überhitzung vorgebeugt werden.

wandfreies Raufutter befriedigt nicht nur das Kaubedürfnis des Pferdes, sondern schützt auch vor Fehlgärungen und damit vor Koliken.

Bei Pferden in Weidehaltung, die keine besondere Leistung erbringen müssen, kann auch **Gras als alleiniges Futtermittel** ausreichen. Zusätzlich ist aber immer die Versorgung mit Mineralfutter nötig; außerdem brauchen auch Weidepferde Zugang zu einem Salzleckstein. Im Laufe der Wachstumsperiode ändern sich Nährstoffgehalt und -zusammensetzung des Weidegrases. Gegenüber dem frischen Gras im Frühjahr wird der Rohfaseranteil immer größer.

Da die Grasaufnahme nur schwer gesteuert werden kann, ist bei Haltung auf Gras auch Überfütterung mit entsprechenden schweren Erkrankungen, wie Kolik und Rehe (siehe Seiten 56, 58), möglich. Gefährdet sind vor allem leichtfutterige Ponyrassen. Auf jeden Fall sind für die Anlage, Bewirtschaftung und Pflege von Pferdeweiden entsprechende **Fachkenntnisse** nötig.

Zur Sicherheit

- Große Vorsicht ist bei der Fütterung von Gras im Frühjahr geboten; es hat einen sehr hohen Energie- und Eiweißgehalt und einen geringen Rohfaseranteil. Eine Gesundheitsgefahr für Pferde (Erkrankung an Hufrehe) geht zusätzlich von hohem Fruktangehalt (Pflanzen-Speicherstoffe aus Fruchtzucker) im Gras aus, insbesondere nach kalten Nächten. Um Koliken und Stoffwechselstörungen zu vermeiden, sollten Pferde im Frühjahr stundenweise an die Grasaufnahme gewöhnt werden.

Individuelle Rationen

Die Ermittlung des Futterbedarfs für ein einzelnes Pferd richtet sich nach vielen **verschiedenen Faktoren: Rasse, Alter, Größe**, ungefähres **Körpergewicht, Haltungsform, Temperament** und vor allem danach, mit welcher Dauer und Intensität das Pferd gearbeitet wird **(Leistung)**.

Eine länger andauernde Unter- oder Überversorgung mit Futtermitteln, Vitaminen und Mineralien kann zu einem Abfall der Leistungsbereitschaft und gesundheitlichen Problemen führen.

Der **tägliche Futterbedarf** eines Großpferdes das regelmäßig arbeitet, kann durch circa 2,5 kg Kraftfutter, 7,5 kg Heu und 2 kg Stroh sowie Mineralfutter nach Bedarf abgedeckt werden.

Im individuellen Einzelfall muss die gesamte Ration allerdings sorgfältig an die **tatsächlichen Bedürfnisse** angepasst werden. Dabei sind heutzutage Probleme durch **Überfütterung** häufiger zu beobachten als durch Unterversorgung an Nährstoffen. Das gilt vor allem für **Ponys**. Sie sind meist sehr gute Futterverwerter; ihre Rationen sollten **eiweiß- und energiearm** sein.

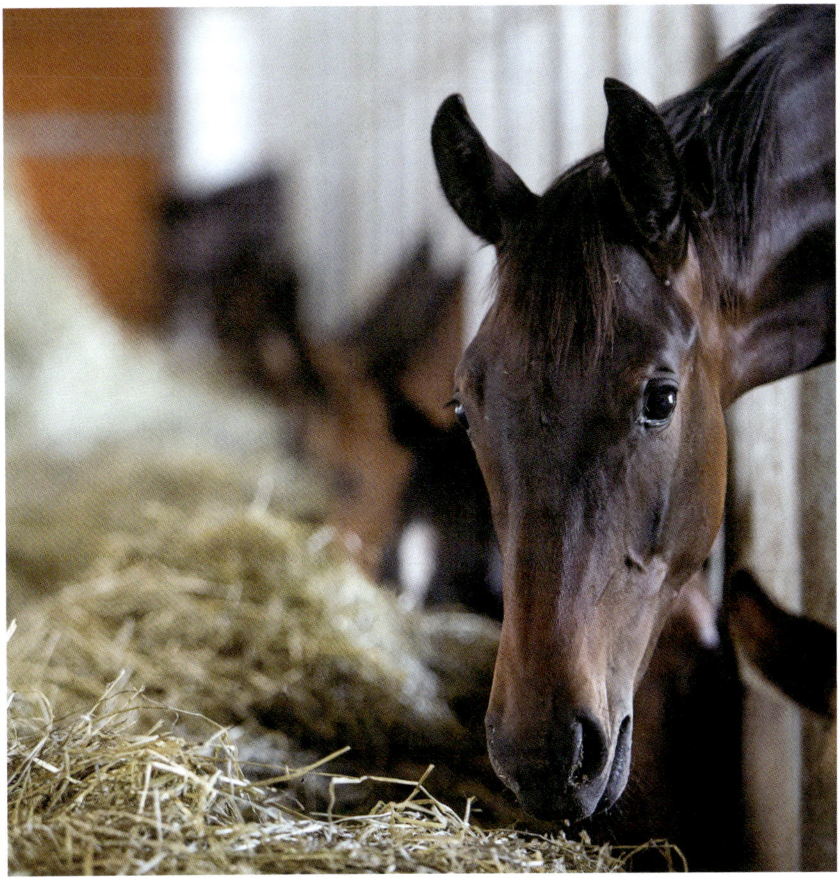

Fressgitter bieten eine praktische Möglichkeit, Pferden unbegrenzt Heu zur Verfügung zu stellen.

Es ist sinnvoll, die üblicherweise gefütterten Mengen einmal genau abzuwiegen, um nicht auf ungefähre Schätzungen angewiesen zu sein.

Futterumstellung

Die tägliche **Kraftfutterration** muss an die geforderte Leistung angepasst werden. Dafür sollte die Futtergabe aber keinesfalls von Tag zu Tag verändert werden.

Eine Ausnahme ist das sofortige Herabsetzen des Kraftfutters auf ein Minimum **(Erhaltungsfutter)** bei Boxenruhe oder deutlicher Reduzierung der Bewegung aus gesundheitlichen Gründen.

Eine Anpassung zu mehr oder anderem Futter sollte **schrittweise** erfolgen; der empfindliche Verdauungstrakt reagiert sensibel auf jede **Futterumstellung.** Zudem kommt es nicht selten vor, dass Pferde ungewohntes Futter komplett verweigern.

Zur Sicherheit

- Bei einem Stallwechsel jeder Art - auch während Pferdesport-Veranstaltungen oder Urlaub mit dem Pferd - sollte das gewohnte Kraftfutter mitgeführt werden. Jede Futterumstellung muss vorsichtig und schrittweise erfolgen.

Fresspausen

Pferde vertragen **keine langen Fresspausen.** In freier Natur fressen sie durchschnittlich 16 Stunden am Tag, im Extremfall bis zu 20 Stunden. Fresspausen, in denen Pferden kein Futter zur Verfügung steht, dürfen vier Stun-

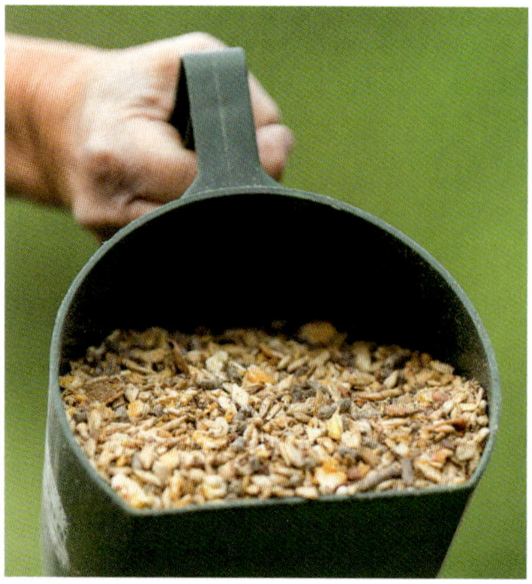

Jede Kraftfutterration muss genau abgemessen und individuell zugeteilt werden.

den nicht überschreiten. Daran sollte sich die Zeitgestaltung für einen Aufenthalt im Auslauf oder auch für den Transport von Pferden orientieren.
Bei der Fahrt zu Veranstaltungen muss genügend Raufutter mitgeführt und entsprechend angeboten werden.

Im Überblick:
Pferdefutter

Pferdefutter wird in drei große Gruppen eingeteilt: Kraftfutter (Einzel- oder Mischfutter), Saftfutter und Raufutter. Zusätzlich werden oft Vitamin- und Mineralienmischungen zugefüttert.

- **Raufutter**
  - Heu
  - Heucobs
  - Heulage
  - Grassilage
  - Maissilage
  - Stroh (bevorzugt Hafer-, Weizenstroh)
- **Saftfutter**
  - Grünfutter (frisches Weide- oder Wiesengras, auf dem Halm oder geschnitten)
  - Möhren, Äpfel, rote Beete u.a.
  - Futterrüben
- **Kraftfutter**
  - Hafer (ganz, geschrotet oder gewalzt)
  - Mais (gebrochen, geschrotet, wärmebehandelt)
  - Gerste (gewalzt oder geschrotet)
  - industriell gefertigte Futtermischungen (lose oder pelletiert)
- **Ergänzende Futtermittel**
  - Trockenschnitzel (eingeweicht)
  - Weizenkleie (eingeweicht oder angefeuchtet)
  - Pflanzenöl
  - Leinsamen
  - Bierhefe
  - Mineralfutter

5.3 Fütterung in der Praxis

Dem Verdauungssystem und dem kleinen Magen der Pferde käme die Fütterung **vieler kleiner Portionen** pro Tag entgegen. Das lässt sich organisatorisch oft nur schwer umsetzen. Trotzdem sollten bei Pferden, die regelmäßig gearbeitet werden, mindestens drei Futterrationen pro Tag gegeben werden.
Ideal ist es, jedes Mal Krippenfutter (Kraftfutter) und Raufutter anzubieten; dabei gilt die Regel: **Raufutter vor Kraftfutter**. Das Fressen von Raufutter führt zu deutlich vermehrter Speichelbildung.
Pferde verfügen über eine zuverlässige **innere Uhr**. Daher erwarten sie ihr Futter zur gewohnten Zeit. Während der Fütterung und in der Verdauungsphase sollte Ruhe im Stall herrschen.
Moderne Technik macht es möglich, Kraftfuttergaben individuell dosiert und elektronisch gesteuert in kleinen Rationen über den ganzen Tag zu verteilen.

Zur Sicherheit

➤ Futtermittel, die sichtbar verunreinigt sind (Erdreste an Futtermöhren), Fremdkörper enthalten (Staub, Unkrautsamen, Ratten-, Mäusekot im Getreide), vergoren oder schimmelig sind, sind für Pferde nicht geeignet.

Kraftfutter wird aus der **Futterkrippe** gefüttert, **Raufutter vom Boden** aus.

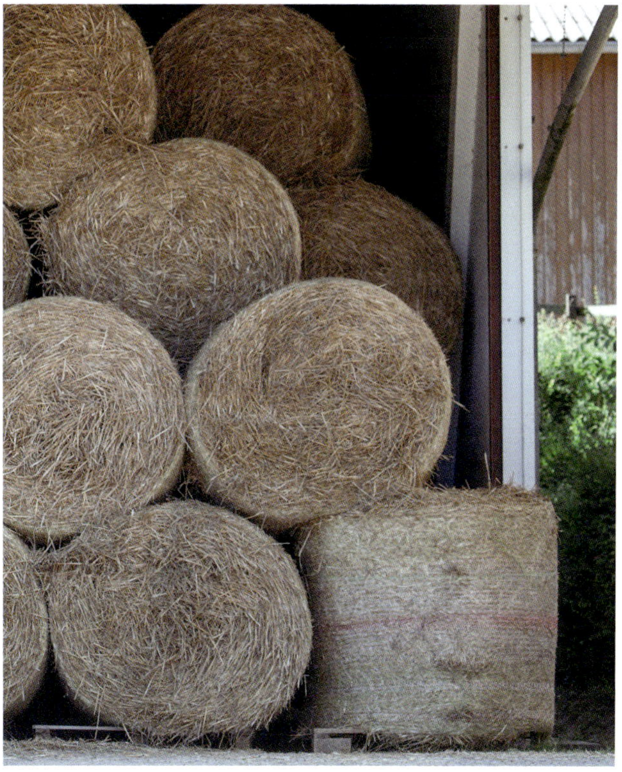

Raufutter ist der zentrale Bestandteil der Pferdefütterung; trockene und luftige Lagerung hilft, die Qualität zu erhalten.

Im Überblick:

Fütterung

➤ Pferde sollten beständigen Zugang zu **Raufutter** (zumindest Stroh) haben.
➤ **Heu** sollte möglichst oft gefüttert werden, im Idealfall zur freien Verfügung stehen.
➤ Pferde mit **allergischen Atemwegserkrankungen** sollten nur feuchtes Heu und kein Stroh erhalten.
➤ Pferde brauchen mindestens drei Futterrationen pro Tag. Besser ist es, ihnen **mehrere kleine Portionen** zu geben.
➤ Kraftfutter und Saftfutter werden aus der **Krippe** gefüttert, Raufutter vom **Boden** aus.

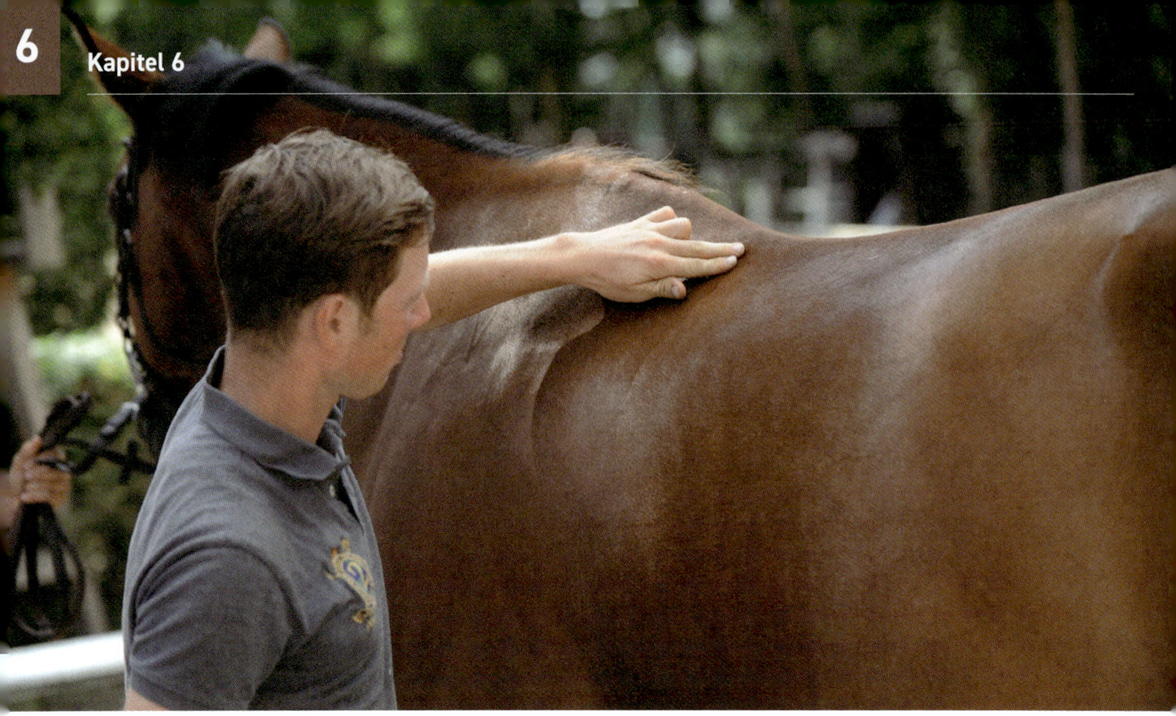

Die Kontrolle der Pferdegesundheit gehört zur Routine bei der täglichen Pferdepflege.

6 Pferdegesundheit, Veterinärkunde, Krankheiten und Gesundheitsfürsorge

Text Isabelle von Neumann-Cosel, entnommen aus „Pferdeführerschein Umgang mit dem Pferd“ von Isabelle von Neumann-Cosel, Deutsche Reiterliche Vereinigung e.V. (Hrsg.), FNverlag, Warendorf 2019

Wer die Verantwortung für ein Pferd übernimmt, muss für eine fachgerechte Gesundheitsfürsorge – Hufpflege, Entwurmung, Zahnkontrolle und Impfungen – sowie das Wohlergehen des Pferdes im Krankheitsfall sorgen. Jeder Pferdehalter muss den **Gesundheitszustand** seines Pferdes sorgfältig überwachen. Nicht alle Krankheitsanzeichen sind so leicht zu erkennen wie eine äußere Verletzung oder ein heftiger Husten; Erkrankungen kündigen sich oft schleichend an und viele Krankheitsbilder sind nicht eindeutig. Pferde **leiden** in der Regel **stumm**. Durch ihre hohe Anpassungsfähigkeit können sie einen hohen Leidensdruck aushalten. Umso wichtiger ist es, die Anzeichen für physische und psychische Probleme sensibel wahrzunehmen.

Ein **gesundes Pferd** hat wache, glänzende Augen und ein lebhaftes Ohrenspiel, ein glattes und glänzendes Fell und frisst mit Appetit.

Jedes außergewöhnliche Benehmen eines Pferdes, sei es ungewohnt teilnahmsloses Verhalten oder Unruhe, verbunden mit Scharren oder Wälzen, kann dagegen ein Alarmsignal sein. Grund zur Besorgnis gibt es auf jeden Fall, wenn ein Pferd Futter in der Krippe lässt.

Ein wichtiges Indiz für die Gesundheit ist der **Futterzustand**. Deutliches Über- beziehungsweise Untergewicht beeinträchtigt die Gesundheit und das Leistungsvermögen. Auffallende Gewichtsveränderungen können zu Krankheiten führen oder Anzeichen für eine bestehende Erkrankung sein.

Der Equidenpass

Nach den Vorgaben der EU muss für jedes Pferd ein Equidenpass (Pferdepass) ausgestellt werden, in dem relevante Informationen über das Pferd eingetragen sind: Geschlecht, Alter und Abstammung, Fellfarbe und besondere Kennzeichen, an denen das

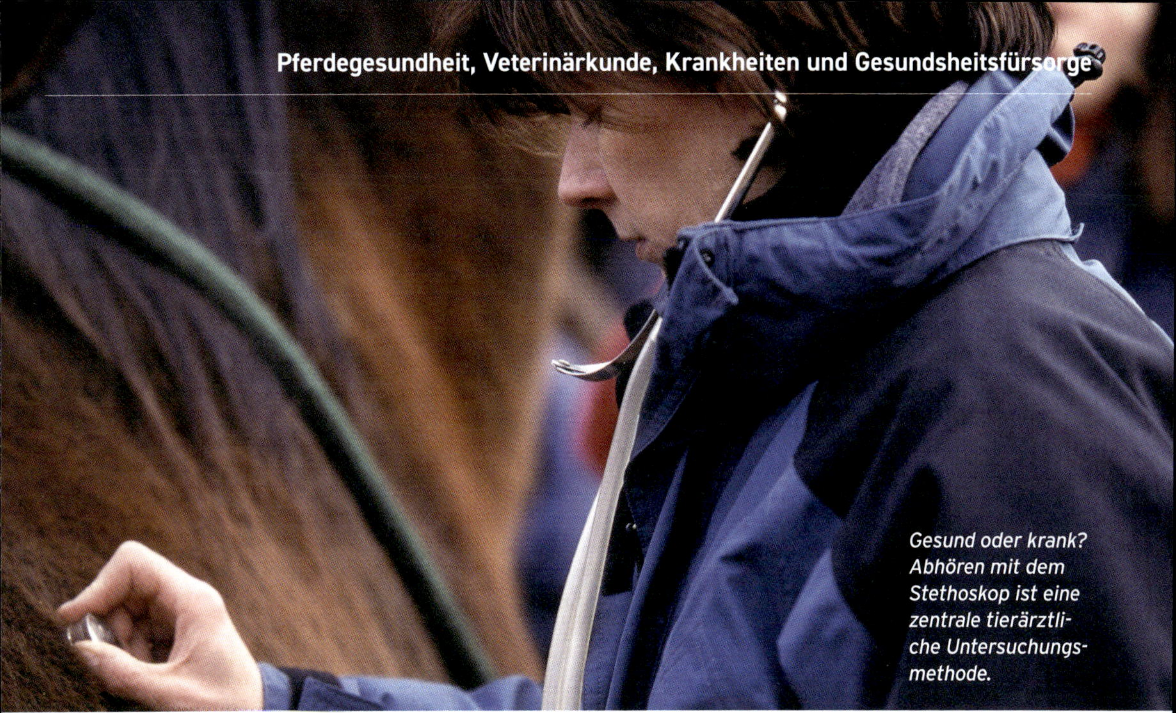

Gesund oder krank? Abhören mit dem Stethoskop ist eine zentrale tierärztliche Untersuchungsmethode.

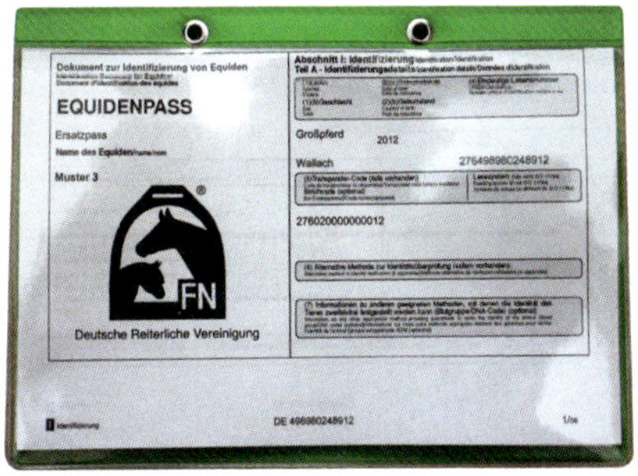

Pferd eindeutig identifiziert werden kann.

Außerdem werden Impfungen und in bestimmten Fällen auch Behandlungen vom Tierarzt im Equidenpass dokumentiert.

Der Equidenpass gehört zum Pferd. Er muss vom Pferdehalter (Stallbetreiber) so aufbewahrt werden, dass er jederzeit zugänglich ist, zum Beispiel bei einer tierärztlichen Behandlung nach einem Notfall.

Bei jedem Transport eines Pferdes muss der Equidenpass mitgeführt und bei Kontrollen auf Verlangen vorgezeigt werden. Auch bei zahlreichen Pferdesport-Veranstaltungen muss der Equidenpass vorgelegt werden.

Im Überblick:

Krankheitsanzeichen

- Über- und Untergewicht
- stumpfes Fell, glanzlose Augen
- Teilnahmslosigkeit oder Erregung
- stark verändertes Verhalten, zum Beispiel ungewohnte beziehungsweise unverständliche Widersetzlichkeit beim Führen, Reiten, Fahren, Longieren usw.
- Verweigern von Futter
- Hautveränderungen: Verletzungen, Entzündungen, Schwellungen; Krusten-, Borken- oder Schorfbildung; Scheuern; kahle Stellen; Rötung und/oder Nässen der Haut
- tränende, verklebte oder vereiterte Augen
- Husten, Nasenausfluss
- Schwellungen der Beine
- steifer, ungeregelter Gang; Lahmen
- Lähmungen
- Unruhe, scharren, sich hinlegen und wieder aufstehen, heftiges Schweifschlagen
- Umschauen zum Pferdebauch
- starkes Schwitzen
- häufiges Gähnen, Flehmen (Oberlippe hochziehen)
- erhöhte oder zu niedrige Temperatur, erhöhte Puls- und Atemwerte, Atemnot (siehe Seite 46 f.)

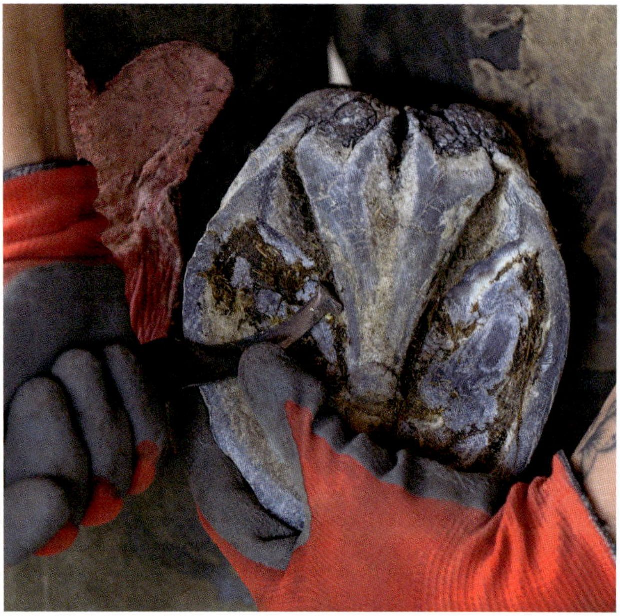

Pferdehufe müssen regelmäßig vom Schmied fachgerecht ausgeschnitten werden.

6.1 Gesundheitsvorsorge

Zur fachgerechten, regelmäßigen Gesundheitsfürsorge für Pferde gehören die Bearbeitung der Hufe durch den **Schmied**, **Entwurmen**, die **Kontrolle der Zähne** und **Impfungen**. Hygienemaßnahmen bei der Pferdepflege, im Stall, im Auslauf und auf der Weide können das Risiko der Übertragung von Infektionen und Wurmbefall von Pferd zu Pferd vermindern.

Hygiene

Viele **ansteckende Erkrankungen** werden direkt vom Pferd/Mensch oder indirekt über Putzzeug oder Ausrüstungsgegenstände übertragen.

Eigenes Putzzeug für jedes Pferd sollte eine Selbstverständlichkeit sein - das gilt auch für Mähnenkämme, Schwämme, Lappen oder Schweißmesser.

Ausrüstungsgegenstände wie Halfter, Satteldecken, Gurte, Abschwitzdecken, Bandagen und Gamaschen sollten möglichst nicht auf verschiedenen Pferden benutzt werden.

Alle waschbaren Teile von Putzzeug und Ausrüstungs-Zubehör sollten regelmäßig gewaschen und anschließend desinfiziert werden.

Hufkorrektur durch den Schmied

Wild lebende Pferde laufen sich ihre Hufe auf natürliche Weise ab. Bei allen Pferden, die als Haustiere gehalten werden, ist eine **regelmäßige Korrektur** der Hufe durch einen Hufschmied nötig - auch bei Weide- und Auslaufhaltung. Er kürzt und begradigt unregelmäßig abgelaufenes Horn und korrigiert, wenn nötig, den Huf so, dass er zum natürlichen Stand der Fesseln passt.

Wenn sich das Hufhorn stärker abläuft, als es nachwächst, ist regelmäßiger **Hufbeschlag** nötig. Regelmäßige Kontrolle der Hufe durch den Schmied und rechtzeitiges Korrigieren der Hufform ist eine der wichtigsten Voraussetzungen für **gesunde Pferdebeine**. Spezielle gesundheitliche Probleme können Spezialbeschläge nötig machen. Je nach Hufwachstum sollten Pferde **alle 6 bis höchstens 8 Wochen ausgeschnitten** beziehungsweise **neu beschlagen** werden.

Fehlerhafte Hufstellungen, unregelmäßige Korrektur der Hufform und zu lange Zwischenräume zwischen den Schmiedeterminen können akute und chronische **Lahmheiten** hervorrufen.

Entwurmen

Pferde werden sehr häufig von Parasiten im Verdauungsbereich (Würmern) befallen. Starker **Wurmbefall** kann zu ganz verschiedenen Anzeichen führen: verzögerter Fellwechsel, stumpfes Fell, Abmagerung und Magen-Darm-Erkrankungen bis hin zu Koliken.

In jedem Stall beziehungsweise Pferdebestand werden die Pferde in regelmäßigen Zeitabständen mit Wirkstoffen, die gegen unterschiedliche Parasiten wirksam sind, entwurmt (in der Regel 3- bis 4-mal im Jahr, auf jeden Fall im Frühjahr und Herbst/Winter).

Die beste Maßnahme gegen die Ausbreitung von Pferdewürmern im Bestand ist das sorgfältige Entfernen aller Pferdeäpfel - sei es im Stall, im Paddock, auf der Weide und auf allen Bewegungsflächen.

Wichtige Impfungen

Wie Menschen können auch Pferde durch Impfungen vor ansteckenden Erkrankungen geschützt werden. Als Standard gilt dabei die Vorsorge gegen Tetanus, Influenza und Herpes.

Die **Tetanus-Impfung** sollte für alle Pferde eine **Selbstverständlichkeit** sein. Pferde reagieren besonders empfindlich auf Tetanus-Erreger. Insbesondere bei einer Hautwunde sollte der Tetanus-Impfschutz überprüft werden.

Für die Teilnahme an zahlreichen **Pferdesport-Veranstaltungen** wird Impfschutz gegen **Influenza** zur Voraussetzung gemacht. Für alle Pferde und Ponys, die an Turnieren der Deutschen Reiterlichen Vereinigung (gemäß der Leistungs-Prüfungs-Ordnung = LPO und der Wettbewerbsordnung für den Breitensport = WBO) teilnehmen, ist ein **lückenloser Impfschutz** gegen die Pferdegrippe Influenza vorgeschrieben. Der Equidenpass, in dem die Impfungen eingetragen sind, muss aufs Turnier mitgeführt und auf Verlangen vorgezeigt werden.

Dringend **zu empfehlen** ist die Impfung gegen **Herpes.** Die unterschiedlichen Herpesviren rufen Atemwegserkrankungen hervor, können aber auch für Verfohlen oder neurologische Schäden verantwortlich sein.

Für die bestmögliche Wirkung des Impfschutzes gegen Herpes ist es am sinnvollsten und effektivsten, alle Tiere eines Bestandes zu impfen. Impfungen gegen Tetanus und Influenza schützen auch bereits das einzelne Tier sehr gut.

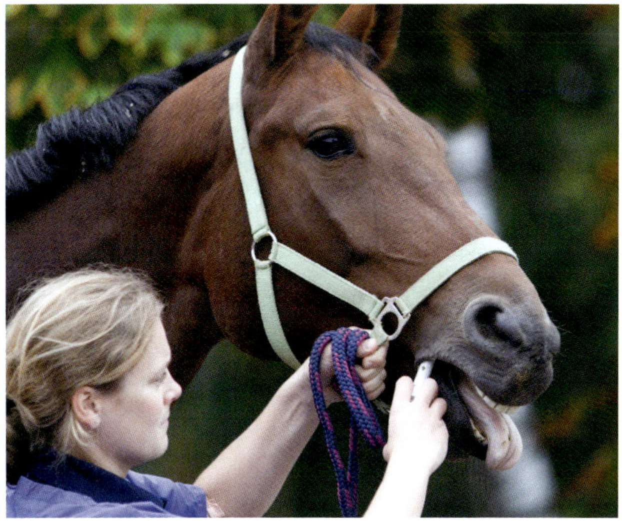

Wenn eine Wurmkur fachgerecht verabreicht wird, kann ein Pferd sie nicht wieder ausspucken.

Zur Sicherheit

- Jede Impfung belastet den Organismus des Pferdes. Daher sollten die Pferde nach einer Impfung für zwei bis drei Tage deutlich geschont und keiner besonderen Anstrengung oder möglicherweise aufregenden Situation (Ortswechsel) ausgesetzt werden.

Im Überblick:

Impfung gegen Influenza gemäß LPO

- Grundimmunisierung, bestehend aus zwei Impfungen
- Erste Impfung: jederzeit
- Zweite Impfung: nach mindestens 28, höchstens 70 Tagen
- 14 Tage nach der zweiten Impfung der Grundimmunisierung sind Turnierstarts möglich
- Dritte Impfung der Grundimmunisierung: nach maximal 6 Monaten (+ 21 Tagen)
- Jede weitere Auffrischungsimpfung: nach maximal 6 Monaten (+ 21 Tagen)
- Zwischen Auffrischungsimpfung und Turnierstart: mindestens 7 Tage

Im Überblick:
Gesundheitsvorsorge

- Zum Schutz vor der Übertragung von ansteckenden Krankheiten sollte jedes Pferd seine **eigene Ausrüstung** haben: Halfter, Putzzeug, Trense, Sattelunterlagen, Decken, Beinschutz.
- Jedes Pferd sollte alle 6 (bis höchstens 8) Wochen von einem **Schmied** behandelt werden.
- Jedes Pferd muss auf Wurmbefall kontrolliert und 2- bis 3-mal im Jahr **entwurmt** werden.
- Die **Zähne** der Pferde müssen regelmäßig kontrolliert und bei Bedarf (Hakenbildung) vom Tierarzt abgeraspelt werden.
- Die **Impfung** gegen **Tetanus** gehört zur Standard-Fürsorge für jedes Pferd.
- Die **Impfung** gegen Pferdegrippe **(Influenza)** ist für Pferde auf zahlreichen Pferdesportveranstaltungen (z.B. allen Turnieren gemäß LPO und WBO) vorgeschrieben.
- Impfschutz gegen Influenza besteht nur, wenn das Pferd nach einer Grundimmunisierung in vorgeschriebenen Abständen nachgeimpft wird.
- Die **Impfung** gegen **Herpes** wird dringend empfohlen.

Alle Impfungen werden im Equidenpass dokumentiert.

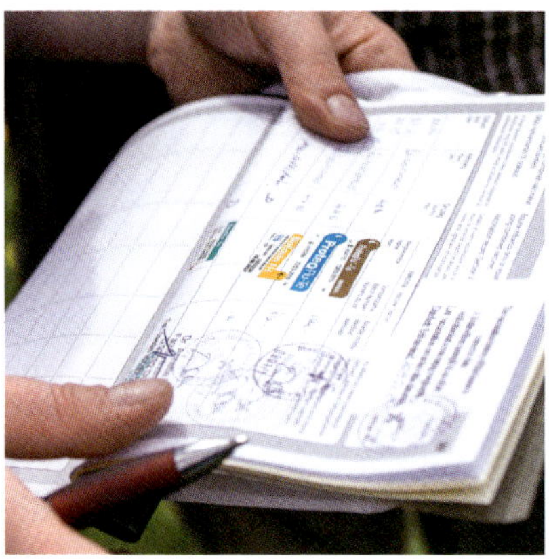

Im Überblick:
Mögliche Impfungen

- Wundstarrkrampf (Tetanus)
- Pferdegrippe (Equine Influenzaviren)
- Herpes
- Borreliose
- Tollwut
- Hautpilzinfektionen (Dermatophytose)
- West-Nil-Fieber (West-Nil-Virus)
- Equine Virus Arteritis (EVA)

Zahnkontrolle

Die Zähne eines Pferdes sollten regelmäßig durch einen Tierarzt untersucht werden. So können eventuelle **Zahnprobleme,** zu denen zum Beispiel die Bildung von **Haken** oder **Fehlstellungen** gehört, früher erkannt werden. Probleme mit den Zähnen können sich unmittelbar auf die Arbeit mit dem Pferd auswirken, weil die geforderten Kaubewegungen mit dem Gebiss im Maul möglicherweise Schmerzen verursachen oder verstärken. Daher sollte ein Tierarzt **ein- bis zweimal jährlich** die Zähne eines Pferdes kontrollieren.

Spätestens wenn ein Pferd auffallend lange und schwerfällig kaut oder dem Pferd beim Fressen Heu-Wickel aus dem Maul fallen, besteht der Verdacht auf eine **Zahnerkrankung.**

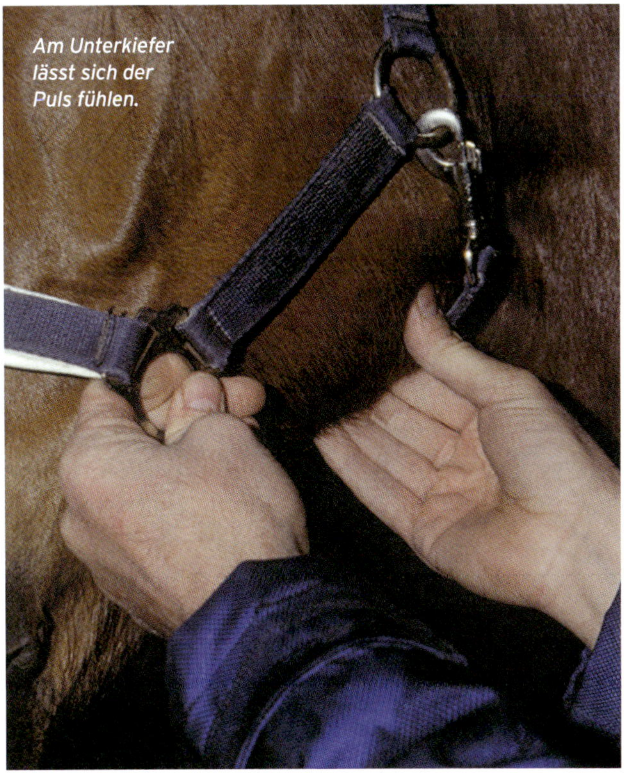

Am Unterkiefer lässt sich der Puls fühlen.

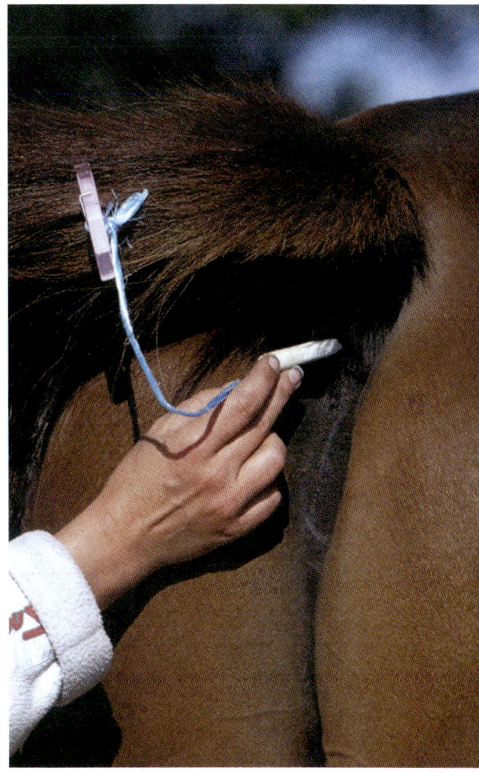

Mit einer Wäscheklammer in den Schweifhaaren kann das Fieberthermometer gesichert werden.

6.2 Krankheiten und Notfälle erkennen

Jeder, der mit einem Pferd umgeht, wünscht sich ein gesundes Pferd. Aber zur **Verantwortung** für ein Pferd im Sinne des Tierschutzes gehört es auch, Krankheiten zu erkennen und für angemessene Behandlung zu sorgen. Dabei sind **akute Erkrankungen** (kurzfristige Erkrankungen mit deutlichen Krankheitsanzeichen, Heilungsaussichten abhängig von der Art der Erkrankung) sehr viel leichter zu erkennen als **chronische Erkrankungen** (schleichender Erkrankungsverlauf, lang andauernd, schlechtere Heilungsaussichten).

Die PAT-Werte

Einen guten Aufschluss darüber, ob ein Pferd gesund und leistungsfähig ist, geben die sogenannten **PAT-Werte**: die Anzahl der **P**ulsschläge und **A**temzüge pro Minute und die Körper-**T**emperatur. Der **Puls** des Pferdes lässt sich am besten an der Innenseite der Ganaschen fühlen. Das Ein- und Ausatmen der Luft durch die Nüstern oder das entsprechende Heben und Senken

Im Überblick:

PAT-Werte

Werte	Ruhezustand
➤ **Puls**	
Pferd	28-40/Min.
Fohlen	ca. 80/Min.
➤ **Atmung**	
Pferd	8-16/Min.
Fohlen	24-30/Min.
➤ **Temperatur**	
Pferd	37,5-38,0 °C
Fohlen	37,5-38,5 °C

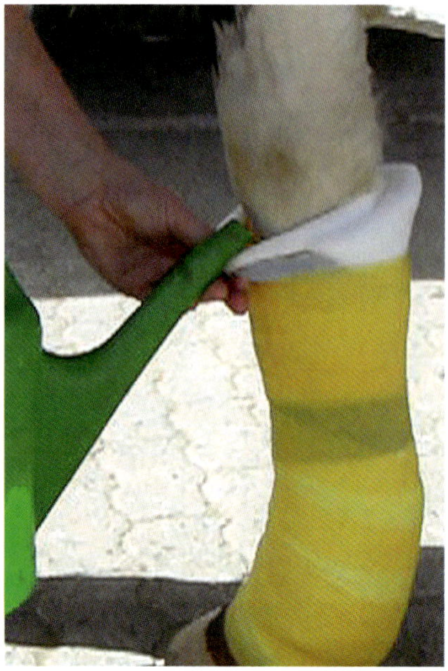

Ein Angussverband, der mit Desinfektionsmittel getränkt wird, braucht viel Polstermaterial zum Aufsaugen der Flüssigkeit.

der Flanken sind Anzeichen der **Atemzüge**. Die **Körpertemperatur** kann im After gemessen werden, am besten mit einem Digitalthermometer.

Bei großer Anstrengung steigern sich die PAT-Werte enorm. So entscheiden Tierärzte, beispielsweise während der vorgeschriebenen Verfassungskontrollen im Distanzsport, anhand der PAT-Werte, ob ein Pferd weiterhin an einer Prüfung teilnehmen kann oder aufhören muss. Aber auch beim regelmäßigen Training geben die PAT-Werte einen Hinweis auf den **Trainingszustand** des Pferdes.

Zur Sicherheit

➤ Jedes Pferd mit geringfügigen Krankheitsanzeichen oder dessen PAT-Werte nur leicht vom Normalbereich abweichen, braucht Schonung - selbst wenn die Ursache nicht klar ist. Überforderung kann eine noch unerkannte Krankheit verschlimmern oder zu chronischen Schäden führen. Es ist wichtig, die Ursache für das Unwohlsein des Pferdes herauszufinden!

Im Notfall

Eine Kolik, der Verdacht auf Vergiftung, Schlundverstopfung, plötzlich auftretendes hohes Fieber und Verletzungen am Körper und den Hufen, die über leichte Schürfwunden hinausgehen, sind **Notfälle**, bei denen der **Tierarzt** so schnell wie möglich kommen sollte.

Unfälle oder plötzlich auftretende Erkrankungen können **schnelle**, weitreichende **Entscheidungen** erfordern. Daher sollten in Pensionsställen die **Namen** und **Telefonnummern** des jeweiligen Pferdebesitzers, des behandelnden Tierarztes und des zuständigen Schmieds sowie der nächsten Pferdeklink sofort zugänglich sein.

Mit dem Stallinhaber muss abgesprochen werden, wann ein Tierarzt hinzugezogen werden soll und welche Maßnahmen möglicherweise in **Abwesenheit des Besitzers** getroffen werden dürfen. Notfälle können sofortige Entscheidungen erfordern: zum Beispiel einen Kliniktransport, die Einwilligung zu einer Operation oder schlimmstenfalls zum Einschläfern eines Pferdes.

Die Stallapotheke

In jedem Stall sollte eine spezielle **Notfallapotheke** vorrätig sein. Für Menschen konzipierte Verbandskästen sind dafür nur bedingt hilfreich, weil Pferde andere Mengen und Größen von Verbandsmaterial benötigen. Die Stallapotheke sollte in halbjährlichem Abstand auf **Verfallsdaten** des Inhalts kontrolliert werden; das gilt auch für angebrochene Salbentuben.

Sicherheit beim Anlegen von Verbänden

➤ Das fachgerechte Anlegen von Verbänden erfordert **Übung**. Zu locker angelegte Verbände rutschen, zu fest angelegte Verbände

Im Überblick:

Der Inhalt einer Stallapotheke

- **Liste mit Telefonnummern**
  - Pferdebesitzer/Reitbeteiligung, Tierärzte, Schmiede, Tierkliniken
- **Nützliche Instrumente**
  - Fieberthermometer, mit Schnur an einer Wäscheklammer befestigt
  - Einmalhandschuhe, Taschenlampe
  - Scheren (abgerundet und gerade), Pinzette, Zeckenzange, Permanentmarker
- **Material für das Anlegen von Verbänden**
  - sterile Wundkompressen in verschiedenen Größen, auch sehr groß
  - Mullbinden, elastische Binden (unterschiedliche Breiten), Bandagen
  - Polstermaterial (evtl. Bandagierunterlagen)
  - selbstklebende Bandage, Isolierband
  - mehrere saubere Handtücher (z.B. zum Anlegen eines Druckverbandes)
  - elastischer Deckengurt
- **Versorgung von Wunden und Schwellungen**
  - Desinfektionsmittel (Jod u.a.)
  - Wundsalbe (Zinksalbe), Wundspray, Spray zur Hautdesinfektion
  - Heparin-haltige Salbe für Prellungen oder Verstauchungen, Heilerde
  - Kühlelemente
- **Material für einen Angussverband**
  - Stallbandage, Unterlage
  - Akridinpulver (Rivanol®) oder Jodlösung
- **Material für die Versorgung von Hufverletzungen**
  - Hufzange, Hufraspel
  - Stück aus Jutesack oder grobes Bodenputztuch
  - evtl. Babywindel
  - Kreppband

können Stauungen, Druck- oder Scheuerstellen verursachen. Alle Verbände müssen gut abgepolstert werden; bei der Befestigung mit Kreppband (statt mit Isolierband) kann weniger leicht Schaden entstehen. In einem Erste-Hilfe-Kurs für Pferde kann man die Techniken für das Anlegen eines Verbandes erlernen.

Gesetzliche Regelungen

Laut EU-Recht gehört der Equidenpass zum Pferd (und nicht zum Besitzer, wie etwa die Eigentumskurkunde). Der Pass muss so aufbewahrt werden, dass er auch im Notfall für den behandelnden Tierarzt immer zugänglich ist - selbst in Abwesenheit des Besitzers (Informationen zum Equidenpass siehe Seite 48 ff.).

6.3 Typische Pferdekrankheiten und Erste Hilfe

Eine Reihe von Erkrankungen lassen sich an gut sichtbaren **äußeren Anzeichen** ablesen. Daher gehört die Kontrolle der Haut, der Gliedmaßen sowie von Augen und Nüstern zur Routine bei der Pferdepflege. Bei jeder schwerwiegenderen Erkrankung, aber auch in allen Zweifelsfällen sollte ein Tierarzt hinzugezogen werden. Dennoch ist in vielen Fällen Erste Hilfe möglich – zumindest bis der Tierarzt eingetroffen ist.

Äußere Wunden und Verletzungen

- **Kleine Hautabschürfungen** sind in der Regel ungefährlich.
  Erste Hilfe: erst reinigen, dann einmalig mit einem geeigneten **Desinfektionsmittel** behandeln **(z.B. Jodlösung).**
- Durch jede noch so kleine, fast unsichtbare **Wunde** können Erreger eindringen und eine Entzündung hervorrufen, die vor allem an den Gliedmaßen zu einer extrem starken Schwellung mit einer Entzündung der Unterhaut **(Einschuss)** führen kann.
  Erste Hilfe: in Absprache mit dem Tierarzt **Angussverband** mit dem Wirkstoff Akridin (nur für nichtlebensmittel liefernde Tiere) oder Jodlösung zur Desinfizierung; zudem Temperaturkontrolle, ob das Pferd Fieber hat und gegebenenfalls Tierarzt rufen.
- Jede Verletzung mit **anteiliger Durchtrennung der Hautschichten**, jede Riss- oder Stichwunde und jede großflächige Verletzung müssen vom Tierarzt versorgt werden.
  Erste Hilfe: Keine Desinfektion! **Tierarzt rufen!**
- Bei einer **stark blutenden Wunde** muss die **Blutung gestoppt** werden. Gliedmaßen können an geeigneter Stelle oberhalb der Verletzung **abgebunden** werden (mit einem Lederriemen, Gürtel oder Ähnlichem). Alternativ wird über einer **sauberen Wundauflage** oder einem gewaschenen Handtuch ein Druckverband angelegt.

Zur Sicherheit

- Verletzungen an den empfindlichen Augen und den Augenlidern müssen grundsätzlich umgehend von einem Tierarzt behandelt werden.

Hautunregelmäßigkeiten, Milben- und Pilzbefall

Unregelmäßigkeiten, die an der **Hautoberfläche** spürbar sind (Schuppen, Schorf, Hautanschwellungen, Haarausfall, Knötchen, Juckreiz), müssen vom Tierarzt untersucht und fachgerecht behandelt werden.
Erste Hilfe: Tierarzt rufen, Behandlung mit entsprechenden tierärztlich verordneten Medikamenten; **Desinfektion** von Putzzeug, Ausrüstung und Stall; Vermeidung jeden direkten Kontakts mit anderen Pferden und der Übertragung durch Menschen. Bei Pilzerkrankungen ist eine **Impfung** auch nach Ausbruch der Erkrankung möglich und kann den Heilungsprozess beschleunigen.

Schwellungen am Körper und an Gliedmaßen

Schwellungen, die man sehen kann oder beim Abtasten fühlt, können verschiedene Ursachen haben. In Verbindung mit **erhöhter Wärme** sind sie häufig Anzeichen für **Entzündungen.** Aber auch nach stumpfen Druck- und Stoßverletzungen oder wenn Sehnen, Bänder und Gelenke des Pferdes erkranken, treten Schwellungen auf. Diese Anzeichen muss jeder Pferdehalter sehr ernst nehmen.

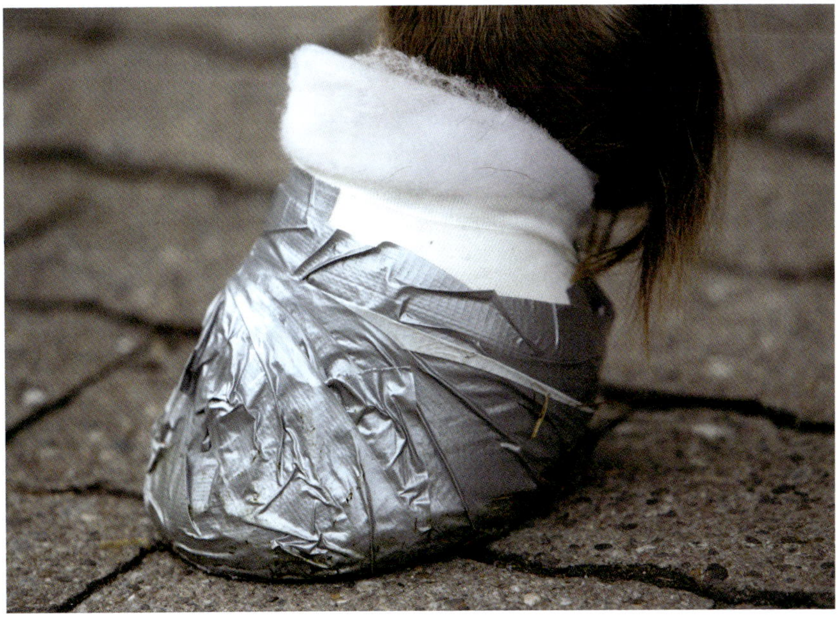

Verletzungen am Huf müssen wegen der hohen Infektionsgefahr fachgerecht verbunden werden.

Erste Hilfe: Schonung und **Kühlen** mit Wasser. Für genaue Diagnostik, weitere Behandlung und Dauer der nötigen Schonung sollte der **Tierarzt** hinzugezogen werden.

Lahmheiten

Eines der bekanntesten Anzeichen für eine Pferdeerkrankung ist die Lahmheit. Dafür gibt es eine Fülle möglicher **Ursachen**. Ein lahmendes Pferd versucht oft, das betroffene Bein weniger zu belasten. Je nach Stärke kann die Lahmheit schon im Schritt oder erst im Trab erkennbar werden, wenn das Pferd **auf ebener Fläche vorgetrabt** wird.

Aber nicht alle Lahmheiten sind auf Anhieb klar zu erkennen, dennoch haben alle unregelmäßigen oder ungewohnt steifen Bewegungen eines Pferdes eine Ursache, zum Beispiel akute Entzündungen in den Gliedmaßen oder chronische Gelenkserkrankungen wie Hufrollenentzündung, Spat oder Arthrose.

Erste Hilfe: Schonung! Bei starker Lahmheit muss sofort der **Tierarzt** gerufen werden. Bei schwach ausgeprägter Lahmheit können sich die zugrunde liegenden Probleme im besten Fall von selbst lösen. Verschwindet die Veränderung im Gang nicht innerhalb weniger Tage, muss ein Tierarzt die Ursache herausfinden.

Hufgeschwür

Bei plötzlich auftretenden, sehr starken Lahmheiten ist häufig eine **Entzündung im Huf**, bei der sich ein Abszess bildet (Hufgeschwür), die Ursache. Typisches Anzeichen dafür ist eine Schmerzreaktion beim Abtasten mit der Hufzange.

Erste Hilfe: Tierarzt rufen! Der Tierarzt entfernt Hufhorn, um, wenn möglich, einen Zugang zum Abszess zu bekommen. Dann kann der Abszessinhalt (Eiter) abfließen. Anschließend wird ein Hufverband angelegt.

Husten

Tränende Augen, weißlicher oder gelber **Ausfluss** aus den Nüstern und **Hustengeräusche** sind bei Pferden immer Anzeichen für eine behand-

lungsbedürftige Erkrankung. Husten kann verschiedene **Ursachen** haben: zum Beispiel eine Erkrankung des Kehlkopfs, der Bronchien, der Lunge oder eine Allergie.
Werden solche akuten Krankheiten nicht behandelt oder nicht ausgeheilt, dann können diese chronisch werden.
Erste Hilfe: Hustende Pferde brauchen **Schonung**. Abhängig von der Form des Hustens können schleimlösende und bronchienerweiternde Kräutermischungen eingesetzt werden. Auch das Inhalieren mit Kochsalzlösung kann helfen. Auf jeden Fall muss ein Tierarzt die Ursache des Hustens feststellen.

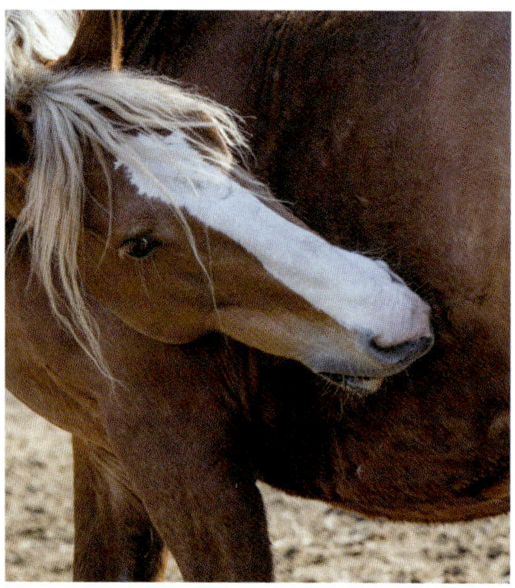

Ständiges Umschauen zum Bauch kann ein Anzeichen für Kolik sein.

Kolik

Anzeichen von Erkrankungen des Verdauungsapparates müssen bei Pferden ganz besonders ernst genommen werden. Kolik ist der Sammelbegriff für alle Erkrankungen, die **Bauchschmerzen** auslösen: zum Beispiel Magenüberladung, Darmverschluss, Verstopfung (auch durch Wurmlarven), Vergiftung, Sandfressen, Aufblähung. Pferde reagieren mit deutlichen **Schmerzanzeichen** auf eine Kolik: zum Beispiel mit Unruhe, Schwitzen, Scharren, heftigem Hinwerfen und Wälzen oder aber auch mit Fressunlust, Teilnahmslosigkeit, häufigem Liegen, Gähnen, Flehmen (siehe Foto Seite 16) und Umschauen zum Bauch.
Erste Hilfe: Den Tierarzt rufen! Kein Wasser oder Futter! Das Pferd führen, am besten auf weichem Untergrund, falls sich das Pferd zum Wälzen hinlegt; bei hochgradiger Kolik in eine geräumige, dick eingestreute Box oder in eine Halle oder einen Paddock bringen, damit es sich bei heftigem Wälzen nicht festlegt.

Schlundverstopfung

Gefährlich für das Pferd kann sich ebenfalls eine Schlundverstopfung auswirken. Sie kann durch hastiges **Herunterschlingen** und anschließendem **Aufquellen von Futtermitteln** (trockene Rübenschnitzel, trockene Weizenkleie) in der Speiseröhre entstehen. Ein deutlicher Hinweis ist Nasenausfluss, der Anteile von Futter enthält.
Erste Hilfe: Tierarzt rufen! Lebensbedrohliche Situation, keinerlei Futteraufnahme.

Vergiftungen

Giftstoffe werden in den meisten Fällen über das Futter (Giftpflanzen siehe Seite 33 f.) aufgenommen. Die Anzeichen von Vergiftungen sind sehr unterschiedlich und oft nicht eindeutig zuzuordnen. Bekannte **Vergiftungsfolgen** sind: spontane Kolik, Magen-Darm-Entzündungen, Durchfall, Atemnot, Zittern, Krämpfe, Benommenheit, Raserei, Lähmungen, Torkeln, auffallende Schreckhaftigkeit, erhöhte Puls- und Atemwerte, verlangsamte Herztätigkeit.
Neben sofort auftretenden Reaktionen gibt es auch schleichende, längerfristige und schwer zu erkennende Vergiftungsfolgen wie zum Beispiel Leber- oder Nierenerkrankungen. Ist die Ursache der Vergiftung bekannt – etwa die Aufnahme einer speziellen Giftpflanze –

sollte der Tierarzt diese Information so schnell wie möglich bekommen.
Erste Hilfe: Kein Wasser oder Futter, Ursache für Vergiftung (z.B. Giftpflanze) sichern – **Notfall für den Tierarzt!**

Verhaltensstörungen

Pferde können sich monotone, wiederkehrende Bewegungen angewöhnen, an denen sie als sprichwörtliche „Gewohnheitstiere" hartnäckig festhalten. Die bekanntesten sind **Koppen** (Luftschlucken), **Weben** (schwankende Gewichtsverlagerung von einem Vorderbein aufs andere), **Wetzen der Zähne** an Gitterstäben oder beständiges **Hin- und Herlaufen** in der Box beziehungsweise an einem Zaun entlang.
Für die beschriebenen Verhaltensmuster kann es verschiedene **Ursachen** geben. Verhaltensstörungen können entstehen, wenn Pferde nicht artgerecht untergebracht sind oder ihre natürlichen Bedürfnisse nicht ausleben können.
Die Wahrscheinlichkeit, dass sich eine angewöhnte Verhaltensstörung wieder abstellen lässt, ist eher gering. Die besten **Erfolgsaussichten** hat eine **Änderung der Haltungsform** und des Managements mit möglichst viel freier Bewegung, bedarfsgerechter Fütterung, ständigen Sozialkontakten und der Überprüfung möglicher Stressfaktoren in der Ausbildung oder im Einsatz.

Schonung und Rehabilitation

Ein **krankes Pferd** braucht **Schonung**. Da Pferde für ihre physische und psychische Gesundheit auf Bewegung angewiesen sind, sollte die Maxime für jede Einschränkung sein: so viel wie nötig, aber so wenig wie möglich. Komplette **Boxenruhe** ist für Pferde ein völlig **unnatürlicher** Zustand, der auf längere Sicht zum Beispiel zu einem Verlust an Muskelmasse führt. Daher muss nach jeder Schonung des Pferdes ein gezieltes **Wiederauftrainieren** erfolgen. Dabei gilt, dass die Rehabilitation mindestens so viel Zeit braucht wie die vorangegangene Auszeit.

6.4 Infektionskrankheiten und Tierseuchen

Jeder Pferdehalter fürchtet zu Recht die Gefahr, dass sich sein Pferd mit einer Infektionskrankheit, zum Beispiel Herpes oder Druse, ansteckt. Verschiedene Faktoren führen dazu, dass sich hochansteckende Krankheiten und Seuchen sehr schnell ausbreiten können. In großen Pferdebeständen mit öfters wechselndem Bestand ist das Infektionsrisiko höher.

Mögliche Ansteckungsquellen

Immer dort, wo sich fremde Pferde begegnen, besteht auch das Risiko, dass eine **ansteckende Erkrankung** von einem Pferd auf ein anderes übertragen wird. Bei der **direkten Krankheitsübertragung** wird der Krankheitserreger bei der Berührung zweier Pferde übertragen. Auch ist es möglich, dass ein Erreger beispielsweise über das Putzzeug oder einen benutzten Eimer von einem erkrankten auf ein weiteres Pferd gelangt, diese Form nennt man **indirekte Krankheitsübertragung**.
Durch Impfungen oder auch die Verwendung getrennter Ausrüstung für jedes Pferd kann man das Risiko, dass sich eine ansteckende Krankheit verbreitet, senken. Einige Infektionskrankheiten oder Seuchen müssen dem Veterinäramt vom Tierarzt gemeldet werden.

Im Überblick:
Weitere typische Pferdekrankheiten und Verletzungen

- **Strahlfäule**: durch Bakterien ausgelöste, übel riechende Fäulnisvorgänge im Huf. Ursache: zu feuchte Einstreu, mangelnde Pflege.
  Behandlung: nach Maßgabe von Tierarzt oder Schmied; außerdem saubere, trockene Einstreu.
- **Mauke**: nässender Ausschlag im Bereich der Beine, vorwiegend in den Fesselbeugen. Ursache: Nässe, schmutzige Einstreu, Bakterien.
  Der Heilungsprozess ist meist langwierig – Untersuchung durch den Tierarzt; Behandlung nach Anweisung; Fesselbeugen trocken halten!
- Das **Kehlkopfpfeifen**, auch als „Ton" bekannt: hier liegt eine Lähmung des Kehlkopfmuskels vor, sodass sich im Atemweg ein Engpass bildet. Eine Operation kann in manchen Fällen Abhilfe leisten.
- **Periodische Augenentzündung**: chronische, unheilbare Augenentzündung, die im schlimmsten Fall zum völligen Erblinden führen kann. Durch eine frühzeitig eingeleitete Therapie können gegebenenfalls weitere Schübe beziehungsweise weitreichende Schäden verhindert werden. Wichtig ist frühes Handeln!
- **Hufrehe**: schwere und sehr schmerzhafte Entzündung der Huflederhaut. Die Huflederhaut liegt im Inneren des Hufes und verbindet die Hufsohle und das Hufbein. Die Pferde versuchen die Vorderbeine zu entlasten, sie fußen auf den Trachten.
  Mögliche Ursachen: zum Beispiel die Überfütterung von leichtfuttrigen Pferden (Ponys) mit zu viel Eiweiß (Kraftfutter oder zu viel frisches Gras). Lebensbedrohlich! – Notfall für den Tierarzt.
- **Ballen- oder Kronentritt**: offene Verletzungen an Ballen oder Krone, meist verursacht vom Pferd selbst. Je nach Ausmaß der Verletzung muss der Ballen oder Kronentritt vom Tierarzt versorgt werden. Das Wachstum des Hufes kann beeinträchtigt werden, tierärztliche Überwachung ist ratsam.
- **Kreuzverschlag** (auch als Feiertagskrankheit oder Lumbago bezeichnet): angeschwollene, harte Kruppenmuskulatur; zittern, schwitzen, steife Hinterhand, einknicken.
  Ursachen: kann durch zu eiweißreiche Fütterung bei zu wenig Bewegung (z.B. nach „Stehtag") hervorgerufen werden; führt zu einer Schädigung der Muskulatur, ist lebensbedrohlich – Notfall für den Tierarzt!
- **Entzündungen der Sehnen und Bänder**: häufig auftretende Erkrankung, verursacht zum Beispiel durch einseitige oder zu hohe Belastung; Diagnose durch Ultraschall. Diese Entzündungen erfordern längere Schonung und sehr systematischen Wiederaufbau des Trainings; hohe Rückfallquote; durch Verlust von Elastizität im Gewebe Verlust von Belastungsfähigkeit.
- **Cushing** (= Equines Cushing Syndrome ECS): chronische Hormonstörung vor allem älterer Pferde und Ponys, unter anderem gekennzeichnet durch eine Überproduktion von Cortisol. Die sichtbaren Symptome sind Störungen im Fellwechsel, Hufrehe und Veränderung des Erscheinungsbildes. Cushing muss behandelt, kann aber nicht geheilt werden.

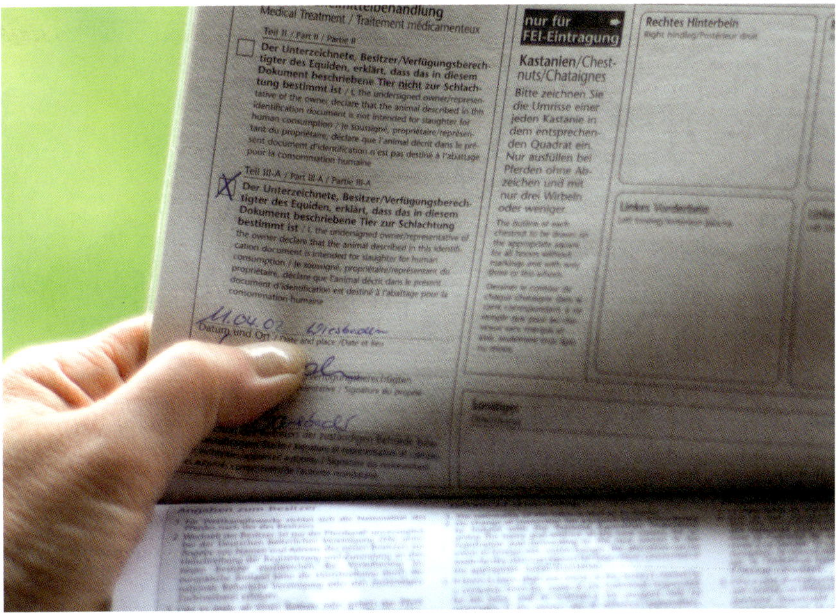

Eintrag im Equidenpass Schlachttier/Nicht-Schlachttier

6.5 Verantwortung für das Lebensende

Die Lebenserwartung von Pferden liegt meist im Bereich von 20 bis 35 Jahren - Ponys haben die höchste Lebenserwartung. Allerdings sterben die wenigsten Pferde an Altersschwäche. Selbst wenn die Bereitschaft dafür vorhanden ist, dem eigenen Pferd ein unbeschwertes Gnadenbrot zu gönnen, muss jeder Pferdebesitzer damit rechnen, die Verantwortung für das Lebensende seines Pferdes übernehmen zu müssen. Es gilt, zwischen möglichen **medizinischen Behandlungen einerseits** und dem **Ersparen von chronischem Leiden und nicht linderbaren Schmerzen andererseits** abzuwägen.
Der behandelnde Tierarzt ist der kompetente Ansprechpartner für alle Entscheidungen im Zusammenhang mit dem Lebensende eines Pferdes.

Tierschutzgerechtes Lebensende

Das Tierschutzgesetz verbietet eine Tötung ohne vernünftigen Grund. Dagegen sollte - schon aus ethischen Gründen - ein Pferd eingeschläfert werden, wenn nicht behebbare Schäden beziehungsweise chronische Leiden vorliegen, die ein artgerechtes Weiterleben unmöglich machen. Bei erheblichen, nicht zu lindernden Schmerzen (z.B. nach einem schweren Unfall ohne Aussicht auf Heilung) besteht sogar die Pflicht zum Einschläfern. Pferde, in deren Pass der Status „Schlachttier" eingetragen ist und die frei von Medikamenten-Rückständen sind, dürfen auf Wunsch des Besitzers der Schlachtung zugeführt werden.

Im Überblick:

Tierschutz und das Lebensende

- **Gefordert wird:** angemessene Gesundheitsfürsorge, Ersparen von vermeidbarem Leid und Schmerzen.
- **Verboten ist:** das Töten eines Wirbeltieres ohne vernünftigen Grund.

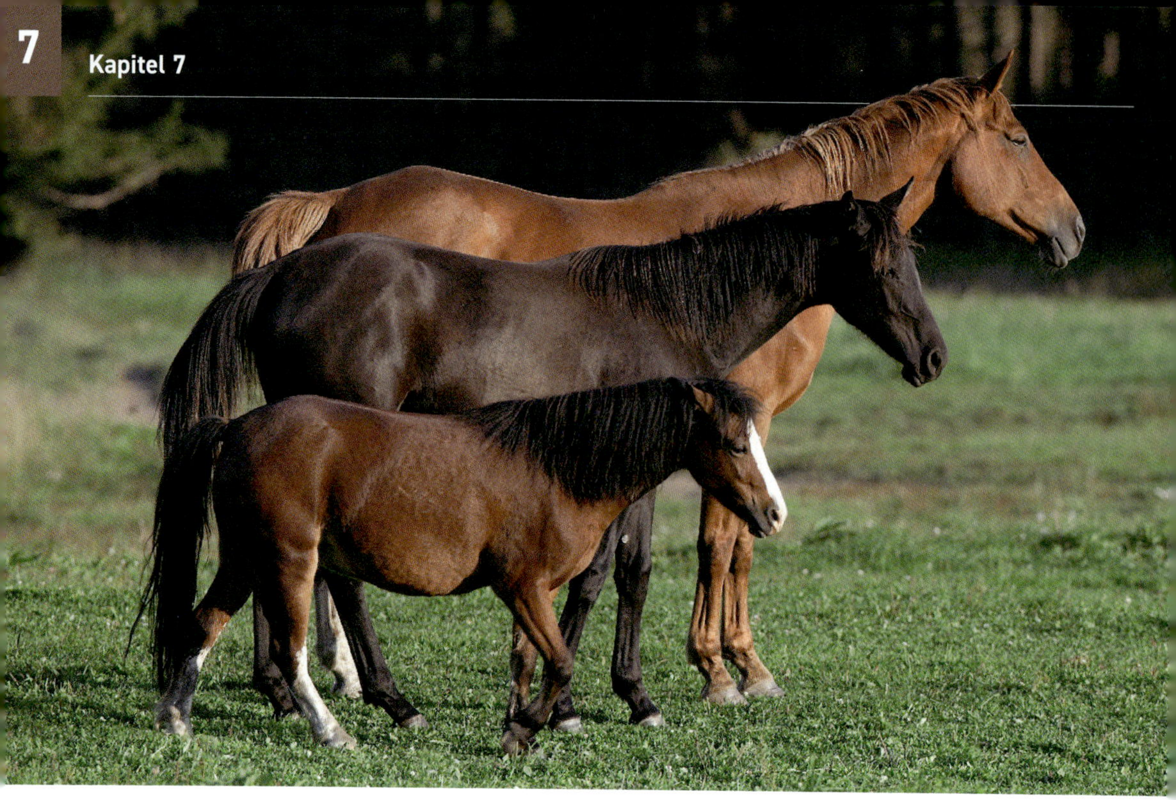

7 Identifizierung und funktionale Anatomie

7.1 Identifizierung

Der Equidenpass, der für jedes Pferd ausgestellt wird, enthält alle Angaben zur eindeutigen Identifizierung. Rasse, Alter, Geschlecht, Fellfarbe, Farbe des Langhaars und weitere unverwechselbare Kennzeichen im Fell können dazu dienen, ein Pferd eindeutig vom anderen zu unterscheiden.

Früher wurden Pferde mit Brandzeichen und eingebrannten Nummern (vorzugsweise am linken, möglicherweise auch am rechten Hinterschenkel, in der Sattellage und am Hals) eindeutig gekennzeichnet. Das Anbringen von Brandzeichen (Heißbrand) ist allerdings seit 2019 in Deutschland verboten. Stattdessen wird Pferden ein Mikrochip unter der Haut eingesetzt. Eine auf dem Chip gespeicherte Nummer ist mit einem speziellen Lesegerät abrufbar. Die bekannten Symbole der Brandzeichen werden weiterhin als Erkennungsmerkmal auf den Abstammungsnachweisen der Zuchtverbände verwendet.

Geschlecht und Alter

Das Geschlecht eines Pferdes ist leicht an den äußeren Geschlechtsmerkmalen abzulesen. Unter den männlichen Tieren sind die kastrierten Wallache (keine Hoden mehr vorhanden) bei Weitem in der Überzahl. Im Vergleich zu Stuten und Wallachen setzt die Haltung von Hengsten ein hohes Maß an besonderer Sachkenntnis und Erfahrung voraus.

Pferde können circa 20 bis 35 Jahre alt werden, einige Ponyrassen (z.B. Shetlandponys) sogar bis zu 40 Jahre. Für die Altersangabe eines Pferdes gilt der 1. Januar des Geburtsjahres als Stichtag der Jahrgangszugehörigkeit; das heißt, alle Fohlen gelten als

Im Überblick:
Fellfarben

- **Rappen** sind schwarz mit schwarzem Langhaar.
- **Füchse** sind braun, rotbraun oder rötlich mit gleichfarbigem oder hellerem Langhaar.
- **Braune** sind hell, dunkel oder schwarzbraun mit schwarzem Langhaar und schwarzen Beinen.
- **Schimmel** sind weiß in allen Schattierungen. Sie werden meist dunkel geboren. Die Schimmelfärbung verändert sich im Laufe des Lebens.
- **Falben** sind cremefarben bis hellbraun mit schwarzem Langhaar, oft mit Aalstrich.
- **Isabellen** sind cremefarben bis hellbraun mit hellem Langhaar.
- **Schecken** haben klar abgegrenzte unterschiedliche Farbflecken - die Bezeichnung variiert je nach Farbe und Muster.

am 1. Januar geboren, auch wenn ihr Geburtsdatum in einem anderen Monat liegt.

Das Alter eines Pferdes ist nur in Extremfällen (Fohlen oder sehr altes Pferd) an äußeren Merkmalen abzulesen. Fohlen haben im Vergleich zu ausgewachsenen Pferden längere Gliedmaßen und einen insgesamt leichteren Körperbau. Bei älteren Pferden entstehen über den Augen Höhlen, die mit zunehmendem Alter tiefer werden. Über den Augenbögen kommen mit den Jahren graue Haare hinzu. Insgesamt treten die Knochenlinien (Gesicht, Hüfthöcker) stärker hervor, sehr alte Pferde neigen zu Senkrücken.

Zahnaltersbestimmung

Liegt kein gesicherter Nachweis über den Geburtstermin vor (Abstammungspapiere, ausgestellt von den jeweiligen Zuchtverbänden), können die Zähne Anhaltspunkte für eine ungefähre Altersbestimmung geben.

Die Zahnaltersbestimmung orientiert sich am Durchbruch, dem Wechsel und der Abnutzung der Zähne sowie an der Zahnrichtung der Schneidezähne.

Pferdezähne werden bis zum Alter von etwa 15 Jahren beständig nachgeschoben und nutzen sich beim Kauen ab. Die Einstülpungen in den Kauflächen der Zähne, die sogenannten Kunden, verschwinden dabei mehr und mehr bis zum Alter von rund 7 Jahren. Daher kann besonders bei jüngeren Pferden das Alter mit Blick auf die Zähne gut eingeschätzt werden. Diese Beurteilung erfordert allerdings viel Erfahrung; im Zweifelsfall macht es Sinn, einen Tierarzt hinzuzuziehen.

Fellfarben

Aus dem ursprünglichen Mausgrau bis Braun der Wildpferde haben sich viele verschiedene Fellfarben herausgebildet.

In der Warmblutzucht kommen vor allem die Grundfarben vor: Schwarz (Rappen), Rotbraun mit gleichfarbigem oder hellerem Langhaar (Füchse), Braun mit schwarzem Langhaar (Braune). Schimmel werden meist schwarz, braun oder als Füchse gebo ren und erst von Jahr zu Jahr heller.

Weiße Abzeichen am Kopf

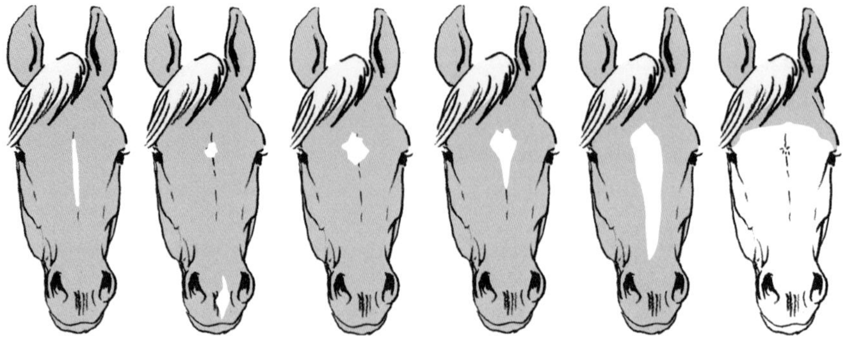

Strich — *Flocke und Schnippe* — *Stern* — *Keilstern* — *Blesse* — *Laterne*

Abzeichen am linken Hinterbein

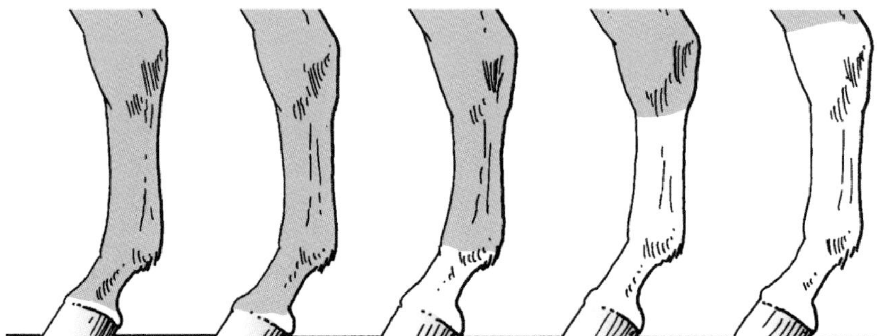

Kronenrand weiß — *Ballen weiß* — *Fessel weiß* — *Fuß weiß* — *Bein weiß*

Ein spezielles Gen sorgt dafür, dass sie ihre frühere Grundfarbe nach und nach verlieren.
Je nach Rasse sind noch sehr viel mehr Farben möglich. Falben sind cremefarben bis hellbraun mit schwarzem Langhaar, dunklen Beinen und Hufen; oft haben sie einen dunklen Aalstrich auf dem Rücken. Isabellen haben bei ähnlicher Fellfärbung helles Langhaar und helle Hufe. Schecken besitzen klar abgegrenzte Farbflächen (Weiß und eine oder zwei Grundfarben) in ganz unterschiedlichen Formen.

Unveränderliche Kennzeichen

Zu den unverwechselbaren, von Geburt an vorhandenen Kennzeichen eines Pferdes gehören die weißen Abzeichen am Kopf und an den Gliedmaßen. Die möglicherweise vorhandene weiße Zeichnung im Gesicht prägt das individuelle Aussehen eines Pferdes. Typische Abzeichen sind zum Beispiel der Stern auf der Stirn oder die längliche Blesse.
Weiße Abzeichen an den Beinen können von kleinen Flecken am Ballen oder am Kronenrand bis über die mittleren Gelenke reichen. Weiße Flecken können aber auch in selteneren Fällen an anderen Körperstellen auftreten, zum Beispiel am Bauch oder am Hals. Einmalig und unverwechselbar sind bei jedem Pferd Anzahl und Lage der Wirbel im Fell. Sie können als Grundlage für eine sichere Identifizierung zu Hilfe genommen werden. Ebenso unterschiedlich von Pferd zu Pferd ist die Lage, Größe und Form der verhornten Stellen (Kastanien) an der Innenseite der Gliedmaßen.

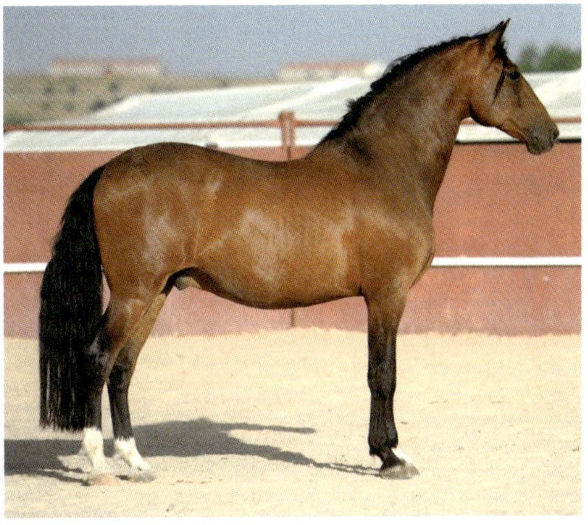

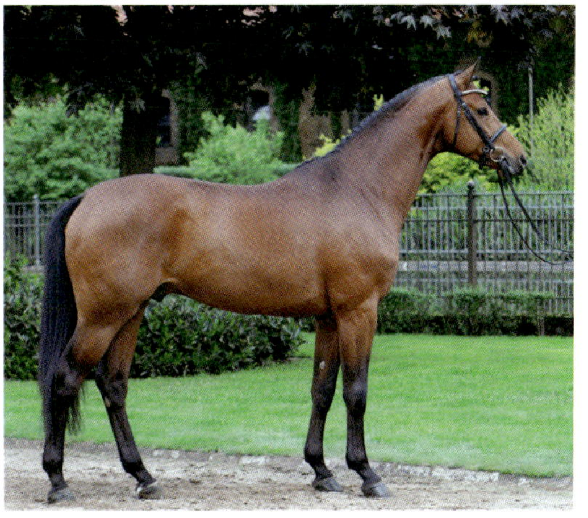

Quadrat-Pferd und Rechteck-Pferd

7.2 Funktionale Anatomie

Der verantwortungsbewusste Fahrer braucht fundierte Kenntnisse über die funktionale Anatomie des Pferdes, um sein Pferd langfristig und gesunderhaltend ausbilden und fahren zu können. Die funktionale Anatomie stellt die Verbindung zwischen der Anatomie des Pferdes, der Biomechanik und der Fahr- beziehungsweise Reitlehre dar. Es geht also darum zu verstehen, wie ein Körperteil funktioniert, welche Muskeln, Sehnen, Gelenke, Bänder und Knochen an einer Bewegung beteiligt sind und wie der Fahrer diese Zusammenhänge in einer pferdegerechten Ausbildung berücksichtigen muss.
Um in das Thema einzusteigen, sollte zunächst auf den Körper des Pferdes geschaut werden.

7.3 Exterieurlehre

Bei der Beurteilung von Pferden verschafft sich der Fahrer zunächst aus einem gewissen Abstand einen Gesamteindruck über das Pferd. Dabei ist ein harmonisch gebautes Pferd mit einem wohlproportionierten Körper gewünscht, das sich im Gleichgewicht stehend präsentiert.

Mit Abstand betrachtet ist auch zu erkennen, wie das Verhältnis der Körperabschnitte zueinander ist. Das Pferd wird grob eingeteilt in drei Körperanschnitte: **Vorhand, Mittelhand und Hinterhand.** Zur Vorhand gehören Kopf, Hals, Brust und Vorderbeine. Zur Mittelhand gehört der Rumpf mit Widerrist, Rücken und Nierenpartie und zur Hinterhand die Kruppe, die Hinterbeine und der Schweif. Im Idealfall macht jede Partie etwa ein Drittel der Rumpflänge aus. Das Verhältnis der Rumpflänge zur Widerristhöhe wird in der Exterieurlehre als Format ausgedrückt. Beim Pferd im **Rechteck-Format** ist die Widerristhöhe geringer als die Rumpflänge. Das Rechteck-Pferd wird für die Nutzung im klassischen Reitsport bevorzugt, weil es meistens über schwingende, elastische Bewegungen verfügt und angenehm sitzen lässt. Das **Quadrat-Format**, bei dem die Widerristhöhe der Rumpflänge entspricht, ist vielfach bei iberischen Rassen zu finden.

Nach der Gesamtbeurteilung erfolgt eine genaue Betrachtung der einzelnen Körperteile, die für die fahrerische Nutzung von Bedeutung sind.

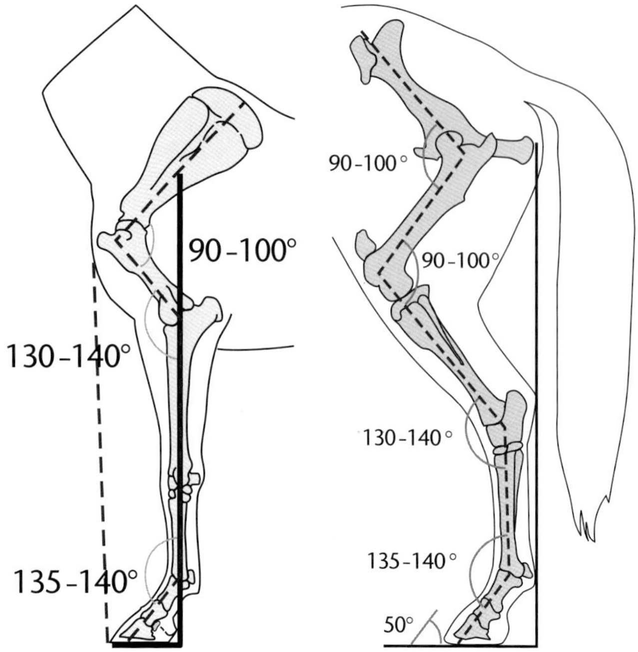

Regelmäßige Stellung der Vorder- beziehungsweise Hintergliedmaße

Der **Kopf** sollte trocken und ausdrucksvoll sein und harmonisch zum Körper passen. Dazu gehört ein großes, freundliches und ruhiges Auge. Die **Maulspalte** sollte lang genug sein, sodass später auch eine Kandare darin Platz findet. Im Genick sind Kopf und Hals leicht beweglich verbunden. Eine ausreichende **Ganaschenfreiheit** erleichtert die Beizäumung und damit die Gymnastizierung. Der **Hals** als Balancierstange soll günstig angesetzt, genügend lang und frei getragen sein. Insbesondere ein tief angesetzter Hals wirkt sich negativ auf das Gleichgewicht aus. Aber auch ein zu hoch aufgesetzter Hals wirkt sich oftmals negativ aus, da diese Pferde meistens über wenig Rückentätigkeit verfügen. Die **Schulter** wirkt sich besonders auf die Bewegungen des Pferdes aus. Eine lange und schräge Schulter schafft Platz für raumgreifende, schwingende Bewegungen; eine kurze, schräge Schulter steht eher für knappe, begrenzte Abläufe. Auch der Ellenbogen spielt für die Beweglichkeit ein Rolle: zwischen Ellenbogenhöcker und Brustraum sollte mindestens eine flache Hand Platz finden - die sogenannte **Ellenbogenfreiheit**. Bei Pferden mit angedrücktem Ellenbogen ist oft das Gleichgewicht gestört. Der **Rücken** sollte lang genug und leicht geschwungen sein, sodass Elastizität und Stabilität gleichermaßen gegeben sind. Die Nierenpartie oder auch **Lende** wünscht man sich breit und gut bemuskelt, dabei in der Länge zum Gesamtkörper passen. Auch die **Kruppe** sollte breit, lang und gut bemuskelt sein - schließlich sitzt beim Pferd der Motor hinten, die Kruppe gilt als Krafthebel des Hinterbeins. Und auch die **Gliedmaßen** sind von erheblicher Bedeutung für die Gesundheit des Pferdes und seine Nutzbarkeit im Fahrsport. Bei einem gut gestellten Vorderbein trifft eine durch die Mitte des Schulterblatts gefällte Senkrechte Linie am Ende des Ballens den Boden und halbiert Unterarm und Vordermittelfuß.

Eine ausreichend lange und gut gewinkelte **Fessel** ermöglicht federnde Bewegungen - zu kurze, steile Fesseln bringen oft knappe Bewegungen, zu lange, weiche Fesseln führen oft zu schnellerem Verschleiß. Auch für die **Hinterbeine** gelten gewisse Winkelungen als ideal. Sie sichern kraftvolles Abfußen und dynamische Bewegungen.

Das **Sprunggelenk** soll lang, breit, kräftig und nah am Boden sein. Und zu guter Letzt ist auch den **Hufen** große Aufmerksamkeit zu schenken, tragen sie doch das Gewicht des Pferdekörpers und fungieren als Stoßdämpfer. Der Huf sollte aus hartem, festem und glattem Horn sein, der Strahl gesund und die Trachten gut entwickelt. Der Hinterhuf ist insgesamt etwas steiler und enger als der Vorderhuf.

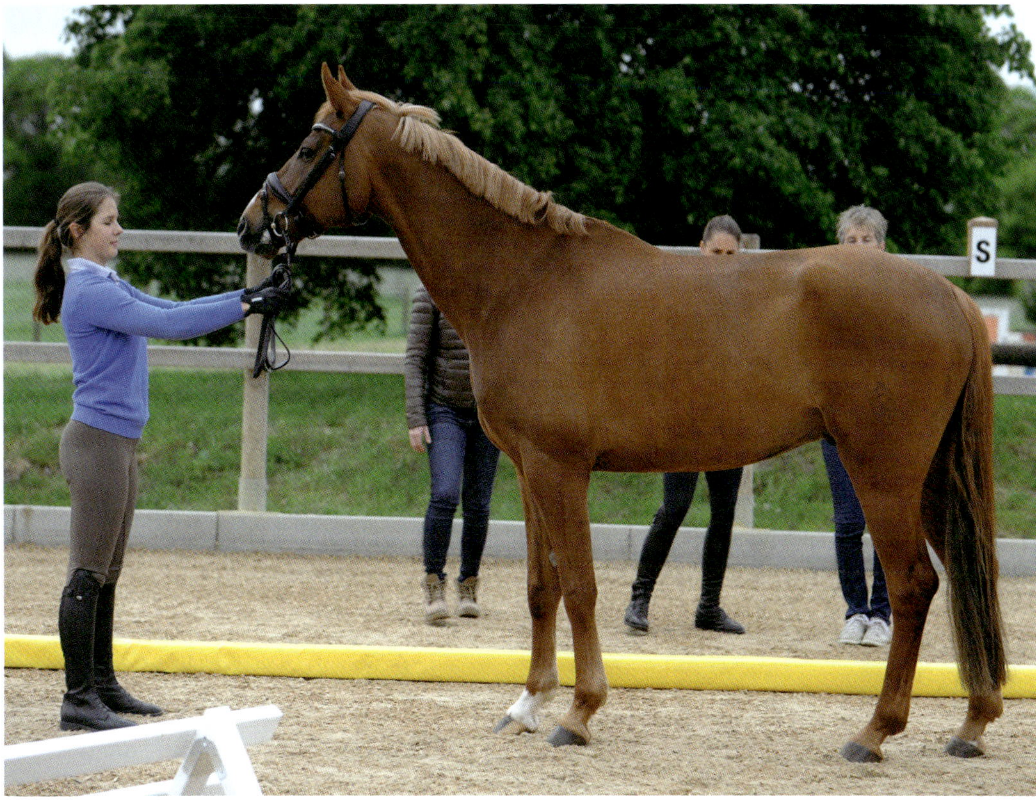

Vormustern auf der Dreiecksbahn zur Beurteilung des Pferdes im Stand und in der Bewegung

Neben der Beurteilung im Stand ist stets auch die **Beurteilung in der Bewegung** vorzunehmen. Nur so erhält der Betrachter ein umfassendes Bild von dem jeweiligen Pferd. Dazu eignet sich das Vormustern auf der Dreiecksbahn besonders, weil das Pferd von allen Seiten, im Schritt und im Trab beurteilt werden kann.

Letztendlich kann das **Interieur**, also die innere Einstellung und Leistungsbereitschaft, viele kleinere Mängel im Körperbau ausgleichen. In allen Pferdesportdisziplinen gibt es zahlreiche Beispiele von Pferden, deren Körper nicht dem Ideal entspricht, die aber trotzdem Höchstleistungen erbringen. Bei der Beurteilung von Pferden geht es also nicht um das Auffinden von eventuellen Fehlern, sondern um die allgemeine Qualität des Pferdes im Zusammenhang mit seiner Nutzung.

Biomechanik

Um die Zusammenhänge der Biomechanik zu verstehen und in eine pferdegerechte Ausbildung einfließen zu lassen, sind Kenntnisse über die Anatomie und die Bewegungsabläufe des Pferdes notwendig. Nur mit diesem Wissen ist eine schonende und gesunderhaltende Ausbildung möglich.

Das Skelett

Das Skelett stellt das knöcherne, stützende Gerüst des Körpers dar. Durch Gelenke, die immer zwei Knochen miteinander verbinden, wird Bewegung ermöglicht. Das Skelett ist in drei Abschnitte unterteilt: Kopf, Stamm (Wirbelsäule, Rippen, Brustbein) und Gliedmaßen (Vorder- und Hinterbeine).

Das Skelett des Pferdes

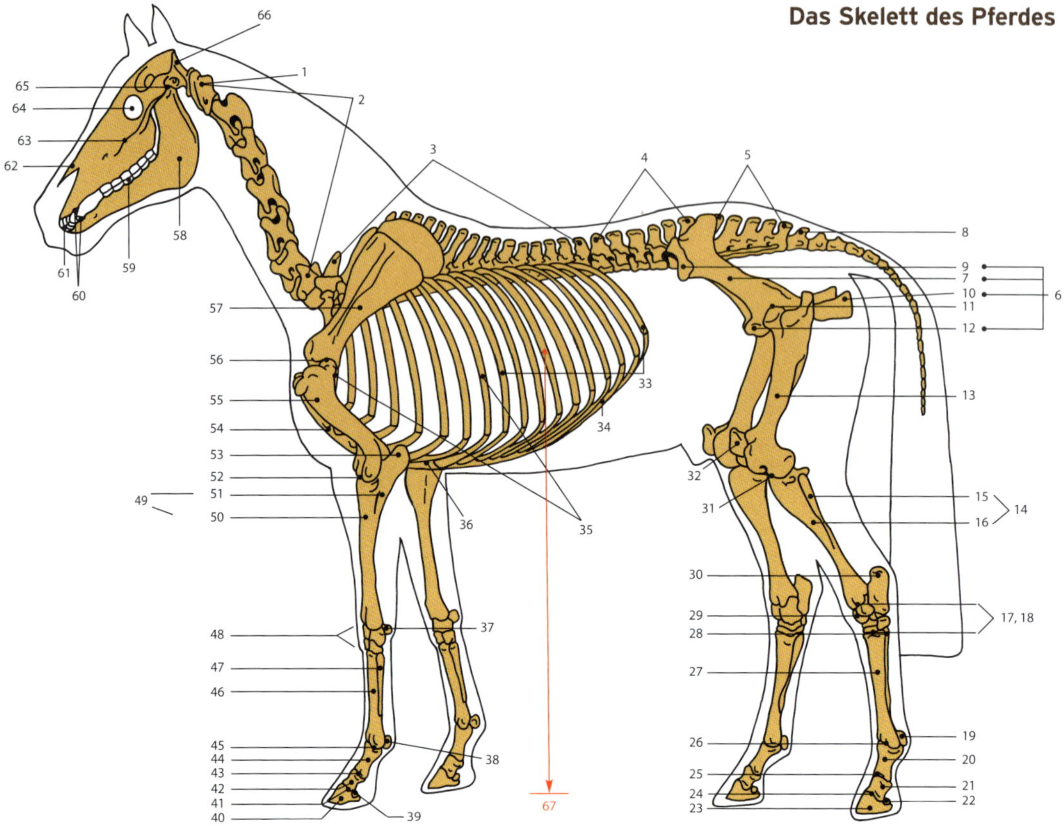

1 1. Halswirbel: Atlas
2 Halswirbel (7)
3 Brustwirbel (18)
4 Lendenwirbel (6)
5 Kreuzbein, Kreuzbeinwirbel (5)
6 Beckenknochen
7 Darmbein
8 Schweifwirbel = Schwanzwirbel (15 bis 21)
9 Hüfthöcker
10 Sitzbeinhöcker
11 Hüftgelenk
12 Schambein
13 Oberschenkelbein
14 Unterschenkelknochen
15 Wadenbein
16 Schienbein
17, 18 Hinterfußwurzelknochen: Hinterfußwurzelgelenk, Sprunggelenk (Tarsalgelenk)
19 Gleichbein
20 Fesselbein
21 Kronbein
22 Strahlbein
23 Hufbein
24 Hufgelenk
25 Krongelenk
26 Fesselgelenk
27 Hintermittelfußknochen (Hinterröhre)
28 Griffelbein
29 Rollbein
30 Fersenbein
31 Kniegelenk
32 Kniescheibe
33 9. bis 18. Rippe (Atmungsrippen)
34 Knorpeliger Rippenbogen
35 1. bis 8. Rippe (8 Tragerippen)
36 Brustbein
37 Erbsenbein
38 Gleichbein
39 Strahlbein
40 Hufbein
41 Hufgelenk
42 Kronbein
43 Krongelenk
44 Fesselbein
45 Fesselgelenk
46 Vordermittelfußknochen (Vorderröhre)
47 Griffelbein
48 Vorderfußwurzelknochen, Vorderfußwurzelgelenk, Karpalgelenk
49 Unterarmknochen
50 Speiche
51 Elle
52 Ellenbogengelenk
53 Ellenbogenhöcker
54 Brustbein
55 Oberarmbein
56 Schultergelenk (Buggelenk)
57 Schulterblatt
58 Unterkiefer
59 Backenzähne
60 Hakenzähne
61 Schneidezähne
62 Nasenbein
63 Jochbeinleiste
64 Augenhöhle
65 Kiefergelenk
66 Hinterhauptbein
67 Massenmittelpunkt

Die Wirbelsäule
Wie bei allen Säugetieren sind beim Pferd sieben Halswirbel ausgebildet, dazu kommen 18 Brustwirbel, sechs Lendenwirbel, fünf Kreuzwirbel (zum Kreuzbein verwachsen) und 15 bis 21 Schweifwirbel. Dabei ist die **Beweglichkeit** der einzelnen Abschnitte unterschiedlich: während Hals- und Schweifwirbel sehr beweglich sind, ist die Brust- und Lendenwirbelsäule nur gering beweglich, die Kreuzwirbel sind sogar völlig unbeweglich. Diese Tatsache spielt für die Längsbiegung eine wichtige Rolle. Die Halswirbelsäule verläuft in einer s-förmigen Krümmung vom Hinterhauptsbein zur Brustwirbelsäule. Die Wirbelsäule folgt also nicht der Oberhalslinie. Die S-Form ermöglicht es dem Pferd, den Hals zum Ausbalancieren zu strecken, zu heben und zu senken. Mit jedem Brustwirbel ist je ein Rippenpaar gelenkig verbunden: das Pferd hat also 18 Rippenpaare, davon sind die ersten acht mit dem Brustbein verbunden (sogenannte „echte" oder Trageripppen), die restlichen zehn haben keine Verbindung zum Brustbein (sogenannte „falsche" oder Atmungsrippen). An den Brust-, Lenden- und Kreuzwirbeln befinden sich Dornfortsätze von verschiedener Länge und Richtung. Die Dornen der vorderen Hälfte sind bis zum 16. Lendenwirbel nach hinten geneigt, der 16. Wirbel steht senkrecht, dahinter sind die Dornfortsätze vorwärts geneigt.

Der Rücken
Der Rücken des Pferdes ist eine **Brücken-Konstruktion** zwischen Vorhand und Hinterhand. Die Wirbelsäule fungiert als Brücke und die Gliedmaßen als Brückenpfeiler. Von großer Bedeutung für die Funktion des Rückens ist das vom Hinterhaupt bis zum Kreuzbein reichende Nacken-Rückenband, das die Dornfortsätze miteinander verbindet. Das lange Nackenband stellt die **obere Verspannung** der Konstruktion dar. Eine untere Verspannung bilden starke Sehnen der Bauchwand, die Brustbein und Becken verbinden. Das Kreuzbein ist durch starke Bänder mit dem Becken fest verbunden und stellt die Schnittstelle zwischen Hinterbein und Rücken dar. Hier übernimmt der Rücken die Bewegung aus der Hinterhand und setzt sie nach vorn um.
Dabei spielt der **lange Rückenmuskel** eine ganz entscheidende Rolle. Dieser ist zwar einer der kräftigsten Muskeln des Pferdes, aber ein reiner Bewegungsmuskel. Er dient ausschließlich der Fortbewegung. Das heißt in der Praxis, dass für taktmäßige und raumgreifende Bewegungen der Rückenmuskel losgelassen arbeiten muss - dies ist durch eine ausreichend lange und systematische Lösungsphase sicherzustellen. Mit dem langen Rückenmuskel lässt sich übrigens auch das **Abschnauben** des Pferdes erklären: der lange Rückenmuskel setzt auch an den Rippen an, solange er nicht entspannt, kann das Pferd nicht frei atmen. Kommt er im Laufe der Lösungsphase zum Schwingen, kann das Pferd durchatmen und schnaubt zufrieden ab.

Konsequenzen für die Ausbildung des Pferdes
Um eine systematische Gymnastizierung in Form einer pferdegerechten Ausbildung umzusetzen, hilft die Skala der Ausbildung. Sie orientiert sich an der Natur des Pferdes und berücksichtigt die Funktion des Bewegungsapparats. Durch die schrittweise Steigerung der Anforderungen wird die Muskulatur gekräftigt, so dass das Pferd losgelassen über den Rücken schwingen und Schub- und Tragkraft entwickeln kann. Dabei braucht die

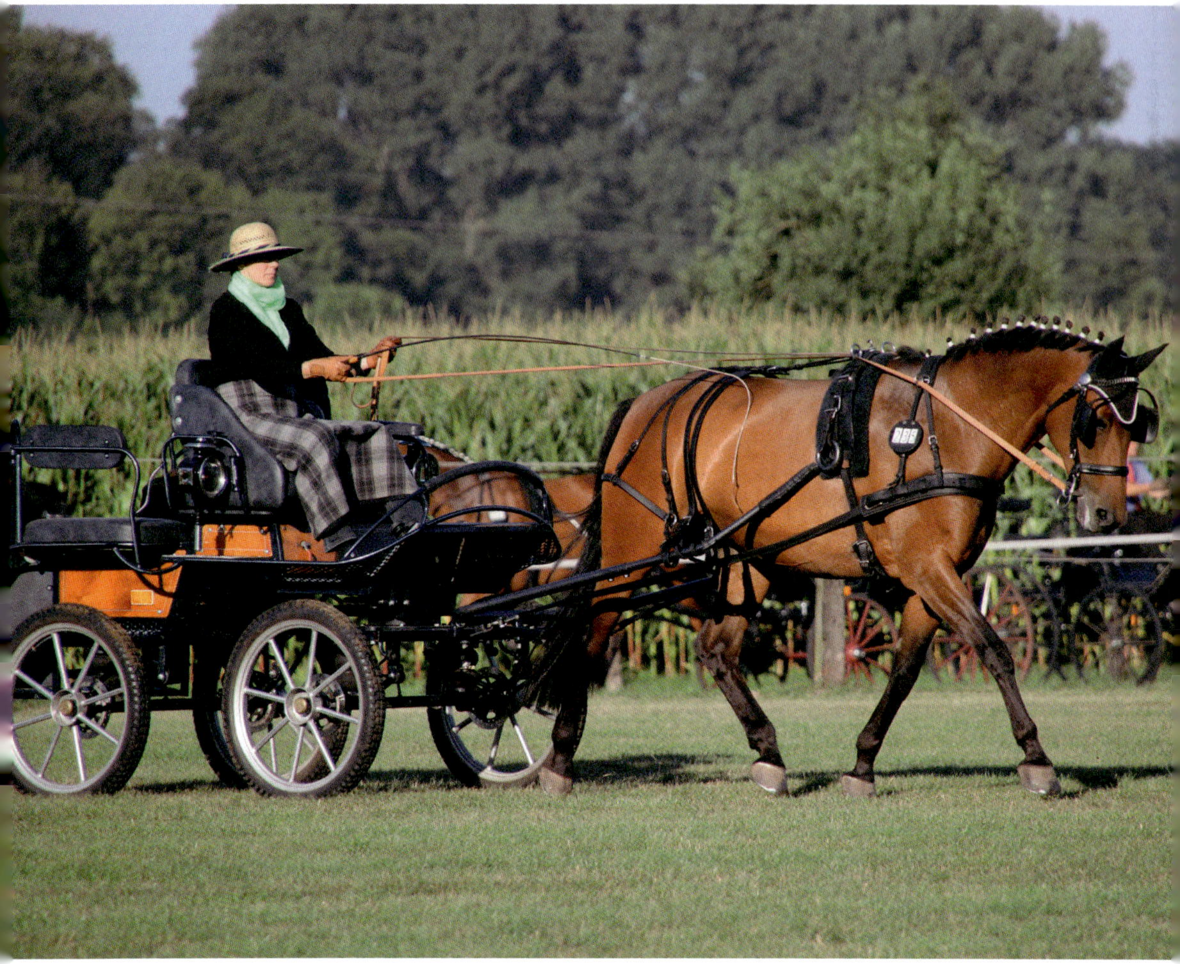

Zufriedenes Pferd durch pferdegerechte Ausbildung

Formung des Pferdes vor allen Dingen Zeit, Ruhe und einen einfühlsamen Ausbilder. Abkürzungen, Schummeln und fragwürdige Tricks bringen zwar vielleicht kurzfristig Erfolg, schaden aber auf Dauer mehr und bringen oft Rückschläge mit sich.

Eine nicht-pferdegerechte Ausbildung zeigt sich zunächst in Verspannungen, Widersetzlichkeit und Unzufriedenheit, und früher oder später auch in schwach oder falsch entwickelter Muskulatur oder sogar gesundheitlichen Problemen.

Das korrekt ausgebildete Pferd erkennt der Fachmensch an dem/der gut geformten

➤ Halsung
- Halswirbelsäule von Muskulatur bedeckt
- Unterhals schwach, Oberhals gut ausgeprägt
- Hals konvex geformt, leichtes Genick und Ganasche

➤ Vorhand
- Muskeln überdecken Schulterblatt
- Hals breit auf Schulter aufgesetzt
- kräftige Unterschenkelmuskeln

➤ Rücken
- Lende gut bemuskelt
- Wirbelsäule eingebettet

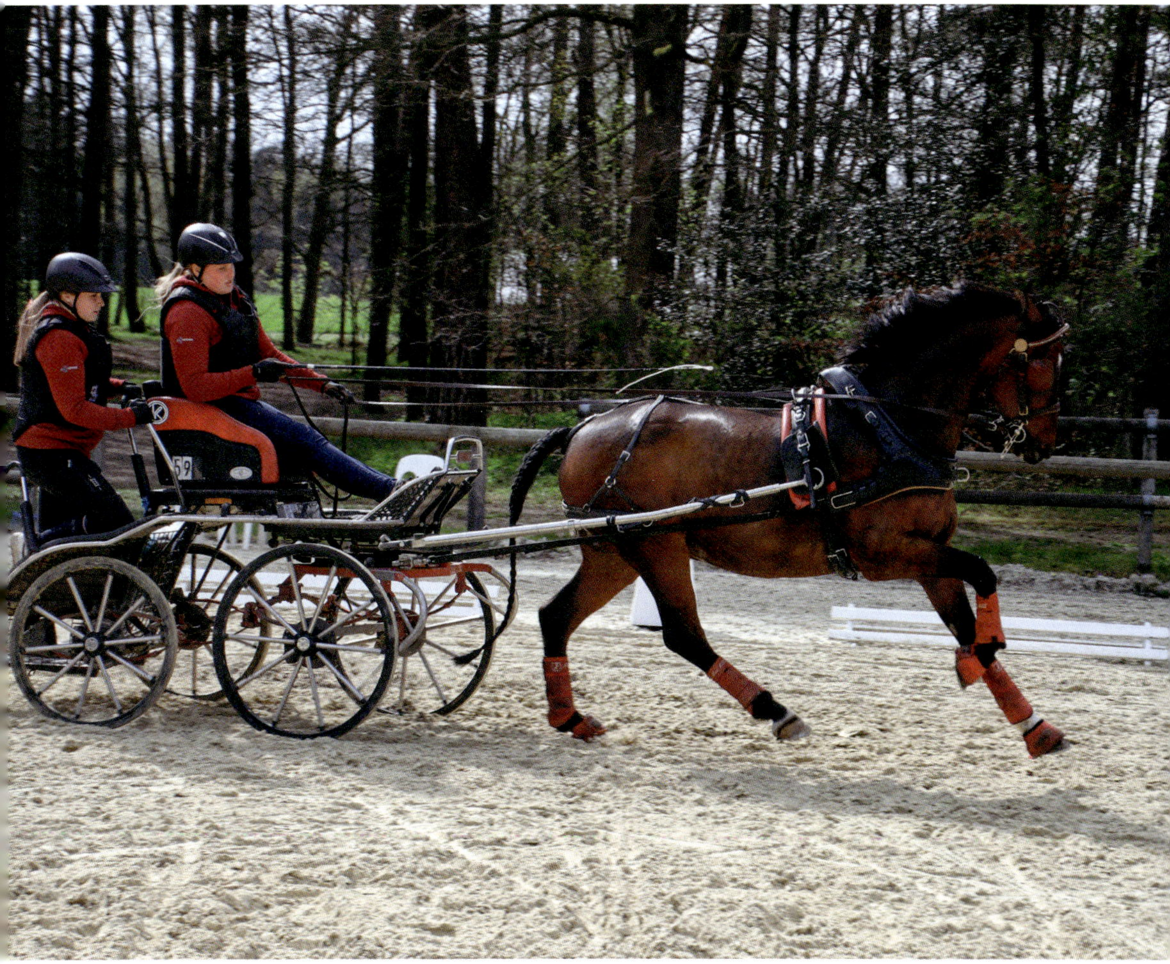

Durch korrekte Ausbildung und gezieltes Training wird ein gut bemuskeltes Pferd geformt.

- beidseitig gleichmäßige Bemuskelung

➤ Bauch
- Flanken gut gefüllt
- gut geschlossen, weder „Windhund" noch „Hängebauchschwein"

➤ Hinterhand
- runde, gewölbte Kruppe
- gute „Behosung" (Bemuskelung von Ober- und Unterschenkel)
- Hinterbackenlinie konvex

Korrektes Fahren nach der klassischen Fahr- beziehungsweise Reitlehre und unter Berücksichtigung der Biomechanik formt ein gut bemuskeltes Pferd und erhält die Leistungsbereitschaft und Leistungsfähigkeit dauerhaft. So dient gutes Fahren immer in erster Linie der **Gesunderhaltung des Pferdes** und damit dem **praktizierten Tierschutz.**

Dieser Verantwortung muss sich jeder Fahrer und Ausbilder bewusst und durch entsprechende Fort- und Weiterbildung stets bemüht sein, seine Kenntnisse, Fähigkeiten und Fertigkeiten zu verbessern und zu fördern. Dem Pferd zuliebe!

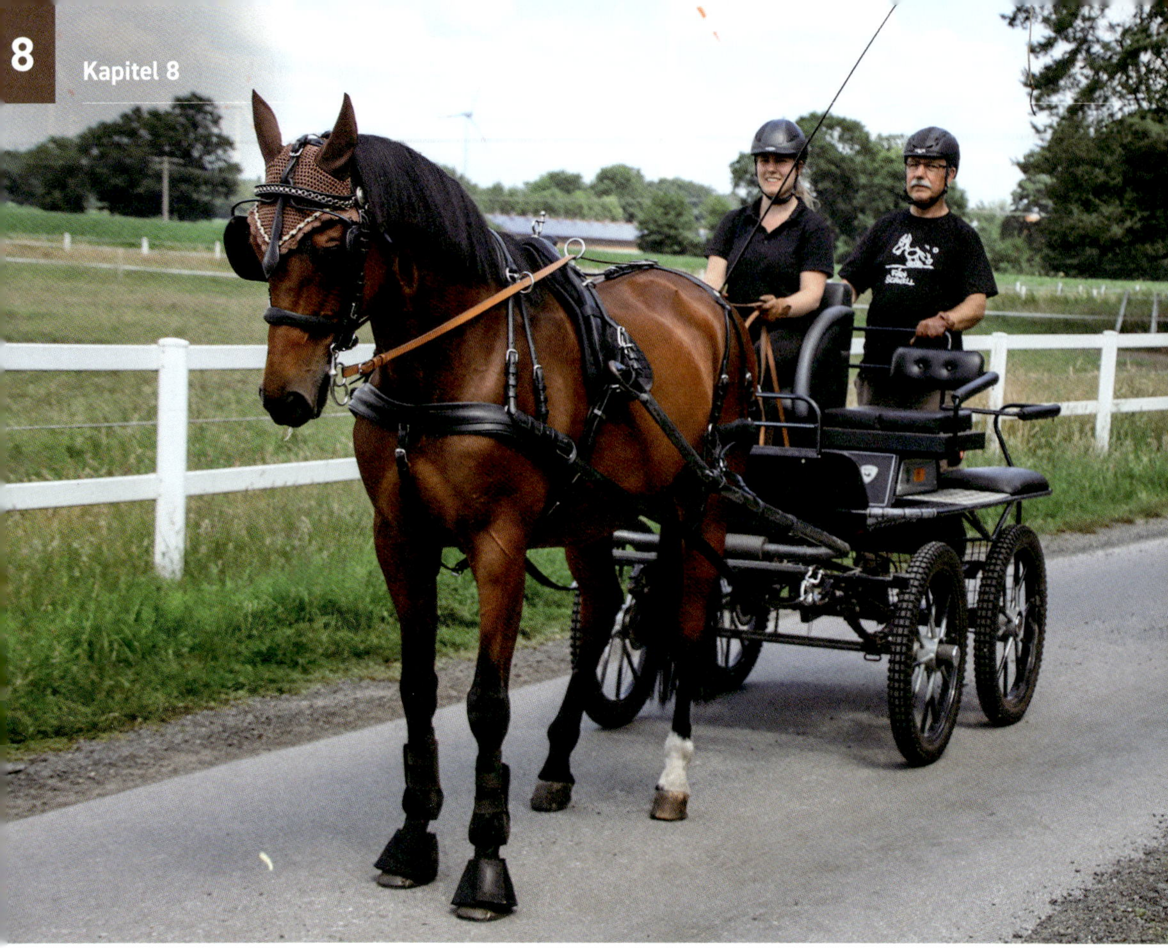

Die klassische Reit- beziehungsweise Fahrlehre schafft und erhält ein leistungsbereites, willig und vertrauensvoll mitarbeitendes Pferd.

8 Fahrlehre

8.1 Grundverständnis für das richtige Fahren

Die Richtlinien für Reiten und Fahren basieren heute wie damals im Wesentlichen auf den Grundsätzen der klassischen Reitkunst. Man kann die „klassische Reitlehre/Fahrlehre" definieren als **ein lebendiges und modernes Ausbildungssystem, das auf den Grundprinzipien der alten Meister aufgebaut ist, aber auch neue, ergänzende, dem Wohle der Pferde dienende und für das Ausbildungssystem zweckdienliche Erkenntnisse übernommen hat.**

Die klassische Reitlehre/Fahrlehre hat sich über die Jahrhunderte hinweg entwickelt. Viele bedeutende Meister ihrer Zeit haben Anteil daran. Das, was sich nicht bewährt hat, wurde verworfen; bewährte Erkenntnisse wurden anerkannt, weitergegeben und weiterentwickelt. So haben sich, unabhängig von Einsatz und Verwendungszweck des Pferdes, nachfolgende wegweisende Kriterien der klassischen Lehre im Sinne der Richtlinien für Reiten und Fahren der Deutschen Reiterlichen Vereinigung herausgebildet, die bis heute Gültigkeit haben:

Die klassische Reitlehre/Fahrlehre

- orientiert sich an der Natur, das heißt an den Bedürfnissen und den natürlichen, individuellen Anlagen des Pferdes,
- berücksichtigt
  - die körperlichen Voraussetzungen des Pferdes und

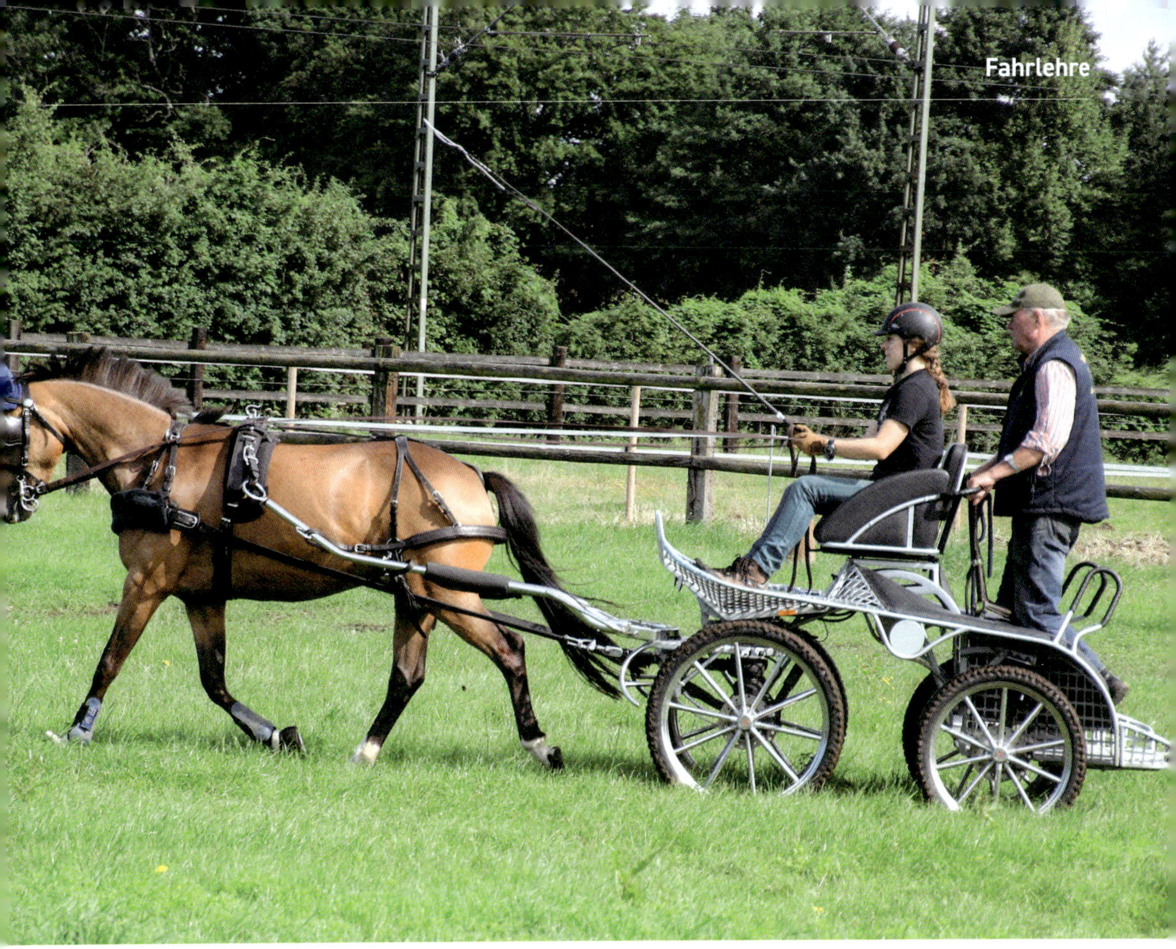

- das natürliche Verhalten des Pferdes,

➤ ist bei richtiger Anwendung artgerecht und führt zum Wohlbefinden des Pferdes,

➤ zielt auf eine ausgewogene Gymnastizierung und Kräftigung des Pferdes ab,

➤ bezieht sich auf die Ausbildung eines jeden Pferdes und ist abwechslungsreich und vielseitig angelegt,

➤ schafft und erhält ein leistungsbereites, willig und vertrauensvoll mitarbeitendes Pferd,

➤ fordert vom Reiter/Fahrer einen elastischen, ausbalancierten Sitz, eine gefühlvolle, feine Hilfengebung sowie das Verständnis für die Natur des Pferdes und die Zusammenhänge der Reit-/Fahrlehre und

➤ führt zum inneren und äußeren Gleichgewicht bei Pferd, Reiter und Fahrer.

Eine direkt vergleichbare klassische Fahrlehre im Sinne der klassischen Reitlehre gibt es nicht. Es hat über die Jahrhunderte völlig verschiedene Fahrsysteme gegeben, die teilweise zeitlich nebeneinander existierten oder auch nur von regionaler Bedeutung sind oder waren. Erwähnt seien in diesem Zusammenhang das ungarische und auch das amerikanische Fahrsystem. Auch in Deutschland gab und gibt es regionale Besonderheiten.

Wir orientieren uns im Sinne einer „klassischen" Fahrausbildung an dem von Benno von Aachenbach entwickelten Fahrsystem **und** der klassischen Reitlehre. Dieses bezeichnen wir im Folgenden analog zur klassischen Reitlehre als klassische Fahrlehre.

Die Ausbildung des Pferdes im Sinne der klassischen Fahrlehre ist abwechslungsreich und vielseitig angelegt.

Die Skala der Ausbildung mit ihren sechs Punkten

- **Takt**
  (Gleichmaß aller Schritte, Tritte und Sprünge)
- **Losgelassenheit**
  (unverkrampftes An- und Entspannen der Muskulatur, bei innerer Gelassenheit)
- **Anlehnung**
  (stete, weich federnde Verbindung zwischen Reiter-/Fahrerhand und Pferdemaul)
- **Schwung**
  (Übertragung des energischen Impulses aus der Hinterhand über den schwingenden Rücken auf die Gesamt-Vorwärts-Bewegung des Pferdes)
- **Geraderichtung**
  (gleichmäßiges Gymnastizieren beider Körperhälften zum Ausgleichen der natürlichen Schiefe des Pferdes)
- **Versammlung**
  (leichtfüßiges Ausbalancieren auf kleinerer Grundfläche mit gut herangeschlossenen Hinterbeinen in Selbsthaltung)

wird als Herzstück der klassischen Reit- und Fahrlehre bezeichnet, weil sie dem Ausbildungsweg des Pferdes und jeder einzelnen Ausbildungseinheit unabhängig vom Verwendungszweck einen Leitfaden gibt. Die sechs Punkte, die sich alle auch gegenseitig beeinflussen, führen in Verbindung mit der Erziehung und dem Gehorsam des Pferdes zu einer sich immer weiter entwickelnden **Durchlässigkeit** (Durchlässigkeit beschreibt den Zustand, in dem das Pferd seinen Ausbildungsstand entsprechend alle Punkte der Ausbildungsskala erfüllt und willig auf das Wechselspiel der Hilfen reagiert) und einem immer sicherer werdenden **Gleichgewicht.**

Als Ergebnis der Berücksichtigung der Grundsätze der klassischen Reit- und Fahrlehre und physikalischer Gesetzmäßigkeiten ergibt sich die Haltung des richtig gearbeiteten Pferdes. Jeder Fahrer sollte die klassischen Grundsätze nicht nur kennen, sondern auch die praktische Umsetzung selbstkritisch betrachten. Wer sich mit dem Pferd beschäftigt, muss dessen Grundbedürfnisse kennen, diese respektieren und Verantwortung übernehmen. Daraus folgt das Bemühen um eine möglichst artgemäße Haltung, um einen fachgerechten, einfühlsamen Umgang mit dem Pferd sowie um gefühlvolles Fahren.

Zu den individuellen Eigenschaften eines Pferdes gehören, wie beim Menschen auch, Stärken und Schwächen. Die Stärken zu fördern sowie die Schwächen zu erkennen und auszugleichen - dies ist ein wesentliches Ziel, welches von dem Fahrer viel Erfahrung, Können, Verständnis und Geduld erfordert.

Unabhängig von der Disziplin wird das Pferd nach der „Skala der Ausbildung" - als ganzheitliche Methode - gymnastiziert. Pferd und Fahrer finden auf diese Weise zu einem Miteinander, das sie in die Lage versetzt, sich fein abgestimmt zu verständigen. Der Beobachter - ob Laie oder Experte - nimmt dann ein harmonisches Gesamtbild wahr.

> Die Ausbildung nach der klassischen Reit- und Fahrlehre schafft bei richtiger Umsetzung ein leistungsbereites, willig mitarbeitendes Pferd, unabhängig von dessen Einsatz. So kann Fahren Freude schaffen und die Gesundheit erhalten.

Das Fahren verschiedener, korrekt ausgebildeter (Lehr-)Pferde ist dabei

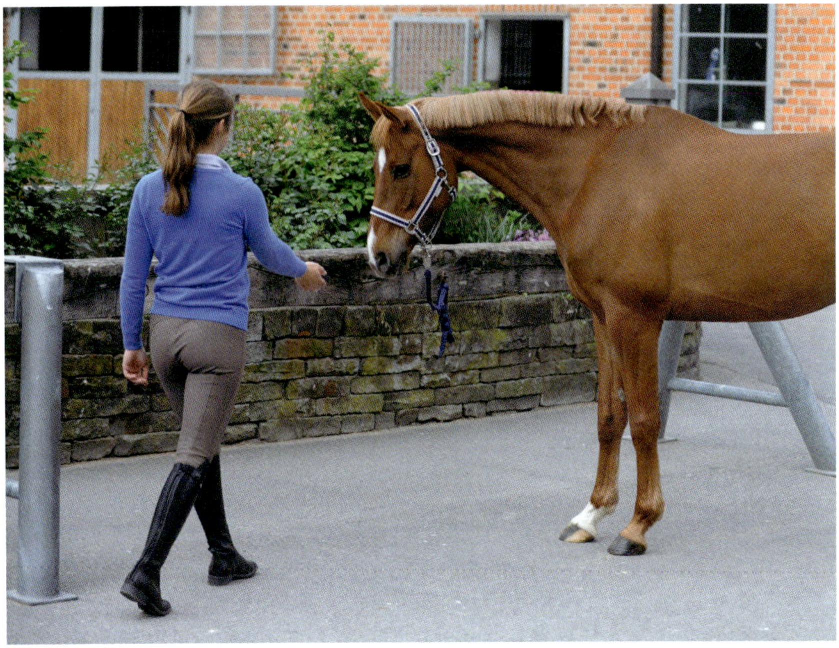

Ein freundlicher Gesichtsausdruck, gespitzte Ohren und ruhiges Abwarten oder sogar Zukommen auf den Menschen signalisieren die Aufmerksamkeit und Zuwendung des Pferdes.

für den Lernprozess des Fahrers unerlässlich, denn er muss sich auf jedes Pferd mit seinem unterschiedlichen Körperbau, seinen ihm eigenen Bewegungsabläufen und vor allem seinen individuellen Eigenschaften einstellen. Dies sensibilisiert den Fahrer sowohl körperlich als auch mental und hilft ihm, nicht nur die reine Fahrtechnik zu erlernen, sondern auch ein Fahrgefühl zu entwickeln. Dabei ist das Pferd immer der „Spiegel" der fahrerischen Einwirkung.

Ursachen für auftretende Schwierigkeiten, Rückschritte oder Misserfolge muss der Fahrer dabei immer zunächst bei sich selbst und nicht beim Pferd suchen. Ist der Fahrer auf dem richtigen Weg, wird ihm dieses durch das Verhalten des Pferdes und ein gutes „Fahrgefühl" vermittelt.

Diese Bereitschaft zur Selbstkritik, verbunden mit der Fähigkeit, die genannten Grundsätze umzusetzen, machen einen Fahrer aus, der in der Lage ist, nach der klassischen Reit- und Fahrlehre richtig zu fahren.

8.2 Vorbereiten zum Fahren

8.2.1 Pferdepflege

Pferde, die in der Obhut des Menschen leben, brauchen neben sicherer Unterbringung, Wasser und Futter eine fachgerechte Pflege. Regelmäßige Pferdepflege ist die Basis für einen vertrauensvollen, sicheren Kontakt zwischen Pferd und Mensch.

Das Putzen dient in erster Linie der **Gesundheit** des Pferdes. Dort, wo das Geschirr oder der Fahrzaum mit dem Fell in Berührung kommen, wird äußerlicher Schmutz entfernt und verklebte Stellen im Fell werden glatt gebürstet. Ästhetische Gesichtspunkte sind dabei zunächst zweitrangig.

Berührungen mit Striegel und Kardätsche stellen zudem eine Art durchblutungsfördernde **Massage** dar. Für den Fahrer selbst kann die Pferdepflege einen Beitrag zum nötigen Aufwärmen vor dem Aufsteigen auf den Bock leisten.

Nicht zuletzt bietet das Putzen auch die beste Möglichkeit, einen **persönli-**

Den ersten Berührungen wie Streicheln oder Klopfen des Halses folgt das Aufhalftern.

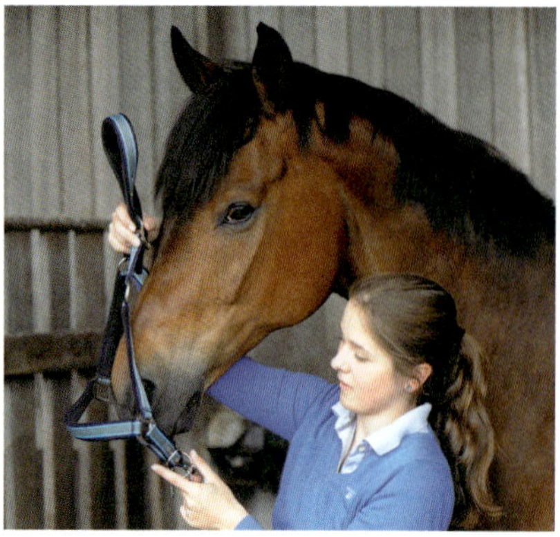

chen Kontakt zum Pferd herzustellen. Außerdem lassen sich bei der täglichen Pferdepflege der **Gesundheitszustand und das Verhalten eines Pferdes** am besten beobachten, mögliche Auffälligkeiten erkennen und Krankheitsanzeichen an Haut, Binde- und Sehnengewebe (Verletzungen, Schwellungen, Hautveränderungen) frühzeitig feststellen.

Die Grundlagen der Pferdepflege

- Regelmäßige Pflege stellt sicher, dass Pferde die **Annäherung** von Menschen kennen und mit positiver Erwartungshaltung verbinden.
- Pferde lernen die typischen **Abläufe** der Pflege bereits im Fohlenalter kennen, zum Beispiel das Anbinden und das Hochheben der Hufe.
- Nur wenn Pferde sich anbinden und angstfrei anfassen lassen, kann ein Mensch ihnen die nötige Fürsorge zuteilwerden lassen.
- Regelmäßige Pflege stellt sicher, dass Pferde Menschen mit völliger **Selbstverständlichkeit** in ihrer direkten Nähe dulden.
- Pferdepflege gibt einen Einblick in den individuellen Charakter und das typische **Verhalten** jedes einzelnen Pferdes.
- Pferdepflege erlaubt die tägliche, gründliche Überprüfung des Gesundheitszustandes und schafft die Voraussetzung für die nötige **Gesundheitsfürsorge**.
- Gewöhnung an die Pferdepflege sichert das **Vertrauen** zwischen Mensch und Pferd.
- Nur auf dieser Grundlage können weitergehende Lernschritte in der Ausbildung des Pferdes, wie das Anlegen von Ausrüstung, erfolgen.

Annähern, Führen und Anbinden

Pferde beobachten ihre Umgebung aufmerksam und registrieren in der Regel jeden Menschen und jede Bewegung in ihrem Sicht- und Hörbereich. In Sekundenbruchteilen entscheiden sie, ob sie gelassen abwarten oder ob Grund zur Aufregung oder sogar zur Flucht besteht. Alles was sich überraschend und unkontrolliert bewegt, kann ein Pferd verunsichern.
Deshalb sollte man bei jeder Annäherung - sei es in der Box, in der Stallgasse, im Auslauf oder auf der Weide - das Pferd zunächst mit **ruhiger Stimme** ansprechen und ihm möglichst von **schräg vorn** mit ausgestreckter Hand entgegengehen.

Halfter anlegen

Die Ausgangsposition für das Anlegen eines Halfters ist **links** neben dem Pferdehals, leicht vor der Schulter, während die rechte Hand unter dem Hals hindurchgreift und auf dem Nasenrücken liegen bleibt. Dann kann das Halfter von der linken in die rechte Hand übergeben und mit beiden Händen nach oben über den Pferdekopf gestreift werden.
Das Halfter wird so eingestellt, dass es nicht einengt und drückt, aber auch nicht über den Pferdekopf abgestreift werden kann. Beim Schließen des Karabiners an der Backe ist darauf zu achten, dass der Haken nach außen zeigt. Andernfalls kann sich das Pferd an der Schnalle verletzen.

Führen am Halfter

Aus Sicherheitsgründen wird ein Pferd stets mithilfe eines **Führstricks**, der im mittleren Ring unten am Halfter eingehakt wird, geführt. Der Führstrick hat am Ende einen Karabinerhaken, der sich nicht selbstständig öffnen kann.

Wird das Pferd - etwa zum Putzen - angebunden, dann empfiehlt sich die Verwendung eines **Anbindestricks** mit sogenanntem Panikhaken. Dieser lässt sich im Gegensatz zu einem Karabinerhaken auch unter Zugbelastung noch leicht und mit einer Hand lösen.

Beim Führen des Pferdes am Halfter umfasst die rechte Hand den Strick etwa 50 cm unterhalb des Karabiners, sodass der Daumen bei geschlossener Faust oben ist. Die Führperson befindet sich auf Höhe des Halses, leicht vor der Pferdeschulter. Bei Engpässen geht die Führperson voraus. Ein Führen auf der rechten Seite ist ebenfalls möglich und fördert die Geschicklichkeit der Führperson sowie die Aufmerksamkeit des Pferdes.

Entlassen auf die Weide oder das Paddock

Wird das Pferd nach dem Führen freigelassen - zum Beispiel auf der Weide -, dann gehen Pferd und Mensch zunächst gemeinsam durch das Tor. Das Pferd wird **gewendet**, sodass es mit dem Kopf in Richtung Ausgang steht. Der Mensch schließt das Tor (oder den Zaun) und behält das Pferd dabei noch am Führstrick. Erst danach wird das Halfter abgenommen oder der Strick gelöst. Beim Entlassen auf die Weide neigen viele Pferde zu übermütigen Bocksprüngen oder zum Ausschlagen mit den Hinterhufen. Bei dieser Vorgehensweise ist das Risiko, getroffen zu werden, geringer, weil das Pferd sich erst umdrehen muss und dem Mensch so Zeit bleibt, hinter den Zaun zu treten.

Im Überblick:

Sicheres Anbinden

- Eine Anbindevorrichtung in Schulterhöhe wählen, bei beiderseitigem Anbinden unbedingt höher.
- Die korrekte Länge des Anbindestricks beachten (60 bis 80 cm).
- Niemals an beweglichen Teilen (Tür, Fensterladen) anbinden.
- Behutsam an seitliche Anbindevorrichtungen gewöhnen.
- Nur mit Sicherheitsknoten und korrektem Anbindestrick anbinden.
- Nicht am Knotenhalfer anbinden.
- Nicht an der Trense anbinden.
- Den Sicherheitsabstand zu anderen angebundenen Pferden wahren.
- Bewegliche Gegenstände aus der Reichweite von Pferdekopf und Hufen entfernen.
- Im Zweifelsfall das Pferd losbinden.

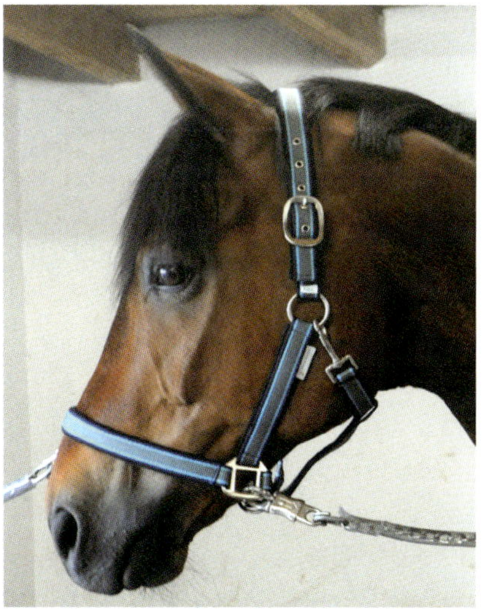

Eine korrekte Anbindevorrichtung von beiden Seiten hält das Pferd sicher am Platz, bietet aber noch leichten Bewegungsspielraum für den Pferdekopf.

Anbinden

Beim Anbinden eines Pferdes wird stets ein **Sicherheitsknoten**, der sich in brenzligen Situationen schnell lösen lässt, verwendet. Die optimale Länge des Anbindestricks beim einseitigen Anbinden auf Schulterhöhe beträgt je nach Pferd und Situation circa 60 bis

80 cm. Wird ein Pferd zu lang und zu tief angebunden, besteht die Gefahr, dass das Pferd über den Strick tritt oder mit dem Kopf darunter gerät. Ein zu kurzes Anbinden könnte eine panische Abwehrreaktion auslösen.

Beim **beidseitigen Anbinden** werden die Panikhaken an den seitlichen Ringen des Halfters befestigt. An diese Art des Anbindens müssen die Pferde vorsichtig gewöhnt werden.

Regelmäßige Fellpflege

In der Natur sorgen die Pferde durch ausgiebiges Wälzen oder auch gegenseitiges Beknabbern selbst für ihre Fellpflege. Bei überwiegender Stallhaltung muss der Mensch diese Aufgabe übernehmen.

Die tägliche Fellpflege dient der **Reinigung** und der **Massage**. Einerseits werden Staub, Schmutz und Verklebungen aus dem Fell beseitigt, andererseits regt das Putzen die Durchblutung und die Hautatmung an.

Aus Gründen der Unfallverhütung wird das Pferd möglichst nicht in der Box, sondern auf dem Putzplatz, der Stallgasse oder im Freien geputzt. Auch verunreinigen Staub und Haare somit nicht die Box.

Zur fachgerechten Pferdepflege werden beide Hände eingesetzt. Auf der linken Pferdeseite putzt man bis zur Flanke mit der linken Hand; auf Höhe der Flanke wird die entsprechende Bürste in die rechte Hand übergeben, um möglichst dicht am Pferd zu bleiben und nicht hinter das Pferd treten zu müssen. Auf der rechten Seite beginnt man entsprechend mit der rechten Hand und übergibt dann auf Höhe der Flanke in die linke Hand

Zunächst werden durch kreisende Bewegungen mit dem **Striegel** das Fell aufgeraut und größere Verschmutzungen beseitigt. Dabei werden die knochigen Körperteile wie Kopf, Beine, Hüfthöcker, Widerrist ausgespart. Diese werden mit einer **Wurzelbürste** beziehungsweise der Kopf mit einer weichen Bürste gesäubert. Nach dem Striegeln wird das Fell mit der **Kardätsche** vom Kopf aus beginnend in Haarwuchsrichtung wieder geglättet. Die Kardätsche wird nach jeder langen streichenden Bewegung am Pferdekörper am Striegel entlang abgestreift und dieser wird von Zeit zu Zeit auf dem Boden ausgeklopft. Letzte Staubreste lassen sich mit einem Lappen vom Fell entfernen.

links: Durch kreisende Bewegungen mit dem Striegel werden das Fell aufgeraut und größere Verschmutzungen beseitigt.

rechts: Nach dem Striegeln wird das Fell mit der Kardätsche in Haarwuchsrichtung wieder geglättet.

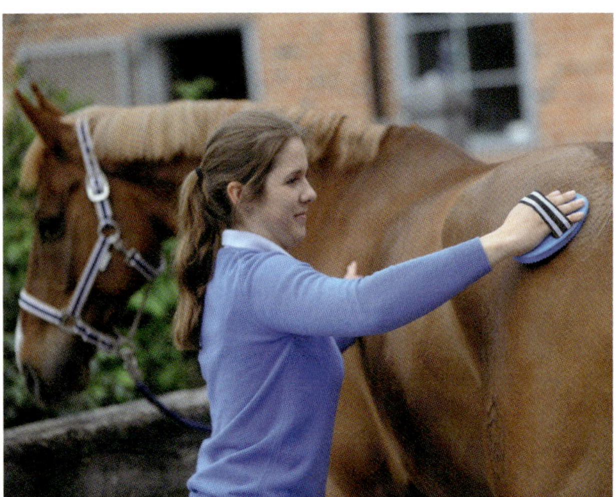

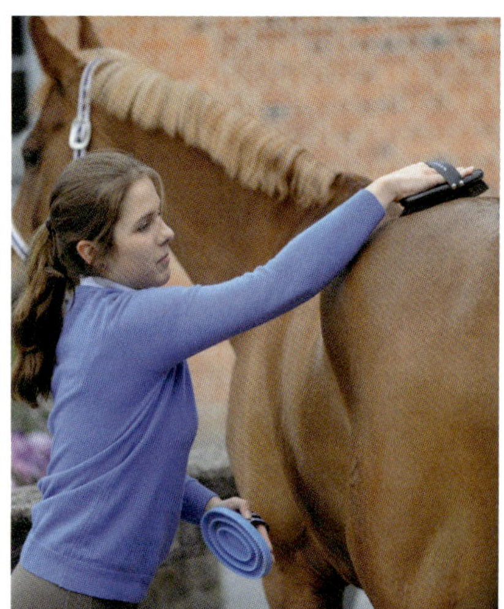

Pflege der Langhaare

Die Schweifpflege erfolgt am schonendsten mit den Händen. Beim sogenannten **Verlesen** werden die Schweifhaare Strähne für Strähne von oben nach unten entwirrt, sodass möglichst wenige Haare herausgerissen werden. Die Pflege der Mähne erfolgt mit einer weichen Bürste, mit der die Haare vom Mähnenkamm aus auf eine Seite gebürstet werden.

Die Verwendung von speziellem Schweif- und Mähnenspray erleichtert die Langhaarpflege und verhindert das Ausreißen einzelner Haare.

Hufpflege

Die tägliche Hufpflege gehört zu den wichtigsten Pflegemaßnahmen und dient nicht nur der Sauberkeit, sondern vor allem der regelmäßigen Gesundheitskontrolle. Mit einem nicht zu spitzen **Hufkratzer** wird der Huf von grobem Schmutz und von Fremdkörpern wie Steinchen befreit. Dabei wird in Richtung Hufzehe gearbeitet. Anschließend kann der restliche Schmutz mit einer Bürste entfernt oder auch abgewaschen werden.

Mit dem Rücken zum Pferdekopf stehend können die Hufe am sichersten aufgenommen und gesäubert werden. Durch eine möglichst aufrechte Haltung kommt der eigene Kopf nicht in die unmittelbare Nähe des Hufes.

Weitere Pfegemaßnahmen

Augenwinkel, Nüstern, Maulspalte, Unterseite der Schweifrübe und After sollten bei Bedarf mit verschiedenen Tüchern ausgewischt werden. Dafür können Handtücher oder Schwämme, die regelmäßig zu waschen sind, oder auch einmalig verwendbare Pflegetücher benutzt werden.

Sofern die Außentemperaturen es zulassen, können Hufe, Beine und verschwitzte Stellen **abgewaschen** werden; einerseits dient dies der Sauberkeit, anderseits bedeutet es eine wohltuende Abkühlung.

Bei heißem Wetter kann der Körper des Pferdes abgewaschen werden (nach starkem Schwitzen oder bei extremer Verschmutzung), anschließend wird das Fell mit dem **Schweißmesser** abgezogen.

Zu häufiges Waschen sollte aber vermieden werden. Bei Weidehaltung oder Offenstallhaltung kann tägliches Putzen oder Waschen sogar schädlich sein, denn eine gewisse Fett- und Staubschicht schützt das Pferd vor Witterungseinflüssen.

Im Überblick:

Putzen

- Putzen dient der Säuberung des Fells, der Hautdurchblutung, dem Kontakt zwischen Pferd und Mensch und der Gesundheitskontrolle.
- Die Technik und die Ziele des Putzens unterscheiden sich je nach der unterschiedlichen Ausprägung des Fells. Unterschiede ergeben sich je nach Rasse, Jahreszeit, Haltungsform und Beanspruchung eines Pferdes.
- Pferde in Auslaufhaltung und Pferde mit langem Winterhaar brauchen nicht staubfrei geputzt zu werden.
- Geputzt wird zunächst von links, von vorn nach hinten und immer in der gleichen Reihenfolge.
- Eine Wurzelbürste dient dazu, das Pferdefell von Fremdkörpern und oberflächlichem Schmutz zu befreien.
- Mit dem Striegel wird das Fell aufgeraut und Staub an die Oberfläche geholt.
- Mit der weichen Bürste (Kardätsche) wird der Staub entfernt und die Oberfläche des Fells glatt geputzt.
- Der Pferdekopf wird nur mit einer weichen Bürste bearbeitet.
- Bei der Pflege von Mähne und Schweif sollten keine Haare ausgerissen werden.

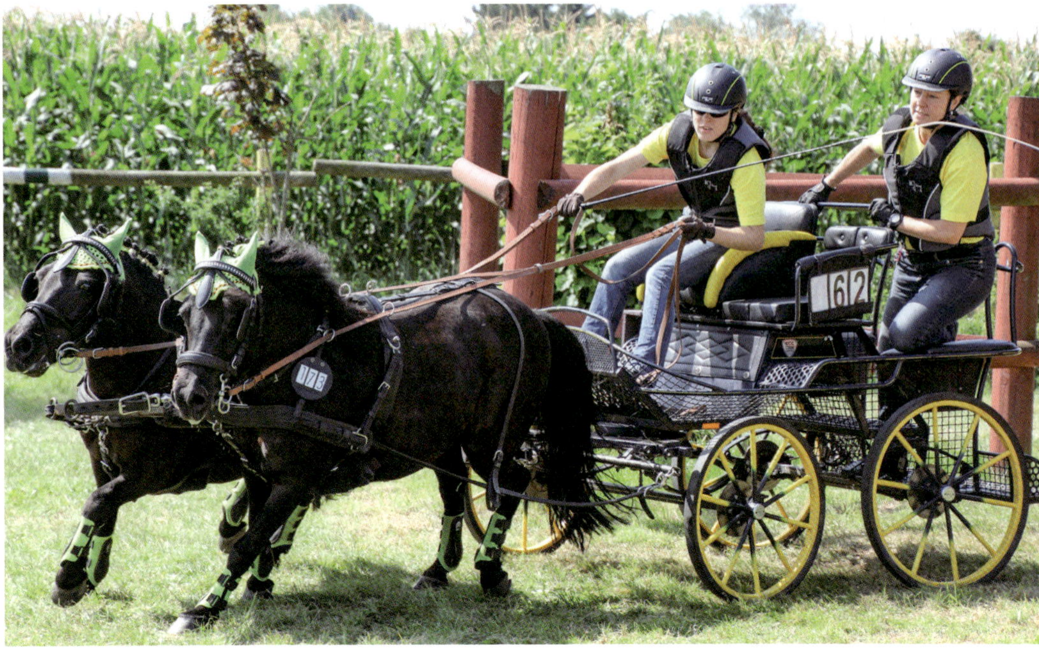

Geländeprüfung; Fahrer und Beifahrer mit Helm und Schutzweste

8.3 Ausrüstung und Geschirrlehre

8.3.1 Ausrüstung des Fahrers und des Beifahrers

Der Fahrer beziehungsweise der Beifahrer benötigt keine besondere Kleidung. Bei der Auswahl der Kleidung wird jedoch auf Sicherheit, Zweckmäßigkeit und Bequemlichkeit geachtet. Auf zu weite, flatternde oder herabhängende Kleidung wird aufgrund der Gefahr des Hängenbleibens verzichtet, Jacken werden immer geschlossen und lange Haare zusammengebunden. Das **Schuhwerk** ist stabil und umschließt den Fuß fest. Nicht nur beim Fahren, sondern auch beim Umgang mit dem Pferd und bei der Stallarbeit werden Sicherheitsschuhe empfohlen. Ebenfalls aus Sicherheitsgründen ist das Tragen von bequemen und gut passenden **Handschuhen** zu empfehlen. Sie verhindern ein Durchrutschen der Leinen und schützen die Hände vor Verletzungen. Handschuhe sind aus rutschfestem Material (zum Beispiel Leder) gefertigt und liegen eng genug an, sodass ein gutes Gefühl für die Leinenführung möglich ist.

Beim sportlichen Fahren von Wettbewerben und Leistungsprüfungen sind Handschuhe vorgeschrieben. Der Anzug des Fahrers und Beifahrers richtet sich nach der Art der Anspannung, der Kutsche und der Prüfung. Einzelheiten darüber können der aktuellen Leistungs-Prüfungs-Ordnung (LPO) entnommen werden.
Für Kinder und Jugendliche ist das Tragen eines Helms in allen Fahrprüfungen und -wettbewerben verpflichtend. In Geländeprüfungen ist das Tragen von Helm und Schutzweste für **alle** Fahrer vorgeschrieben.

Die **Kniedecke**, auch Bockdecke genannt, schützt vor Schmutz, Witterung und Nässe. Sie verhindert ferner, dass die Leinen zwischen die Beine geraten.

Eine dem Wetter angepasste **Kopfbedeckung**, zum Beispiel ein Hut, eine Kappe oder eine Mütze, gehört traditionell zum Fahrer. Kinder und Jugendliche tragen aus Sicherheitsgründen einen Helm.

Besonders im Gelände ist es für Fahrer und Beifahrer ratsam, einem **Helm** nach der aktuellsten europäischen Norm „EN 1384" und eventuell eine **Schutzweste** zu benutzen.

Zur Ausrüstung des Fahrers gehört in jedem Falle eine passende, gebrauchsfähige **Peitsche.** Diese liegt bequem in der Hand und ist so lang, dass der Fahrer seine Hilfen in Höhe des Kammdeckels beziehungsweise Sellets geben kann, ohne sich nach vorn zu beugen. Während der Fahrt gehört die Peitsche immer in die Hand des Fahrers, sie ist sozusagen sein verlängerter Arm. Beim An- und Ausspannen steckt die Peitsche im Köcher. Nach dem Fahren wird die Peitschenschnur gereinigt und gelegentlich gefettet.

Die **Stockpeitsche** hat einen festen, aber elastischen Stock, an dessen Ende die Peitschenschnur befestigt ist. Sie wird bei der Brustblattanspannung benutzt.

Die **Bogenpeitsche** besteht aus hartem, unbiegsamem Dornholz, worauf der Schlag mit einem Bogen aufgesetzt ist. Sie wird bei der Kumtanspannung eingesetzt.

Teleskop-Peitschen haben einen ausziehbaren Stock aus Kunststoff und liegen leicht in der Hand. Durch ihre Länge kann das Pferd immer an der richtigen Stelle erreicht werden. Im Training, insbesondere beim Vierspänner, ist die Anwendung der Teleskop-Peitsche von Vorteil.

8.3.2 Ausrüstung des Fahrpferdes

Zur Grundausrüstung des Fahrpferdes gehören der **Fahrzaum**, das **Geschirr** und die **Achenbachleine.** Zum Schutz der Beine können Gamaschen, Bandagen, Glocken sinnvoll sein.

Fahrausrüstung in guter Qualität, die ordentlich gepflegt und sachgemäß aufbewahrt wird, leistet einen wichtigen Beitrag zur Sicherheit im Fahrsport.

8.3.2.1 Fahrzaum und Gebisse

Der Fahrzaum setzt sich aus folgenden Teilen zusammen:

- Genickstück, möglichst mit anatomisch geformtem Ohrenausschnitt und angenähter Blendriemenschnalle
- dem in der Blendriemenschnalle eingeschnallten Spieler (Zweispänner)
- Stirnriemen (Rosette)
- Backenstücke mit eingenähten Blendklappen (mit Kunststoff- oder Blecheinlage) und Blendriemen (mit eingenähtem Draht), um die halboffene Stellung der Blendklappen zu fixieren

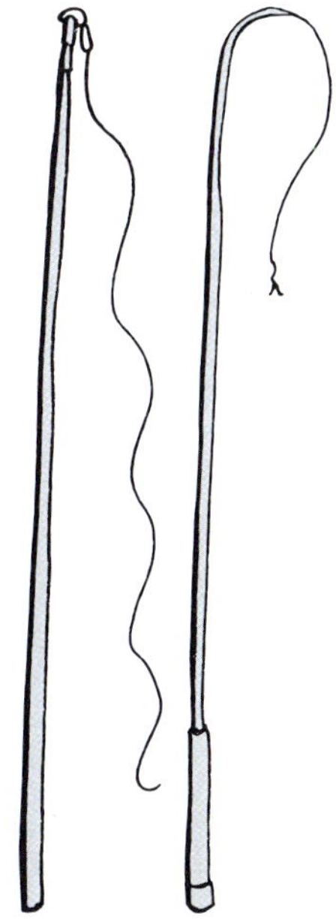

links: Stockpeitsche
rechts: Bogenpeitsche

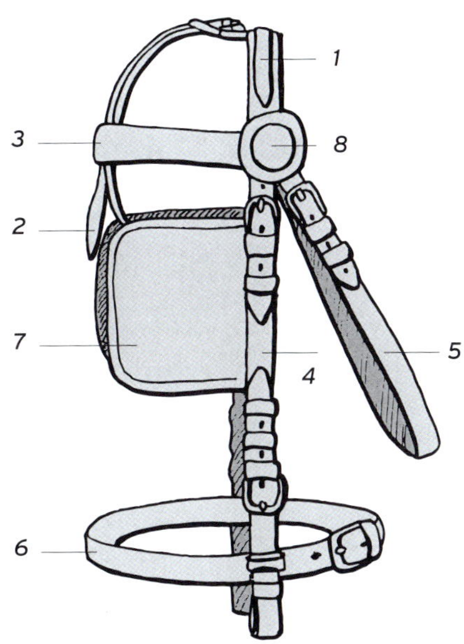

Der Fahrzaum mit Englischem Reithalfter:
1 Genickstück
2 Spieler
3 Stirnriemen
4 Backenstück
5 Kehlriemen
6 Nasenriemen
7 Blendkappe
8 Rosette

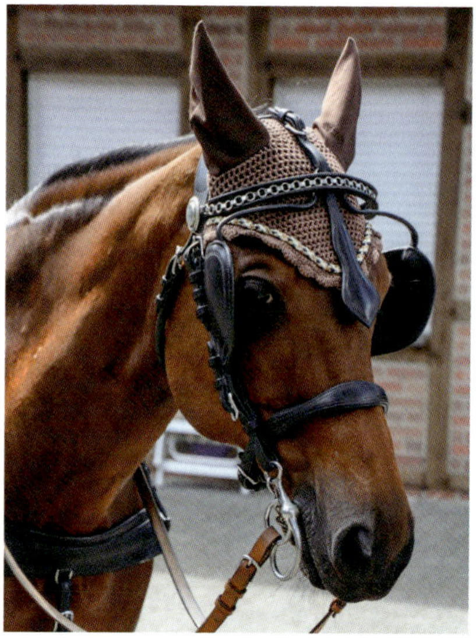

Auge und Blendklappe

- Kehlriemen, beidseitig zu verschnallen (Schnallengleichheit auf der Außenseite)
- Nasenriemen mit einem beziehungsweise drei Durchlässen auf der Innenseite; beim Einspänner rechts und links je zwei Durchlässse oder Englischem Reithalfter

Der Fahrzaum wird für jedes Pferd individuell angepasst. Dabei ist darauf zu achten, dass der **Stirnriemen** genügend lang ist, sodass das **Genickstück** nicht an den Ohren scheuert. Anatomisch geformte Genickstücke geben dem Ohrenspiel des Pferdes genügend Freiraum. Der unter dem Stirnriemen hängende Spieler gleicht im Zweispänner unterschiedliche Abzeichen aus.

Der Verbindungsriemen zwischen Kehlriemen und Nasenriemen verhindert das Abstreifen des Fahrzaums.

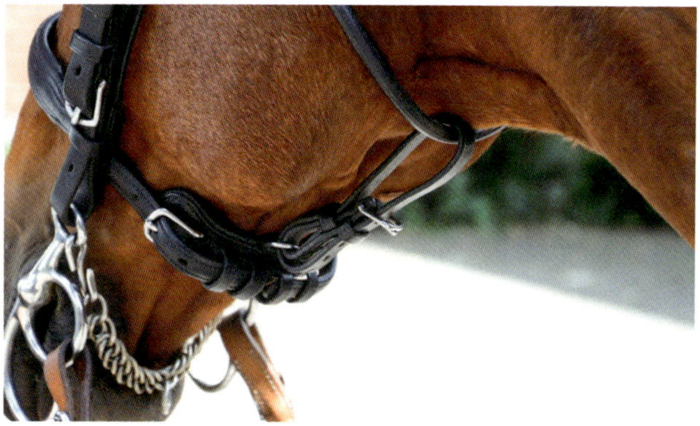

Durch das Einschnallen der **Backenstücke** in die entsprechenden Durchlässe bildet das jeweilige Backenstück mit dem Gebiss eine gerade Linie. So kann der Fahrzaum optimal an den Pferdekopf angepasst werden, ohne auf die Jochbeinleiste zu drücken.

Die Höhe der **Backenstücke** mit den angenähten Blendklappen wird so gewählt, dass ein Drittel der Blendklappe über und zwei Drittel unter dem Auge liegen.

Die aus festem Leder gefertigten, quadratisch mit abgerundeten Ecken geformten und in Augenhöhe etwas nach außen gewölbten **Blendklappen** erhalten ihre Festigkeit durch eine eingenähte Blech- oder Kunststoffplatte. Fest angenähte Blendriemen aus starkem Leder und einer Drahteinlage, die in der Blendriemenschnalle auf dem Genickstück enden, halten die Blendklappen in der richtigen, halbseitlichen Stellung. Die Blendklappen müssen in ihrer gesamten Länge mit dem Backenstück verbunden sein. Die Auswölbung muss im oberen Drittel der Blendkappe liegen, um dem Auge und insbesondere den Wimpern genügend Platz zu lassen. Zu eng anliegende Blendklappen engen die Sicht des Pferdes ein, drücken möglicherweise die Wimpern in die Augen und verursachen Schmerzen.

Die äußeren Schnallen des Backenriemens und des Kehlriemens liegen idealerweise auf einer Höhe.

Der **Kehlriemen** darf einerseits nicht so eng sein, dass er die Atmung beeinträchtigt, andererseits verhindert er ein Abstreifen des Fahrzaums. Ein Verbindungsriemen/Sicherungsriemen zwischen Kehlriemen und Nasenriemen kann die Gefahr des Abstreifens zusätzlich verringern und ist deswegen empfehlenswert.

Am **Nasenriemen** beziehungsweise an den Durchlässen kann der linke oder rechte Fahrzaum eines Zweispänners erkannt werden. Die drei Durchlässe befinden sich immer innenliegend auf der Seite zum anderen Pferd. Der Nasenriemen wird an den inneren Durchlässen so eingestellt, dass die Backenstücke und der Kandarenbaum mit der Maulspalte eine Linie bilden. Das Englische Reithalfter liegt zwei Finger unter den Jochbeinleisten und ist so verschnallt, dass zwischen Nasenriemen und Nasenrücken ein bis zwei Finger Platz finden.

Gebisse

Die Wahl des Gebisses richtet sich nach der Maulform des Pferdes und dem Ausbildungsstand von Fahrer und Pferd.

Die gebräuchlichsten Gebisse sind:

- Doppelringtrense
- Reitgebisse
- Kandaren (starres oder gebrochenes Mundstück)

Die **Doppelringtrense** besteht aus zwei losen Laufringen und zwei Trensenringen. Die Backenstücke werden in die Laufringe eingeschnallt und die Leinen je nach gewünschter Wirkung in einen oder beide Ringe.

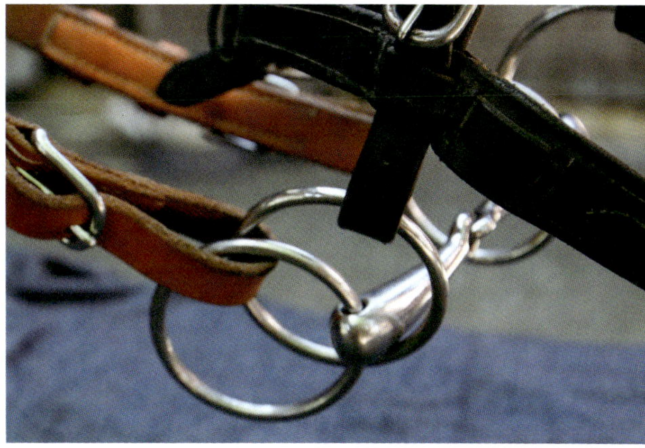

Weichere Schnallung durch Einschnallen der Leinen in beide Ringe

Es gibt eine große Auswahl an **Fahrkandaren**. Häufig werden die Postkandare oder die Liverpoolkandare verwendet. Aber auch Ellebogen-, Tilbury- oder Buxton-Kandaren kommen zum Einsatz. Wichtig ist, dass die Gebisswahl individuell je nach Pferd erfolgt. Kieferform, Maulgröße und -breite sind neben dem Ausbildungsstand beziehungsweise Temperament bei der Wahl des richtigen Gebisses zu berücksichtigen. Die Seitenteile der Kandare können fest oder beweglich sein. Die Mittelstücke gibt es starr als Stange (mit oder ohne Zungenfreiheit) oder in gebrochener Form. Um ein Scheuern der Schnallstücke zu verhindern, werden die Oberbäume der Kandaren leicht nach außen ge-

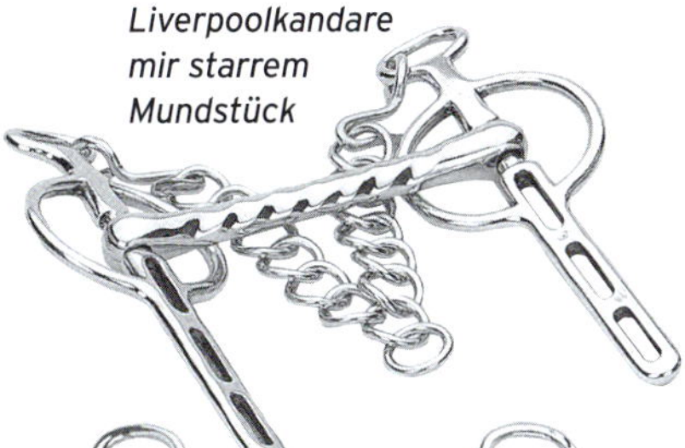

Liverpoolkandare mir starrem Mundstück

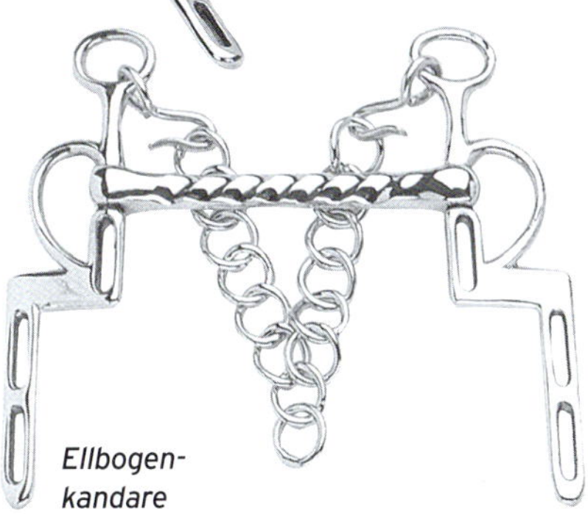

Ellbogenkandare

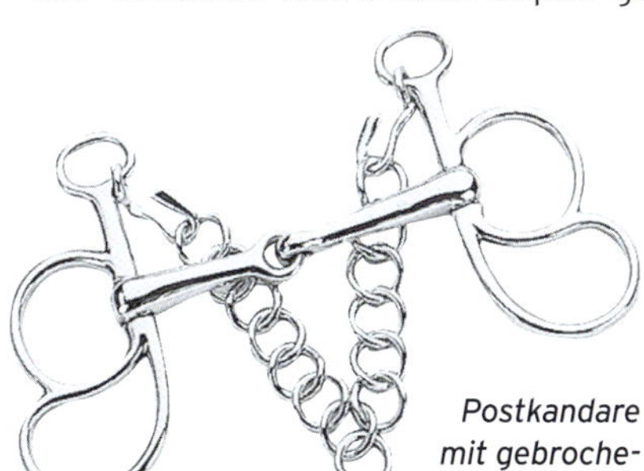

Postkandare mit gebrochenem Mundstück

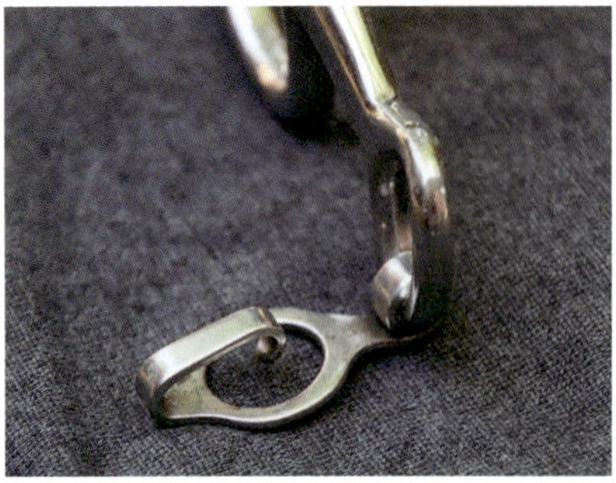
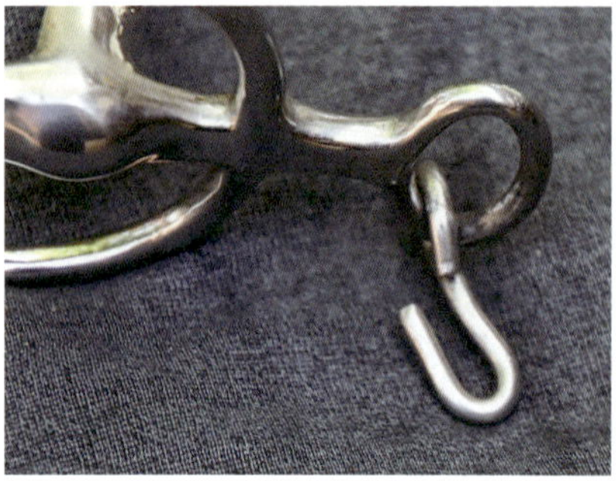

Spezielle beziehungsweise flache Kinnkettenhaken verhindern ein Herausrutschen der Kinnkette.

bogen. Auch bei den Kinnkettenhaken wird darauf geachtet, dass diese nach außen zeigen.

Die Kinnkette wird so eingehängt, dass bei angenommenen Leinen die Unterbäume mit der Maulspalte circa einen Winkel von 45° ergeben. Vor dem Einhängen wird sie glatt ausgedreht, sodass sich der Scherring unten befindet.

Wird die Kinnkette zu kurz eingehängt (45° wird nicht erreicht), „strotzt" die Kandare. Dies ist ebenso fehlerhaft wie die „durchfallende Kandare", bei der die Kinnkette zu lang eingehängt ist. Die Hebelwirkung der Kandare entsteht durch den mit der Kinnkette erzeugten Widerstand.

Je tiefer die Leinen in die Kandarenbäume (Schlitze) eingeschnallt werden, desto schärfer ist die Einwirkung. Die Einschnallung im Schaumring (Ring auf der Höhe des Mittelstückes) wirkt am weichsten. Auch hierbei wird individuell je nach Pferdetyp und Fahrer sorgsam entschieden; mangelnde Durchlässigkeit kann niemals durch schärfere Zäumung kompensiert werden.

Ein Ohrenschutz ist empfehlenswert, er schützt vor Insekten und kann damit Kopfschütteln/Unruhe und/oder die Gefahr des Abstreifens des Fahrzaums verringern.

8.3.2.2 Geschirrarten

Es gibt zwei Geschirrarten: das Brustblattgeschirr und das Kumtgeschirr.

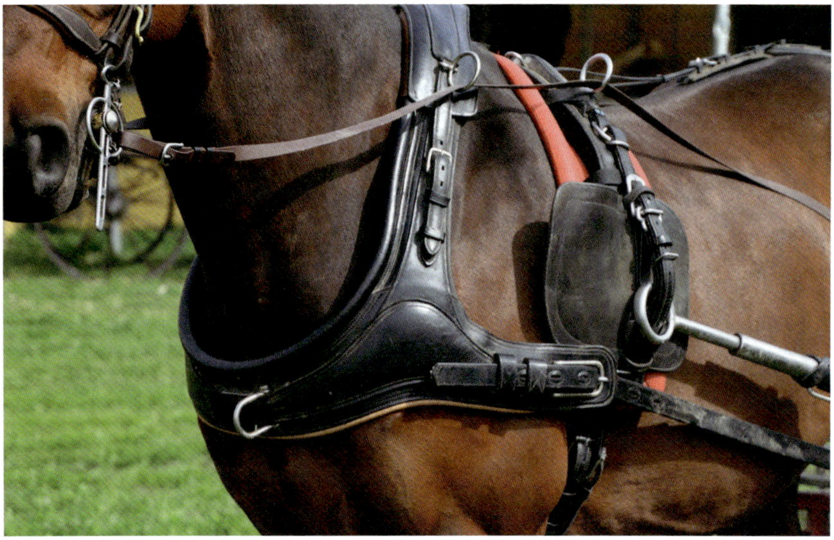

Marathonkumt (Unter dem Trageriemen ist hier noch zusätzlich ein Schutz angebracht.)

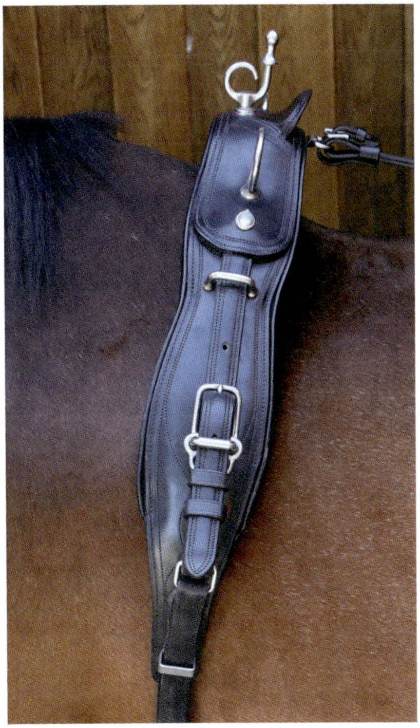

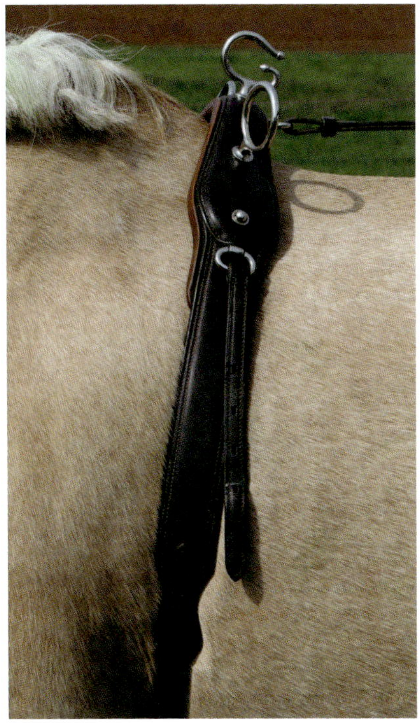

Sellet (links) und Kammdeckel (rechts); Das Sellet ist breiter und stärker gearbeitet, weil es die Scherbäume trägt.

Durch die Verschnallmöglichkeiten kann das **Brustblattgeschirr** auf viele Pferde angepasst werden.

Das **Kumtgeschirr** hingegen wird individuell dem einzelnen Pferd angepasst und kann somit nur bedingt für verschiedene Pferde verwendet werden.

Eine Mischform aus dem Brustblatt und dem Kumt ist das **Marathonkumt**, auch französisches Kumt genannt. Durch seine Passgenauigkeit und gute Zugauslastung wird es gern im Gelände verwendet.

Des Weiteren wird zwischen Einspännergeschirr und Zwei-/Mehrspännergeschirren unterschieden.

Geschirrarten für Einspänner

Bei den Einspänner-Brustblatt- und Kumtgeschirren sind das Sellet und das Hintergeschirr identisch. Nur im vorderen Bereich des Geschirrs unterscheiden sie sich durch das Kumt und das Brustblatt.

Sellet

Weil das Sellet beim Einspänner die Scherbäume des Wagens trägt, ist dieses breiter und stärker gearbeitet als der Kammdeckel beim Zweispänner.

Das Rückenteil ist – wie beim Reitsattel – mit einem festen Baum gefertigt und die Seitenteile sind gepolstert, sodass der Widerrist ausreichend Bewegungsfreiheit bekommt. Den unteren Teil des Sellets bildet ein genügend breiter oder sogar anatomisch geformter Bauchgurt.

Die **Trageriemen** sind durchgehend aus einem Lederstück gefertigt, um eine größtmögliche Sicherheit zu bieten. Sie werden beim einachsigen Wagen nicht am Rückenteil festgenäht, sondern sind nach beiden Seiten beweglich, damit die Bewegungen der Scherbäume ausgeglichen werden können.

Je nach Wagenart (zwei- oder vierrädrig) werden verschieden Trageösen benötigt. Beim vierrädrigen

Trageriemen mit Tilbury-Schnellverschluss

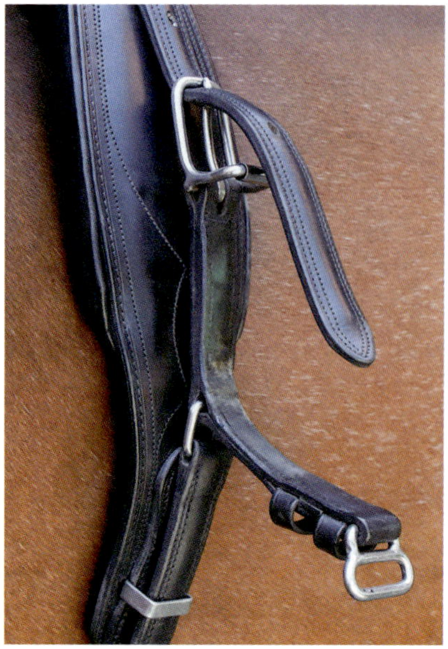

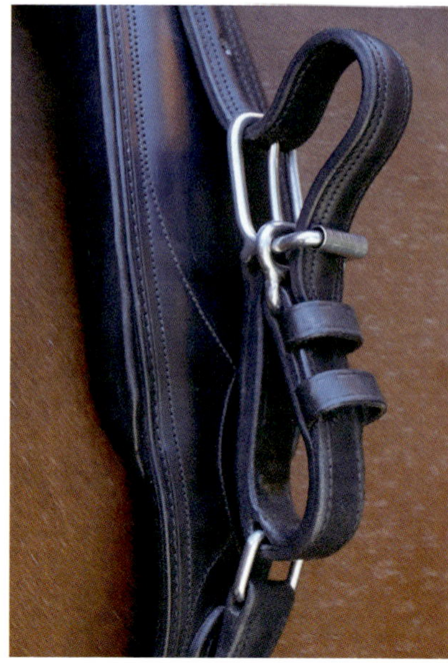

Trageöse aus Metall; diese ist meistens mit Leder überzogen, um in der Bewegung unnötige Geräusche zu minimieren.

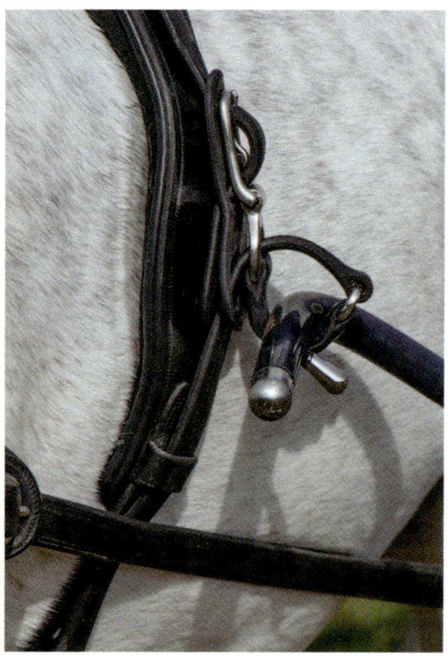

Wagen bestehen die **Trageösen** aus Metall und beim zweirädrigen Wagen aufgrund der höheren Belastungen aus starkem, mehrfach übereinandergenähtem Leder. Aus Sicherheitsgründen sind hier Tilbury-Schnellverschlüsse, auch „Quickout" genannt, sinnvoll.

Als Verbindung dient der **Stoppriemen**, der am großen **Bauchgurt** angenäht oder bei einachsigen Wagen durchlaufend in einer Führung befestigt ist.

Zur sicheren Leinenführung sind im oberen Bereich seitlich die **Leinenschlüssel** eingeschraubt und dazwischen befindet sich der **Aufsatzhaken**.

Auf gleicher Höhe aber im hinteren Teil des Sellets ist der bewegliche **Fallring** angebracht. Hier wird der **Schweifriemen** eingeschnallt. Die Schnallen und die Endstrupfen des Schweifriemens sind so verdeckt gearbeitet, dass ein Verhaken der Leine nicht möglich ist. Der Schweifriemen und die gepolsterte Schweifmetze sind miteinander vernäht.

Hintergeschirr

Aus Sicherheitsgründen und zur Pferdeschonung gehören zur Einspänneranspannung immer ein Hintergeschirr und ein Schlagriemen.

Das Hintergeschirr wird so verschnallt, dass der **Umgang** eine Handbreit unter dem Sitzbeinhöcker liegt und eine Faust zwischen Umgang und Pferd passt, wenn das Pferd im Zug steht. So

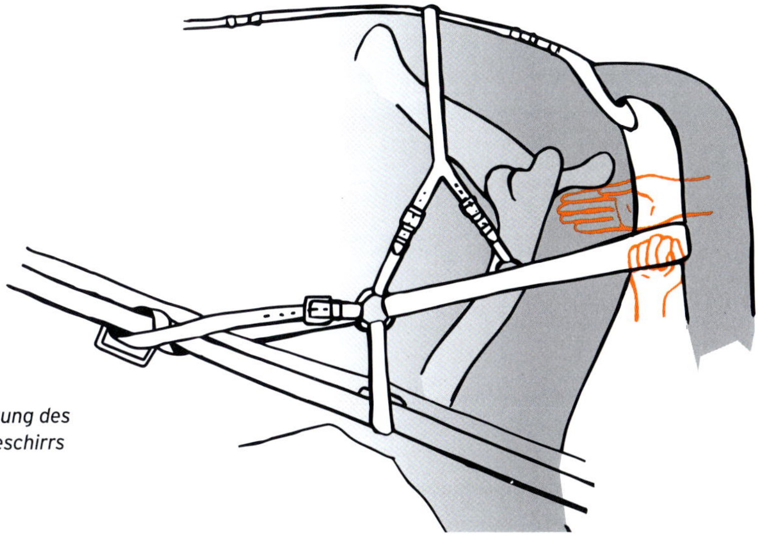

Befestigung des Hintergeschirrs

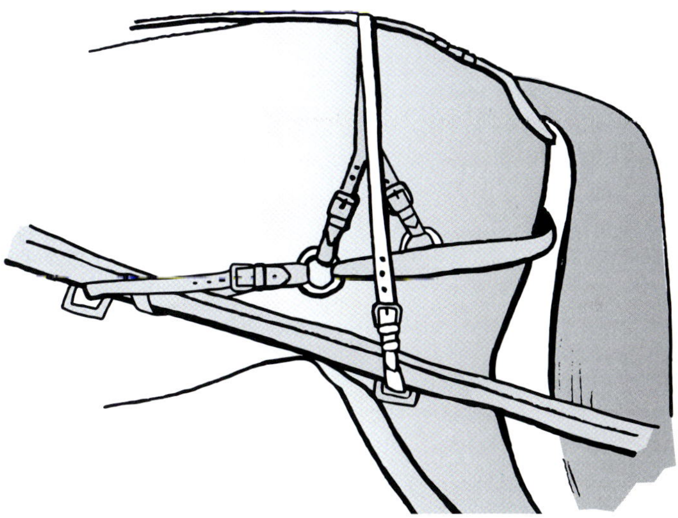

Befestigung des Schlagriemens

kann der Wagen optimal aufgehalten werden und beim Rückwärtsrichten wird das Pferd nicht in seinen Bewegungen behindert.
Als separater Riemen läuft der **Schlagriemen** über die Kruppe und ist hinter dem Hüfthöcker mit dem Schweifriemen verbunden. Alternativ kann auch ein Zusatzriemen am Hintergeschirr verwendet werden.
Der Schlagriemen besteht aus verstärktem Leder und verhindert ein zu hohes Ausschlagen des Pferdes. Beim stehenden Pferd passt eine senkrechte Faust zwischen Kruppe und Schlagriemen, damit das Pferd in der Bewegung nicht beeinflusst wird.

Brustblatt oder Kumt

Im Gegensatz zum Zweispänner liegen beim Einspänner die Strangschnallen, sowohl bei der Brustblatt- als auch bei der Kumtanspannung, **vor** dem Sellet. Das bedeutet, dass das Brustblatt beziehungsweise die Strangstutzen kürzer sind und sich somit bei korrekter Anspannung nicht verhaken oder scheuern.

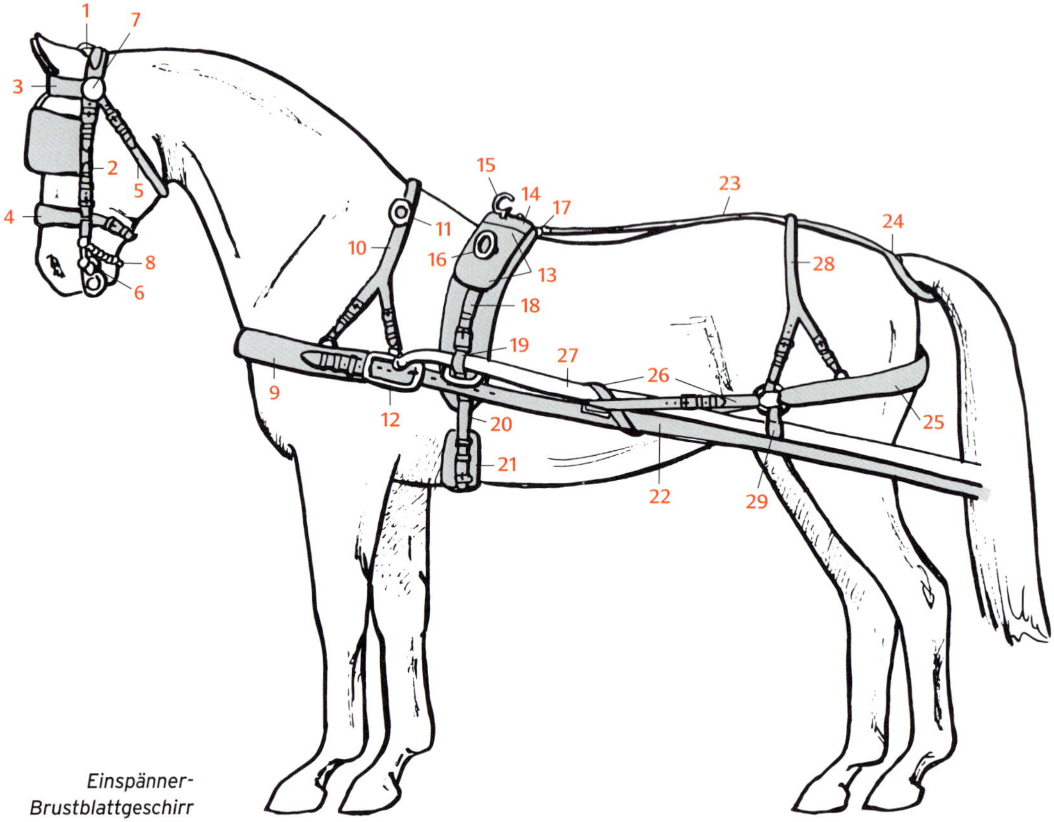

Einspänner-Brustblattgeschirr

1 Genickstück mit Blendriemenschnalle
2 Backenstück mit Blendklappe und Blendriemen
3 Stirnriemen mit Stirnriemenkette (Besatz)
4 Nasenriemen mit Durchlässen und Schlaufen
5 Kehlriemen, beidseitig zu verschnallen (Schnallengleichheit)
6 Gebiss (Postkandare)
7 Rosette
8 Scherring
9 Brustblatt
10 Halsriemen
11 Leinenaugen
12 Brustblattschnalle
13 Sellet (beim zweirädrigen Wagen mit beweglichem, durchlaufendem Trageriemen, beim vierrädrigen auch sinnvoll)
14 Sättelchen
15 Aufsatzhaken
16 Leinenschlüssel
17 Fallring
18 Tragegurt oder Trageriemen
19 Trageöse (eiserne Trageösen bei vierrädrigem Wagen, lederne Trageaugen bei zweirädrigem Wagen) auch mit Tilbury-Schnellverschluss
20 Bauchgurt mit Strupfe
21 Bauchgurt mit Stoppriemen
22 Zugstrang
23 Schweifriemen
24 angenähte Schweifmetze
25 Umgang
26 Gabelriemen
27 Gabel (Scherbaum)
28 Hintergeschirr (Schweberiemen)
29 Schlagriemen (kombiniert mit Hintergeschirr)

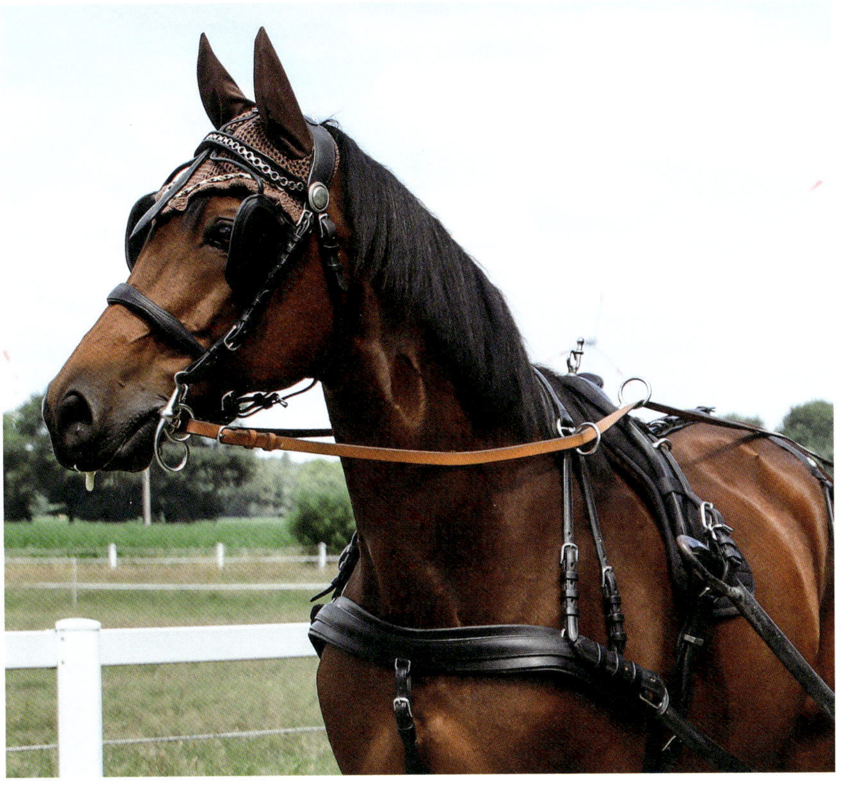

Einspänner-Brustblattgeschirr

Brustblatt (Einspänner)

Die richtige Lage des Brustblattes wird durch die Verschnallmöglichkeit am **Halsriemen** reguliert. Der Halsriemen wird so lang verschnallt, dass die Unterkante des Brustblattes circa zwei Finger breit über dem Buggelenk endet. Der obere, verbreitete und eventuell auch gepolsterte Teil des Halsriemens liegt dicht vor dem Widerrist des Pferdes auf dem Mähnenkamm und verläuft leicht vor der Senkrechten zum Brustblatt. Die beweglichen **Leinenaugen** sind im oberen Bereich des Halsriemens seitlich befestigt. Das Brustblatt besteht aus starkem übereinandergenähtem Leder, es darf nicht zu schmal sein und ist bestenfalls anatomisch geformt. An seinen Enden befinden sich die **Strangschnallen**, mit denen die Stränge am Brustblatt befestigt werden. Der hintere Teil eines jeden Stranges endet in der eisernen **Strangöse mit Aufziehleder**, die zur Befestigung am Wagen (Ortscheite oder Docken) dient. Viele Fahrer benutzen heute Schnellverschlüsse, die durch einen D-Ring oder einen Strangadapter mit dem Strang verbunden sind.

Schnellverschluss

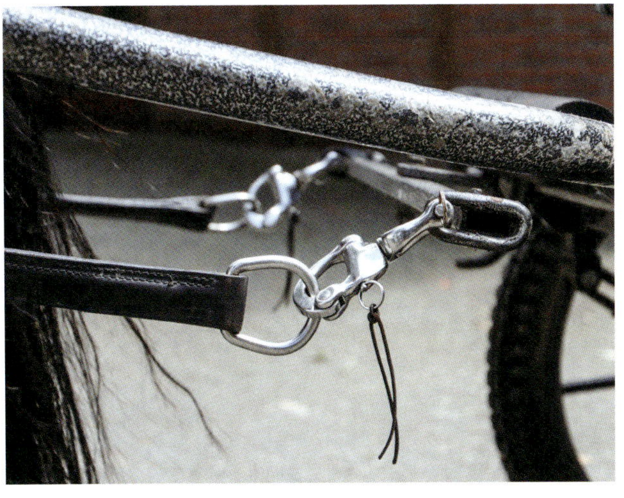

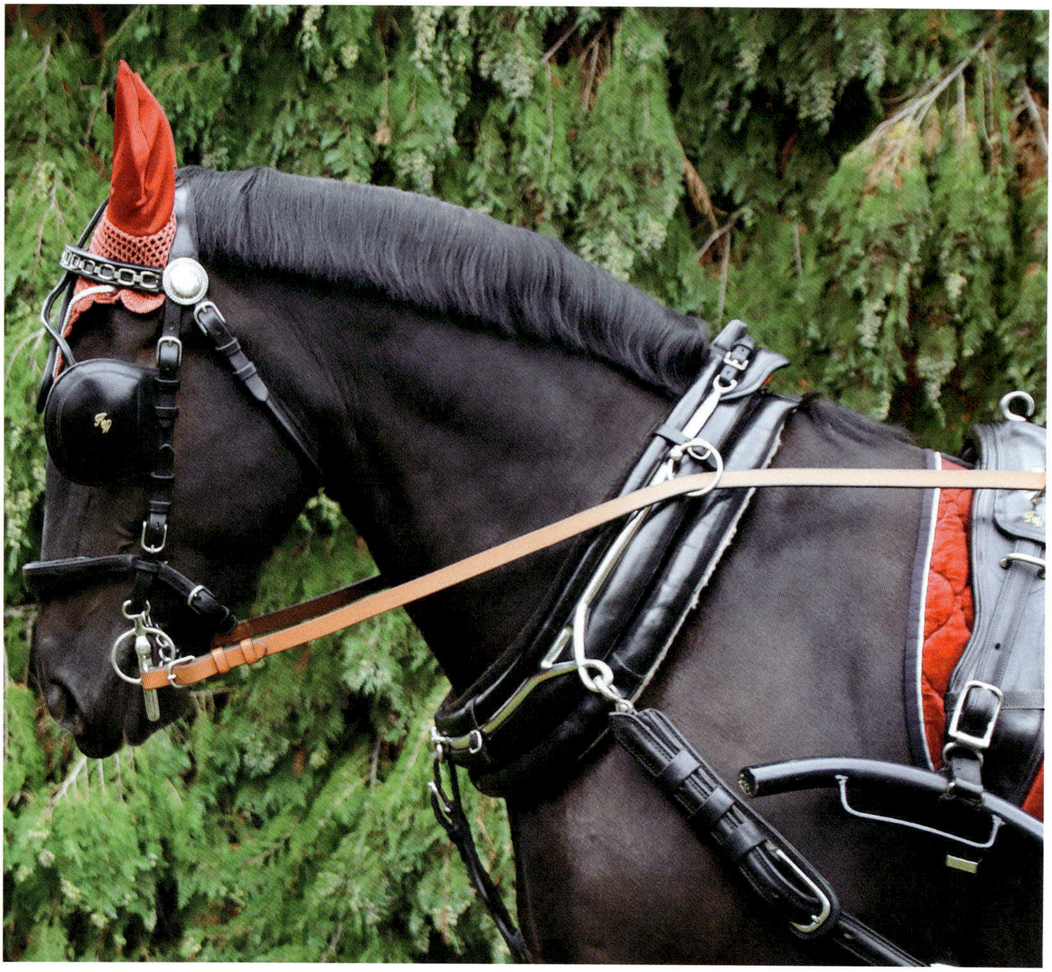

Einspänner-Kumtgeschirr (hier mit Unterkumt als polsternde Unterlage)

Kumt (Einspänner)

Die Form des Kumts gleicht in etwa einer Birne, es ist gut gepolstert und anatomisch dem Pferd angepasst, sodass die Zugkraft optimal ausgenutzt werden kann.

Die auf der Polsterung liegenden **Kumtbügel** werden unten mit der **Schlusskette** oder mit einem **Langring** ohne Aufhaltering verbunden. An der Kumtspitze werden die Kumtbügel durch den **Kumtgürtel** zusammengehalten. Mit der **Kumtkappe** wird die Polsterung vor eindringendem Wasser geschützt.

Im oberen Drittel des Kumtbügels befinden sich die **Leinenaugen**, diese können beim Einspänner beweglich oder auch feststehend sein.

Der Strangstutzen ist mit dem Kumtgürtel durch zwei ineinandergreifende Stahlringe (die **Zugkrampe**) verbunden. Am Ende der Strangstutzen befinden sich die **Strangschnallen**, in denen die **Stränge** (ca. 2,30 m) eingeschnallt werden. Traditionell gehört der Sprungriemen nur zum Zweispänner-Kumtgeschirr; heute wird er aber oftmals aus optischen Gründen auch beim Einspänner-Kumtgeschirr verwendet.

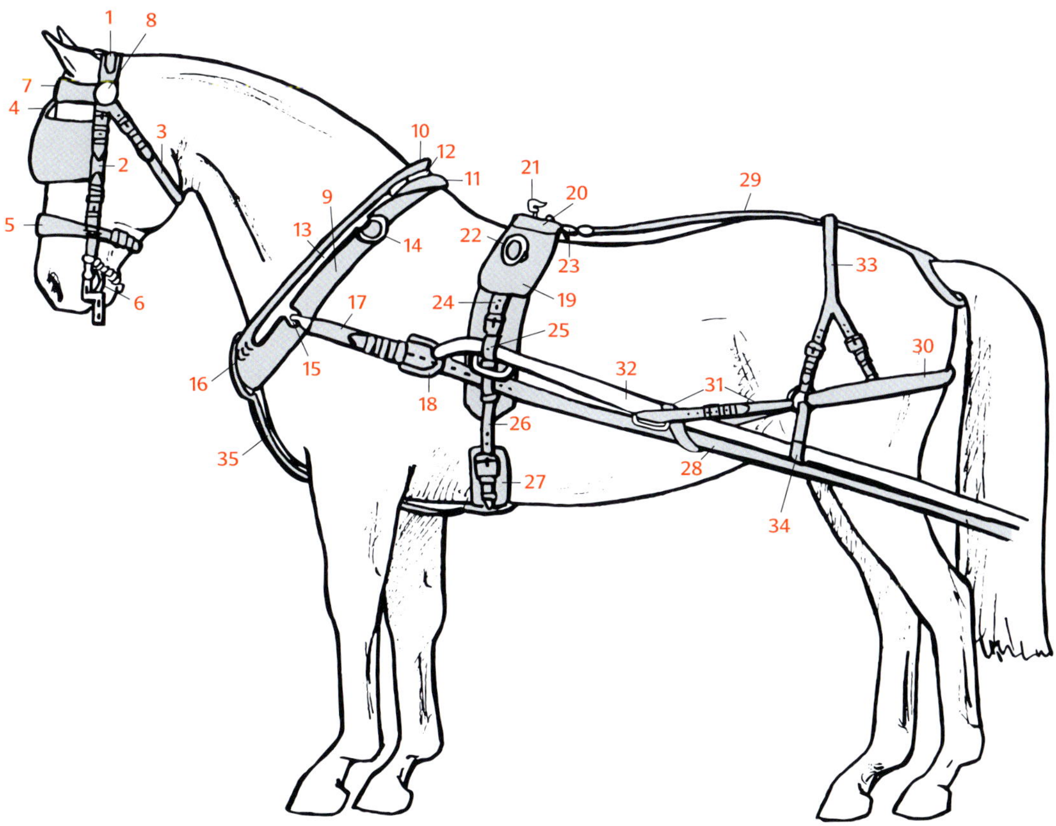

Einspänner-Kumtgeschirr

1 Genickstück mit Blendriemenschnalle
2 Backenstück mit Blendklappe und Blendriemen
3 Kehlriemen
4 Spieler
5 Nasenriemen
6 Gebiss (Ellbogenkandare)
7 Stirnriemen mit Stirnriemenkette oder Besatz
8 Rosette
9 Kumtkissen
10 Kumtspitze
11 Schutzkappe
12 Kumtgürtel
13 Kumtbügel
14 bewegliches oder festes Leinenauge
15 Zugöse
16 Schlusskette (evtl. Langring ohne Aufhaltering)
17 Strangstutze mit Zugkrampe
18 Strangstutzenschnalle
19 Sellet (beim zweirädrigen Wagen mit beweglichem, durchlaufendem Trageriemen, auch beim vierrädrigen sinnvoll)
20 Sättelchen
21 Aufsatzhaken
22 Leinenschlüssel
23 Fallring
24 Tragegurt oder Trageriemen
25 Trageöse (eiserne Trageösen bei vierrädrigem Wagen, lederne Trageaugen bei zweirädrigem Wagen) auch mit Tilbury-Schnellverschluss
26 Bauchgurtstrupfe
27 Bauchgurt mit Stoppriemen
28 Zugstrang
29 Schweifriemen mit möglichst angenähter Schweifmetze
30 Umgang
31 Gabelriemen
32 Gabel (Scherbaum)
33 Hintergeschirr (Schweberiemen)
34 Schlagriemen (kombiniert mit Hintergeschirr)

Geschirrarten für Zweispänner

Genau wie beim Einspänner wird beim Zweispänner zwischen Brustblatt- und Kumtgeschirr unterschieden, wobei das Brustblatt und der Strangstutzen beim Zweispännergeschirr wesentlich länger sind.

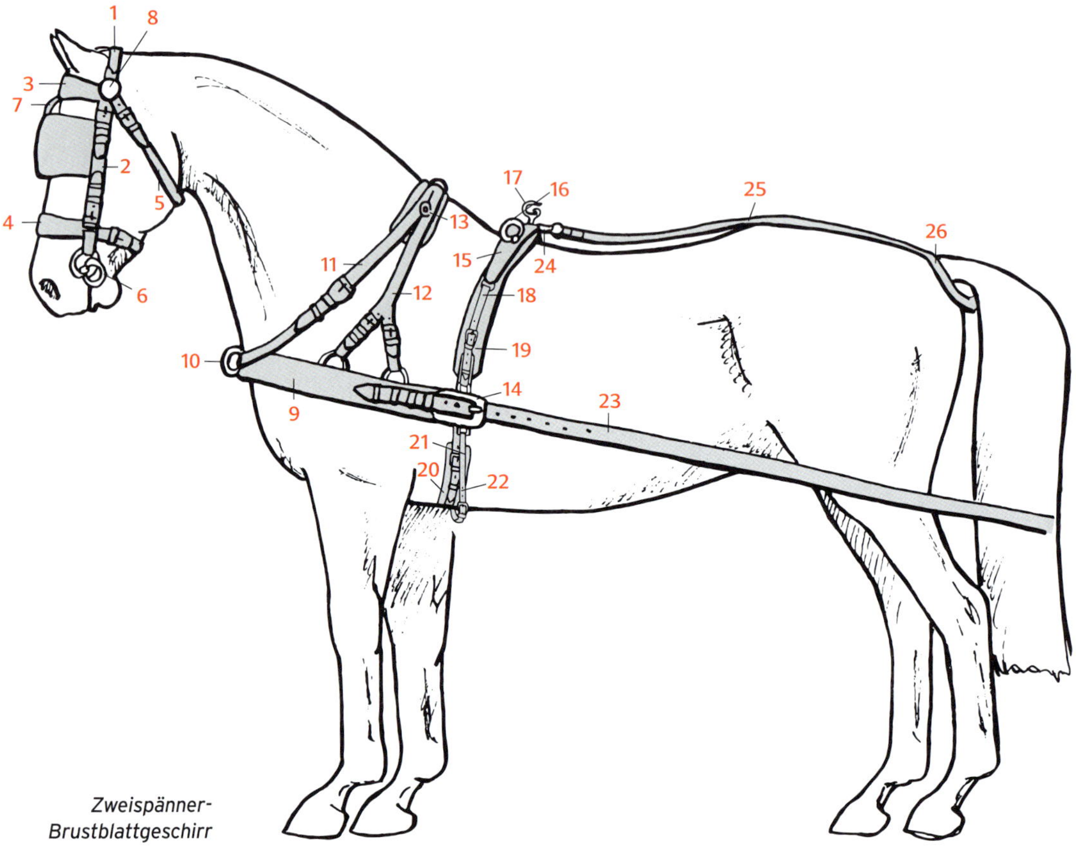

Zweispänner-Brustblattgeschirr

1 *Genickstück mit Blendriemenschnalle*
2 *Backenstück mit Blendklappe und Blendriemen*
3 *Stirnriemen mit Stirnriemenkette (Besatz)*
4 *Nasenriemen mit Durchlässen und Schlaufen*
5 *Kehlriemen*
6 *Gebiss (Doppelringtrense)*
7 *Spieler*
8 *Rosette*
9 *Brustblatt*
10 *Aufhaltering*
11 *Halskoppelriemen*
12 *Halsriemen*
13 *Leinenaugen*
14 *Brustblattschnalle*
15 *Kammdeckel*
16 *Leinenschlüssel*
17 *Aufsatzhaken*
18 *Oberblattstrupfe*
19 *Oberblattstößel*
20 *großer Bauchgurt*
21 *kleine Bauchgurtstrupfe*
22 *kleiner Bauchgurt*
23 *Zugstrang*
24 *Fallring*
25 *Schweifriemen*
26 *angenähte Schweifmetze*

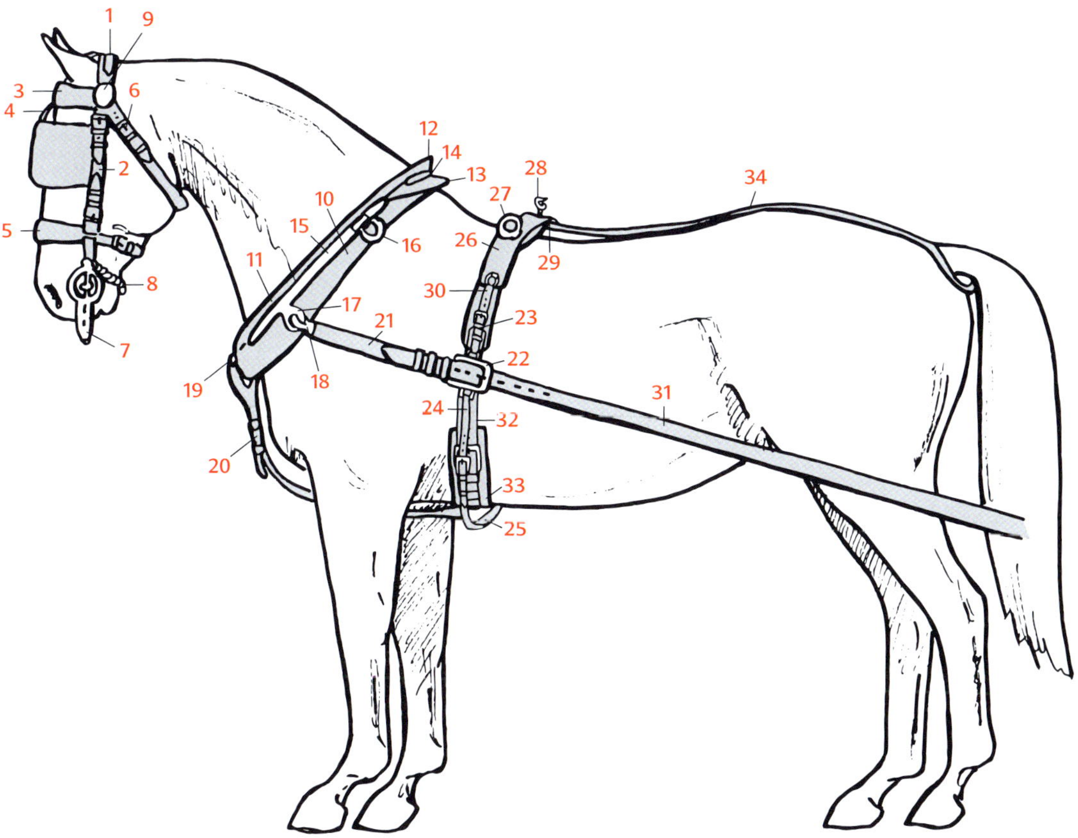

1 Genickstück mit Blendriemenschnalle
2 Backenstück mit Blendklappe und Blendriemen
3 Stirnband mit Stirnbandkette oder Besatz
4 Spieler
5 Nasenriemen mit Durchlässen und Schlaufen
6 Kehlriemen
7 Gebiss (Liverpoolkandare)
8 Kinnkette mit Scherring
9 Rosette (Metallschlaufe)
10 Kumtkissen
11 Kumtwulst
12 Kumtspitze
13 Schutzkappe
14 Kumtgürtel
15 Kumtbügel
16 bewegliches Leinenauge
17 Zugöse
18 Zugkrampe
19 Langring mit Aufhaltering
20 Sprungriemen
21 Strangstutze
22 Strangstutzenschnalle
23 Oberblattstößel
24 kleine Bauchgurtstrupfe
25 kleiner Bauchgurt
26 Kammdeckel
27 Leinenschlüssel
28 Aufsatzhaken
29 Fallring
30 Oberblattstrupfe
31 Zugstrang
32 große Bauchgurtstrupfe
33 großer Bauchgurt
34 Schweifriemen mit angenähter Schweifmetze

Zweispänner-Kumtgeschirr

Aufhalteriemen (Durch die seitliche Versetzung des Aufhalterings lassen sich das rechte und linke Geschirr unterscheiden)

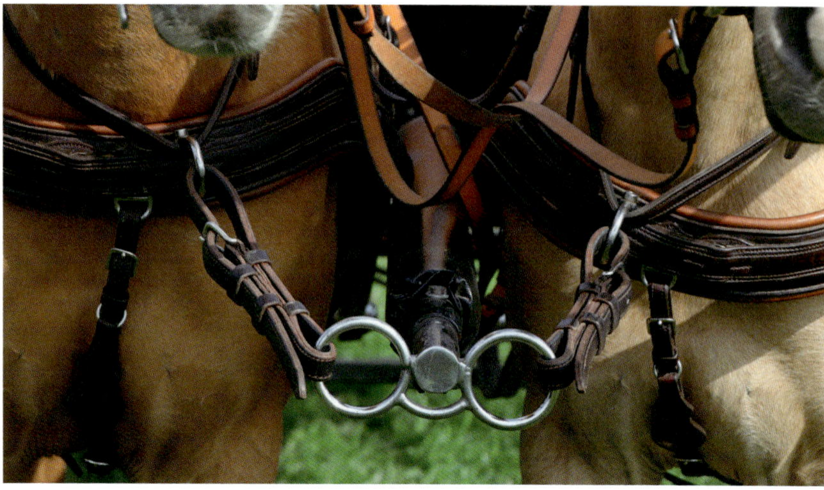

Kammdeckel
Der Kammdeckel ist bei beiden Anspannungen identisch. Im Gegensatz zum Sellet ist dieser schmaler und leichter gefertigt.
Mit dem großen Bauchgurt wird der Kammdeckel in der richtigen Lage gehalten. Am Kammdeckel ist die **Oberblattstrupfe** fest angebracht, diese wird so mit dem **Oberblattstößel** (oben an der Strangschnalle) verbunden, dass die Zugrichtung zum Ortscheit eine Linie bildet.
Am unteren Teil der Strangschnalle befindet sich eine Öse für den kleinen Bauchgurt. Der kleine Bauchgurt wird so eingeschnallt, dass zwischem kleinen Bauchgurt und Pferdekörper circa eine Handbreit Platz bleibt. So werden die Bewegungen zugelassen, ohne die Zugrichtung zu unterbrechen.

Aufhalteriemen beziehungsweise -ketten können durch ein Joch ersetzt werden.

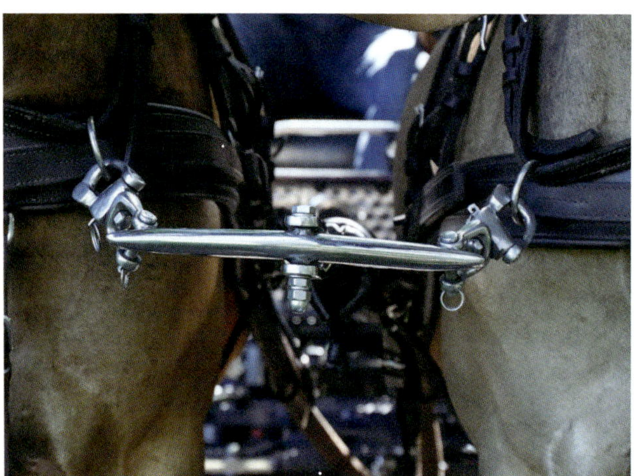

Alle verschnallbaren Teile vom Geschirr des rechten Pferdes lassen sich auch von der rechten Seite einstellen, damit der Fahrer bei vor dem Wagen stehenden Pferden immer Zugang zu den Schnallen hat.

Ein **Hintergeschirr** wird zur Pferdeschonung und besonders im hügeligen Gelände empfohlen. Dieses wird beim Zweispänner in die Strangschnallen eingeschnallt. Strangträger sind nicht notwendig, wenn die Pferde in richtiger Länge zwischen Aufhalteriemen und Strang angespannt sind.
Die **Aufhalteriemen** beziehungsweise **-ketten** verbinden das Geschirr mit der Deichsel. Sie haben die Aufgabe, die Deichsel zu führen und, falls erforderlichenfalls, den Wagen aufzuhalten.
Die **Stränge** sind in der Regel beim Einspänner 2,30 m und beim Zwei-

spänner 2 m beziehungsweise 1,95 m lang. Der Innenstrang verläuft parallel zur Deichsel und ist 5 cm kürzer als der Außenstrang, der wegen der Bewegungsfreiheit der Hinterbeine nicht auf gerader Linie verlaufen kann.

Damit die beiden Stränge nicht verwechselt werden, ist der kürzere Innenstrang am Schnallstück gerade **(stumpf)** und der Außenstrang **spitz** angefertigt.

Brustblatt Zweispänner

Das Zweispänner-Brustblatt unterscheidet sich vom Einspänner durch seine Länge und dem etwas seitlich angebrachten beweglichen **Aufhaltering**. Durch die seitliche Versetzung des Aufhalterings ist eine Unterscheidung des linken und rechten Geschirrs möglich und es kommt dem seitlichen Zug des mit der Deichselbrille befestigten **Aufhalteriemens** entgegen.

Einen zusätzlichen Halt bekommt das Brustblatt durch den am Halsriemen und am Aufhaltering befestigten **Halskoppelriemen.** Dieser ist zweckmäßig zum Rückwärtsrichten und wenn die Deichsel bei Mehrspännern durch die Vorderbrake oder Mitteldeichsel zusätzlich belastet wird.

Kumt Zweispänner

Das Zweispänner-Kumt unterscheidet sich vom Einspänner dadurch, dass der Kumtbügel mit einem **Langring** zusammengehalten wird. Daran ist der bewegliche **Aufhaltering** angebracht. Die Leinenaugen sind im Gegensatz zum Einspänner immer beweglich und die Strangstutzen sind so lang, dass der Oberblattstößel mit der Oberblattstrupfe senkrecht verbunden werden kann.

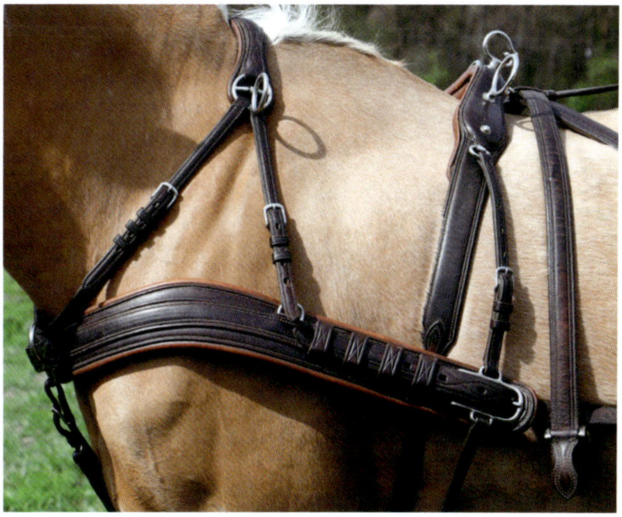

Anatomisch geformtes Zweispänner-Brustblattgeschirr

Der **Sprungriemen** verbindet das Kumt und den großen Bauchgurt und hat eine nach oben begrenzende Wirkung besonders beim Rückwärtsrichten und Aufhalten des Wagens. Er ist jedoch so angepasst, dass er in der Bewegung leicht durchhängt und somit nicht scheuert oder einengt. Ursprünglich ist der Sprungriemen Teil des Zweispänner-Kumtgeschirrs, heute findet man ihn immer häufiger auch an Zweispänner-Brustblattgeschirren.

Außenschnallen der Bauchgurte auf einer Höhe

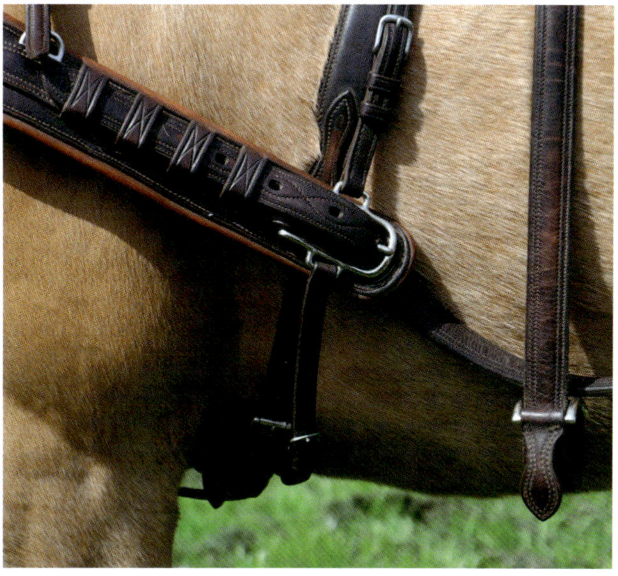

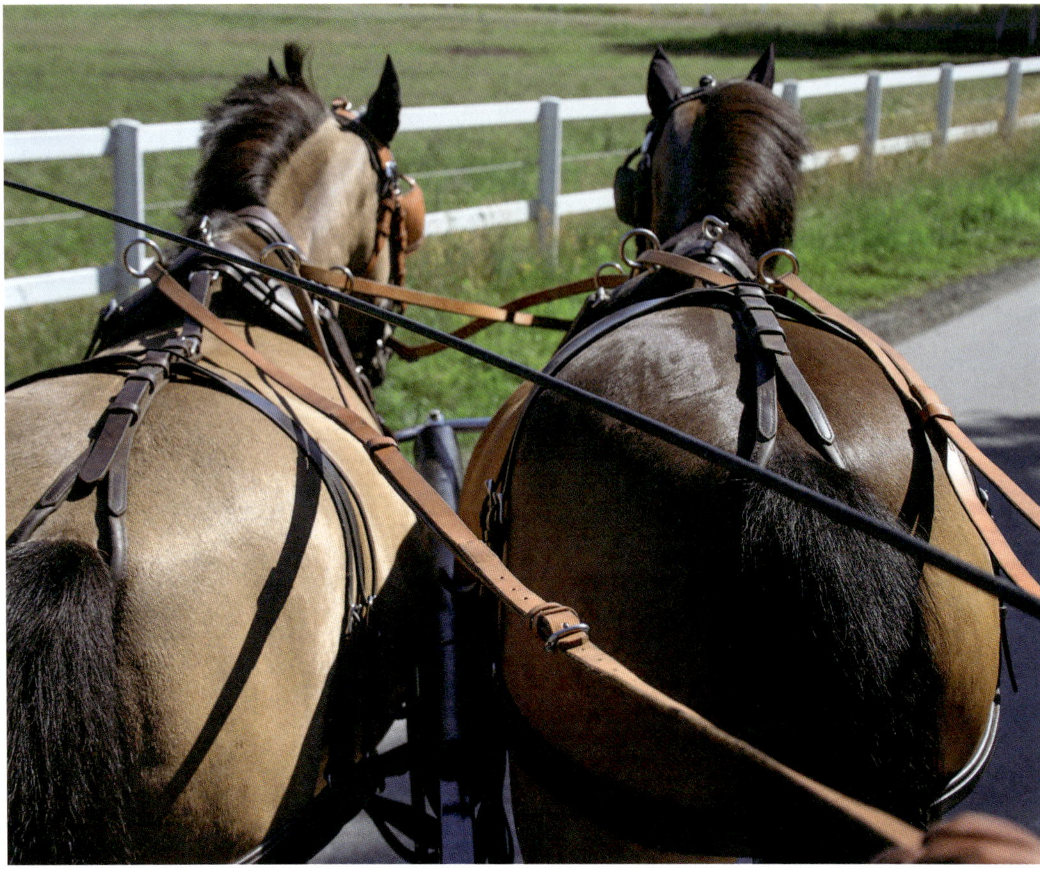

Zweispännerleine

8.3.2.3 Die Achenbachleine für Ein- und Zweispänner

Die Beschaffenheit der Leine hat aus Sicherheitsgründen eine sehr große Bedeutung. Aus Kernleder gefertigt darf die Leine niemals Bruchstellen oder Risse aufweisen. Jeder verantwortungsvolle Fahrer kontrolliert seine Leine regelmäßig und pflegt sie mit handelsüblichem Leinenpflegemittel. Die Leinen sind aus hellem Naturleder gearbeitet und werden nicht geölt!

Die Maße der Leinen müssen von Zeit zu Zeit kontrolliert werden, da sich einzelne Leinen verziehen können. Hierfür werden sie entweder übereinandergelegt oder die Zweispännerleine wird ins 3. Loch, dem Kontrollloch geschnallt, sodass alle Gebisschnallen auf der gleichen Höhe sein müssten.

Wegen ihrer hohen Formbeständigkeit und Reißfestigkeit werden heute oft Biothane-Leinen verwendet. Biothane besteht aus einem Polyestergewebe, welches mit einer PU-Ummantelung überzogen ist. Es ist haltbarer und langlebiger als Leder und absolut wasserfest. Dennoch bleiben die Geschmeidigkeit und der Griff wie bei echtem Leder erhalten. Eine Beta-Biothane-Leine hat ein lederähnliches Aussehen und ist leicht zu reinigen.

Die Einspännerleine

Die Einspännerleine besteht aus zwei 4,30 bis 4,70 m langen Einzelteilen, die am hinteren Ende durch Schnalle und Strupfe miteinander verbunden werden. Am vorderen Teil befinden sich jeweils die Schnallstücke zum Einschnallen in das Gebissstück. Bei Ponys oder besonderen Wagengrößen verändert sich das Maß entsprechend.

Die Zweispännerleine

Die Zweispännerleine besteht aus den beiden durchgehenden Außenleinen (4,30 bis 4,70 m) und den darauf verschnallbaren Innenleinen (3,02 m). Am Ende der Außenleinene befindet sich an der rechten Leine die „Strippe" und an der linken Leine die „Schnalle".
Auf beiden Außenleinen gibt es elf längs-ovale Löcher im Abstand von 4 cm, in die die Innenleinen eingeschnallt werden; „längs-oval", damit der geschwungene Dorn der Innenleine möglichst flach auf der Kreuzschnalle liegt. Leinenschoner unter der Kreuzschnalle schützen die Leinen.
Das 6. Loch ist das sogenannte Mittelloch und wird auch als „Grundschnallung" bezeichnet. Von diesem aus misst die Außenleine 2,90 m, somit ist die Innenleine, die 3,02 m lang ist, 12 cm länger als die Außenleine. Dies ist notwendig, da die sich kreuzenden Innenleinen einen weiteren Weg zum jeweiligen Gebiss haben. Bei dieser Verschnallung hat der Fahrer zehn freie Löcher (jeweils fünf auf jeder Leine) zwischen Hand und Kreuzschnalle.
Die vier Strupfen an den Gebissschnallen haben jeweils nur ein Loch, sodass die Verschnallung der Leine immer nur mit der Kreuzschnalle erfolgt.
Die Gebissschnalle der Innenleine ist an der Haarseite angenäht. Die dadurch entstehende halbe Drehung der Innenleine bewirkt, dass die Leinen flach zur Hand des Fahrers verlaufen. Die auf der Innenleine angenähte Kreuzschlaufe verhindert eine frühzeitige Teilung beider Leinen.

Durch die Achenbachleine lassen sich die Unterschiede der Pferde in Bezug auf Gebäude, Temperament oder Arbeitswille ausgleichen.

Ist zum Beispiel das linke Pferd sehr fleißig und das rechte Pferde weniger fleißig, so zeigt die Deichselspitze immer nach rechts zum weniger fleißigen Pferd. Um dies auszugleichen, kann der Fahrer das linke Pferd zurückschnallen und das rechte Pferd vorlassen. Das heißt, er schnallt auf der rechten Leine die Innenleine zwei Löcher zurück und auf der linken Leine die Innenleine zwei Löcher vor. Wichtig dabei ist, dass die Anzahl der freien Löcher zwischen Kreuzschnalle und Fahrerhand gleich bleibt.
Bei großen, breiten Pferden vor dem Wagen ist der Weg für die Kreuzstücke länger, deswegen werden die Kreuzschnallen in das 7. Loch (sechs freie Löcher auf jeder Leine zwischen Hand und Pferdemaul) oder bei Bedarf sogar ins 8. Loch geschnallt.
Bei leichten, schmalen Pferden ist der Leinenweg kürzer, daher wird das 5. oder sogar 4. Loch benutzt.

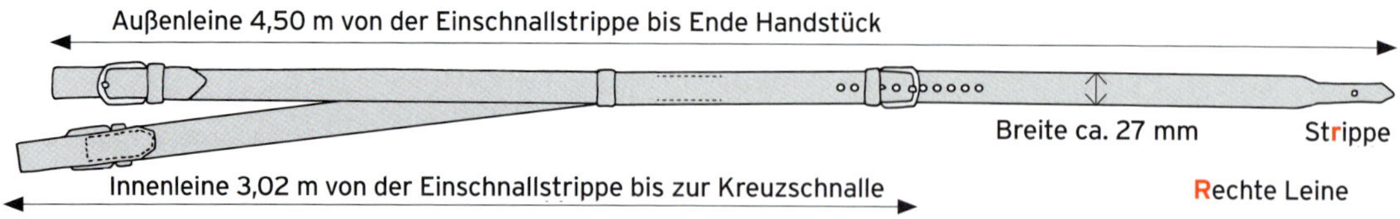

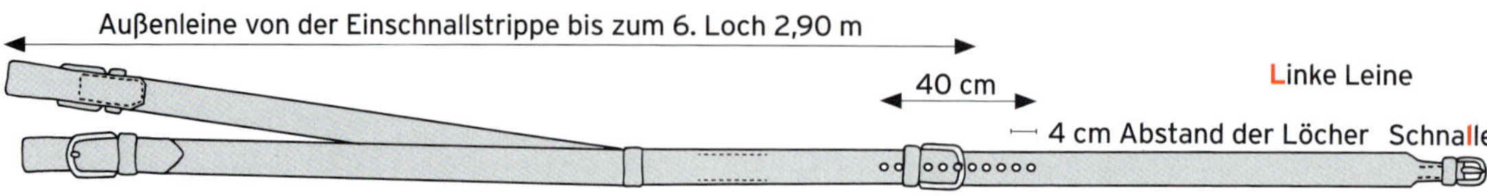

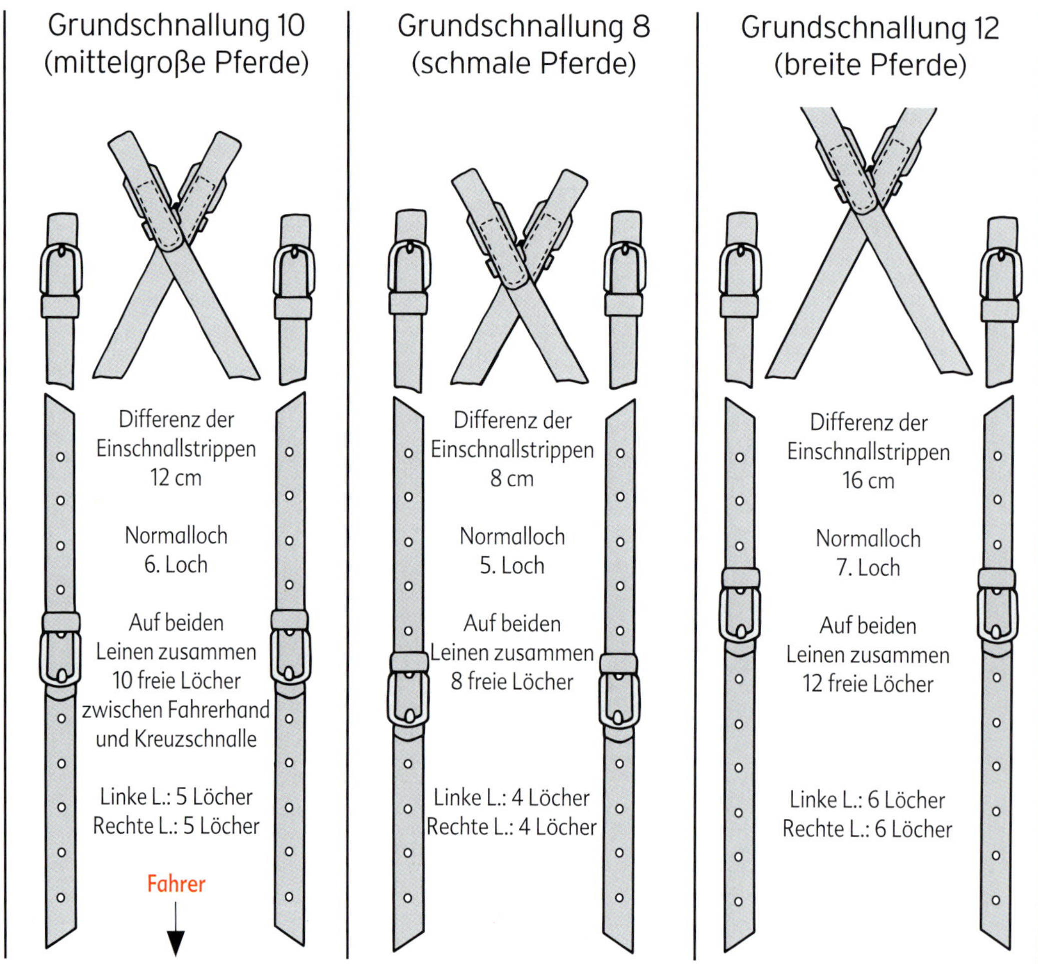

Gut zu erkennen ist das längere Maß der Innenleinen, da diese jeweils beim Nachbarpferd eingeschnallt werden und so einen etwas längeren Weg haben. Beide Gebisshälften befinden sich immer auf gleicher Höhe!

Vorhandene Grundschnallung: 10
Auf beiden Leinen zusammen zehn freie Löcher zwischen Fahrerhand und Kreuzschnalle mit Gebäude-, Arbeits- oder Temperamentsausgleich
Zum Beispiel Gebäudeausgleich: In der Abbildung rechts wäre das rechte Pferd wesentlich größer (länger und breiter) als das linke. Deswegen wurde die linke Innenleine nach vorn geschnallt und die rechte Innenleine zurück. Somit müssten beide Pferde geradeaus schauen. Sollte diese Ausgleichsschnallung nicht ausreichen, müsste man die linke Innenleine nochmals um ein Loch vorschnallen und die rechte ein Loch zurück.

Wichtig:
- Es muss immer die Grundschnallung vorhanden bleiben von der wir ausgegangen sind. In unserem Beispiel Grundschnallung 10. Zum Beispiel: Will ich das rechte Pferd zurücknehmen, schnalle ich auf der linke Leine zurück und auf der rechten das gleiche Stück nach vorn.

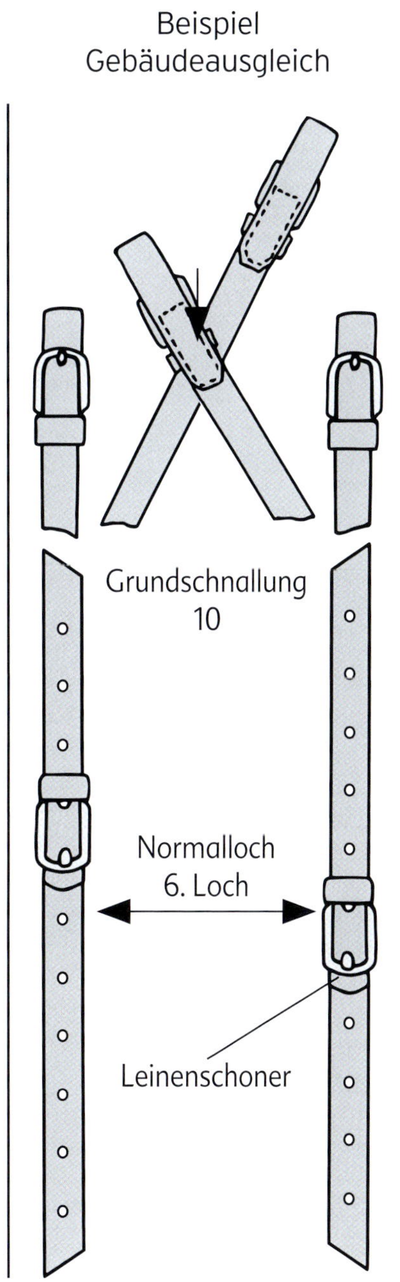

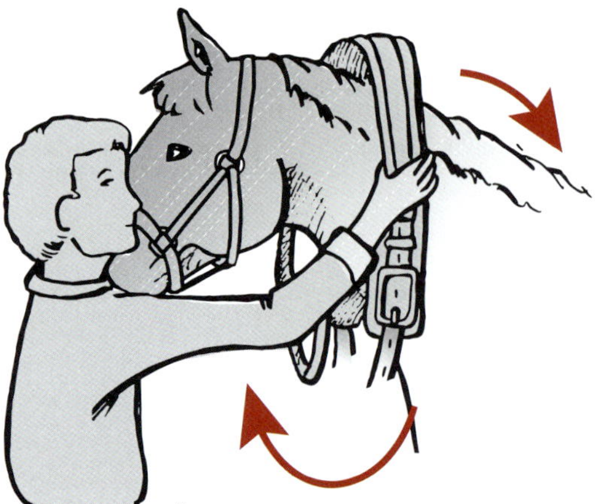

Überstreifen und Drehen des Brustblattes in Mähnenrichtung

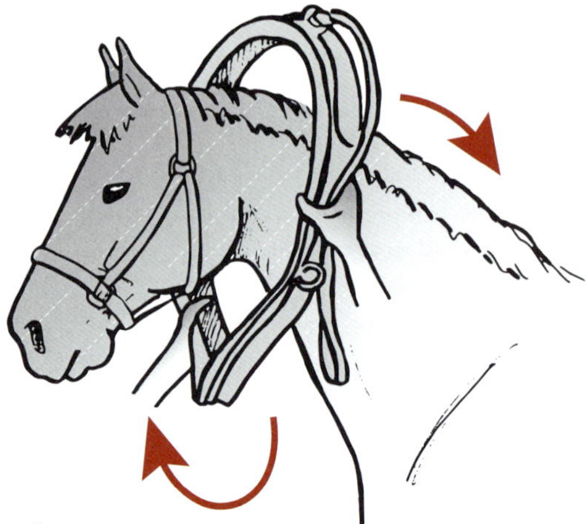

Überstreifen und Drehen des Kumts in Mähnenrichtung

8.4 Aufschirren - Anspannen, Ausspannen - Abschirren

Das Auflegen der einzelnen Geschirrteile und Ausrüstungsgegenstände auf das Pferd heißt „Aufschirren". In der Regel wird das Pferd nach dem Putzen noch in der Stallgasse aufgeschirrt.

8.4.1 Aufschirren

Aufschirren eines Einspänners

Reihenfolge:

- Auflegen des Brustblattes oder Kumts
- Auflegen des Sellets
- Loses Befestigen des Bauchgurtes
- Befestigen des Schweifriemens
- Befestigen des Bauchgurtes
- Ordnen der Stränge
- Auflegen des Hintergeschirrs
- Auflegen des Schlagriemens
- Einziehen der Leine und Verwahren des Handstücks im linken Leinenschlüssel
- Auflegen des Fahrzaums, Befestigen von Kehlriemen, Nasenriemen und zuletzt der Kinnkette
- Einschnallen beider Gebissschnallen

Das Brustblatt und auch das Kumt werden beim Überstreifen über den Pferdekopf einmal gedreht, damit ungewollte Berührungen am Kopf möglichst vermieden werden.

- Das Brustblatt wird mit den Enden nach unten zeigend an den Strangschnallen gegriffen, der Halsriemen zeigt zum Aufschirrenden. So wird es vorsichtig über den Pferdekopf gestreift, in Mähnenrichtung gedreht und nach hinten geschoben.
- Das Kumt wird so gedreht, dass die breiteste Stelle nach oben zeigt. Nach dem Überstreifen wird das Kumt an der dünnsten Stelle des Halses in Mähnenrichtung gedreht und nach hinten geschoben bis es auf der Schulter aufliegt.

Sind die Stränge schon eingeschnallt, werden sie mit hochgenommen, damit der Fahrer oder auch das Pferd nicht darauf treten. Die Stränge werden von links und rechts über den Pferderücken gelegt.

Anschließend wird das Sellet unmittelbar hinter dem Widerrist aufgelegt und locker geschlossen. Der zusammengenommene Schweif wird an der Schweifrübe nach oben gehalten und die Schweifmetze vorsichtig darübergestreift. Die Schweifhaare werden geordnet. Das Sellet wird nochmals

korrekt platziert und der Bauchgurt geschlossen. Das Hintergeschirr wird aufgelegt und in den Schweifriemen eingeschlauft, sodass der Schlagriemen und der Trageriemen unmittelbar hinter dem Hüfthöcker liegen.
Die Leinen werden erst durch die Leinenschlüssel am Sellet und dann durch die Leinenaugen gezogen. Das Handstück wird doppelt genommen und in dem linken Leinenschlüssel so verwahrt, dass Haarseite auf Haarseite liegt, das Handstück nach hinten unten zeigt und durch Zug jederzeit zu lösen ist.

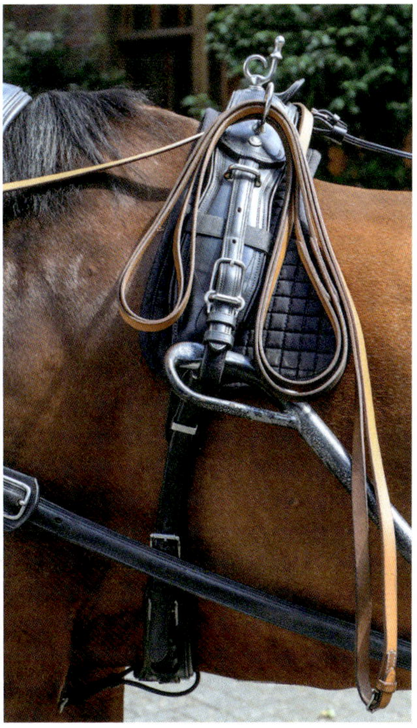

Verwahren der Einspännerleine

Aufschirren eines Zweispänners

Reihenfolge:

- Auflegen des Brustblattes oder Kumts
- Auflegen des Kammdeckels
- Verbinden der Oberblattstrupfe mit dem Oberblattstößel
- Befestigen des Schweifriemens
- Befestigen des großen Bauchgurtes mit eingelegten Sprungriemen und des kleinen Bauchgurtes
- Ordnen der Stränge
- Einziehen und Befestigen der Leinen
- Auflegen des Fahrzaums, Befestigen von Kehlriemen, Nasenriemen und zuletzt der Kinnkette
- Einschnallen der Gebissschnalle der Außenleine auf der Außenseite und Einschlaufen der Gebissschnalle der Innenleine von hinten nach vorn im Kehlriemen

Das Auflegen des Brustblattes oder des Kumts geschieht beim Zweispänner genauso wie beim Einspänner. Ist ein Sprungriemen vorhanden, dann wird dieser mit festgehalten, sodass er nicht ungewollt Augen und Ohren berührt. Nach dem Auflegen des Kammdeckels wird der Oberblattstößel mit der Oberblattstrupfe verbunden und dann der Schweifriemen (siehe Einspänner) angelegt. Der Kammdeckel wird erneut auf seine korrekte Lage geprüft. Danach wird der große Bauchgurt durch den Sprungriemen gezogen und geschlossen. Der kleine Bauchgurt wird so verschnallt, dass zwischen großem und kleinem Bauchgurt eine Handbreit Platz ist.
Die Stränge werden beim Zweispänner zwischen den zwei Riemen des Schweifriemens fixiert.

Gesicherte Stränge

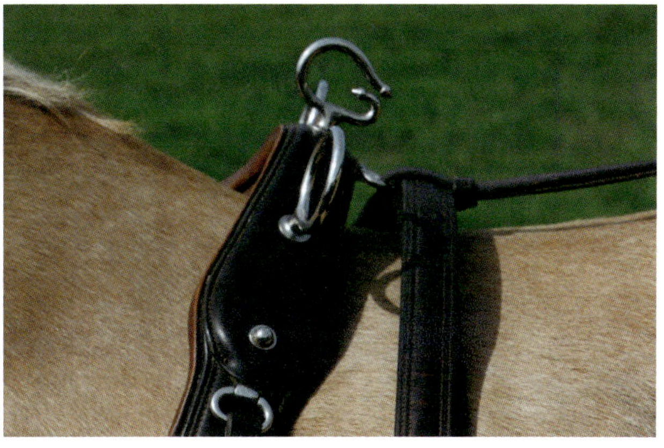

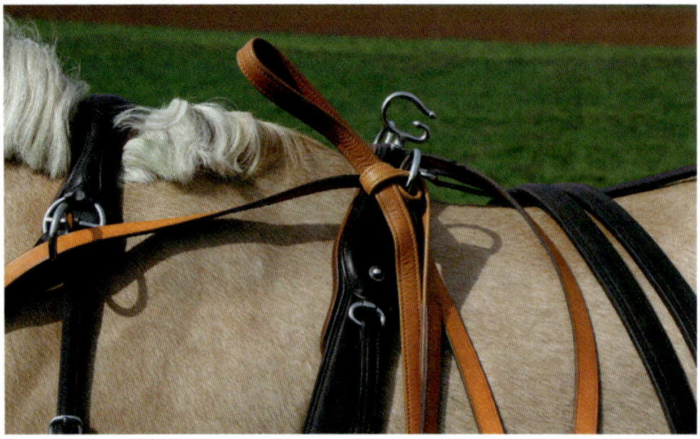

Verwahrung der Zweispännerleine

Wird ein Hintergeschirr verwendet, so wird dieses mit dem Trageriemen in den Schweifriemen eingeschlauft und unter den Strängen mit den Strangschnallen verbunden.

Beim Einziehen der Leinen ist darauf zu achten, dass die Leine mit der Schnalle am Ende zum linken und die Leine mit der Strupfe am Ende zum rechten Pferd gehört. Die glatte Haarseite liegt oben. Die Außen- und Innenleinen werden zunächst durch die jeweiligen Leinenschlüssel und danach durch die Leinenaugen gezogen. Das Handstück wird am äußeren Leinenschlüssel so verwahrt, dass das Ende nach hinten zeigt und sich mit einem einfachen Zug am Handstück lösen lässt.

Auflegen des Fahrzaumes

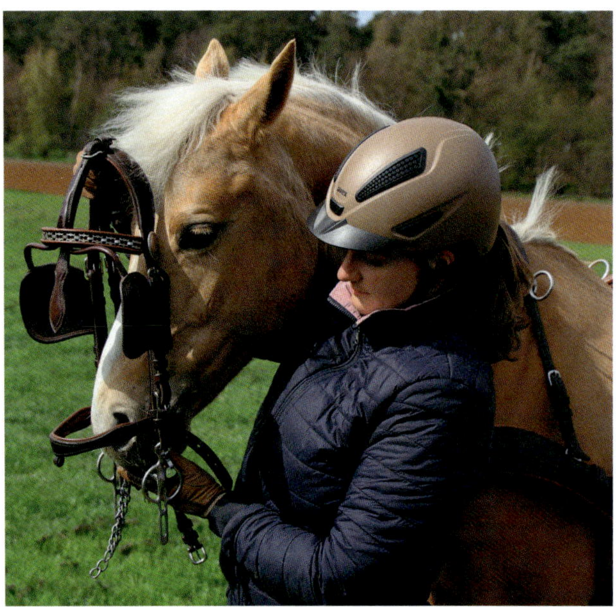

Nach dem Auflegen des Fahrzaums wird die äußere Leine mit der Gebissschnalle am Gebiss befestigt und die Innere von hinten nach vorn im Kehlriemen eingeschlauft.

Bei älteren beziehungsweise an das Aufschirren gewöhnten Pferden können die Geschirrteile, wie im Fahrgebrauch, zusammengeschnallt bleiben. Dabei ist darauf zu achten, dass beim Überstreifen des Brustblattes oder Kumts alle anderen Teile geordnet und gesichert sind, um ungewollte Berührungen zu vermeiden.

Auflegen des Fahrzaums

Vor dem Auflegen des Fahrzaums ist darauf zu achten, dass Mähne und Schopf sauber getrennt sind, damit der Fahrzaum möglichst sicher aufliegt. Der Fahrer steht auf der linken Seite des Pferdekopfes und hält mit der rechten Hand das Genickstück des Zaums circa auf Höhe der Stirn. Die linke Hand ergreift das Mundstück in der vollen Breite und schiebt es dem Pferd, unter Hochziehen des gesamten Zaums, mit der rechten Hand, in das Maul. Die Ohren werden von hinten unter dem Genickstück hindurchgeschoben und der Schopf unter dem Stirnband/Spieler glatt gestrichen. Von oben nach unten werden dann der Kehlriemen, der Nasenriemen und die ausgedrehte Kinnkette geschlossen. Abschließend werden die Leinen mit den Gebissschnallen am Gebiss befestigt beziehungsweise beim Zweispänner die Innenleine in den Kehlriemen eingeschlauft.

Im Überblick:
Kriterien für die korrekte Lage des Geschirrs

- **Brustblatt:**
  - Unterkante zwei Fingerbreit über dem Buggelenk
  - beim Zweispänner länger, sodass beim ziehenden Pferd der Oberblattstößel in der Mitte des Kammdeckels liegt
  - beim Einspänner kürzer, circa eine Handbreit vor dem Bauchgurt
- **Kumt:**
  - gut gepolstert, anatomisch angepasst, großflächig auf der Schulter aufliegend
  - entlangfahren mit den Fingerspitzen zwischen Kumt und Pferdehals möglich
  - zwischen Kumt und Luftröhre findet eine ganze Hand Platz
  - genügend dicke Polsterung des Kumtkissens, um Scheuern der Strangstutzen zu vermeiden
  - die Strupfe des Kumtgürtels zeigt immer zum Nachbarpferd (beim Einspänner nach rechts)
  - Sprungriemen hängt leicht durch, begrenzt nach oben
- **Halsriemen** liegt in der Halskerbe und leicht vor der Senkrechten
- **Halskoppelriemen** verhindert ein Nach-vorn-Schieben des Brustblattes beim Bremsen
- **Aufhaltering** am Brustblatt ist leicht seitlich zur Deichsel hin angebracht, zeigt er nach außen, sind die Geschirre vertauscht
- **Sellet/Kammdeckel:**
  - circa 10 cm hinter dem höchsten Punkt des Widerrists
  - mindestens zwei Fingerbreit Platz zwischen Kammer und Pferderücken
- **Großer Bauchgurt:**
  - circa eine Handbreit hinter dem Ellenbogenhöcker
  - so fest anziehen, dass das Geschirr sicher liegt, jedoch Bewegung und Atmung nicht beeinträchtigt werden
  - Außenschnallen beim Zweispänner auf einer Höhe
- **Kleiner Bauchgurt:**
  - circa eine Handbreit Platz zwischen Bauchgurt und Pferd
  - Außenschnallen beim Zweispänner auf einer Höhe
  - letztes Loch als Reserveloch freilassen
- **Schweifriemen:**
  - circa eine Handbreit Platz, sodass er leicht federn kann
  - Strupfen enden an der letzten Schlaufe, damit die Leine sich nicht verfangen kann
- **Schlagriemen (Einspänner)**
- läuft durch eine Schlaufe des Schweifriemens hinter dem Hüfthöcker schräg nach hinten an den jeweiligen Scherbaum (Öse)
- circa eine Handbreit Platz zum Pferderücken
- **Hintergeschirr:**
  - eine Handbreit unter Sitzbeinhöcker
  - je eine Faust zwischen Pferd und Umgang
- **Strangträger** – gerade Zugrichtung darf nicht unterbrochen werden
- **Zugstränge:**
  - gerade Zugrichtung vom Ortscheit bis zur Strangschnalle
  - circa 50 cm zwischen Hinterbeinen des Pferdes und Ortscheit
- **Fahrzaum**
  - Stirnriemen lang genug
  - zwei Finger zwischen Nasenriemen und Nasenrücken
  - Blendklappenhöhe ein Drittel über, zwei Drittel unter dem Auge, seitlich genug abgestellt
  - Kehlriemen eng genug (flache Hand darunter)
  - Kandare bei angenommenen Leinen 45° zur Maulspalte
  - Kinnkette ausgedreht

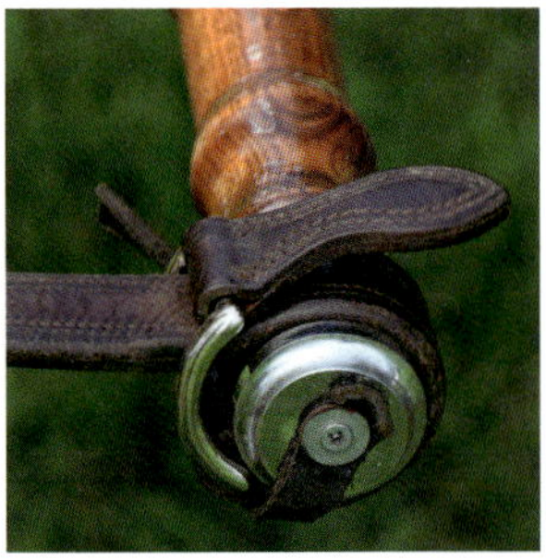
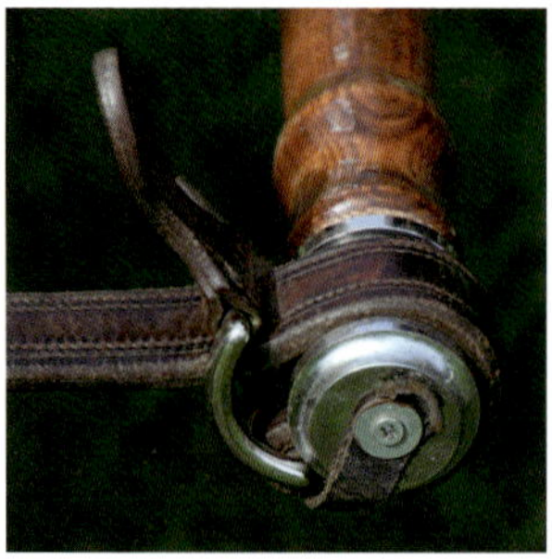

links: Befestigter Strang; Aufziehleder liegt oben und zeigt nach hinten

rechts: Durch das Aufziehleder lässt sich der Strang leicht vom Ortscheid lösen.

8.4.2 Das Anspannen

Zunächst wird der Wagen mit angezogener Bremse auf einem genügend großen und sicheren Platz bereitgestellt. Die Peitsche steckt im Köcher und ein Gehilfe sollte Vorort sein, um das Pferd bei den einzelnen Arbeitsschritten zu beaufsichtigen. Bei manchen Pferden kann es sinnvoll sein, dass der Fahrer die Leinen in der Hand behält.

Einspänner

Wird an der Gabel angespannt, können ältere Pferde rückwärts in die am Boden liegende Gabel geführt werden. Bei jungen oder nervösen Pferden hält ein Helfer die Gabel in Brusthöhe des Pferdes und zieht dann den Wagen vorsichtig an das Pferd heran. Oder, wenn technisch möglich, werden die Londen hochgeklappt, das Pferd herangeführt und nach dem langsamen Herunterlassen der Londen in folgender Reihenfolge angespannt:

- Die linke Londe wird in die Trageöse gelegt und gesichert, indem der Befestigungsriemen um die Londe gelegt wird. Dieser wird dann durch die Öffnung der eisernen Trageöse, durch die Lederschlaufe am Sellet und durch die Doppelschlaufe am Bauchgurt geschoben, wo er mit dem Stoppriemen verschnallt wird. Die Lederschlaufe und die Doppelschnalle sorgen dafür, dass der Befestigungsriemen auf dem Sellet fixiert wird und nicht herunterrutscht.
- Dann wird die rechte Londe nach demselben Prinzip befestigt. Danach wird der rechte Strang über das Ortscheit gezogen, sodass das **Aufziehleder**, das auch als Strangschoner dient, oben liegt und nach hinten zeigt. Nun wird der Scherriemen, der sich am Hintergeschirr befindet, von oben nach unten, hinter dem Strang, einmal mit und einmal ohne Strang durch die Öse für das Hintergeschirr an der Londe verschnallt (eine Acht schlagen). Anschließend wird der Schlagriemen von innen nach außen durch die Öse an der Londe geschlauft und verschnallt.
- Zuletzt werden auf der linken Seite des Pferdes nacheinander Strang, Gabelriemen und Schlagriemen analog zur rechten Seite befestigt.

Nach erfolgter Anspannung kontrolliert der Fahrer nochmals alle Einzelheiten, wobei er der richtigen Lage der Stränge besondere Aufmerksamkeit widmet. Bei anstehenden Strängen darf der Scherbaumträger am Sellet nicht nach vorn gedrückt werden (= zu kurze Stränge!), aber auch die Scherbaumspitze nicht am hinteren Ende des Schulterblattes des Pferdes stehen (= zu lange Stränge!). Die Zugrichtung darf nicht gebrochen sein.

Zweispänner

Die Pferde werden vorsichtig an das Fahrzeug geführt und an die Deichsel gestellt. Beim Führen ist zu beachten, dass die Pferde durch die Blendklappen nicht die volle Sicht zu allen Seiten haben und dadurch leicht an Türrahmen, Wagen oder Deichsel anstoßen können. In der nachfolgenden Reihenfolge wird nun angespannt:

1. Die Innenleinen werden über Kreuz in die Gebisse geschnallt, das heißt, die Innenleine des linken Pferdes wird links in das Gebiss des rechten Pferdes geschnallt und umgekehrt. Die Leine des Pferdes, welches den Kopf höher trägt, liegt oben. Die Leinen sind so ausgedreht, dass die Haarseiten oben liegen.
2. Die Aufhalteriemen (Ketten) werden von der Deichsel nach außen durch den Aufhaltering möglichst lang angebracht.
3. Die Stränge des rechten Pferdes werden am Ortscheit befestigt. Der Außenstrang wird als erster befestigt, damit das Pferd nicht mehr seitlich wegtreten kann, danach der Innenstrang. Die Aufziehleder zeigen nach oben. Die Zugstränge sind so zu verschnallen, dass zwischen den Hinterbeinen und den Ortscheiten ein Mindestabstand von 50 cm bei Großpferden eingehalten wird.
4. Das Handstück der rechten Leine wird aus der Verwahrung gelöst und zum linken Pferd in Richtung Kammdeckel hinübergeworfen. (Pferde und Beifahrer werden vorher darauf aufmerksam gemacht.) Gegebenenfalls wird nochmals der große Bauchgurt nachgezogen und kontrolliert, ob alle Strupfen verwahrt sind.
5. Der Fahrer geht auf die linke Seite des linken Pferdes, verbindet die Handstücke und verwahrt diese unter der Oberblattstrupfe so, dass das Handstück nach hinten zeigt.
6. Die Stränge des linken Pferdes werden befestigt, erst Außen-, dann Innenstrang. Der große Bauchgurt wird gegebenenfalls noch einmal nachgezogen und alle Strupfen verwahrt.
7. Die Aufhalteriemen oder Ketten werden so verschnallt, dass sie bei im Zug stehenden Pferden leicht durchhängen.

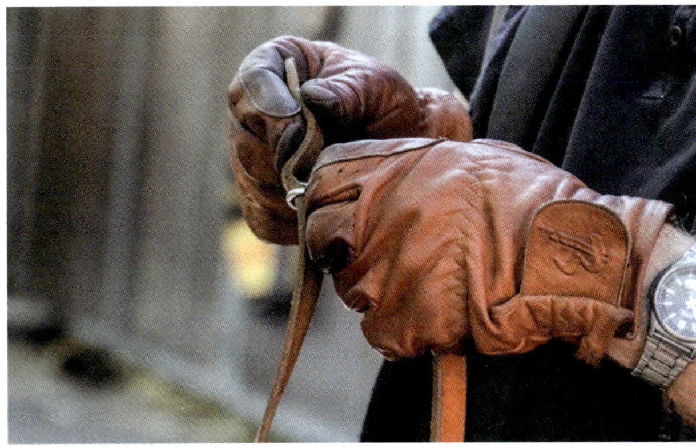

Verbinden der Handstücke

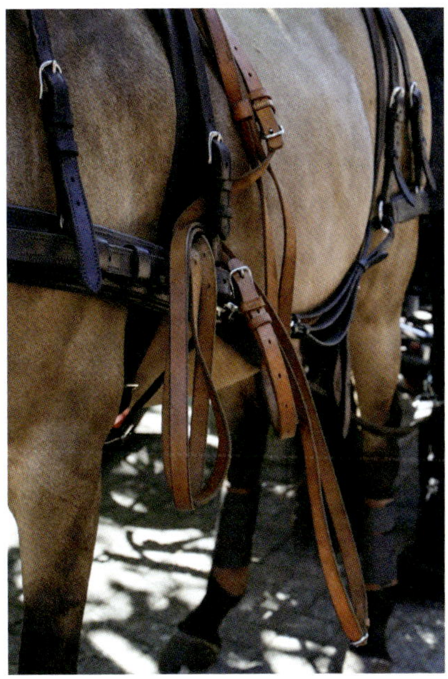

Verwahrung der Zweispännerleine nach Verbindung der Handstücke unter der Oberblattstrupfe

Letzter Arbeitsgang ist das Überprüfen des gesamten Gespanns: Ist alles korrekt befestigt, der Aufhalter richtig verschnallt, die Zuglinie nicht unterbrochen, der Abstand von den Pferden zum Wagen ausreichend? Während des Anspannens bleibt der Helfer vor den Pferden stehen. Aus Sicherheitsgründen steht er rechts oder links von der Deichselspitze und ergreift, wenn es erforderlich ist, die Leinen.

Im Überblick:

Anspannungsarten

➤ **Sprengwaage (halbfeste Anspannung)**

- Die Sprengwaage ist die gebräuchlichste Anspannungsart und kann mit Kumt- oder Brustblattgeschirr gefahren werden.
- Durch diese Anspannungsart wird sehr genaues und korrektes Fahren ermöglicht. Sie ist zugleich pferdeschonend und gilt als die ideale Anspannung zum Einfahren junger Pferde, da alle Ausgleichsschnallungen möglich sind.
- Das äußere Pferd bringt den Wagen durch vermehrten Zug in die Wendung. Das innere Pferd zieht den Wagen aus der Wendung.

➤ **Dockenanspannung (feste Anspannung)**

- Bei der Dockenanspannung werden zugfreudige, erfahrene Pferde benötigt, da diese Anspannungsart nicht beweglich sondern völlig starr ist. Auch bei dieser Anspannung bringt das äußere Pferd durch vermehrten Zug den Wagen in die Wendung und alle Ausgleichsschnallungen der Leine sind möglich. Man sieht diese seltene Art der Anspannung hauptsächlich an schweren, englischen Karossen. Um ein Aufscheuern der Pferdebrust zu verhindern, darf sie ausschließlich mit Kumtgeschirr gefahren werden.

➤ **Spielwaage (lose Anspannung)**

- Diese Art der Anspannung sieht man hauptsächlich an landwirtschaftlichen Wagen und Geräten, da Bodenunebenheiten gut ausgeglichen werden und beide Pferde stets gleichmäßig ziehen. Heute ist auch eine Kombination aus Spreng- und Spielwaagen oft am Marathonwagen zu sehen.

➤ Diese Anspannungsart kann mit Kumt- oder Brustblattgeschirr gefahren werden.

➤ In den Wendungen drückt das äußere Pferd die Deichsel mit der Schulter in die neue Fahrtrichtung. Ein so genaues Fahren wie mit Sprengwaage oder Dockenanspannung ist nicht möglich. Um das sogenannte „Geigen" zu verhindern, werden sehr zugfreudige Pferde benötigt.

- Mit den Leinen ist nur ein Gebäudeausgleich möglich. Ein Arbeitsausgleich ist durch die bewegliche Spielwaage zu jeder Zeit gegeben.

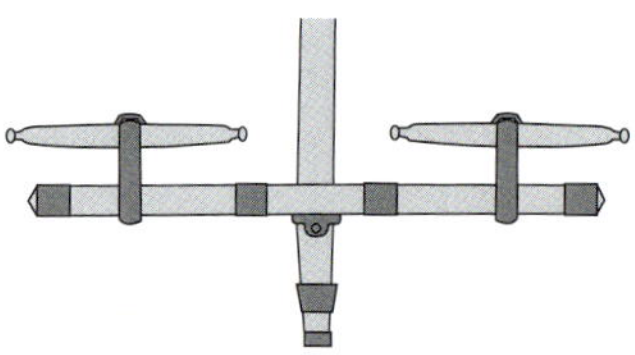

Sprengwaage: Die beweglichen Ortscheite sind mit der festen Bracke verbunden.

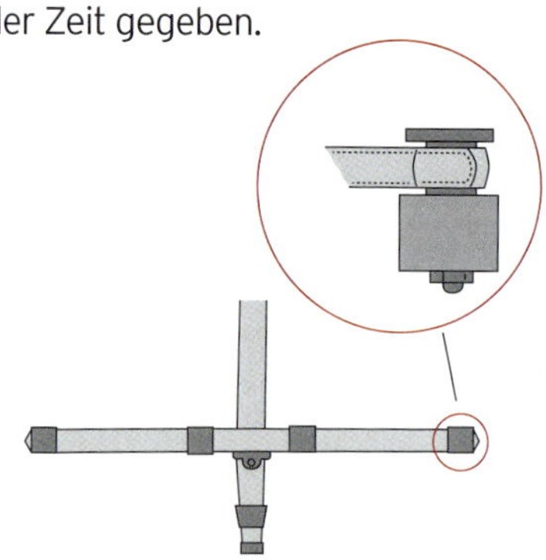

Dockenanspannung: Diese Anspannung erfolgt ohne bewegliche Ortscheite. Die Stränge werden über die Docken an der festen Bracke gestreift.

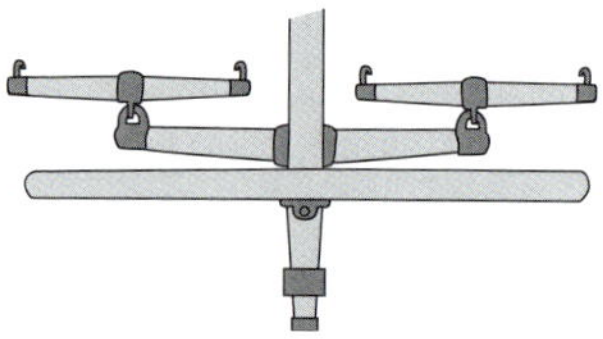

Spielwaage: Die Ortscheite sowie die Wagenbalken sind beweglich.

8.4.3 Das Ausspannen

Das Ausspannen der Pferde, gleich ob im Ein- oder Zweispänner, erfolgt in umgekehrter Reihenfolge wie das Anspannen. Bei allen Handhabungen am Gespann steht als erstes Gebot immer die Sicherheit. Vor dem Absteigen ist die Feststellbremse zu betätigen. Die Peitsche wird in den Köcher gesteckt. Ein Helfer/Beifahrer steht vor dem Gespann.

Einspänner

Der Fahrer steigt vorsichtig vom Bock und verwahrt die Leine im Leinenschlüssel des Sellets. Danach löst er den Schlagriemen links vom Scherbaum. Der Gabelriemen des Hintergeschirrs links wird geöffnet und von hinten nach vorn in den Schlaufen des Gabelriemens verwahrt. Dann wird der linke Strang vom Ortscheit gezogen und unter den Schweifriemen gelegt. Danach geht der Fahrer auf die rechte Seite und löst, wie auf der linken Seite, Schlagriemen, Gabelriemen und Strang. Danach schnallt er den Gabelträgerriemen vom Stoppriemen und zieht ihn nach oben aus der Tragöse. Das Gleiche wiederholt er auf der linken Seite. Somit ist die Schere gelöst und er kann sie vorsichtig nach oben wegklappen.

Zweispänner

- Die Stränge werden beim linken Pferd gelöst (zuerst Innen-, dann Außenstrang unter den Schweifriemen legen).
- Die Handstücke werden auseinandergeschnallt, das linke Handstück wird im Leinenschlüssel am linken Kammdeckel verwahrt.
- Die Leine wird zum rechten Pferd hinübergezogen und im Leinenschlüssel verwahrt.
- Die Stränge des rechten Pferdes werden gelöst (zuerst Innen-, dann Außenstrang unter den Schweifriemen legen).
- Die Aufhalter werden gelöst und über die Deichsel gelegt oder von hinten nach vorn in den Schlaufen verwahrt.
- Die Innenleinen werden vom Gebiss gelöst und beim betreffenden Pferd am Kehlriemen durch Einstecken in die Schlaufe von hinten nach vorn befestigt.
- Das Wegführen der Pferde erfolgt schräg nach vorn.

8.4.4 Das Abschirren

Das Abschirren der Pferde nach dem Ausspannen erfolgt in umgekehrter Reihenfolge zum Aufschirren:

- Lösen der Gebissschnallen am Gebiss
- Abnehmen des Fahrzaums, Öffnen der Schnallen in der Reihenfolge: Kinnkette, dann Nasenriemen und Kehlriemen, anschließend Anlegen des Halfters
- Anbinden des Pferdes, um weitere Handgriffe ungestört durchführen zu können
- Lösen der Leinen und Herausziehen aus den Leinenführungsringen
- Aufrollen der Stränge
- Lösen der Bauchgurte
- Abnehmen des Schweifriemens
- Abnehmen des Sellets oder des Kammdeckels und über den linken Unterarm legen
- Abnehmen des Brustblattes oder des Kumts: Dazu wird das Pferd von seiner Anbindung gelöst, das Kumt wird an der schmalsten Stelle

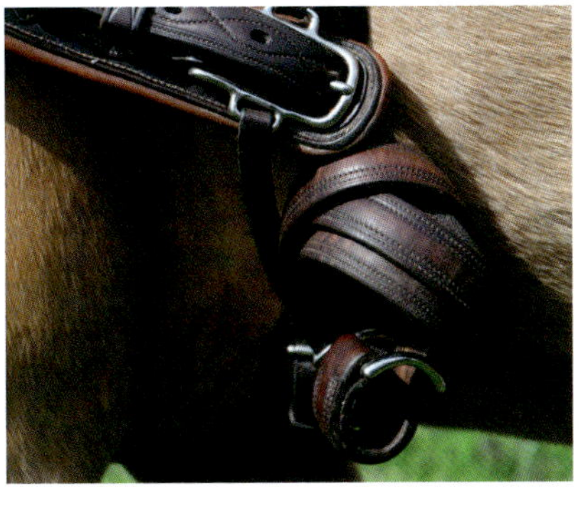

Aufgerollter Strang

des Halses gedreht und seitlich mit beiden Händen erfasst, um es dann vorsichtig über den Kopf zu streifen.

8.4.5 Pflege des Pferdes nach dem Fahren

Die Pflege des Pferdes nach dem Fahren ist ebenso wichtig wie das Putzen vor dem Fahren. Das Pferd sollte möglichst trocken und zufrieden zurück in den Stall beziehungsweise auf den Paddock oder auf die Weide gebracht werden.

Das Pferd hat vor allem dann ein Fellpflegebedürfnis, wenn es geschwitzt hat. Deshalb sollte man ihm Gelegenheit geben, sich zu wälzen. Dies dient auch dem allgemeinen Wohlbefinden und der mentalen Entspannung des Pferdes. Danach wird es ausgiebig geputzt oder zumindest mit einer Wurzelbürste abgebürstet.

Je nach Witterung kann es bei einem geschorenen Pferd erforderlich sein, dass es noch zusätzlich mit einer Abschwitzdecke eine Weile Schritt geht. Die Decke transportiert den Schweiß des Pferdes nach außen. Bei Bedarf werden danach noch feuchte Stellen mit Stroh trockengerieben. Abschließend wird das Pferd übergebürstet und die Schweißstellen am Kopf und an den Auflagestellen des Geschirrs werden noch mit einem Schwamm oder einem Handtuch gereinigt.

Ein Abspritzen der Beine oder bei wärmeren Temperaturen auch weiterer Körperteile befreit das Pferd vom Schweiß und sorgt für Abkühlung.

> Nach jedem Fahren werden sowohl der Körper des Pferdes als auch die Gliedmaßen auf Verletzungen und die Hufe auf Steine oder sonstige Fremdkörper kontrolliert.

8.5 Stilarten

Die verschiedenen Stilarten haben sich im Laufe der Zeit aus der Praxis heraus gebildet, angepasst an die jeweiligen Gegebenheiten. Als Beispiel seien an dieser Stelle der englische, ungarische, russische und der amerikanische Stil genannt. Ein korrekter Stil baut sich immer auf dem Praktischen auf; in seiner Außendarstellung ist er einheitlich und die Anspannung sollte immer korrekt sein.

> Im heutigen Sport sind zwei Stilarten von Bedeutung, und zwar der „Englische Stil" und der „Ungarische Stil".

Zum **„Englischen Stil"** gehören schwerere Pferde, lackierte Wagen, das Kumtgeschirr, die Achenbachleine sowie Liverpool-, Ellbogen-, Tillbury- oder Buxton-Kandare. Fährt der Besitzer sein Gespann, trägt er einen grauen Anzug und grauen Zylinder. Auch die Anspannung mit Aufhalteketten steht dem Besitzer des Gespanns zu. Ist der Fahrer nicht Besitzer des Gespanns, trägt er Kutscherlivrée oder Anzug mit schwarzem Zylinder; angespannt wird mit Aufhalteriemen. Die Beifahrer tragen Livrée mit Stulpenstiefeln und Zylinder. Gefahren wird mit der Bogenpeitsche.

Beim **„Ungarischen Stil"** hat man leichtere Pferde als bei der englischen Anspannung. Dazu gehören Naturholzwagen, Brustblattgeschirr, Schalanken, runde Stränge, Wiener Leine, Doppelringtrense oder Postkandare. Der Fahrer trägt Landestracht oder Anzug und Filzhut. Die Beifahrer tragen Tracht oder Reitkleidung. Gefahren wird mit der Stockpeitsche.

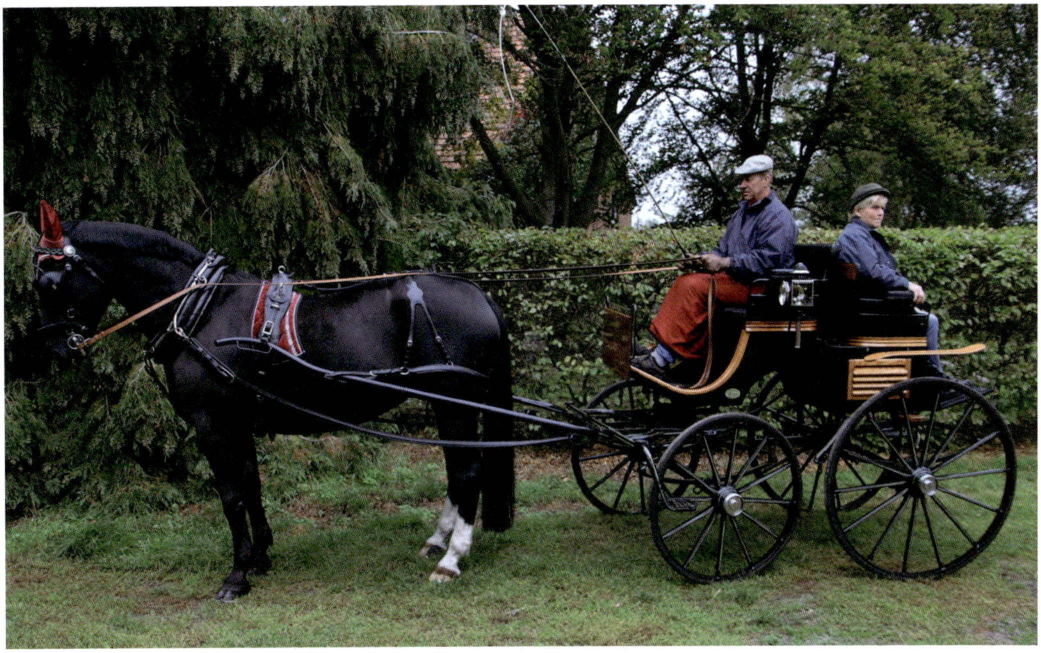

Je nach Einsatzzweck des Gespanns gibt es verschiedene Ausführungen einer Stilart:

- **Land-Anspannung:** robust und zweckmäßig
- **Stadt-Anspannung:** elegant und fein
- **Halb-Galaanspannung:** repräsentativ und luxuriös
- **Gala-Anspannung:** prunkvoll und beeindruckend

Eine korrekte Land-Anspannung ist, wenn sie dem Einsatzzweck entspricht, bei einer Bewertung des Stils nicht schlechter einzustufen als eine Gala-Anspannung

8.6 Wagen

Wagentypen, Sicherheitsplakette und FN-Wagenpass

Die heute gebräuchlichen Wagen lassen sich in folgende Typen einteilen: Phaeton, Dogcart, Gig, Jagdwagen, Break, Wagonette und moderne Sportwagen (Geländewagen). Eine Vielzahl von anderen Wagen haben andere Bezeichnungen, auch Phantasiebezeichnungen, gehen aber im Grunde immer auf die oben genannten Wagentypen zurück. Fotos und Abbildungen der verschiedenen Wagentypen siehe Umschlagklappe hinten. Wesentliche Kriterien für einen Wagen sind:

- Stabilität
- Gewicht
- Lenkbarkeit
- Rollfähigkeit
- Sicherheit

Ob eine Kutsche den Vorschriften entspricht, kann eine freiwillige Prüfung beim TÜV oder der DEKRA sicherstellen. Ein Fahrzeug, das den Richtlinien entspricht und von einem anerkannten Sachverständigen überprüft wurde, erhält einen FN-Wagenpass und eine Plakette. Die Überprüfung sollte regelmäßig wiederholt werden: im gewerblichen Personenverkehr einmal jährlich, im privaten Bereich alle 3 Jahre.

> Weitreichende Anforderungen werden in den „Richtlinien für den Bau und Betrieb pferdebespannter Fahrzeuge", herausgegeben von der FN zusammen mit dem TÜV und der DEKRA, definiert. Die Richtlinien dienen als Leitfaden zur Beurteilung der Verkehrssicherheit von Pferdegespannen und zur Erteilung der Prüfplakette.

Moderne Sportwagen

Darüber hinaus muss der Wagen dem Nutzungszweck entsprechen und zur Anspannung passen. Der Phaeton wäre zum Beispiel ein Wagen für Zwei- und Vierspänner, der Dogcart für den Einspänner und der Break der typische Wagen für den Mehrspänner. Gute Wagen werden von einigen Fachfirmen auf Bestellung angefertigt. Leider sind auch wenig brauchbare Wagen im Handel.

Auf Turnieren sind in den verschiedenen Klassen der unterschiedlichen Disziplinen das Gewicht und die Spurbreiten vorgeschrieben. Im Einzelnen sind diese Vorgaben in der Leistungs-Prüfungs-Ordnung (LPO) und im internationalen Reglement der FEI aufgeführt. Wagen für den Sport sollten Metallräder haben, da Holzräder den Belastungen im heutigen Turniersport nicht so gut gewachsen sind. Grundkenntnisse über den Wagenbau und die Beschaffenheit von Einzelteilen sind für den Fahrer sehr wichtig.

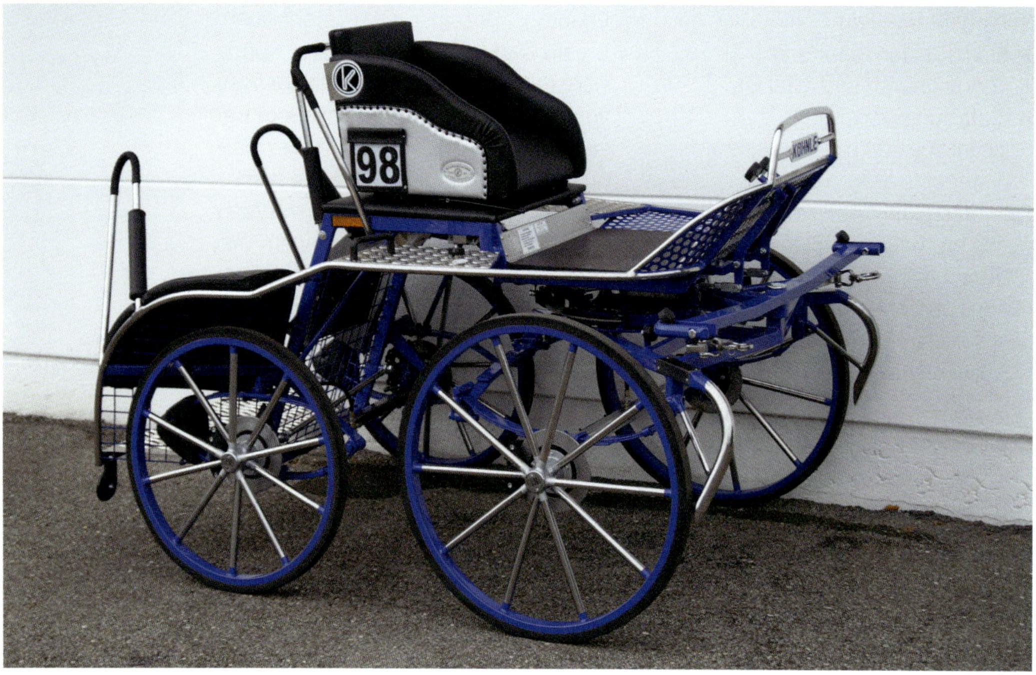

Marathonwagen

Typischer zweiachsiger Wagen, der für Geländeprüfungen im Turniersport eingesetzt wird. Der Wagen verfügt über einen Sitz vorn für den Fahrer, hinten über Stehmöglichkeiten für den/die Beifahrer zum Ausbalancieren des Wagens im Gelände.

Dressurwagen

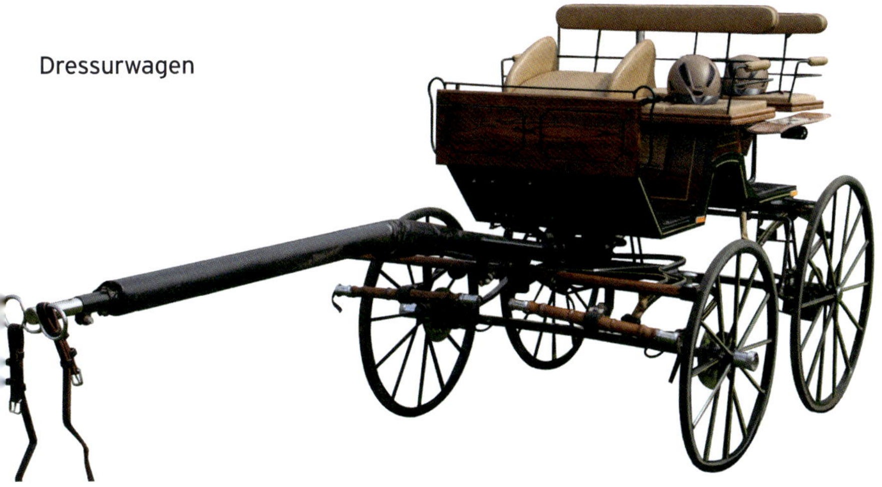

Die modernen, leichten Dressurwagen gehen auf die klassischen historischen Wagentypen zurück. Sie sind heute oft mit verschiedenen technischen Varianten, wie zum Beispiel Drehkranzbremse und Lenkverzögerung, ausgestattet.

Ausrüstungsvorschriften für Sport und Freizeit

Fahrzeuge müssen so gebaut und ausgerüstet sein, dass ihr verkehrsüblicher Betrieb niemanden schädigt oder mehr als unvermeidbar gefährdet, behindert oder belästigt, die Insassen insbesondere bei Unfällen vor Verletzungen möglichst geschützt sind und das Ausmaß und die Folgen von Verletzungen möglichst gering bleiben (§ 30 StVZO).

- Fahrzeuge müssen straßenschonend hergestellt und erhalten werden. Für Betriebs- und Verkehrssicherheit wichtige Teile, die leicht abgenutzt oder beschädigt werden können, müssen einfach zu überprüfen und leicht auswechselbar sein.
- Für Fahrzeuge und Mitfahrer müssen sichere Sitze mit Seiten- und Rückenlehne vorhanden sein.
- Die Beschaffenheit des Fahrzeugs muss ein sicheres Auf- und Absteigen ermöglichen (§ 35 d StVZO). Die Radnabe ist aus Sicherheitsgründen als Aufstieg nicht erlaubt. Es muss ein Auftritt (nicht höher als 40 cm) vorhanden sein.
- Das Fahrzeug muss leicht zu lenken sein (§ 64 (2) StVZO).
- Es muss eine ausreichende Bremse vorhanden sein, die während der Fahrt leicht zu bedienen ist und ihre Wirkung erreicht, ohne die Fahrbahn zu beschädigen. Ausreichend ist eine Bremse, wenn sie eine fest am Wagen angebrachte Einrichtung ist, die die Geschwindigkeit verringern und das Fahrzeug feststellen vermag (§ 65 (2) StVZO).
- Bei Dunkelheit, während der Dämmerung oder wenn die Sichtverhältnisse es erfordern, muss nach vorn mindestens eine Leuchte mit weißem, nach hinten mindestens eine Leuchte mit rotem Licht mitgeführt werden. Diese dürfen nicht höher als 150 cm von der Fahrbahn und nicht weiter als 40 cm von der äußersten Breite des Fahrzeugs entfernt sein (Ortscheite beachten!). Sie dürfen nicht blenden. Sind sie paarweise angebracht, müssen in ihrer Wirkung gleich und auf gleicher Höhe angebracht sein (§ 66 a StVZO).
- Es müssen nach hinten zwei rote runde Rückstrahler angebracht sein, die nicht höher als 90 cm und nicht weiter als 40 cm von der äußersten Fahrzeugbreite entfernt sein dürfen.

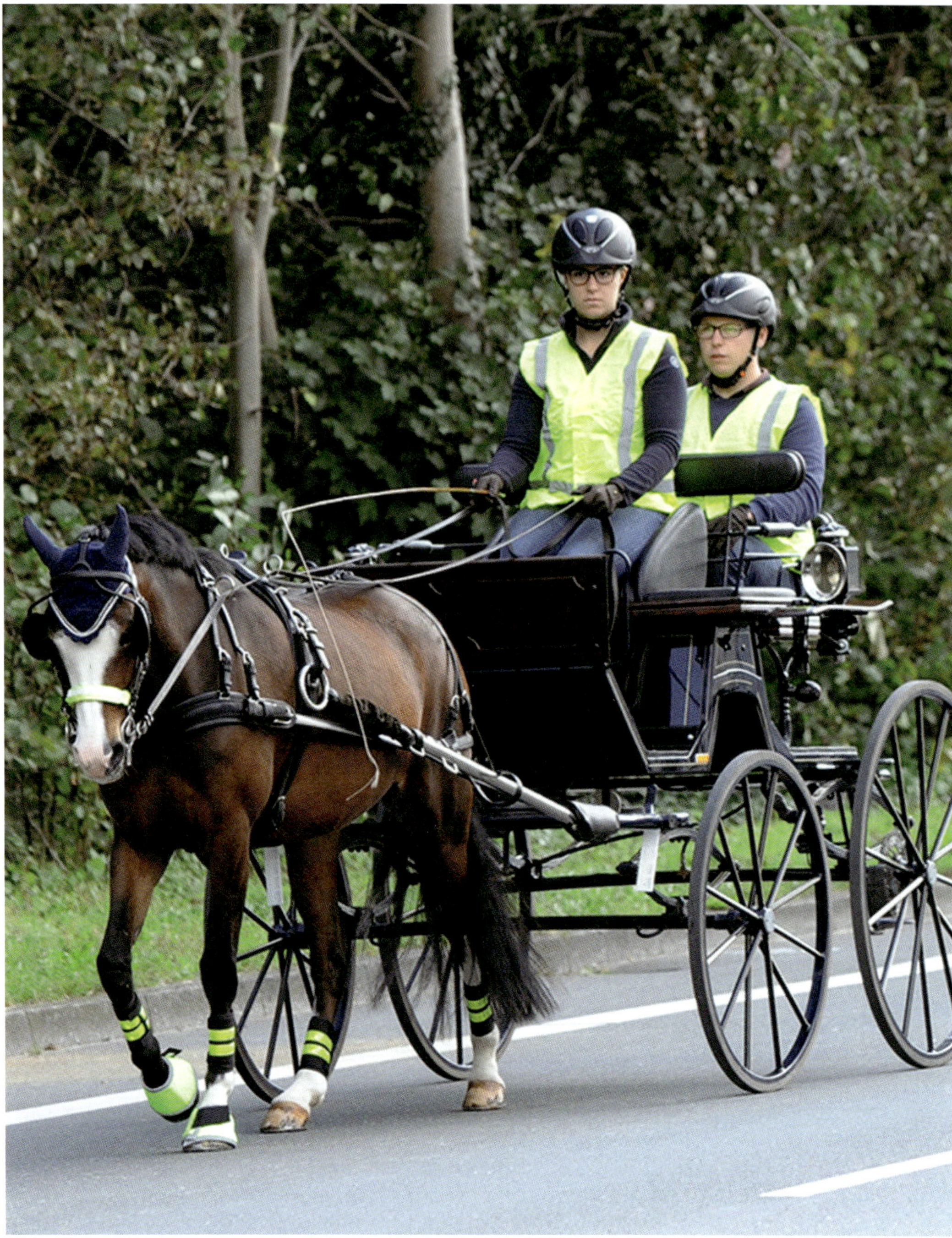

- Es sind zwei gelbe Seitenstrahler erforderlich, die nicht höher als 60 cm angebracht sein dürfen. Diese dürfen nicht dreieckig sein (§ 66 (4) StVZO).
- Es ist empfehlenswert, nach vorn einen weißen Strahler an der Deichsel und an jeder Fahrzeugseite anzubringen.

Kurzbiografie des Benno von Achenbach

Benno von Achenbach wurde am 24. Juli 1861 in Düsseldorf geboren. Damals ahnte noch niemand, dass er einst die deutsche Fahrkunst revolutionieren und diese für immer fest mit Begriffen wie Eleganz und Tierschutz im Pferdesport verbunden sein würde.
Schon in seiner Kindheit liebte er den Kontakt zu Pferden und sammelte erste praktische Erfahrungen. Von seinem Vater, einem berühmten Landschaftsmaler, erbte er sein Zeichentalent, das ihm später beim Illustrieren seiner zahlreichen Lehrmittel äußerst hilfreich war. Während der zahlreichen Reisen mit seinen Eltern kam er von klein auf häufig mit Kutschen in Kontakt und seine Leidenschaft für das Fahren machte sich bemerkbar. Bereits als Achtjähriger saß er oft neben dem Kutscher auf dem Bock, um wenigstens im Schritt die Leinen halten zu dürfen. Außerdem verabscheute er Pferdequälerei und die Misshandlung von allen Tieren.
Achenbach besuchte das Gymnasium in Düsseldorf. In seiner Freizeit widmete er sich der Vertiefung seiner Kenntnisse über den Pferdesport. Er durfte die Gespanne eines Adeligen fahren und nebenbei las er die gesamte deutsche Literatur zum Thema Fahren. Vieles zur Leinenführung seines später entwickelten Fahrsystems entnahm er dem englischen „Book of the Horse", das ihn sehr beeindruckte.
Als Zwanzigjähriger erlebte er das Aufblühen der Coach- und Tandemfahrerei am Rhein, was ihn zum Malen zahlreicher Pferdesportbilder inspirierte. Seine erste goldene Medaille erhielt er 1892 für stilvolles Fahren. Sie wurde ihm von Graf Bismarck in Baden-Baden überreicht. In den Neunzigern des 19. Jahrhunderts ging er dreimal zum englischen Fahrlehrer Edwin Howlett nach Paris, den er als seinen Lehrmeister bezeichnete.
Im Jahre 1906 wurde er von Kaiser Wilhelm II. zum Trainer in den königlichen Marstall berufen, wo er die Geschirre nach fachmännischen und künstlerischen Gesichtspunkten modernisierte. Während dieser Zeit war Achenbach auch dreimal bei den Olympischen Spielen zu Gast. 1899 verfasste er seine Stilanspannungsgrundsätze, die vom Reichsverband in die Turnierordnung aufgenommen wurden. Achenbachs Wissen um Pferde wird als unerschöpflich beschrieben. Er war ein großer Ästhet und stets um Stil und Eleganz auch in der Reiterei bemüht. Er stellte hohe Anforderungen an Durchlässigkeit, Gehorsam, fließenden Ablauf der Bewegungen und Versammlung, jedoch war es sein großes Ziel, in Einklang mit seinen Pferden arbeiten zu können.
Sein Fahrsystem beruht auf den Grundsätzen von Zweckmäßigkeit, Sicherheit und Pferdeschonung und ist tausendfach bewährt.

Achenbach starb am 15. Oktober 1936 in Berlin im Alter von 75 Jahren.

8.7 Das Achenbach-Fahrsystem

Auch heute noch ist Benno von Achenbach allen Fahrern ein Begriff. Das Achenbach'sche Fahrsystem wird an allen Fahrschulen gelehrt und praktiziert. Auch auf Turnieren wird nach Achenbach gefahren, es gibt kein ausgeklügelteres, auf Zweckmäßigkeit, Sicherheit und Schonung der Pferde bedachteres Fahrsystem als das von Benno von Achenbach.

Die sieben Grundsätze des Achenbach-Fahrsystems

Benno von Achenbach hinterließ ein praktisches, ausgeklügeltes und auf Ästhetik bedachtes Fahrsystem, das auf sieben elementaren Grundsätzen beruht:

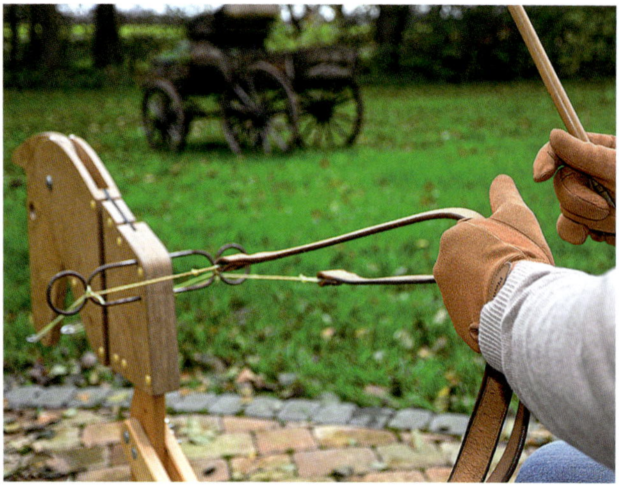

Neuartiges Fahrlehrgerät mit beweglichem Pferdekopf

1. Zum korrekten Fahren gehören die richtige Achenbachleine, Peitsche und feste Bracke.
2. Auf korrektem Ein- und Zweispännig-Fahren ist Mehrspännig-Fahren aufgebaut. Ein Umlernen ist nicht nötig.
3. Die rechte Hand ist in jedem Augenblick frei zum Grüßen, Bremsen, Peitschengebrauch und Geben von Fahrtrichtungszeichen.
4. Die senkrechte Stellung beider Fäuste ermöglicht Wendungen lediglich durch Drehen der Handgelenke.
5. Alle Wendungen werden nur durch Nachgeben mit der äußeren Leine eingeleitet. Den Wendungen geht ein Verkürzen des Tempos voraus.
6. Rechts- und Linkswendungen sind grundsätzlich verschieden voneinander und werden deshalb auch verschieden gefahren.
7. Das Gleitenlassen einer oder mehrerer Leinen macht das korrekte Fahren unmöglich und ist im Straßenverkehr gefährlich und deshalb verboten.

8.8 Die Grundausbildung des Fahrers

Das Ziel der Grundausbildung ist die Vermittlung von theoretischen und praktischen Grundkenntnissen. Diese Grundkenntnisse tragen dazu bei ein Gespann sicher sowohl auf dem Platz als auf der Straße führen zu können.

Die Ausbildung des Fahrers findet möglichst praxisnah im Stall, in der Sattelkammer oder am Gespann selbst statt. Theoretische Inhalte und Übungen am Fahrlehrgerät können in einem separaten Raum unterrichtet werden.

Das Fahrlehrgerät ist ein unverzichtbares Hilfsmittel beim Erlernen des Fahrens. Einerseits können mehrere Schüler gleichzeitig unterrichtet werden andererseits kann der Anfänger Leinenhaltung und -führung erlernen ohne das empfindliche Pferdemaul zu stören. Die verschiedenen Griffe und die korrekte Haltung können so lange geübt werden, bis sie möglichst automatisiert sind.

Erst wenn die wichtigsten Grundlagen gelegt sind, kann der praktische Unterricht mit einem routinierten Gespann auf einem möglichst großen Fahrübungsplatz beginnen. Bei sicherer Beherrschung des Gespanns auf dem Fahrübungsplatz beginnt die Ausbildung im Straßenverkehr.

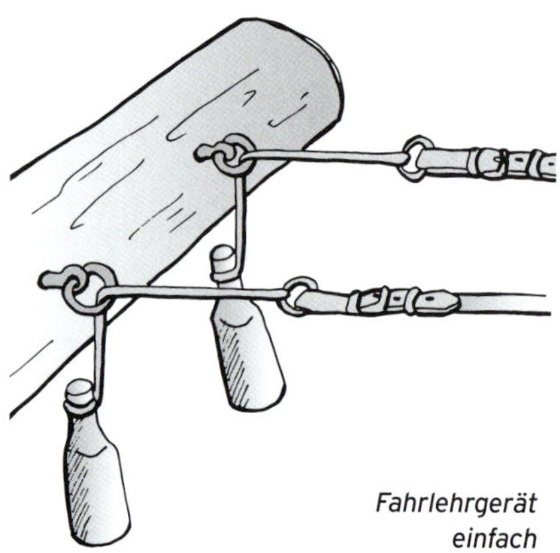

Fahrlehrgerät einfach

8.8.1 Leinen aufnehmen und Auf- beziehungsweise Absteigen

Aus Sicherheitsgründen ist es für den Fahrer wichtig, auch beim Auf- und Absteigen immer möglichst Kontakt zu den Pferdemäulern zu halten, damit er auch in unvorhersehbaren Momenten das Gespann kontrollieren kann. Dafür benötigt er auf dem Weg zum Bock und zurück immer das richtige Leinenmaß.

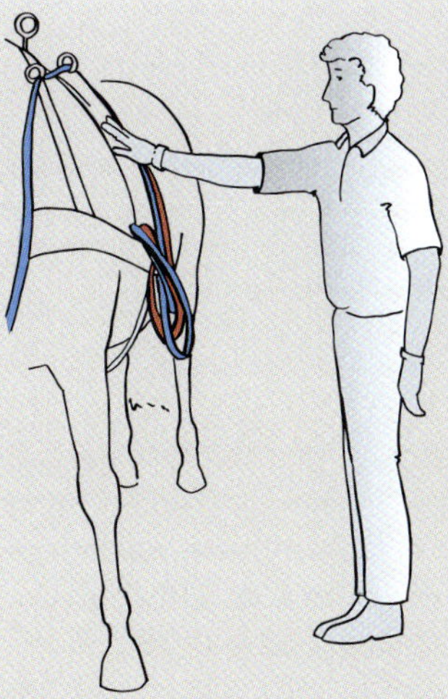

Grundstellung

Nachdem der Fahrer die korrekte Aufschirrung und Anspannung noch einmal überprüft hat, stellt er sich auf der linken Seite des Gespanns in Höhe des Kammdeckels circa eine Armlänge entfernt auf.

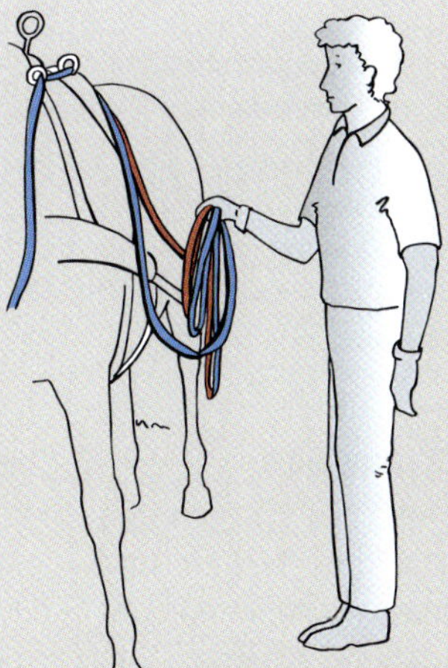

Herausnehmen der Leinen aus der Oberblattstrippe und das Ordnen

Dann nimmt er mit der rechten Hand die Leinen aus der Verwahrung und legt sie sich geordnet von innen nach außen über den linken Unterarm, die rechte Leine Richtung Ellenbogen, die linke Richtung Handgelenk.

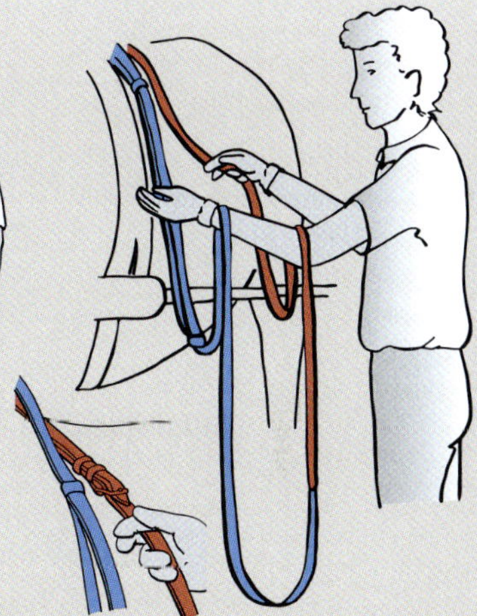

Kontaktaufnahme zum Pferdemaul

Die rechte Hand ergreift die rechte Leine zwischen Zeige- und Mittelfinger (V-Griff) direkt hinter der Kreuzschalle und nimmt Fühlung (Kontakt) zum Pferdemaul auf. Beifahrer sagt: „Fühlung vorhanden."

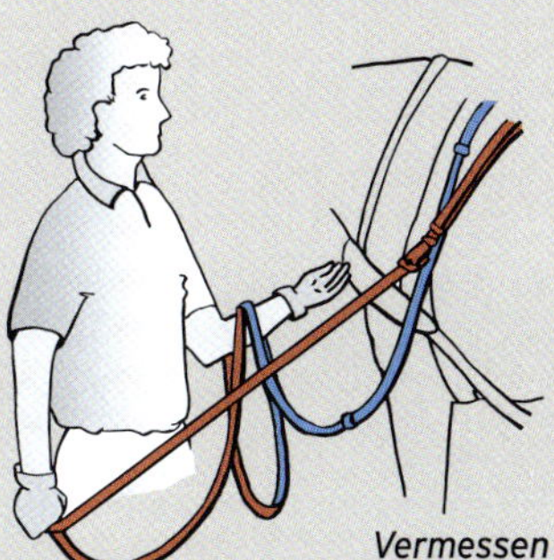

Vermessen der Leine

Dann gleitet er mit der Hand auf der Leine nach unten, bis der Arm senkrecht neben dem rechten Bein angekommen ist. Dieses Grundmaß hält er fest.

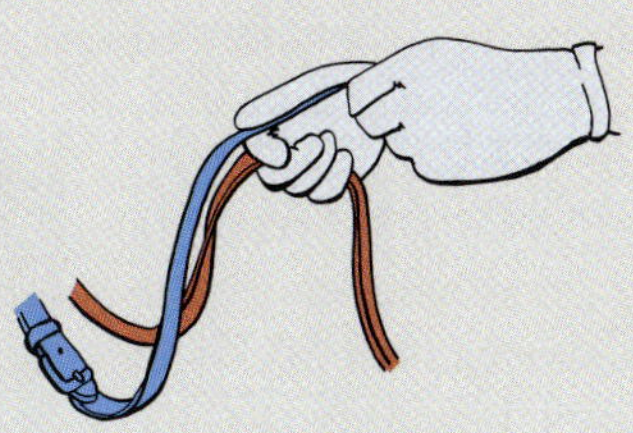

Übergabe der linken Leine

Nun übergibt die linke Hand die linke Leine hinter der Kreuzschnalle der rechten zwischen Daumen und Zeigefinger.

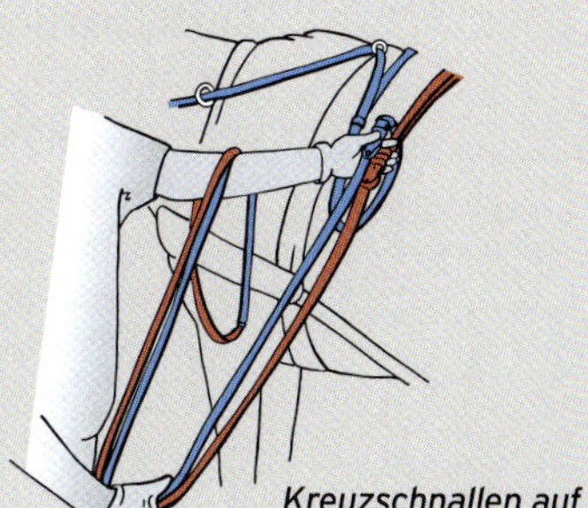

Kreuzschnallen auf gleicher Höhe, dann linke Leine um 5 cm verlängern

Die linke Hand zieht dann die linke Leine so weit nach vorn heraus, bis sich die Kreuzschnalle der linken Leine 5 cm über dem jeweiligen Normalloch der rechten Leine befindet.

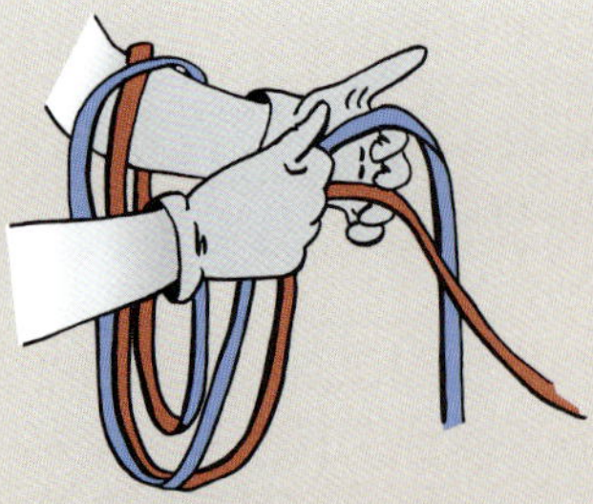

Übergabe der Leinen in die Grundhaltung

Nun übergibt die rechte Hand die abgemessenen Leinen der linken Hand in Grundhaltung.

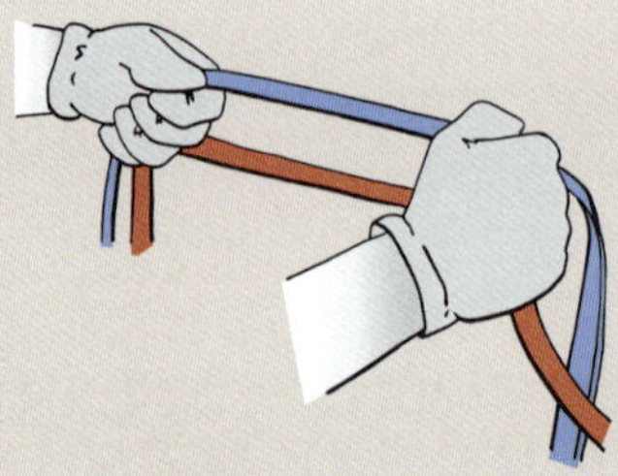

Verlängern der Leinen um das benötigte Stück

Der Fahrer sieht sich jetzt den Abstand zwischen Pferden und Bock an, geht in Gebrauchshaltung und verlängert die Leinen je nach Bedarf.

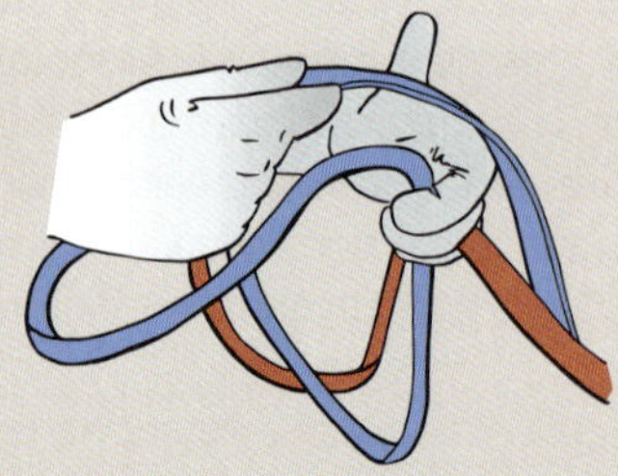

Sicherheitsschleife

Danach legt der Fahrer mit der linken Leine eine Sicherheitsschleife (Ausgleichsschleife) unter den Daumen der linken Hand.

Aufsteigen auf den Wagen

Der Fahrer geht jetzt mit Blick zu den Pferden seitwärts zum Wagen und steigt auf. Die Sicherheitsschleife lässt er beim Hinübergehen zum Fahrersitz herausgleiten. Er setzt sich sofort hin, nimmt das Leinenende mit der rechten Hand vom linken Unterarm, öffnet geräuschlos die Bremse, nimmt die Peitsche in die Hand, stellt die Pferde ans Gebiss und ist bereit zum Abfahren. Der Beifahrer geht auf die rechte Seite des Gespanns zum Aufsteigen.

Absteigen vom Wagen

Das Absteigen geschieht in umgekehrter Reihenfolge wie das Aufsteigen (Peitsche in den Köcher, Handbremse schließen, Verkürzen des Leinenmaßes, Leinenende geordnet von innen nach außen über den linken Unterarm, Aufstehen und Sicherheitsschleife legen). Es wird rückwärts mit Blickrichtung zu den Pferden abgestiegen.

8.8.2 Der Sitz des Fahrers

Der Sitz des Fahrers auf dem Bock hat einen nicht zu vernachlässigen Einfluss auf das Pferd. Ein aufrechter, entspannter Sitz mit locker herabhängenden Oberarmen, leicht angewinkelten Unterarmen und aufrecht gestellten, leicht nach innen gedrehten Handgelenken ermöglicht eine weich-federnde Verbindung zum Pferdemaul und eine feinfühlige Einwirkung.
Dabei beeinflusst die Blickrichtung des Fahrers seine Leinenführung und wirkt sich auf die Bewegungsrichtung des Pferdes aus. Die Beine sind leicht angewinkelt, sodass der Fahrer sich im Bedarfsfall gut ausbalancieren kann.

Bei neueren Wagentypen kann der Fahrer durch Verstellen des Sitzes seine optimale Sitzposition einstellen.

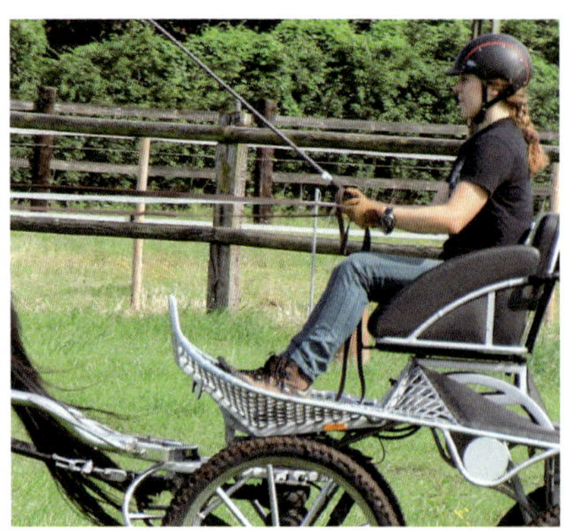

8.8.3 Die Leinenhaltung beim Ein- und Zweispänner

Nach Achenbach gibt es drei verschiedene Möglichkeiten, die Leinen in der Hand/ den Händen zu halten:

- die Grundhaltung
- die Gebrauchshaltung
- die Arbeits- oder Dressurhaltung

Bei allen drei Möglichkeiten stehen die Fäuste senkrecht und besonders die unteren Finger sind fest geschlossen, damit ein Durchrutschen der Leinen verhindert wird. Die Peitsche zeigt immer nach links und vorwärts-aufwärts (ca. 11 Uhr).

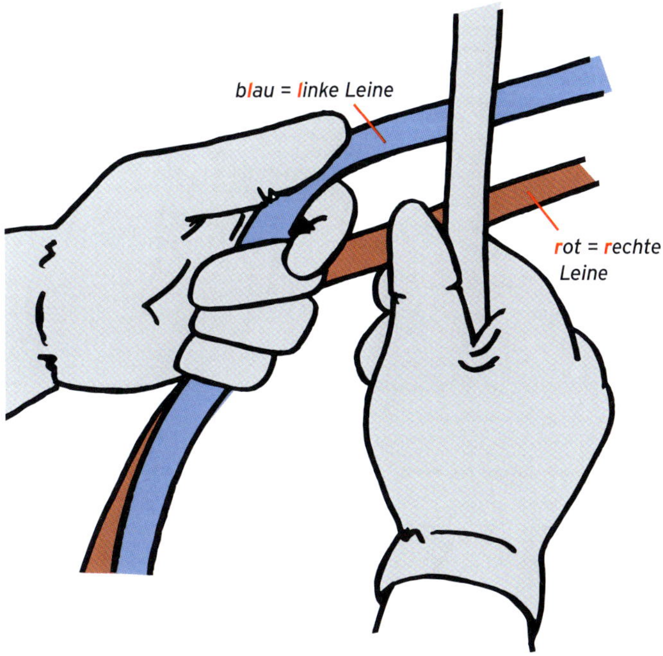

Die Grundhaltung

Die Grundhaltung

Beide Leinen liegen glatt ausgedreht mit den Haarseiten nach oben in der linken Hand, die rechte Leine zwischen Mittel- und Ringfinger, die linke Leine über dem Zeigefinger.

Die drei unteren Finger (Mittel-, Ring- und kleiner Finger) umschließen fest die beiden Leinen. Daumen und Zeigefinger sind leicht geöffnet, um die Peitsche zu übernehmen, wenn die rechte Hand frei sein muss (Verkehrszeichen, Bremsen, Grüßen).

Die linke Hand steht senkrecht etwa eine Handbreit vor der Körpermitte, sodass der Fahrer gleichermaßen annehmen wie nachgeben kann. Ober- und Unterarm bilden nicht ganz einen rechten Winkel, der Ellenbogen liegt zwanglos am Körper an. Die rechte Hand hat die Peitsche erfasst und steht neben der linken Hand in gleicher Höhe. Das Griffende der Peitsche ragt etwa 10 cm nach unten aus der Hand heraus, die Peitschenspitze zeigt nach links, vorwärts-aufwärts. Der Fahrer sitzt aufrecht mit Blickrichtung geradeaus auf dem Bock.

Die Grundhaltung ist die Ausgangshaltung für die Gebrauchshaltung. Sie ermöglicht das Fahren von Wendungen, dient zur Kontrolle des Leinenmaßes und zum Fahren, wenn die rechte Hand frei sein muss, zum Beispiel zum Geben von Richtungszeichen, zum Bremsen, Grüßen und zum Peitschengebrauch.

Die Gebrauchshaltung

Die linke Hand ist in Grundhaltung. Die rechte Hand geht auf die rechte Leine und umfasst sie mit den unteren drei Fingern. Daumen und Zeigefinger gehen über die linke Leine, wobei der Zeigefinger die Leine so umschließt, dass das erste Glied des Zeigefingers die Fleischseite der Leine berührt. Die rechte Hand gleitet nun auf den Leinen so weit zurück, bis sie unmittelbar vor der linken steht. Bei längeren Fahrten können sich die Finger der linken Hand etwas öffnen und leicht bewegen, um so einer Ermüdung vorzubeugen. In diesem Fall müssen die Finger der rechten Hand beide Leinen besonders sicher halten. Die linke Hand verlässt aber auch dann nicht ihren Platz zwischen den beiden Leinen.

Gebrauchshaltung

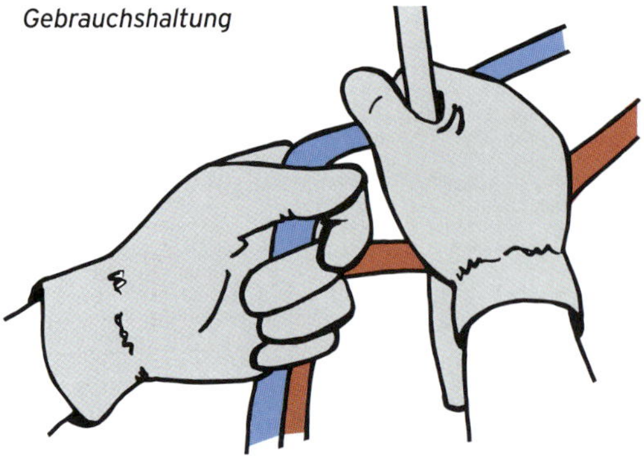

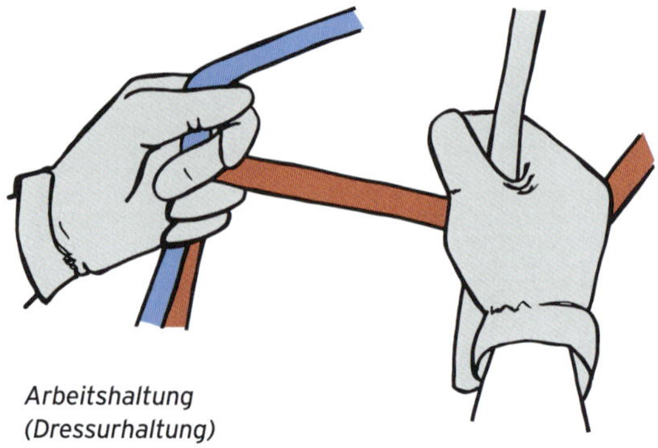

Arbeitshaltung (Dressurhaltung)

Die Gebrauchshaltung dient zur Entlastung der linken Hand beim Fahren sowie zur Entwicklung aller weiteren Griffe und der Arbeitshaltung/Dressurhaltung.

Die Arbeitshaltung

Die Arbeits- oder Dressurhaltung wird aus der Gebrauchshaltung entwickelt. Die rechte Hand löst den Zeigefinger von der linken Leine und zieht die rechte Leine mit den unteren drei Fingern (Mittel-, Ring- und kleiner Finger) unter gleichzeitiger Senkrechtstellung ein Stück aus der linken Hand nach rechts seitwärts heraus, ohne dass dabei die rechte Leine die linke Hand verlässt. Die linke Hand rückt etwas nach links, sodass beide Hände gleichmäßig rechts und links vor der Körpermitte stehen. Das herausgezogene Zwischenstück bleibt stets gespannt. Die Länge dieses Zwischenstücks richtet sich nach der Handgröße des Fahrers (es muss so lang sein, dass er seine Hände bequem ein- beziehungsweise ausdrehen kann) und dem Ausbildungsstand der Pferde.

Zum Zurückgehen in die Gebrauchshaltung öffnet die linke Hand die unteren drei Finger etwas und holt sich das Zwischenstück bei der rechten ab, die ihr dabei entgegenkommt. Bei einem großen Zwischenstück kann die rech-

Arbeitshaltung

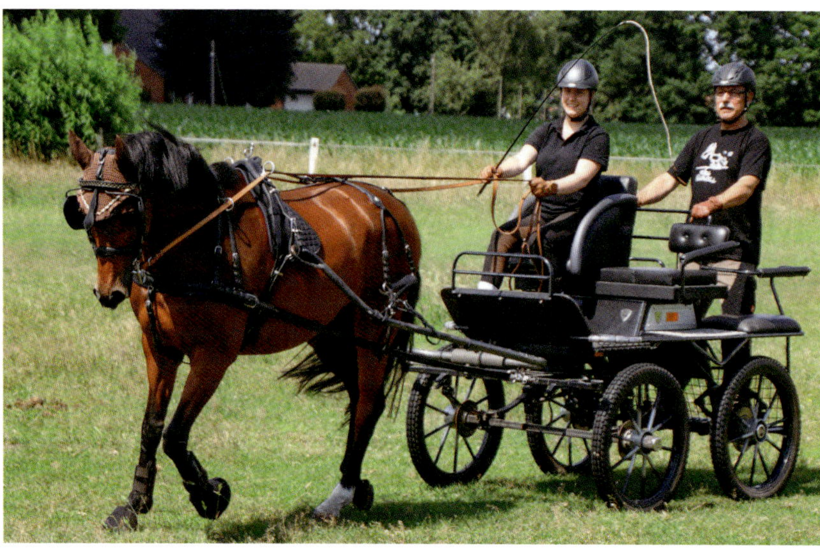

Verkürzen beider Leinen

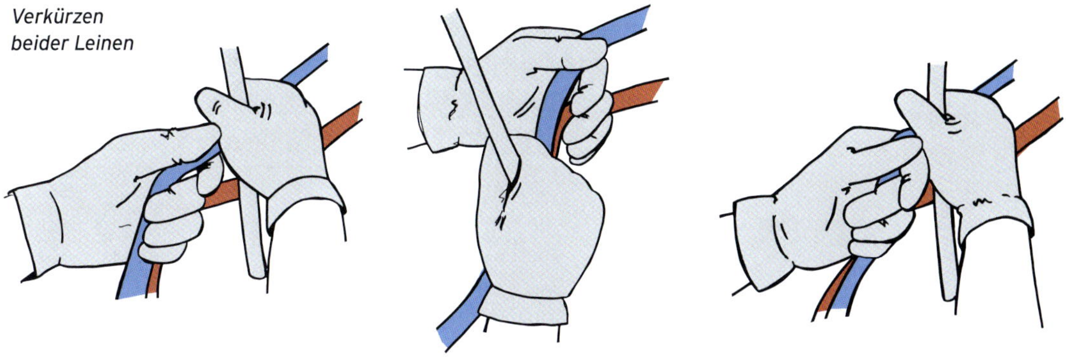

te Hand durch leichtes Anheben der rechten Leine diese wieder in die linke Hand zurückgleiten lassen. Der Zeigefinger der rechten Hand umschließt die linke Leine, und die Gebrauchshaltung ist wieder hergestellt.
In Arbeitshaltung wird gefahren, wenn die Pferde dressurmäßig „gearbeitet" werden, wenn sie schlecht geradeaus gehen, in schwierigem Gelände/Straßenverkehrs-Situationen sowie bei Dressurprüfungen, wenn dort keine andere Leinenhaltung gefordert wird (z.B. Leinenführung in einer Hand).

8.8.4 Verlängern und Verkürzen der Leinen

Während der Fahrt wird situationsbedingt das Leinenmaß durch verschiedene Griffe immer wieder verlängert oder verkürzt.

Verlängern beider Leinen

Aus der Gebrauchshaltung zieht der Fahrer beide Leinen mit der rechten Hand aus der linken Hand um das gewünschte Maß Richtung Pferdemaul heraus. Danach gleitet die rechte Hand wieder unmittelbar vor die linke.

Verkürzen beider Leinen

- **Zentimeterweises Verkürzen beider Leinen**
  Aus der Gebrauchshaltung gleitet die rechte Hand einige Zentimeter auf beiden Leinen vor und hält dort fest. Die linke Hand rutscht nach.
- **Um ein bestimmtes Maß (Hand vor Hand)**
  Gebrauchshaltung. Die rechte Hand hält beide Leinen fest. Die linke Hand lässt beide Leinen los und setzt sich unmittelbar vor die rechte Hand in Grundhaltung. Nun lässt die rechte Hand die Leinen los und setzt sich unmittelbar vor die linke Hand in Gebrauchshaltung.
  Dies ist die einzige Übung, bei der die linke Hand die Leinen verlässt. Vor einer engen Rechtswendung sowie vor einer Rechtsum-Kehrtwendung wird diese Art des verkürzen angewendet.
- **Verkürzen beider Leinen um ein größeres Stück**
  Die rechte Hand geht unmittelbar hinter die linke, umfasst zwischen Zeige- und Mittelfinger beide Lei-

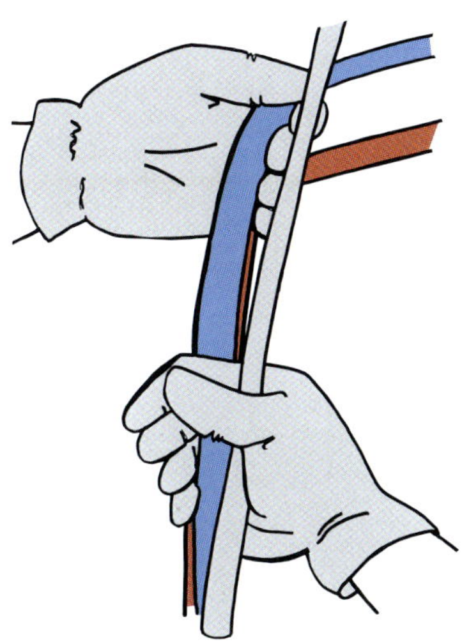

Verkürzen beider Leinen um ein größeres Stück

nen wie eine und hält sie mit den unteren drei Fingern fest. Die linke Hand geht nun auf beiden Leinen ein größeres Stück vor und hält fest. Die rechte Hand setzt sich wieder vor die linke in Gebrauchshaltung.

Dies ist die schnellste Art der Leinenverkürzung und wird gern zum Beispiel beim Bergabfahren oder als Vorbereitung zum Rückwärtsrichten angewandt.

- **Vorübergehendes Verkürzen**
  Aus der Gebrauchshaltung greift die rechte Hand auf beiden Leinen ein größeres Stück vor, hält dort fest und nimmt an. Die linke Hand macht, nach oben ausweichend, Platz. Diesen Griff nutzt man als halbe Parade, zum Beispiel beim Anhalten, Durchparieren, Wechsel von Gangart und Gangmaß. Nach Erfolg der Parade gehen beide Hände wieder an ihren alten Platz zurück.

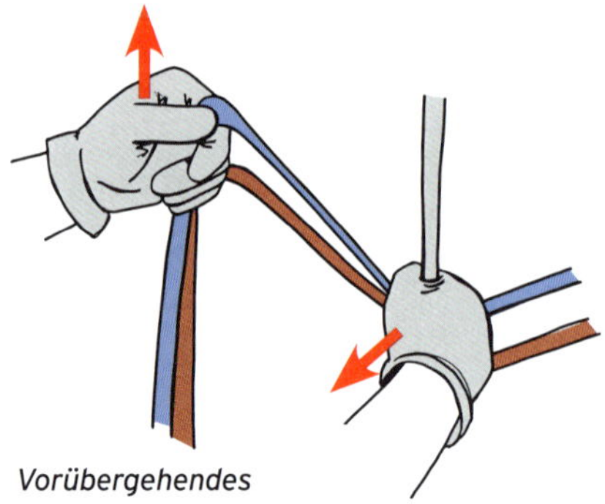

Vorübergehendes Verkürzen

Zentimeterweise Verlängern und Verkürzen einzelner Leinen („Filieren")	
Rechte Leine	**Linke Leine**
Verlängern der rechten Leine In Gebrauchshaltung umfasst die rechte Hand mit dem Zeigefinger (Drehpunkt) die linke Leine etwas fester. Die drei unteren Finger der rechten Hand ziehen die rechte Leine durch eine drehende Bewegung, bei welcher der Handrücken nach oben gedreht wird, zentimeterweise aus der linken Hand heraus. Dieser Griff wird, wenn erforderlich, einige Male wiederholt	**Verlängern** der linken Leine In der Gebrauchshaltung dreht sich die rechte Hand – mit den drei unteren Fingern die rechte Leine festhaltend – um den kleinen Finger als Drehpunkt nach vorwärts-abwärts und holt mit dem rechten Zeigefinger die linke Leine zentimeterweise aus der linken Hand heraus. Danach öffnet sich der Zeigefinger etwas und die rechte Hand stellt sich wieder senkrecht.
Verkürzen der rechten Leine Zum Verkürzen der rechten Leine schiebt der Fahrer in der umgekehrten Bewegung wie beim Verlängern durch Drehung nach vorwärts-abwärts die Leine in die sich leicht öffnende linke Hand, die der rechten entgegenkommt.	**Verkürzen** der linken Leine Hierbei schiebt die rechte Hand in der umgekehrten Bewegung wie beim Verlängern durch Drehung nach vorwärts-aufwärts die linke Leine in die linke Hand, die sich etwas öffnet und der rechten Hand entgegenkommt.

Das Verlängern und Verkürzen einzelner Leinen erfolgt zentimeterweise. Der jeweilige Griff wird so oft wiederholt, bis das gewünschte Maß erreicht ist. Es ist besonders zu beachten, dass die Peitschenschnur die Pferde nicht berührt.

Verlängern und Verkürzen der rechten Leine um ein größeres Stück
(Die linke Leine wird nur zentimeterweise verkürzt oder verlängert.)

- **Verlängern**
  In der Gebrauchshaltung lässt der rechte Zeigefinger die linke Leine los. Die rechte Hand zieht die Leine ein größeres Stück in Richtung Pferdemaul aus der linken heraus. Dieses Verlängern benötigt man zum Einleiten einer Linksum-Kehrtwendung und zum Beenden einer Rechtsum-Kehrtwendung.
  Verlängert wird langsam, um die Fühlung mit den Pferdemäulern nicht zu verlieren. Das benötigte Maß ist abhängig von der Ausbildung der Pferde sowie dem Radius der Wendung.
- **Verkürzen**
  Aus der Gebrauchshaltung lässt der Zeigefinger der rechten Hand die linke Leine los. Die rechte Hand nimmt die rechte Leine aus der linken Han>d heraus. Die linke Hand geht vor die Rechte in Grundhaltung. Dieses Verkürzen benötigt man immer zum Einleiten einer Rechtsum-Kehrtwendung und zum Beenden einer Linksum-Kehrtwendung.

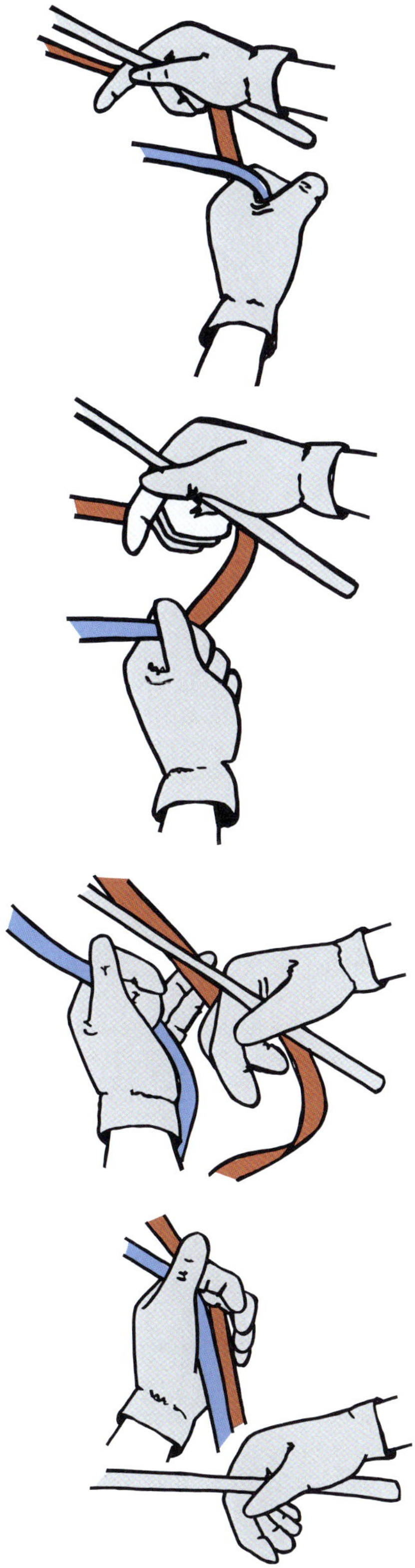

Verkürzen der rechten Leine um ein größeres Stück

8.8.5 Das Fahren von Wendungen

> Alle Wendungen werden durch Nachgeben mit der äußeren Leine eingeleitet, niemals durch Ziehen an der inneren Leine, damit das äußere Pferd frei ausschreiten und den Wagen an dem festen Bracken vorwärts in die Wendung ziehen kann.

Der Fahrer sitzt meistens auf der rechten Seite des Bocks, um die Bremsen

Die Linkswendung

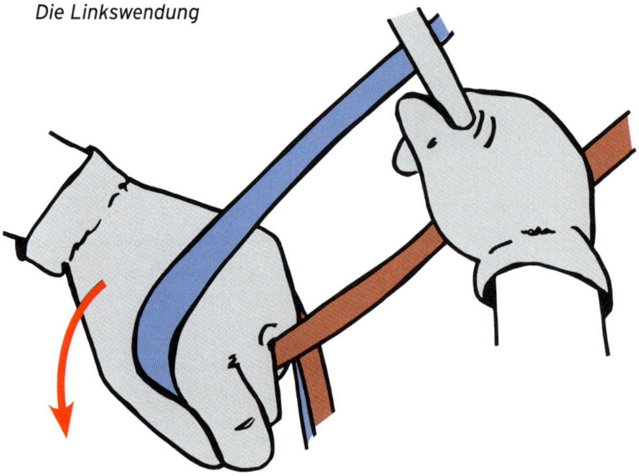

zu bedienen und einen zusätzlichen Platz für einen Beifahrer zu gewinnen. Er sitzt also nicht über dem in der Mitte der Vorderachse liegenden Drehpunkt, sondern rechts davon.

Dadurch resultiert in Rechtswendungen ein „Zu-lang-Werden" der Leinen, der Kontakt zum Pferdemaul geht verloren, da sich die Pferde dem Fahrer nähern. In Linkswendungen werden die Leinen zu kurz, da sich die Pferde vom Fahrer entfernen.

Die Pferde sind stets in die jeweilige Richtung der Wendung gestellt und vor jeder Wendung wird das Tempos verkürzt. Große Wendungen können im Trab gefahren werden, enge Wendungen werden immer im Schritt absolviert.

> Bei allen Richtungsänderungen sind im Straßenverkehr die Verkehrsvorschriften zu beachten und auf dem Platz wird Rücksicht auf alle anderen Anwesenden genommen.

➤ **Die Linkswendung**

Sind die Pferde mit dem Kammdeckel in Höhe der neuen Fahrbahnmitte angekommen, leitet der Fahrer die Wendung ein, indem er die rechte Hand rückwärts-aufwärts dreht und so mit der rechten Leine nachgibt, ohne die Anlehnung zu verlieren. Die linke Hand dreht sich im Bedarfsfall rückwärts-aufwärts, sodass die linke Leine über den Handrücken läuft. Während der Wendung gehen beide Hände in Richtung zu den Pferden vor, um den Unterschied zwischen Deichsel- und Leinenkreis auszugleichen. Um wieder geradeaus zu fahren, stellt der Fahrer zunächst die linke Hand wieder senkrecht und stellt dann die rechte Hand wieder senkrecht. Beide Hände stehen wieder in Arbeitshaltung. Das vorher verkürzte Tempo kann schon nach halber Vollendung der Wendung durch vermehrtes Nachgeben beider Leinen wieder verstärkt werden.

➤ **Die Linksum-Kehrtwendung**

Zum Umdrehen auf zum Beispiel engen Straße (Wenden) wird die Linksum-Kehrtwendung gefahren.

Das Gespann wird zunächst zum Schritt durchpariert, vor der eigentlichen Kehrtwendung werden die Pferde bis fast zum Halten durchpariert. Ausgangshaltung ist die Gebrauchshaltung. Die Kehrtwendung wird eingeleitet durch einmaliges Verlängern um ein kleines Stück der rechten Leine. Wie viel rechts verlängert wird, hängt von der Ausbildung und Sensibilität der Pferde ab. Dann geht die rechte Hand in die Gebrauchshaltung zurück und entnimmt gegebenenfalls ein zweites Stück Leine. Während dieses Ablaufes fordert die linke Hand durch Drehen über den Handrücken das Herumtreten der Pferde, und beide Hände folgen den Pferdemäulern. Die rechte Hand muss stetige Verbindung mit den Pferdemäulern halten, damit die Pferde nicht zu schnell herumeilen und um Kronentritte zu vermeiden. Wenn die Pferde in die neue Richtung schauen, stellt sich die linke Hand wieder senkrecht, die rechte Leine wird um ein größeres Stück durch Hinterlegen verkürzt.

Die Rechtswendung

Die Rechtswendung im Straßenverkehr ist oft eine enge Wendung und wird im Schritt gefahren, die Ausgangshaltung ist die Gebrauchshaltung. Im Bedarfsfall werden beide Leinen um ein bestimmtes Maß verkürzt. Dann greift die rechte Hand mit der Peitsche auf der rechten Leine etwa 10 bis 15 cm vor, hält diesen Punkt fest und bleibt zunächst dort stehen. Wenn die Pferde mit dem Kammdeckel in Höhe der neuen gedachten rechten Radspur angekommen sind, leitet der Fahrer die Wendung ein, indem er die linke Hand nach vorwärts-abwärts dreht und mit der linken Leine nachgibt, während die rechte Hand sich so um die Peitsche dreht, dass diese ihre Richtung nach links vorwärts-aufwärts behält. Wenn die Pferde mit Kopf und Hals die neue Richtung erreicht haben, gehen die Hände allmählich wieder in die Ausgangsposition zurück, beide Leinen werden gegebenenfalls wieder um das anfangs verkürzte Stück verlängert.

Auf modernen, breiten Straßen mit flachen Kurven (Bögen) oder auch im Dressurviereck kann die Rechtswendung auch ohne Verkürzen der Leinen oder in Arbeitshaltung (Dressurhaltung) im verkürzten Trab gefahren werden.

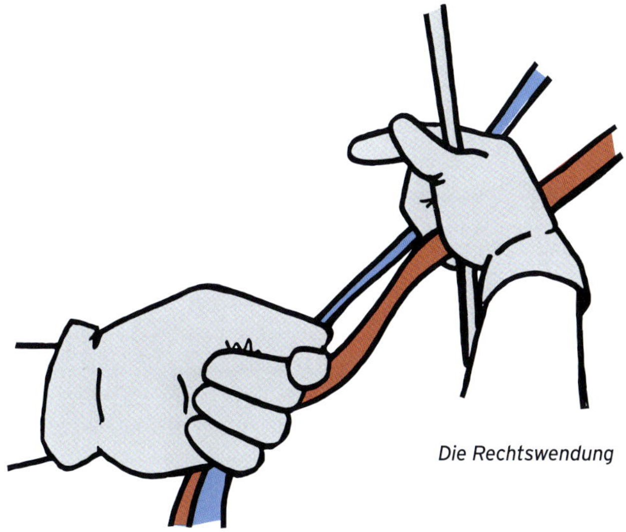

Die Rechtswendung

Die Rechtsum-Kehrtwendung

Die Rechtsum-Kehrtwendung ist im Straßenverkehr gefährlich und wird deshalb dort nicht gefahren. Da es aber Situationen gibt, in denen diese Wendung sinnvoll ist, muss sie jeder Fahrer beherrschen.

Aus der Gebrauchshaltung verkürzt der Fahrer die Leinen um ein bestimmtes Maß. Vor der Wendung pariert er fast bis zum Halten durch. Die rechte Hand nimmt die rechte Leine aus der linken Hand und hinterlegt diese Leine unmittelbar hinter die nachgebende linke Hand zwischen Mittel- und Ringfinger. Anschließend geht die rechte Hand auf der rechten Leine etwa 10 bis 15 cm vor und hält dort fest. Die linke Hand gibt nach, indem sie sich nach vorwärts-abwärts dreht. Im Bedarfsfall dreht sich die rechte Hand um den Peitschenstock, sodass der kleine Finger zur rechten Schulter zeigt. Wenn Pferdeköpfe

Links ausweichen (Heranfahren) mit einer Hand

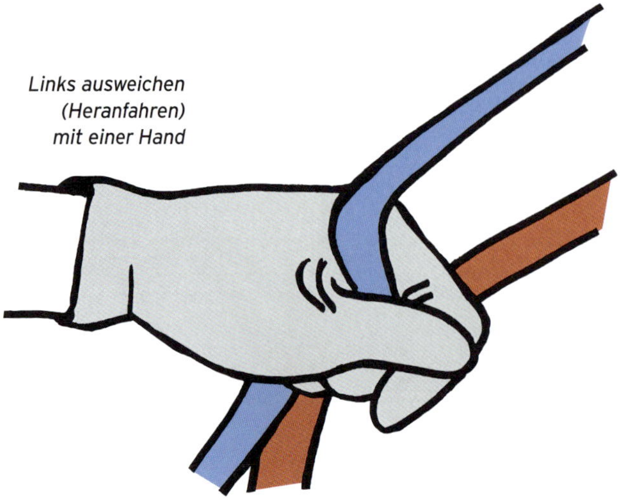

und -hälse in die neue Richtung zeigen, gehen die Hände allmählich wieder in ihre Ausgangsposition zurück. Der Fahrer verlängert zuerst die rechte Leine um das vorher verkürzte Stück, dann beide Leinen um das vorher verkürzte Maß.

➤ **Links ausweichen (Heranfahren) mit einer Hand**
Hierzu geht die linke Hand, indem sich der Handrücken nach rückwärts-aufwärts dreht, wobei die linke Leine voll über den Handrücken läuft, unter der rechten Hand hindurch zur rechten Hüfte. Zum Geradeausfahren geht die linke Hand unter Senkrechtstellung langsam wieder vor die Körpermitte.

Rechts heranfahren mit einer Hand

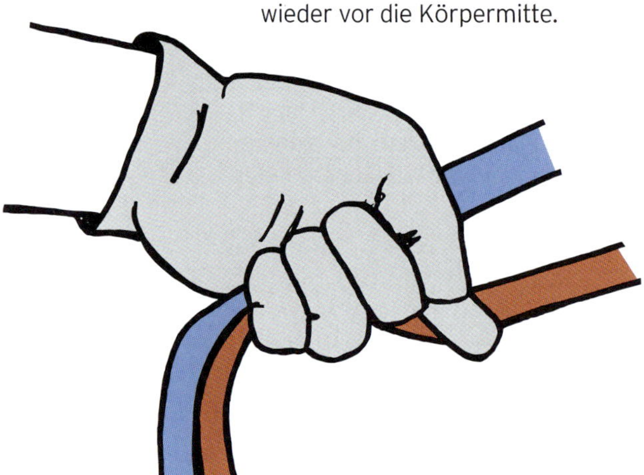

➤ **Rechts heranfahren mit einer Hand**
Die linke Hand neigt sich über die Knöchel hinweg nach vorwärts-abwärts und geht zum linken Oberschenkel. Zur Verstärkung der Hilfe können Daumen und Zeigefinger auf die rechte Leine drücken. Zum Geradeausfahren geht die linke Hand unter Senkrechtstellung langsam wieder vor die Körpermitte. Beim Fahren in der Grundhaltung ist der feste Schluss der drei unteren Finger der linken Hand von besonderer Bedeutung, damit ein Durchrutschen der Leinen verhindert wird.

8.8.6 Rückwärtsrichten

Vor dem Rückwärtsrichten sind beide Leinen entsprechend dem Ausbildungsgrad der Pferde zu verkürzen. Dabei ist darauf zu achten, dass die Pferde ruhig, ausbalanciert und geschlossen auf allen vier Hufen stehen. Noch wichtiger ist, dass die Pferde abkauen (sich am Gebiss abstoßen). Sobald die Pferde abgekaut haben, nimmt der Fahrer die Leinen etwas an. Spürt er Widerstand, gibt er nochmals etwas nach, nimmt dann wieder an. Dieser Vorgang wird wiederholt, bis der Fahrer merkt bzw. spürt, dass die Pferde der annehmenden Hand nach rückwärts folgen.

8.8.7 Die Hilfen und Hilfsmittel des Fahrers

Der Fahrer kann durch seine Stimme, mit seinen Leinen und der Fahrpeitsche auf das Pferd Einfluss nehmen. Man spricht deshalb von **Leinen-, Peitschen- und Stimmhilfen**, welche beim Fahren die Basis für die Kommunikation mit dem Pferd bilden. Auch die Bremse des Wagens wird im Fahrsport als Hilfe bezeichnet, da sie es dem Pferd erleichtert, zum Beispiel beim Bergabfahren den Wagen aufzuhalten. Die Koordination (das Zusammenwirken) der fahrerischen Hilfen wird als **Einwirkung** bezeichnet.

Der Fahrer ist in der Lage, die Hilfen jederzeit unabhängig von der Bewegung des Pferdes in der richtigen Koordination und Intensität zu geben. Nicht der Kraftaufwand entscheidet über den Erfolg in der Hilfengebung, sondern die geschickte, gut abgestimmte und feine Anwendung. Das Zusammenwirken der treibenden und verhaltenen Hilfen beeinflusst den Bewegungsablauf und den Gehorsam des Pferdes wesentlich. Ein exakt mit dem Bewegungsrhythmus abgestimmtes Wechselspiel dieser Hilfen ist Grundvoraussetzung für die richtige Einwirkung und für einen dauerhaften Erfolg.

8.8.7.1 Hilfengebung

Der Fahrer muss die Wirkung der einzelnen Hilfen und das Zusammenspiel der Hilfen genau kennen, um sie gezielt und dosiert anwenden zu können.

Die Leinenhilfen

Eine elastische Verbindung zwischen Fahrerhand und Pferdemaul ist die Voraussetzung für den Einsatz der Leinenhilfen. Die verschiedenen Leinenhilfen werden immer mit Gefühl und mit minimalem Aufwand in Verbindung mit den Stimm- und Peitschenhilfen gegeben. Folgende Leinenhilfen werden unterschieden:

- nachgebend
- annehmend
- aushaltend (durchhaltend)
- verwahrend
- seitwärtsweisend

- Eine **nachgebende Leinenhilfe** muss nach jeder annehmenden oder durchhaltenden Leinenhilfe erfolgen und dient dazu, die Anlehnung leichter zu gestalten. Dabei darf es nicht durch ruckartige Bewegungen zur „springenden Leine" kommen, die Verbindung zwischen Fahrerhand und Pferdemaul darf nur in Ausnahmefällen aufgegeben werden, zum Beispiel beim **Leinen-Überstreichen** zur Überprüfung der Selbsthaltung. Auch beim **Leinen-aus-der-Hand-kauen-Lassen** bleibt die Verbindung bis zur Dehnungshaltung bestehen.
- Bei der **annehmenden Leinenhilfe** wird die Hand lediglich etwas mehr geschlossen beziehungsweise die Fäuste werden aus dem lockeren Handgelenk leicht eingedreht. Das Annehmen geschieht nur kurzfristig und der annehmenden folgt immer eine nachgebende Leinenhilfe, auch wenn die gewünschte Reaktion des Pferdes nicht sofort erfolgt.
- Die **aushaltende Leinenhilfe** in Verbindung mit den treibenden Hilfen dient dazu, das Pferd vermehrt einzurahmen, sodass es sich abstößt und damit die Leinenverbindung leichter wird. Auch der aushaltenden Leinenhilfe folgt immer eine nachgebende.
- Die **verwahrende Leinenhilfe** dient immer der äußeren Begrenzung und verhindert das Ausweichen des Pferdes über die äußere Schulter.
- Der Effekt der **seitwärtsweisenden Leinenhilfe** ist durch die begrenzenden Leinenführungsringe nicht gleichzusetzen mit dem Reiten, wird aber vor allem bei engeren Wendungen und bei jüngeren Pferden eingesetzt.

Die Peitschenhilfe

Peitschenhilfen werden hinter dem Sellet/Kammdeckel gegeben und sind für den Fahrer der Ersatz für den Schenkel des Reiters. Beim Einsatz der Peitsche wird diese zuerst vorsichtig angelegt, um das Pferd aufmerksam zu machen. Ist dieses Anlegen zu stark, erschrickt das Pferd und es kann zu Taktstörungen oder sogar zu Gangartwechsel führen. Es gibt vier Arten von Peitschenhilfen:

Vorwärtstreibende Peitschenhilfe

Die Peitschenschnur wird dicht hinter dem Sellet/Kammdeckel außen angelegt und gleichzeitig gibt die innere Leinenhand etwas nach, ohne die Verbindung zum Pferdemaul aufzugeben.

Vorwärtstreibende/versammelnde Peitschenhilfe

Beim Anlegen der Peitsche hinter dem Sellet/Kammdeckel nimmt der Fahrer mit den Leinen etwas deutlicher Verbindung auf, um das Pferd zur vermehrten Lastaufnahme anzuregen. Dabei richtet sich das Pferd auf, bleibt aber mit der Stirnlinie vor beziehungsweise an der Senkrechten.

Verwahrende Peitschenhilfe

Um ein Ausweichen der Hinterhand zu verhindern, also die Geraderichtung zu fördern und zu sichern, bewirkt das Anlegen der Peitsche hinter dem Klammdeckel, bei gefühlvollem Durchhalten der Leinen, dass Stellung und Biegung verbessert werden.

Seitwärtstreibende Peitschenhilfe

Mit den entsprechenden Leinenhilfen dient die vorwärts-seitwärtstreibende Peitschenhilfe der Erarbeitung der Seitengänge, dabei wird die Peitsche auf der zur weichenden Seite hinter dem Sellet/Kammdeckel angelegt.

In Ausnahmefällen, zum Beispiel bei Unterbrechungen oder Differenzen zwischen zwei Pferden, können die Peitschenhilfen gezielt und im richtigen Moment an der Schulter des Pferdes eingesetzt werden.

- Die Peitsche muss lang genug sein, damit der Fahrer beim Peitschengebrauch aufrecht sitzt und sich nicht nach vorn beugen muss.
- Je weiter hinten die Peitsche eingesetzt wird, desto größer ist die Gefahr, dass das Pferd eventuell ausschlägt.
- Peitschenhilfen werden immer aus der freien Hand gegeben, damit das Pferd nicht im Maul gestört wird.

Die Stimme

Durch ihr hochsensibles Gehör können Pferde sehr gut Tonlage, Tonschärfe und Tondauer unterscheiden und somit ist die Stimme des Fahrers ein wichtiger Faktor für die Einwirkung auf das Pferd.

- Hohe, scharfe, kurze Töne wirken antreibend.
- Tiefe, weiche und langgezogene Töne wirken beruhigend (parierend).

Allerdings werden die Pferde im Zwei- oder Mehrspänner immer gleichzeitig angesprochen.
In Dressurprüfungen soll die Stimme nicht zu laut und dominierend eingesetzt werden.

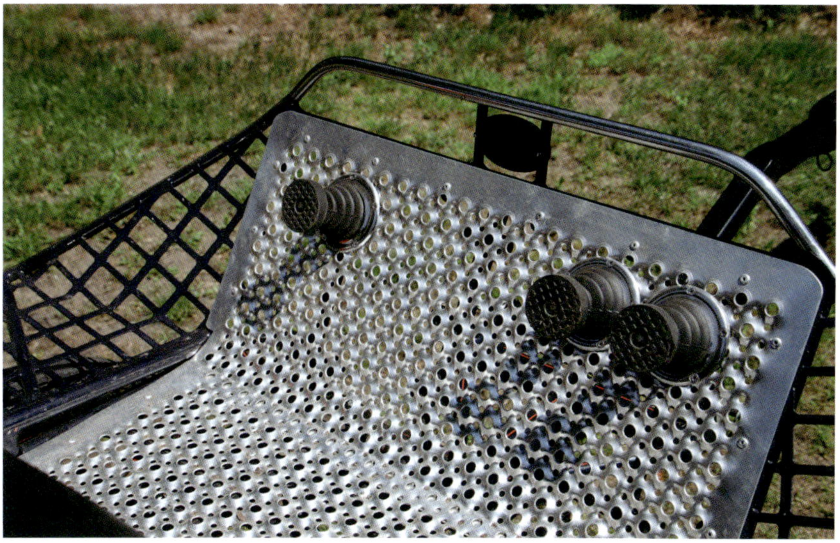

Bremspedale beim modernen Marathonwagen; mit dem Pedal rechts wird die Hinterachse gebremst, mit dem Pedal in der Mitte die Vorderachse und mit dem Pedal ganz links wird die Drehkranzbremse betätigt.

Die Bremse

Die Bremsenhilfe erfordert vom Fahrer viel Geschick und Einfühlungsvermögen sowie eine gute Koordinationsfähigkeit im Zusammenspiel mit den Leinen-, Stimm- und Peitschenhilfen. Grundsätzlich gilt, dass der Wagen und **nicht** die Pferde abgebremst werden.

Durch ein dauerhaftes Zurückhalten der Pferde mit der Bremse legen sich die Pferde vermehrt nach vorn ins Geschirr und verlieren dadurch ihre Selbsthaltung beziehungsweise legen sich vermehrt auf das Gebiss.

Die Scheibenbremse hat sich heute vorwiegend durchgesetzt, sie bietet dem Fahrer größtmögliche Sicherheit und ist mit dem Fuß zu bedienen, ohne dass er dabei die Hand aus den Leinen nehmen muss.

8.8.7.2 Zusammenwirken der Hilfen und Entwicklung des Gefühls

Die Hilfen des Fahrers können nur dann sinnvoll zusammenwirken, wenn Leinen, Peitsche, Stimme und Bremse miteinander koordiniert werden. Dieses „Konzert“ der Hilfen muss/müssen für das Pferd/die Pferde in seiner Gesamtheit „verständlich“ sein, das heißt die verschiedenen Hilfen ergänzen sich. Dafür ist ein gutes Verständnis für die Natur des Pferdes und die Zusammenhänge der Fahrlehre notwendig.

Mit voranschreitender Ausbildung bekommt der Fahrer immer mehr ein Gefühl für den **richtigen Augenblick**, die **richtige Art und Weise** und die **richtige Dosierung** der Hilfen.

Zusammenwirken der Hilfen heißt aber nicht zwangsläufig, dass sie auch immer gleichzeitig angewendet werden, sondern es beschreibt häufig auch ein Abwarten, ein Ineinandergreifen und/oder Aufeinanderfolgen. Herantreiben, Aushalten und Nachgeben sind nur bedingt voneinander abhängig und geschehen eher nacheinander als zeitgleich.

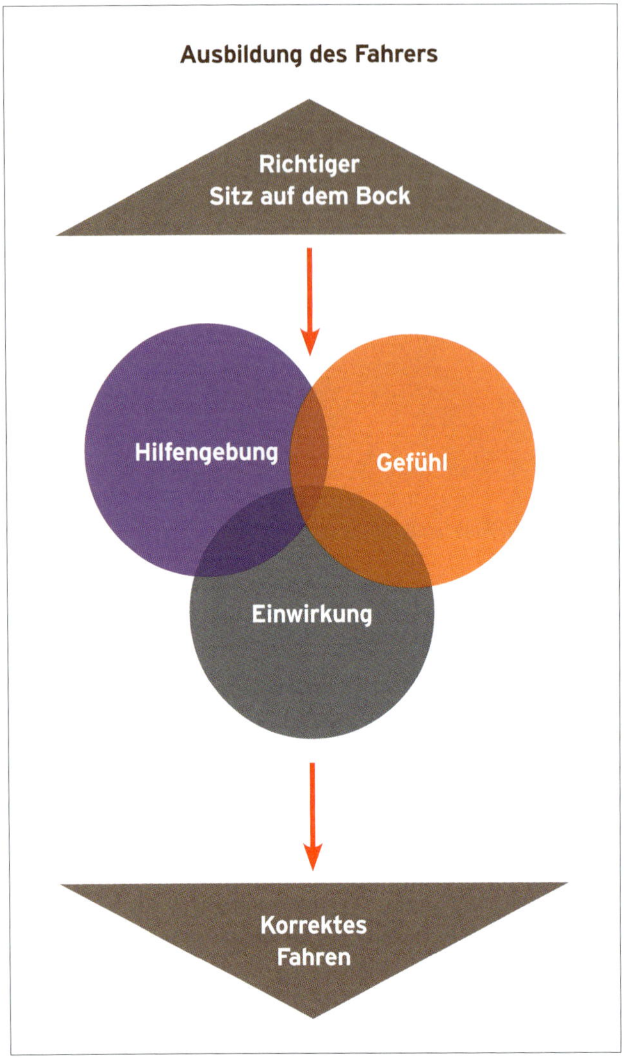

Das Zusammenwirken von treibenden und verhaltenen Hilfen beeinflusst den Bewegungsablauf und den Gehorsam des Pferdes wesentlich. Ein exakt mit dem Bewegungsrhytmus abgestimmtes Wechselspiel der Hilfen ist Grundvoraussetzung für die richtige Einwirkung und ihren dauerhaften Erfolgt.

> Die treibenden Hilfen müssen immer den Vorrang vor den verhaltenden Hilfen behalten.

Die Feinabstimmung und das Gefühl entwickeln sich in der Regel mit der Erfahrung weiter, wobei sich der Fahrer selbstkritisch an den Rückmeldungen des Pferdes/der Pferde orientiert. Eine Kontrolle und gegebenenfalls Korrektur eines Ausbilders sind wichtig, damit der Fahrer sicher sein kann, dass sein Gefühl für die Einwirkung auf das Gespann auch in der Außenbetrachtung angemessen ist.
Mit einem richtigen Sitz auf dem Bock und der richtigen Hilfengebung verfeinert sich das Zusammenwirken der Hilfen. Dadurch entwickeln sich das Gefühl und die Einwirkung, um ein korrektes Fahren möglich zu machen.

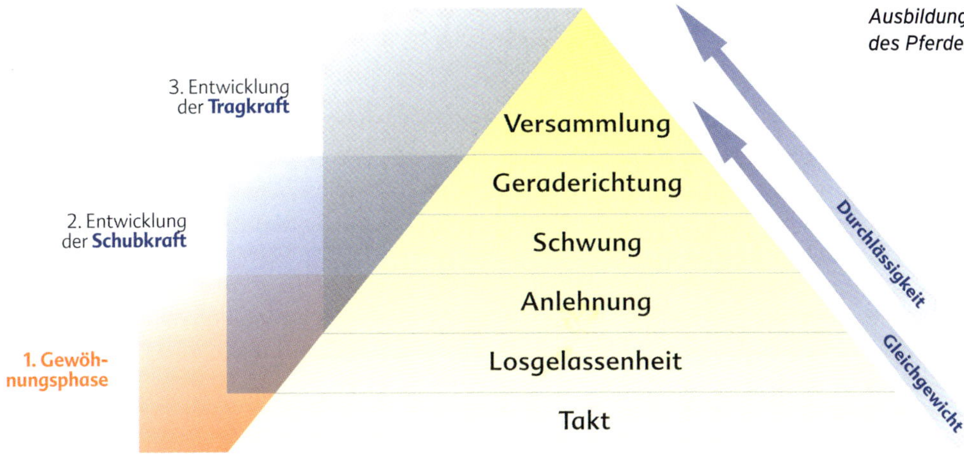

Ausbildungssystem des Pferdes

8.9 Grundausbildung des Fahrpferdes

Die Grundausbildung des Fahrpferdes orientiert sich an den Grundsätzen der klassischen Reit- und Fahrlehre. Nach dem Verständnis der klassischen Fahrlehre wünscht man sich ein Gespann, das sich in allen Grundgangarten

- taktmäßig, geregelt und ausbalanciert;
- ungezwungen, konzentriert und willig mitarbeitend;
- schwungvoll und vertrauensvoll die Verbindung zur Fahrerhand suchend;
- beidseitig geschmeidig und gerade sowie
- leichtfüßig federnd

bewegt.

8.9.1 Die Skala der Ausbildung

Die sechs Punkte **Takt, Losgelassenheit, Anlehnung, Schwung, Geraderichtung** und **Versammlung** bilden die **Skala der Ausbildung.**

Bei Berücksichtigung der Ausbildungsskala werden zunehmend **Gleichgewicht** und **Durchlässigkeit** verbessert. Mit dem Gleichgewicht müssen sich Pferd und Fahrer unweigerlich in allen Ausbildungsphasen beschäftigen. Die Durchlässigkeit ist das grundsätzliche Ausbildungsziel, das sich bei richtiger Arbeit mit dem Pferd immer weiter entwickelt.

Gelingen kann dies nur auf der Grundlage eines ganz sicheren Fundaments: Takt und Losgelassenheit sind einerseits Voraussetzungen, ohne die eine pferdegerechte Ausbildung nicht möglich ist, andererseits sind diese Punkte auch Gradmesser dafür, ob die Ausbildung des Pferdes (noch) auf dem richtigen Weg ist. Alle weiteren Grundsätze beziehungsweise Ziele bauen darauf auf und sind wiederum voneinander abhängig.

- Dieses System ist nicht nur ein Leitfaden für die langfristige Ausbildung, sondern auch für jede einzelne Trainingseinheit. Deshalb dient es auch als Bewertungsgrundlage für das Richten in Turnierprüfungen.

Der Takt

Als Takt bezeichnet man das **Gleichmaß** aller Schritte, Tritte und Galoppsprünge des Pferdes (siehe „Fahren, Richtlinien für Reiten und Fahren, Band 5", S. 165). Aus ihrer Natur heraus gehen alle gesunden Pferde mit allen vier Gliedmaßen geregelt und damit im Takt. Die natürlichen Bewe-

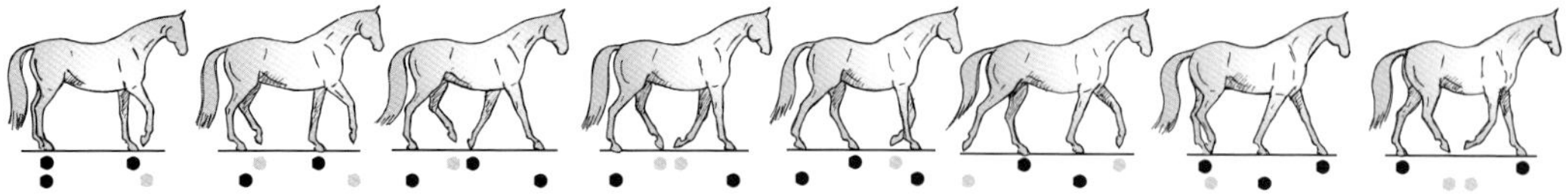

Fußfolge Schritt

gungsabläufe und der jeweilige Takt in den einzelnen Grundgangarten sind unbedingt auch im Gespann zu erhalten. Die Wahl des richtigen Tempos ist für das Finden beziehungsweise Erhalten des Taktes und des Gleichgewichtes von besonderer Bedeutung.

Der **Schritt** ist eine schreitende Bewegung im Viertakt mit acht Phasen.

Da das Pferd mit einem oder mehreren Beinen abwechselnd Bodenkontakt hat (keine Schwebephase), spricht man von einer **schreitenden** Bewegung. Dies soll außerdem zum Ausdruck bringen, dass der Schritt stets ruhig, gelassen und trotzdem fleißig sein soll. Die Fußfolge ist **gleichseitig**, aber nicht gleichzeitig. Tritt ein Pferd mit beiden Beinen einer Seite gleichzeitig nach vorn, so bewegt es sich im Pass, der nur sehr schwer zu korrigieren ist. Hauptursache für diesen Fehler ist das Übereilen des Schrittes und auch ein zu frühes „An-die-Leinen-Stellen" im Schritt.

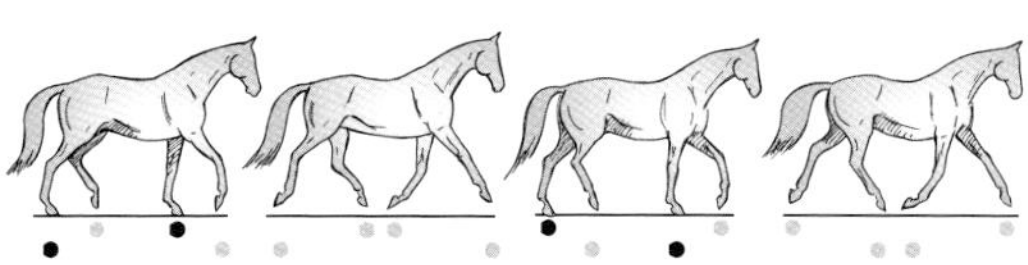

Fußfolge Trab

Der **Trab** ist eine schwunghafte Bewegung im Zweitakt mit vier Phasen.

Das Wort **„schwunghaft"** soll zeigen, dass diese Gangart den Moment der freien Schwebe beinhaltet. Die Fußfolge ist hinten rechts und vorn links gleichzeitig, es folgt der Moment der freien Schwebe und danach folgt hinten links und vorn rechts.

Der **Galopp** ist eine schwunghafte Bewegung im Dreitakt mit sechs Phasen.

Die Fußfolge im Rechtsgalopp: hinten links, hinten rechts und vorn links gleichzeitig, vorn rechts, dann folgt der Moment der freien Schwebe usw. Der Galopp gewinnt im Fahrsport immer mehr an Bedeutung. Inzwischen gibt es auch Galopplektionen in den schweren Dressuraufgaben.

Der **Taktsicherheit**, egal ob auf geraden oder gebogenen Linien, bei Übergängen und Lektionen, ist besondere Aufmerksamkeit zu schenken. Nur ein Pferd, das sich in seinem natürlichen Takt bewegt, ist im Gleichgewicht und in der Lage, sich loszulassen. Erkennbare, andauernde Takt- und Bewegungsstörungen sind ein entscheidendes Signal für grundlegende Ausbildungsmängel, vorausgesetzt es sind keine gesundheitlichen Beeinträchtigungen vorhanden.

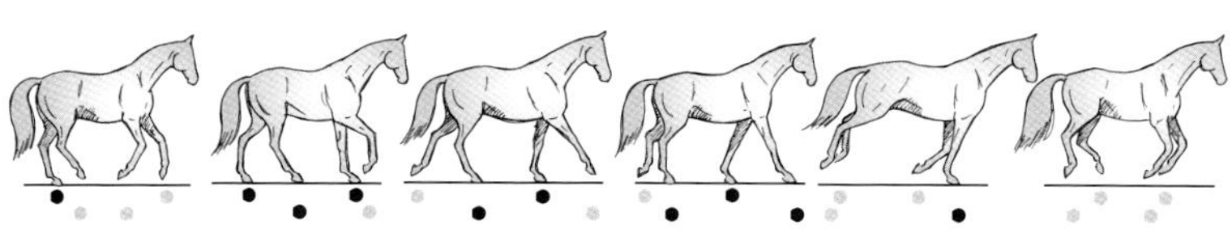

Fußfolge Rechtsgalopp

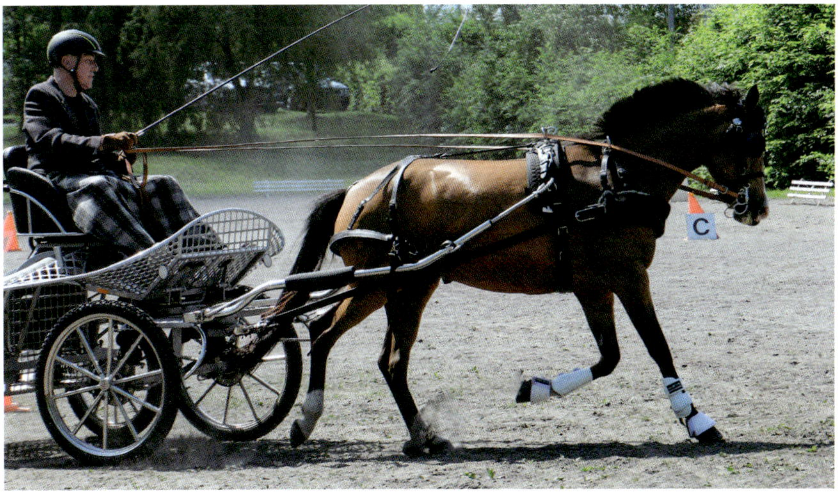

Das Pferd befindet sich im Gleichgewicht, die Stirn-Nasenlinie ist leicht vor der Senkrechten, das Genick ist der höchste Punkt.

Losgelassenheit

Die **Losgelassenheit** ist gekennzeichnet durch regelmäßiges An- und Entspannen der Muskulatur, sie setzt Zwanglosigkeit voraus und beinhaltet innere Gelassenheit (siehe *Fahren, Richtlinien für Reiten und Fahren, Band 5*, S. 167). Die Losgelassenheit ist ein Zustand von geistiger und körperlicher **Entspannung** und Bereitschaft zur Mitarbeit. Weil beide Komponenten – Körper und Geist – beteiligt sind, wird auch von äußerer und innerer Losgelassenheit gesprochen. Nur ein losgelassenes Pferd ist leistungsbereit beziehungsweise leistungsfähig und damit ist die Erarbeitung der Losgelassenheit die Grundforderung der täglichen Arbeit.

Die Losgelassenheit ist die Voraussetzung für die Harmonie zwischen Fahrer und Pferd. Sie ist gekennzeichnet durch das gleichmäßige An- und Abspannen der Muskulatur und ist die Grundlage dafür, dass alles spielerisch und mühelos aussieht. Sie ermöglicht dem Rücken des Pferdes, als „Bewegungszentrum" zu fungieren. Außerdem wird nur ein losgelassenes Pferd die Hilfengebung seines Fahrers willig annehmen, ohne sich zu verkrampfen und zu verspannen.

Ausschließlich aus einer inneren Gelassenheit heraus ist es dem Pferd möglich, auch in einer positiven Anspannung losgelassen Leistungen zu vollbringen.

Bei geschmeidiger, angemessener Hilfengebung des Fahrers wird der Pferderücken elastisch im Rhythmus der Bewegung schwingen. Das Pferd „lässt den Hals fallen" und ist bereit, sich jederzeit vertrauensvoll an die Fahrerhand heranzudehnen.

Diese **Dehnungsbereitschaft** sollte in allen drei Grundgangarten erkennbar und spürbar sein. Sie zeigt, dass die bisherige Arbeit richtig war, und stellt die Grundvoraussetzung für jede weitere Arbeit sowie für eine weiche, aber beständige Anlehnung dar.

Das **Leine-aus-der-Hand-kauen-Lassen** dient deshalb der Kontrolle der Losgelassenheit und als Basis für eine von Vertrauen geprägte Anlehnung.

Die Anlehnung

Anlehnung wird definiert als stete, weich-federnde Verbindung zwischen Fahrerhand und Pferdemaul (siehe „Fahren, Richtlinien für Reiten und Fahren, Band 5", S. 170).

Voraussetzung ist eine gefühlvolle **Verbindung** zwischen der Fahrerhand

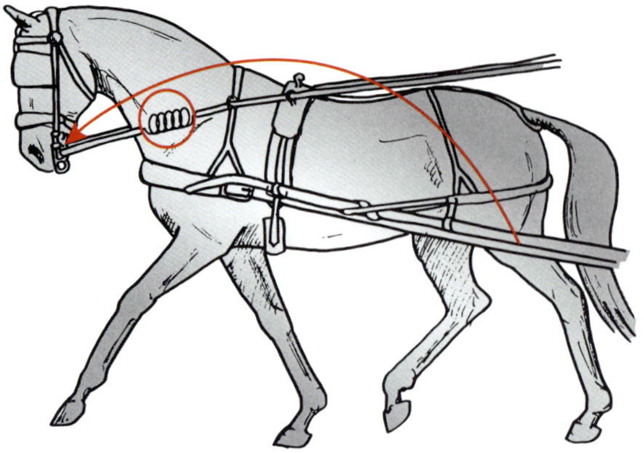

und dem Pferdemaul. Die Anlehnung ist korrekt, wenn das Pferd auf die vortreibenden Hilfen des Fahrers bei guter Selbsthaltung willig an das Gebiss herantritt, zufrieden kaut und sich beim „Leinen-aus-der-Hand-Kauen" ruhig in die Tiefe dehnt.

Die Anlehnung hat innerhalb der Skala der Ausbildung eine besondere Rolle: Eine gute Anlehnung ist immer ein „Aushängeschild" korrekter Ausbildung von Fahrer und Pferd. Andersherum zeigen sich Mängel und Defizite in den übrigen Punkten der Skala der Ausbildung oder in der Ausbildung des Fahrers auch in der Qualität der Anlehnung. So lässt sich ein Verwerfen im Genick immer mit falschen Leinenhilfen oder mangelnder Geraderichtung erklären. Weitere fehlerhafte Arten der Anlehnung sind, wenn das Pferd sich nach oben frei macht, gegen die Fahrerhand drückt, sich zu eng macht,

Im Überblick:

Anlehnungs- und Beizäumungsfehler

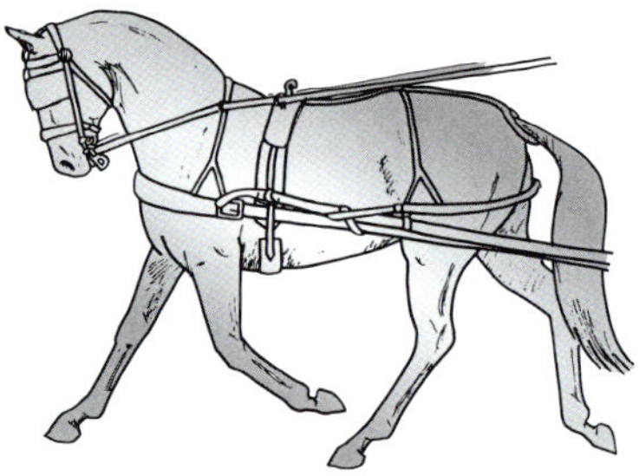

Hinter der Senkrechten und eng im Hals

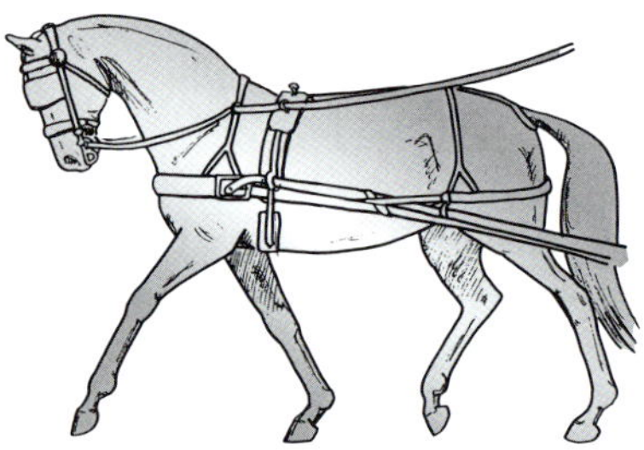

Das Pferd geht hinter dem Zügel, es tritt nicht genügend von hinten nach vorn an die Leine heran.

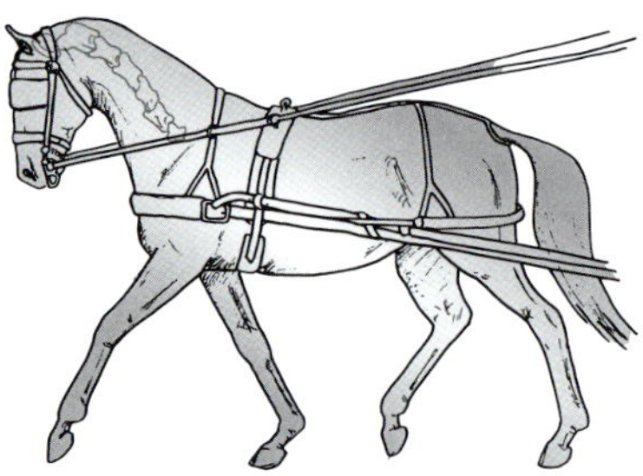

Durch fehlerhafte Ausbildung kann ein „falscher Knick" im Hals des Pferdes entstehen.

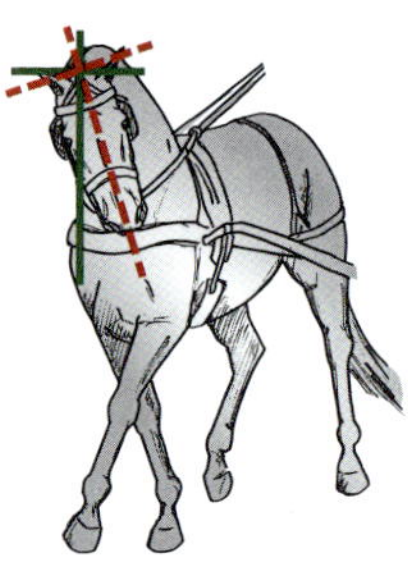

Deutliches Verwerfen des Pferdes im Genick nach links

ein unzufriedenes Maul zeigt oder im falschen Knick geht.

➤ Aus richtigem, korrektem Fahren ergibt sich sowohl eine weiche, federnde Anlehnung als auch eine dem Ausbildungsstand des Pferdes entsprechende Haltung.

Der Schwung

Der **Schwung** wird definiert als die Übertragung des energischen Impulses aus der Hinterhand über den schwingenden Rücken auf die Gesamt-Vorwärtsbewegung des Pferdes (siehe *Fahren, Richtlinien für Reiten und Fahren, Band 5*, S. 177).

Schwung kennzeichnet die Grundgangarten Trab und Galopp, weil sie eine **Schwebephase** aufweisen. Der Schritt hat keine Phase der freien Schwebe und kann daher auch nicht als schwungvoll bezeichnet werden.

Ein Pferd geht im Trab und im Galopp schwungvoll, wenn es energisch abfußt und in der Schwebephase mit seinen Hinterbeinen gut nach vorn **durchschwingt**. Außerdem bewegt es sich entsprechend seiner anatomisch bedingten Möglichkeiten mit den Vordergliedmaßen frei aus der Schulter heraus. Schwung zeigt sich auch in einer ausgeprägten Schwebephase. Die Schwungentwicklung kommt also aus dem gesamten Körper des Pferdes. Dies gilt für alle Tempi im Trab und im Galopp, also ebenso für Arbeits- und versammeltes Tempo. Der Schwung kommt zu seiner größten Entfaltung in den Verstärkungen.

➤ Um schwungvoll traben und galoppieren zu können, muss sich das Pferd losgelassen mit schwingendem Rücken, begleitet von einer weichen, sicheren Anlehnung, bewegen.

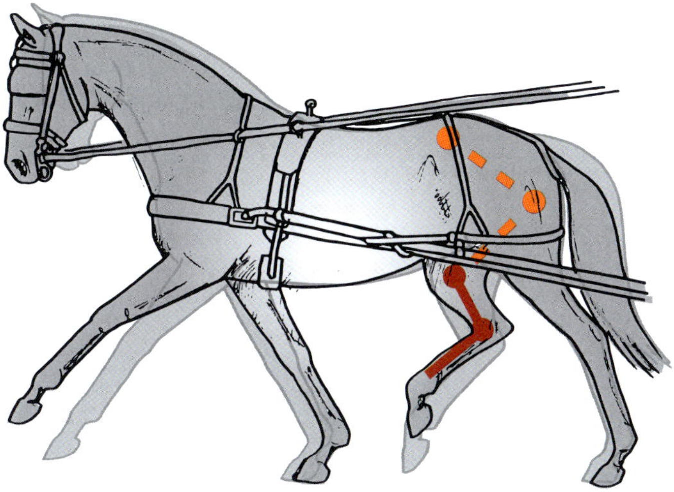

Beim Zulegen soll der Rahmen des Pferdes größer werden.

Soll der Schwung verbessert werden, sind besonders **Übergänge** zwischen den Gangarten sowie innerhalb der Gangarten geeignet. Die Verbesserung des Schwungs erfolgt aus einem taktsicheren Arbeitstempo. Die Tritte und Sprünge werden dabei rhythmisch verlängert und anschließend gefühlvoll wieder verkürzt. Beim Zulegen sollen die Hinterbeine des Pferdes weit durchschwingen, ohne dass der Bewegungsablauf eiliger wird. Es wird dabei mehr **Raumgriff** erreicht. Ein leichtes, allmähliches Vorlassen der Stirn-Nasenlinie in Verbindung mit der Erweiterung des Halses bei sicherer Selbsthaltung ermöglicht dem Pferd die volle Bewegungsfreiheit aus der Schulter heraus und ein weiteres Durchschwingen der Hinterhand. Dies führt zu der sogenannten **„Rahmenerweiterung"**.

Die Schwungentfaltung lässt sich bei vielen Pferden durch Cavalettiarbeit an der Longe beziehungsweise unter dem Reiter und durch das Fahren im Gelände unterstützen und verbessern. Der natürliche Vorwärtsdrang kann ausgenutzt werden, beim Bergauffahren wird gezielt die richtige Muskulatur gekräftigt.

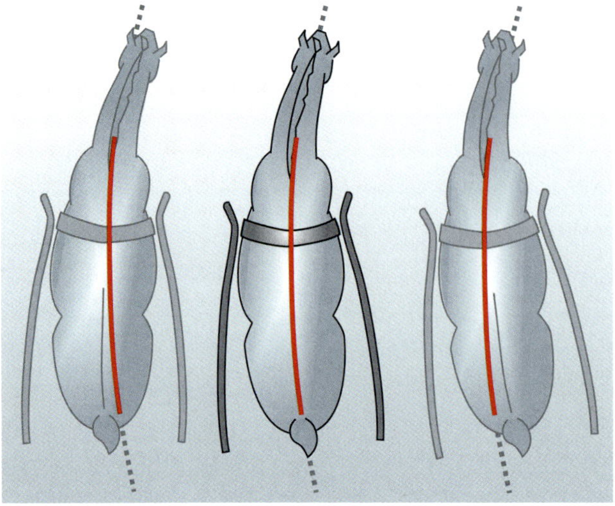

Das geradegerichtete Pferd kann sich mit seiner Längsachse dem Hufschlag anpassen. Links fällt es mit der Hinterhand aus, rechts fußt die Hinterhand an der Spur der Vorhand vorbei.

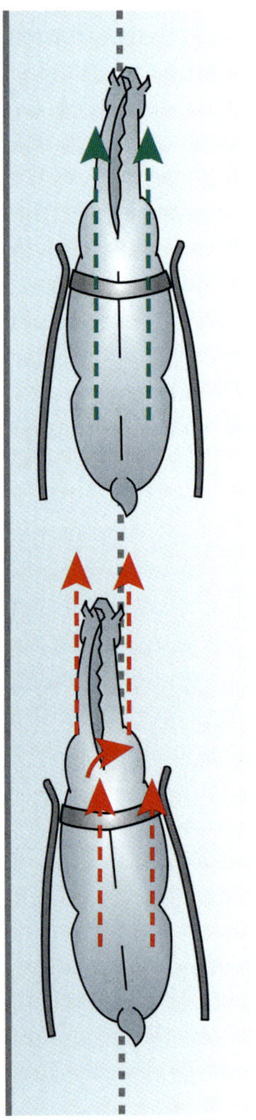

Das Pferd ist geradegerichtet (oben); das Pferd neigt dazu, mit der Hinterhand in das Bahninnere zu drängen, und der Fahrer muss die Vorhand auf die Hinterhand einrichten (unten).

Das Geraderichten

Die **Geraderichtung** wird definiert als Prozess, der darauf ausgerichtet ist, sowohl auf gerader als auch auf gebogener Linie die Anpassung der **Körperlängsachse** des Pferdes und die Fußung der Vorder- und Hinterhufe auf einer Hufschlaglinie zu erreichen. Dieser Prozess führt zur Entwicklung einer beidseitig **gleichmäßigen Muskulatur** (siehe „Fahren, Richtlinien für Reiten und Fahren, Band 5", S. 180).

Jedes Pferd kommt mit einer **natürlichen Schiefe** auf die Welt. Der Prozess des Geraderichtens gleicht diese Schiefe aus und sorgt für eine gleichmäßige Gymnastizierung beider Körperseiten. Das geradegerichtete Pferd fußt sowohl auf gerader als auch auf gebogener Linie mit seinen Hinterhufen in die Spur der Vorderhufe. Man sagt: Es bewegt sich **hufschlagdeckend**. Das Geraderichten trägt somit ganz maßgeblich zur **Gesunderhaltung** bei.

Die „natürliche Schiefe" des Pferdes ist vergleichbar mit der Rechts- oder Linkshändigkeit des Menschen. Die meisten Pferde sind nach rechts schief. Sie fußen von Natur aus mit ihrem rechten Hinterbein außen an der Spur des rechten Vorderbeins vorbei. Mit dem rechten Hinterbein sind sie dadurch zunächst weniger in der Lage, Schub zu entwickeln. Im Gegensatz dazu, trägt das linke Hinterbein mehr zur Schubkraft bei. Das linke Vorderbein wird dadurch mehr belastet.

Der Fahrer verspürt an der linken Leine mehr Zug, an die rechte Leine tritt das Pferd dagegen nicht beständig heran. Wenn diese Leine die äußere ist, können die äußeren Hilfen das Pferd weniger begrenzen. Es hat damit auf der rechten Seite seine sogenannte **„hohle Seite"**. Beim rechts schiefen Pferd ist die rechtsseitige Muskulatur weniger dehnungsfähig. Die linke Körperseite wird deshalb in diesem Fall als **„Zwangseite"** bezeichnet. Durch die Gymnastizierung muss der rechte Hinterfuß zum geraden Vortreten unter die Last gebracht werden, was zur Folge hat, dass sich das Pferd vermehrt auch an die rechte Leine herandehnt. Ist dieser Punkt erreicht, verschwinden zunehmend die Probleme der Zwangseite und der hohlen Seite von selbst. Bei links schiefen Pferden gelten diese Phänomene entsprechend spiegelbildlich.

Der Prozess des Geraderichtens ist niemals ganz abgeschlossen, er begleitet die gesamte Ausbildung des Pferdes. Geraderichtung verbessert den Schwung sowie die Anlehnung und ermöglicht die Versammlung.

Die Versammlung

Von **Versammlung** spricht man, wenn ein Pferd sich mit näher herangeschlossener Hinterhand und stärker angewinkelten Gelenken der Hinterbeine ausbalancieren kann, sich leichtfüßig und energisch bewegt und sich daraus in Selbsthaltung erhabener trägt (siehe „Fahren, Richtlinien für Reiten und Fahren, Band 5", S. 182).

Die Versammlung dient dazu, das Pferd zunehmend aufs Hinterbein zu bringen, also zu **vermehrter Lastaufnahme** anzuregen. Seine Schritte, Tritte und Sprünge werden kürzer, jedoch fleißiger, energischer und erhabener. In allen versammelten Bewegungen soll der Eindruck des **bergauf** gehenden Pferdes entstehen. Die **Schubkraft** der Hinterhand darf nicht verloren gehen, sie soll sich jedoch nicht mehr ausschließlich nach vorn, sondern durch vermehrte **Tragkraft** nach vorwärts-aufwärts entwickeln. Die elastische und gefühlvolle Hand des Fahrers fängt in Verbindung mit seinen bestimmt vortreibenden Hilfen den Schub auf und führt zur Hankenbeugung. Lektionen, welche die Versammlungsfähigkeit fördern, sind alle **Übungen**, die die Hinterbeine zur vermehrten Tätigkeit veranlassen und die Beugung der Hanken fördern. Dies sind zum Beispiel der präzise Antritt zum Trabe, sicheres und energisches Angaloppieren, das Fahren von engeren Wendungen und das Rückwärtsrichten. In erster Linie sind es jedoch alle korrekt gegebenen ganzen und halben Paraden, die die Entwicklung des Schubes nach vorn abfangen und nach vorwärts-aufwärts lenken sollen. In den Gangarten wird die Versammlung zunächst nur in kurzen Reprisen gefahren, um eine Überforderung des Pferdes zu vermeiden. Im Anschluss an eine versammelnde Lektion muss auf jeden Fall freies und energisches Vorwärtsfahren erfolgen, um den Verlust der Schubkraft zu vermeiden.

Durch die systematische Entwicklung der Versammlung wird die **relative Aufrichtung** entstehen, die immer in richtiger Relation zur Hankenbeugung (= Beugung von Hüft-, Knie- und Sprunggelenk) steht und dem Gebäude des Pferdes angepasst sein muss. Ohne dass die Kopf-Hals-Haltung des Pferdes aktiv verändert wird, ist nun die relative Aufrichtung erkennbar. Bei genauer Betrachtung erkennt man, dass auch das Becken dabei je nach Versammlungsgrad eine ganz

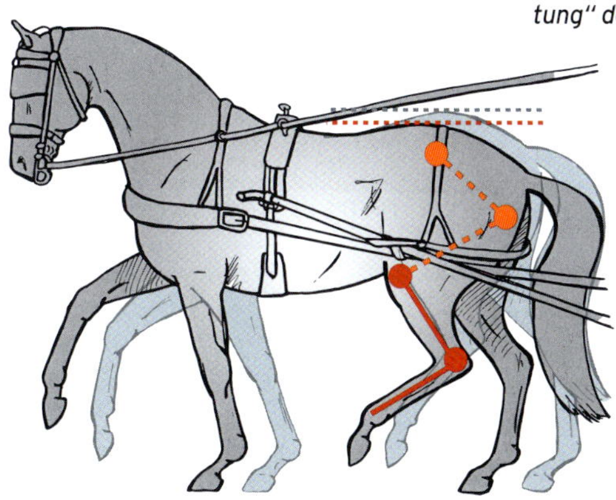

Die Senkung der Hinterhand des Pferdes führt zur „relativen Aufrichtung" des Pferdes.

leichte Kippbewegung ausführt. Dadurch fällt die Kruppe etwas stärker ab und dem Pferd fällt es leichter, mit den Hinterbeinen unter den Körper zu fußen. Es erhält mehr Leichtigkeit im Gang und dadurch eine verbesserte Schulterfreiheit. Dies ist sowohl für das dressurmäßige Fahren als auch für das Fahren im Parcours und im Gelände von großer Bedeutung. Die gymnastizierende dressurmäßige Ausbildung eines Pferdes darf unter keinen Umständen eintönig und ermüdend auf das Pferd wirken. Aus diesem Grunde ist das häufige Fahren im Gelände und auf offenen Plätzen ein entscheidender Bestandteil in der Ausbildung eines Pferdes.

Für die gesamte Skala der Ausbildung, aber insbesondere für die letzten beiden Punkte gilt: Jeder Fahrer sollte sich bemühen, sein Pferd sorgfältig geradezurichten und zu versammeln. Denn dabei geht es nicht um Leistungssteigerung bis zu einer Dressurprüfung der Klasse S, sondern um die **Gesunderhaltung und das Wohlbefinden** eines jeden Pferdes. Zur Erinnerung: Alle Pferde kommen mit einer natürlichen Schiefe und vorhandlastig auf die Welt. Wenn sie uns als Sport- und Freizeitpartner lange Jahre motiviert und gesund begleiten sollen, muss dieses Ungleichgewicht ausgeglichen werden. Nur dann belastet das Pferd seine vier Beine gleichmäßig und entwickelt eine kräftige Muskulatur. Somit ist die klassische Fahrlehre heute ebenso wie vor 100 Jahren vor allem eines: **praktizierter Tierschutz und effektive Gesunderhaltung.**

Die Durchlässigkeit

Durchlässigkeit beschreibt den Zustand, in dem das Pferd seinem Ausbildungsstand entsprechend alle Punkte der Ausbildungsskala erfüllt und den fahrerischen Hilfen folgt (siehe „Fahren, Richtlinien für Reiten und Fahren, Band 5", S. 185).

Damit wird klar, dass Durchlässigkeit nicht am Ende der Grundausbildung steht. Vielmehr zeigt schon das junge Pferd ein gewisses Maß an Durchlässigkeit, indem es zum Beispiel beim Anspannen gehorsam stehen bleibt. Im Verlauf der Arbeit steigt das Maß an Durchlässigkeit, das Pferd nimmt die Hilfen immer feiner und selbstverständlicher an, es entsteht zunehmend **Harmonie** zwischen Fahrer und Pferd, die Kommunikation klappt nahezu unsichtbar und ohne sichtlichen Aufwand. Dann wird auch deutlich, dass Durchlässigkeit für alle Pferde wichtig ist: Das durchlässige Pferd des Freizeitfahrers geht auch durch Pfützen, über Brücken oder an Mülltonnen vorbei, weil es gelernt hat, dem Fahrer zu vertrauen und seiner Einwirkung zu folgen.

Das undurchlässige Pferd wird in vielen Alltagssituationen nur schwer zu überzeugen sein, sich scheinbar gefährlichen, unbekannten oder ungewohnten Objekten zu nähern oder diese gar zu passieren. Je systematischer ein Pferd gymnastiziert wird, also taktmäßig, losgelassen, in sicherer Anlehnung, schwungvoll, geradegerichtet und in entsprechender Versammlung gearbeitet wird, desto weiter entwickelt sich neben der Durchlässigkeit auch das **Gleichgewicht**. Die Fähigkeit des Pferdes, sich auszubalancieren, spielt in der Ausbildung eine ganz entscheidende Rolle. Das Pferd muss lernen, sich in jeder Situation auszubalancieren, der Fahrer muss dies ermöglichen und unterstützen. Der Hals

Schwerpunkt	Definition	Bedeutung für das Fahrpferd
Takt	• räumliches und zeitliches Gleichmaß der Bewegungen	• Erhalt des natürlichen Taktes auch unter Bewältigung des Zugwiderstands des Wagens • Wahl des richtigen Tempos
Losgelassenheit	• regelmäßiges An- und Abspannen der Muskulatur bei innerer Bereitschaft zur Mitarbeit	• positive Grundspannung aus einer inneren Gelassenheit heraus • entspanntes, motiviertes Pferd mit positiver Arbeitseinstellung • grundlegender Baustein der täglichen Arbeit des Pferdes
Anlehnung	• stete, weich-federnde Verbindung zwischen Fahrerhand und Pferdemaul	• sichere Verbindung • Kontrolle über den Weg, Tempo und Rhythmus • Dehnungsbereitschaft • Beeinflussung der Haltung
Schwung	• Übertragung des energischen Impulses aus der Hinterhand über den schwingenden Rücken in die Gesamtvorwärtsbewegung	• dynamisches, kraftvolles Abfußen bei weit durchschwingenden Hinterbeinen und losgelassenem Rücken auch bergauf und bei schwierigen Bodenverhältnissen • Rahmenerweiterung
Geraderichten	• Anpassung der Körperlängsachse auf die Hufschlaglinie • Fußung der Vorder- und Hinterbeine auf einer Hufschlaglinie	• Ausgleich der natürlichen Schiefe • Gesunderhaltung • gleichmäßige Gymastizierung beider Körperhälften
Versammlung	• vermehrte Lastaufnahme auf dem Hinterbein in erhabener Selbsthaltung	• Antritt wird kraftvoller und konzentrierter • Gleichgewicht wird verbessert • ausdruckstärkeres Gesamtbild

des Pferdes dient in diesem Prozess als Balancierstange und muss stets beweglich bleiben. Verhindert der Fahrer durch falsche Einwirkung (harte oder unruhige Hand) oder falsche/unpassende Ausrüstung diesen Prozess der Gleichgewichtsfindung, arbeitet er gegen die Natur des Pferdes – das erklärte Ziel guten Fahrens, die Harmonie zwischen Fahrer und Pferd, bleibt so unerreichbar.

Die Skala der Ausbildung gilt für alle Pferde, egal ob sie im Turniersport oder ausschließlich im Freizeitbereich gefahren werden.

8.9.2 Grundübungen im Fahren

Um als Fahrer die Grundsätze der klassischen Fahrlehre und die Skala der Ausbildung in den Alltag zu transportieren, gibt es in den Richtlinien Fahren, Band 5 eine ganze Reihe von Übungen.
Diese Grundübungen sollte jedes Fahrpferd und jeder Fahrer beherrschen, egal ob der Fahrsport auf dem Turnier oder in der Freizeit ausgeübt wird.

Fahren der Grundgangarten

➤ Fahren im Schritt

Der Fahrer erhält den Schritt **gleichmäßig, fleißig und raumgreifend**, indem er mit der Hand genügend nachgibt und das Pferd entsprechend nachtreibt.
Die leichte **Nickbewegung** des Pferdes von Hals und Kopf aus der Schulter heraus wird von der Fahrerhand aus den losgelassenen Schultern und den elastischen Ellenbogengelenken begleitet beziehungsweise zugelassen.

➤ Fahren im Trab

Wichtig beim Fahren im Trab ist das **Gleichmaß** und der **Fleiß** und somit die Erhaltung des **Taktes**. Dies gilt insbesondere für die Verstärkungen, aber auch für das Fahren von Wendungen, die ein gewisses Maß an **Stellung und Biegung** fordern.

Fahren im Galopp

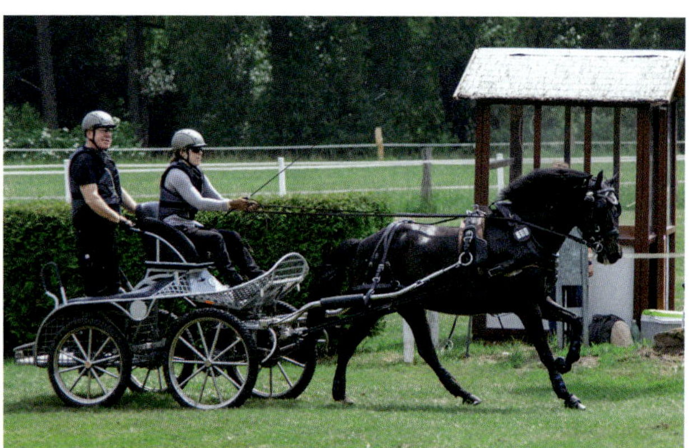

Der Stellenwert dieser Gangart wird deutlich durch die Tatsache, dass der überwiegende Teil aller Dressuraufgaben im Trab gefahren wird.

➤ Fahren im Galopp

Diese Gangart spielt beim Fahren nur in Dressuraufgaben für Einspänner und als erprobtes Mittel zur Erarbeitung beziehungsweise Verbesserung der Losgelassenheit eine Rolle. Dabei kann der Galopp durchaus auch mit Zwei- und Vierspännern gefahren werden. Der Fahrer muss dabei mit viel Gefühl über die Leine auf die Sprungbewegungen des Pferdes eingehen.

Abstimmen der Hilfen

➤ Was?

Ein Pferd steht an den Hilfen des Fahrers, wenn es diese vertrauensvoll akzeptiert. Die Verbindung zwischen Fahrerhand und Pferdemaul ist eine wesentliche Grundlage der **Kommunikation**. Der Fahrer sucht durch das Aufnehmen der Leinen einen leichten Kontakt zum Pferdemaul, ohne gleich die Kopf-Hals-Haltung des Pferdes bestimmen zu wollen. Sie ergibt sich allmählich aus dem gut abgestimmten **Wechselspiel** von treibenden und verhaltenden Hilfen.

➤ Wie?

Durch gefühlvolles Treiben schreitet das Pferd willig vorwärts und beginnt, sich zunehmend von der Hand des Fahrers „abzustoßen", das heißt, es stützt sich nicht auf oder gegen die Leine, sondern es akzeptiert mit **elastischem Genick** und **kauendem Maul** diese Begrenzung der kurz aushaltenden Fahrerhand. Nimmt das Pferd alle Hilfen leicht an, steht es an den Hilfen. Ist der Fahrer in der Lage, sein Pferd an die Hilfen zu stellen, ist das Fahren von halben Paraden der nächste wichtige Lernschritt.

Wichtig!

➤ Unabhängig von der Kopf-Hals-Haltung des Pferdes befindet sich die Stirn-Nasenlinie etwas vor oder an der Senkrechten.

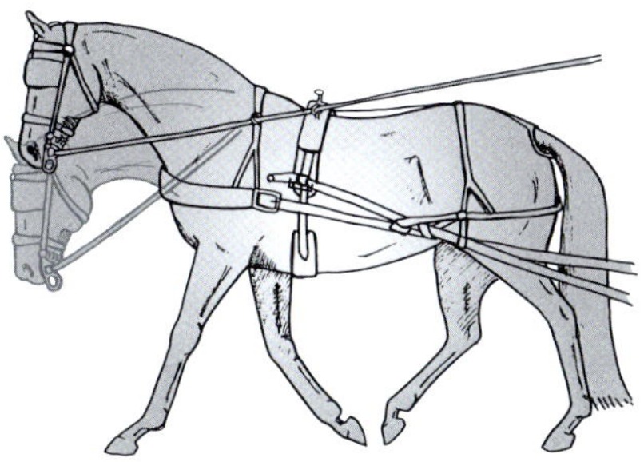

Die Leinen werden allmählich und gefühlvoll verkürzt, damit es beim Pferd nicht zum Widerstand gegen die Fahrerhand kommt.

Halbe Paraden

➤ Was?

„Unter einer halben Parade wird das kurzzeitige Einschließen des Pferdes in die Leinen- und Peitschenhilfen verstanden" (siehe „Fahren, Richtlinien für Reiten und Fahren, Band 5", S. 128). Halbe Paraden sind das **Kommunikationsmittel** zwischen Pferd und Fahrer und begleiten daher jede Trainingseinheit und jede Ausfahrt – egal wo oder was gefahren wird. Dabei hat die halbe Parade vor allem eine **vorbereitende Funktion**: Sie macht das Pferd aufmerksam vor einer Lektion, einem Übergang oder einer Übung. Außerdem fördert die gut gefahrene halbe Parade Anlehnung, Haltung und Durchlässigkeit.

➤ Wie?

Die halbe Parade lässt sich in **drei Phasen** gliedern: Zunächst treibt der Fahrer das Pferd vermehrt an die aushaltende oder annehmende Hand heran. Nimmt das Pferd die Parade an, tritt es daraufhin aktiver in Richtung unter den Schwerpunkt und stößt sich vom Gebiss ab. Dann folgt in der dritten Phase immer das Nachgeben mit der Hand, quasi als Belohnung für das Akzeptieren der Parade. Natürlich fließen bei einem durchlässigen Pferd diese Phasen ineinander und sind von außen nicht mehr zu erkennen.

Wichtig!

➤ Eine halbe Parade kann immer nur dann gelingen, wenn sie im richtigen Moment gegeben wird. Um diesen Moment zu finden, braucht der Fahrer ein gut entwickeltes Bewegungsgefühl und viel Erfahrung. Dann aber ermöglicht das richtige Fahren von halben Paraden eine fast unsichtbare Kommunikation und damit Harmonie zwischen Fahrer und Pferd.

Übergänge

➤ Was?

Das Fahren von Übergängen kann als Prüfstein für die Ausbildung von Fahrer und Pferd angesehen werden und verdient daher große Beachtung. Das Pferd bleibt vor, während und nach dem Übergang im **Gleichgewicht** und **an den Hilfen** des Fahrers, die immer feiner und unsichtbarer gegeben werden können.

Dabei werden zunächst Übergänge von einer Gangart in die andere gefahren. Aber auch Übergänge innerhalb einer Gangart (Tempounterschiede) haben einen hohen gymnastizierenden Wert und gelten als Mittel der Wahl bei der Schwungentwicklung.

➤ Wie?

Zum Antraben aus dem Schritt macht der Fahrer das Pferd aufmerksam, indem er die Leinen kurz gefühlvoll annimmt. Zum eigentlichen Antraben genügt dann eine leichte, vorwärtstreibende Peitschenhilfe, damit das Pferd aus dem Bewegungsablauf im Schritt in den energischer abfußenden Trab antritt. In dem Moment, in dem das Pferd mit dem Schub aus den Hinterbeinen antritt, gibt der Fahrer mit der Hand leicht nach, um die Bewegung nach vorn herauszulassen. Nach den einfachen Übergängen sind erste **Verstärkungen** – also Tempounterschiede innerhalb der Gangart – sinnvolle Elemente einer jeden Trainingseinheit. Das „Spielen mit dem Tempo" verbessert das Gefühl des Fahrers und die Durchlässigkeit des Pferdes. Vor dem **Zulegen** rahmt der Fahrer das Pferd mit einigen halben Paraden vermehrt ein – er erhöht als Vorbereitung ganz leicht die positive Spannung, ähnlich wie das Spannen einer Feder. Wichtig ist, daraus nur so viel zuzulegen, dass das Pferd im Gleichgewicht bleibt. Weniger ist hier meistens mehr. Fühlt der Fahrer, dass das Pferd schwankt, schief wird oder ins Laufen kommt, nimmt er das Pferd wieder auf und bereitet ein erneutes Zulegen vor. Die Hand des Fahrers geht dabei so weit in Richtung Pferdemaul vor, dass eine Rahmenerweiterung möglich ist. Nur dann kann das Pferd aus dem Hinterbein über den Rücken die Tritte oder Sprünge verlängern und im Gleichgewicht bleiben. Auch bei der **Rückführung** geht der Fahrer gefühlvoll vor, um die Bewegung nicht zu blockieren und Taktstörungen zu provozieren.

Geschlossenes Halten

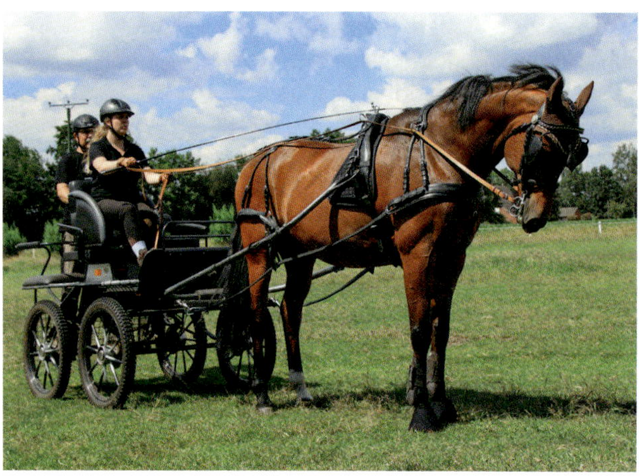

Wichtig!

➤ Bei allen Übergängen sollte der Fahrer stets die Vorstellung haben, die neue Gangart zu beginnen und nicht die vorherige Gangart zu beenden. Mit dieser Bewegungsvorstellung gelingen die Übergänge geschmeidig und flüssig. Durch das konsequente Wechseln der Gangarten und Tempi verbessert der Fahrer sein Gefühl und seine Einwirkung; das Pferd wird geschmeidiger, beweglicher und durchlässiger und beide – Pferd und Fahrer – wachsen zu einer harmonischen Einheit zusammen.

Ganze Parade

➤ Was?

Als Übergang im weitesten Sinne ist auch die ganze Parade zu verstehen. Diese kann aus allen Gangarten gegeben werden und führt immer zum **Halten**. Das Halten erfolgt stets auf der geraden Linie, das Pferd steht geschlossen auf allen vier Beinen in guter Selbsthaltung und bleibt dabei an den treibenden Hilfen und vor dem Fahrer.

➤ Wie?

Dabei wird die ganze Parade immer mit mehreren halben Paraden vorbereitet, zum eigentlichen Halten führt dann die letzte halbe Parade. Das **Nachgeben** als Abschluss der Parade sorgt dafür, dass das Pferd geschlossen und ausbalanciert zum Stehen kommt.

Wichtig!

➤ Um die Abstimmung der Einwirkung zu verfeinern und um das Pferd zum gehorsamen Stillstehen zu erziehen, sollte die ganze Parade immer wieder geübt werden.

➤ Dabei wird mit dem Halten aus dem Schritt begonnen, dann darf das Pferd zunächst zum Beispiel über einige Schritte zum Halten aus dem Trab kommen, später wird die ganze Parade aus dem Trab ohne Schritt gefahren.

- Auch im Halten muss der Fahrer das Pferd vor sich und an seinen treibenden Hilfen behalten. So bleibt es vorwärtsorientiert, konzentriert und jederzeit bereit zum Anfahren.

Leinen-aus-der-Hand-kauen-Lassen

- Was?

Eine der wichtigsten Grundübungen für Fahrer und Pferde ist das Leinen-aus-der-Hand-kauen-Lassen. Mit dieser Schlüssellektion überprüft der Fahrer die **Dehnungsbereitschaft** seines Pferdes. Das Leinen-aus-der-Hand-kauen-Lassen kann in allen drei Gangarten und auf beliebiger Linie gefahren werden. Gerade zu Beginn macht es aber Sinn, auf großen gebogenen Linien zu bleiben, da das Pferd hier die Dehnungshaltung oft leichter annimmt. Korrekt ausgeführt überprüft das Leinen-aus-der-Hand-kauen-Lassen aber nicht nur die Losgelassenheit, sondern hilft auch, Gleichgewicht, Taktsicherheit und Vertrauen zur Fahrerhand zu verbessern.

- Wie?

Durch vermehrtes Treiben und gleichzeitigen Nachgeben, gegebenenfalls auch Verlängern der Leinen soll das Pferd in Dehnungshaltung gehen. Dabei dehnt sich das Pferd mindestens so weit, dass sich das Pferdemaul etwa auf Höhe des Buggelenks befindet. Die **Verbindung** zwischen Fahrerhand und Pferdemaul bleibt **konstant**, die Leinen sollten also nicht durchhängen. Die Stirn-Nasenlinie bleibt an oder leicht vor der Senkrechten; Takt, Tempo und Gleichgewicht bleiben erhalten. Kurze Reprisen, öfter in die Trainingseinheit eingebaut, sind dabei wertvoller als dauerhaftes Fahren in unveränderter Haltung, weil das Pferd sonst schnell auf die Vorhand kommt.

Wichtig!

- Es ist hilfreich, das Leinen-aus-der-Hand-kauen-Lassen, so wie alle anderen Lektionen auch, bewusst zu beginnen und auch wieder zu beenden und es zum Beispiel exakt eine Zirkelrunde zu fahren.

Leinen-Überstreichen

- Was?

Das Leinen-Überstreichen hat einen ähnlich hohen Stellenwert und überprüft nicht nur die Losgelassenheit, sondern vor allem die Selbsthaltung und das Gleichgewicht.

- Wie?

Der Fahrer schiebt für einen kurzen Moment entweder beide Hände (beidseitig) oder nur eine Hand (einseitig) vor, sodass die Anlehnung vorübergehend bewusst aufgegeben wird. Dabei bleibt die Sitzposition des Fahrers unbeeinflusst und auch das Pferd soll seine Haltung und sein Tempo nicht verändern.

Wichtig!

- Das Überstreichen oder auch nur ein „Überstreichen-Wollen" können sehr hilfreich zum Finden einer leichten Anlehnung sein.

Gemäß den Richtlinien Fahren, Band 5 folgt als nächste Grundübung das Fahren von Wendungen und gebogenen Linien; denn Zirkel, Volten und Schlangenlinien auf beiden Händen zählen zu den wichtigsten Bausteinen einer jeden Trainingseinheit. Und um diese präzise fahren zu können, muss das Pferd Stellung und Biegung geschmeidig annehmen.

Stellung

- Was?

Stellung heißt zunächst einmal, dass das Pferd seinen Kopf soweit seitlich wendet, dass der Fahrer das innere

Auge und den inneren Nüsternrand schimmern sehen kann.

➤ Wie?

Dazu wird das Genick des Pferdes in die Bewegungsrichtung gestellt, der Hals ist nur ganz leicht gebogen. Die Ohren des Pferdes bleiben auf einer Höhe, die Stirn-Nasenlinie an oder leicht vor der Senkrechten.

Wichtig!

➤ Der äußere Zügel muss so viel Stellung zulassen, wie der Fahrer fordert, sonst verwirft sich das Pferd schnell im Genick - besonders auf der hohlen Seite. Zu viel Stellung blockiert übrigens das innere Hinterbein und macht eine geschmeidige Biegung unmöglich.

Biegung

➤ Was?

Biegung bezieht sich immer auf den gesamten Pferdekörper und meint eine Krümmung der **Längsachse**. Diese wird, soweit anatomisch möglich, gleichmäßig auf die gebogene Linie eingestellt. Die Biegsamkeit im Bereich der Brustwirbel ist für das Maß an Längsbiegung ausschlaggebend. Biegung kann es **niemals ohne Stellung geben.**

➤ Wie?

Biegung wird durch konsequente Abstimmung der **diagonalen Hilfen** erreicht. Dazu treibt der Fahrer das Pferd mit der inneren Peitschenhilfe an den äußeren Zügel heran.

Die verwahrende äußere Peitschenhilfe wird eine Handbreit hinter dem Sellet/Kammdeckel angelegt und ist zuständig dafür, dass Vor- und Hinterhand auf einer Hufschlaglinie bleiben. Die innere Leine sorgt für eine leichte Innenstellung und die äußere Leine gibt dementsprechend nach, aber begrenzt dennoch die äußere Schulter. So wird eine harmonische, geschmeidige Längsbiegung gefördert und das Pferd systematisch biegsamer und elastischer. Das Grundverständnis für die diagonale Hilfengebung stellt einen Meilenstein auf dem Ausbildungsweg des Fahrers dar.

Wichtig!

➤ Die Biegsamkeit und damit die Elastizität des Pferdes nehmen mit weiter fortschreitender Gymnastizierung und Ausbildung zu, deshalb sollte jede Trainingseinheit mit großen gebogenen Linien begonnen werden und das Maß an Biegung erst allmählich mit zunehmender Losgelassenheit und Durchlässigkeit erhöht werden.

Achtung:

➤ Unabhängig davon, auf welcher Hand der Fahrer sich befindet, ist die Seite nach der hin das Pferd gestellt ist die innere und die andere die äußere Seite!

Fahren von Wendungen und gebogenen Linien

Doch egal, wie anspruchsvoll die zu fahrende Linie auch ist, die Grundidee ist immer dieselbe: Auf der gebogenen Linie wird die Muskulatur der äußeren Körperhälfte gedehnt, dadurch wird die **Biegearbeit** zu einem intensiv gymnastizierenden Prozess und stellt damit ein wichtiges Element in der Grundausbildung eines jeden Fahrpferdes dar. Außerdem sind die Fähigkeit und die Bereitschaft zur Biegung eine wichtige Voraussetzung für die geraderichtende und die versammelnde Arbeit und dienen damit der Gesunderhaltung des Pferdes.

Durchfahren einer Ecke

➤ Was?

Eine ganz wichtige Übung ist in diesem Zusammenhang das Durchfahren

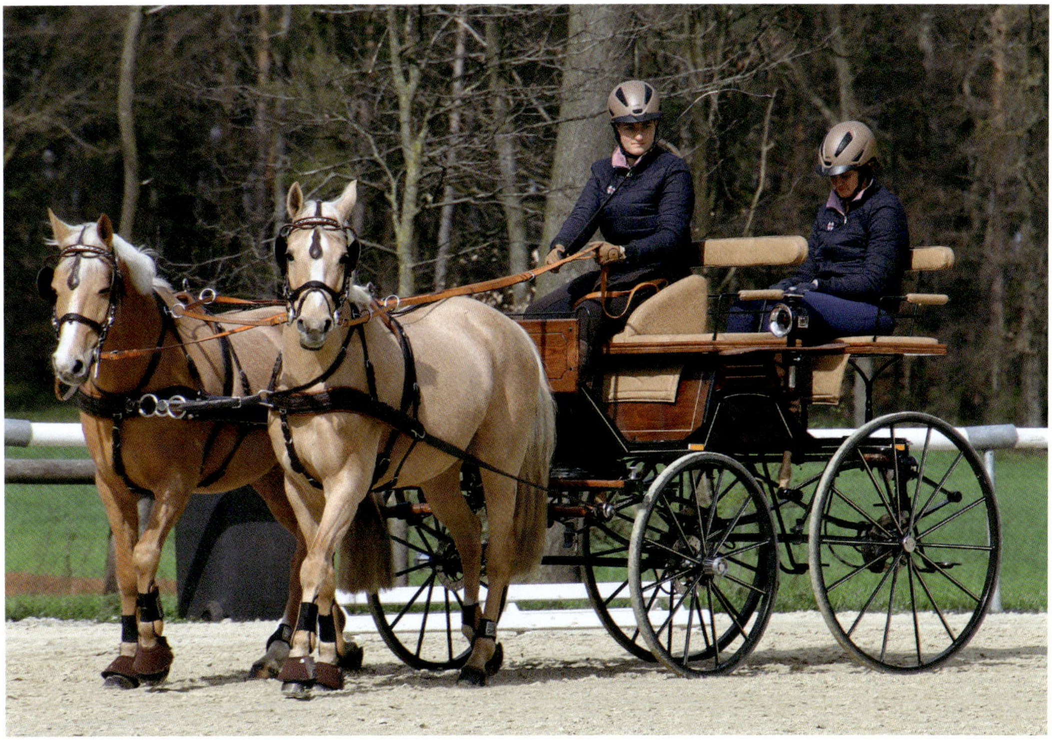

Fahren von Wendungen und gebogenen Linien

der Ecken. Dabei ist eine gut durchfahrene Ecke immer auch eine Möglichkeit, die Durchlässigkeit des Pferdes und die Akzeptanz der Fahrerhilfen zu überprüfen.

➤ Wie?

Kurz vor dem Erreichen der Ecke macht der Fahrer das Pferd mit halben Paraden aufmerksam und gibt ihm die notwendige Stellung. Zum Durchfahren der Ecke wird die Peitschenhilfe auf der Innenseite vermehrt treibend am Gurt und außen die verwahrende Peitschenhilfe eingesetzt. Die innere Leine sorgt für die notwendige Stellung, die äußere lässt die Stellung zu, behält aber Kontakt zum Pferdemaul. Nach der Ecke wird wieder geradeaus gefahren.

Wichtig!

➤ Jede **Ecke** ist eine **Viertelvolte** und bietet eine äußere Begrenzung. Je weiter ausgebildet Pferd und Fahrer sind, desto tiefer und bewusster sollte die Ecke ausgefahren werden, auch um diese als Vorbereitung auf nachfolgende Lektionen zu nutzen.

Fahren auf dem Zirkel

➤ Was?

Beim Fahren auf einem Zirkel ist das Pferd beständig gebogen und bewegt sich auf einer gleichmäßigen Kreislinie; die Ecken werden abgerundet. Der Zirkel beginnt stets Mitte der kurzen Seite bei A oder C – oder beim Mittelzirkel entsprechend bei B oder E.

➤ Wie?

Der Fahrer behält das Pferd in konstanter Stellung und Biegung auf der Linie und blickt stets zum nächsten Zirkelpunkt. Die diagonale Hilfengebung erhält und fördert die Längsbiegung:

➤ die Peitschenhilfe wird treibend an der Innenseite am Gurt eingesetzt,

➤ die Peitschenhilfe außen wirkt verwahrend und verhindert ein Ausweichen der Hinterhand,

- die innere Leine sorgt für leichte Stellung durch Annehmen und Nachgeben und
- die äußere Leine lässt die Stellung zu und begrenzt die Schulter.

Wichtig!

- Das korrekte Ausfahren der Zirkellinie sollte im Training einen festen Platz erhalten, nur dann kann der Zirkel seine gymnastizierende Wirkung entfalten. Besonders effektiv wird das Zirkeltraining, wenn Größe, Tempo und Richtung regelmäßig variiert werden. Beim Aus-dem-Zirkel-Wechseln wird das Pferd fließend und geschmeidig von der einen auf die andere Hand umgestellt, sodass auf beiden Händen gleichmäßig an der Elastizität gearbeitet wird. Der Mittelzirkel eignet sich zur Gymnastizierung besonders gut, denn ohne die Begrenzung durch die Bande fördert er Gleichgewicht und Geraderichten sehr effektiv - vorausgesetzt er wird korrekt ausgefahren.

Schlangenlinien

Schlangenlinien werden entweder entlang der langen Seite - als einfache oder doppelte Schlangenlinie - oder entlang der Mittellinie oder auch durch die Bahn gefahren.

Schlangenlinien durch die Bahn

➤ Was?

Eine weitere wertvolle Bahnfigur sind die Schlangenlinien, die entweder an der langen Seite - als einfache oder doppelte Schlangenlinie - entlang der Mittellinie oder auch durch die Bahn gefahren werden. Bei den Schlangenlinien durch die Bahn beginnen und enden die Bögen jeweils Mitte der kurzen Seite, also bei C oder A. Es handelt sich um eine Übung, die in ihrem Schwierigkeitsgrad individuell an das Können von Pferd und Fahrer angepasst werden kann. Je weiter fortgeschritten beide sind, desto mehr Bögen werden gefordert.

➤ Wie?

Mitte der kurzen Seite beginnt der erste Bogen, das Pferd wird nach innen gestellt und gebogen, die Ecke wird abgerundet. Die Größe der Bögen richtet sich nach ihrer Anzahl. Nach jedem Bogen wird parallel zur kurzen Seite über die Mittellinie zunächst geradeaus gefahren und das Pferd dann in die neue Bewegungsrichtung gestellt und gebogen. Bei einer geraden Anzahl an Bögen ergibt sich ein Handwechsel, bei einer ungeraden nicht.

Wichtig!

- Als Übung für Fortgeschrittene kann man bei den Schlangenlinien noch Übergänge beim Überfahren der Mittellinie hinzunehmen und so zusätzlich die Durchlässigkeit abfragen. Oder man wählt die „alte", leicht birnenförmige Variante, bei der nicht geradeaus gefahren, sondern das Pferd direkt und fließend von der einen auf die andere Hand umgestellt wird. Für eine verbesserte Geschmeidigkeit des Pferdes ist diese Form noch effektiver, sie stellt aber auch hohe koordinative Anforderungen an den Fahrer.

Volten

➤ Was?

Volten sind kleine, kreisrunde Wendungen, die an jeder Stelle der Bahn gefahren werden können. Je nach Größe fordern Volten noch mehr Längsbiegung - und damit auch noch mehr Gleichgewicht und Geschmeidigkeit.

➤ Wie?

Mit halben Paraden bereitet der Fahrer sein Pferd vor, um Takt und Selbsthaltung in der Volte zu erhalten. Vor- und Hinterhand bleiben auf der gleichen Hufschlaglinie, dafür müssen die Hil-

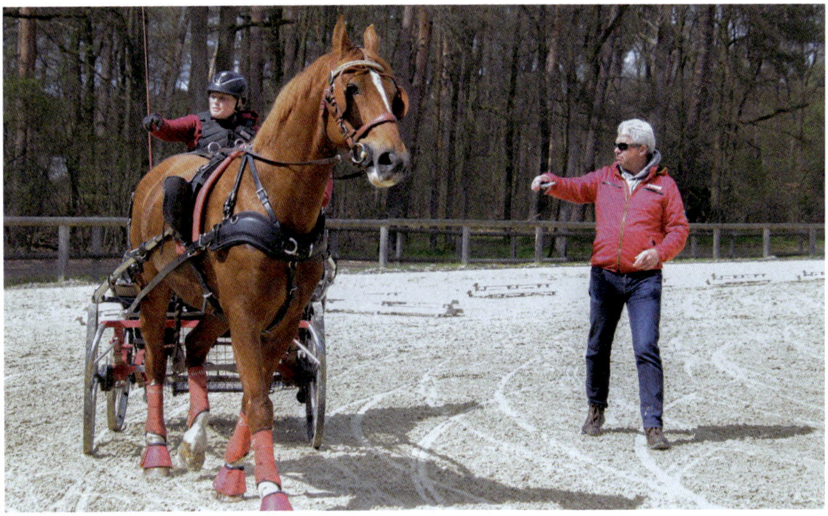

Gespräch mit dem Ausbilder über die Linienführung

fen gut aufeinander abgestimmt sein. Am besten wählt der Fahrer dafür eine Ecke aus, denn durch die Begrenzung der Bande lässt sich die erforderliche Biegung leichter erarbeiten und in die Volte mitnehmen. Auch für das Fahren von Volten ist der **Blick des Fahrers** ein wichtiges Hilfsmittel. Beim Abwenden sollte er zum Scheitelpunkt der Volte schauen und ab dort wieder zurück zum Ausgangspunkt. Die Blickrichtung steuert gewissermaßen seine **Körperhaltung** und damit auch seine **Hilfengebung.** Im weiteren Verlauf der Ausbildung werden kreisrunde Volten auch unabhängig von der Bande an jedem beliebigen Punkt des Fahrplatzes gefahren, so bekommt der Fahrer ein Gefühl für die Bedeutung der verwahrenden Hilfen und verfeinert seine diagonale Hilfengebung.

Wichtig!

➤ Auf der kleinen Wendung muss das Pferd gut geschlossen und ausbalanciert sein, damit Takt und Selbsthaltung sichergestellt werden können. Wie bei allen Lektionen sollte auch beim Fahren von Volten nach dem Grundsatz „vom Leichten zum Schweren" vorgegangen werden – als Vorübung wird der Zirkel schrittweise und behutsam verkleinert, bevor die erste Volte angelegt wird. Zwei aufeinanderfolgende halbe Volten in Form eines „S" gefahren, gehören schon zu den schwierigeren Aufgaben. Gelingen beide halben Volten gleich groß, mit gleichmäßiger Stellung und Biegung, taktmäßig und in Selbsthaltung, dann sind Fahrer und Pferd ausbildungsmäßig schon ziemlich weit fortgeschritten.

Rückwärtsrichten

➤ Was?

Das Rückwärtsrichten überprüft und fördert die **Durchlässigkeit** und den Gehorsam. Beim Rückwärtsrichten wird von **Tritten** gesprochen, da sich das Pferd in diagonaler Fußfolge – ähnlich wie im Trab – nach hinten bewegt.

➤ Wie?

Besonders wichtig ist es, dass die ganze Parade zum Halten harmonisch gelingt und das Pferd vor dem Rückwärtstreten vertrauensvoll, gelassen an den Hilfen des Fahrers steht. Vor dem Rückwärtsrichten verkürzt der Fahrer die Leinen. Beide Leinen wirken einen kurzen Moment durchhaltend beziehungsweise leicht annehmend

Das Durchfahren einfacher Kegelpaare gehört zur Grundausbildung.

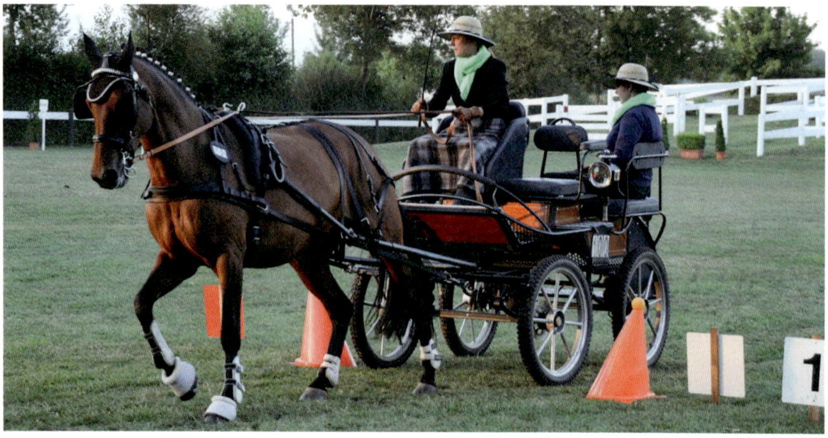

ein. Die durch die treibende Einwirkung abfußenden Beinpaare treten nach hinten, der Bewegungsimpuls wird nach rückwärts umgeleitet. Das Wechselspiel von treibenden, verhaltenden und nachgebenden Hilfen wird Tritt für Tritt so lange fortgesetzt, bis das Pferd wieder zum Halten kommt.
Einem seitlichen Ausweichen wird durch das Anlegen der Peitsche entgegengewirkt. Durch das rechtzeitige Treten der Drehkranzbremse wird ein Einschlagen der Kutsche vermieden. Das Rückwärtsrichten wird beendet, indem der Fahrer deutlich mit den Leinen nachgibt, ohne die Verbindung aufzugeben, und gegebenenfalls vorwärtstreibt.
Der Einsatz der Stimme ist ein zu empfehlendes Hilfsmittel.

Wichtig!

➤ Da das Pferd beim Rückwärtsrichten die Kutsche mit zurückschieben muss, sollte das erste Zurücktreten vor der Kutsche auf einem leicht abfallenden, festen Boden erfolgen. Der Einsatz einer Drehkranzbremse ist hier von Vorteil.

8.9.3 Grundlagen im Kegelfahren und Fahren im Gelände

Das Kegelfahren und das Fahren im Gelände sind feste Bestandteile für eine vielseitige Grundausbildung von Pferd und Fahrer. Dieses bringt nicht nur **Abwechslung** und Spaß in die alltägliche Arbeit, sondern es sorgt gleichzeitig für **Geschicklichkeit**, **Geschmeidigkeit** und gleichmäßige **Gymnastizierung.** Die Gewöhnung des Pferdes an unterschiedliche Umgebungen, an Hindernisse und an verschiedene Geländeformen gehört ebenso zur Grundausbildung wie die dressurmäßige Grundlagenarbeit. Ausgeglichenheit und Gehorsam werden dadurch verbessert beziehungsweise gefördert.

Grundausbildung im Kegelfahren

Die Kegelfahrausbildung des jungen Pferdes sollte immer von einem routinierten und gefühlvollen Fahrer durchgeführt werden. Schon nach den ersten Wochen der Grundausbildung können bereits erste einfache **Kegelpaare** in die Arbeit einbezogen werden. Dazu werden einzelne, etwas breiter gestellte Kegelpaare zunächst im Schritt und dann auch im ruhigen Trab absolviert. Werden die einzelnen Kegelpaare im Takt, losgelassen und in guter Anlehnung durchfahren, wird die Arbeit auf mehrere hintereinander folgende Kegelpaare und dann allmählich zu schwierigeren Hindernisfolgen mit geringer werdender Breite erweitert.

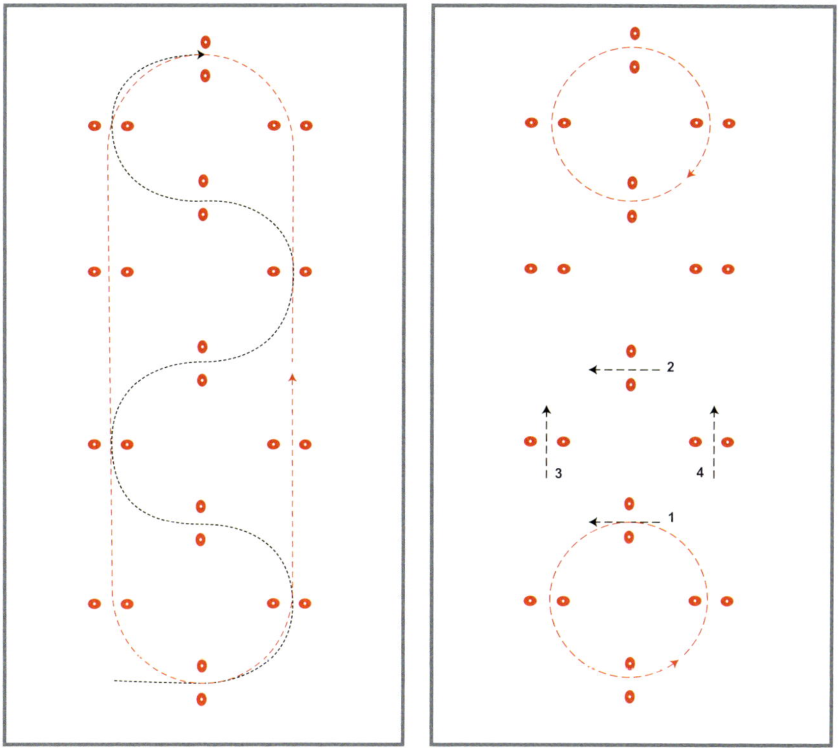

Musterparcours für Kegelfahrübungen

Auch **Stangenhindernisse** zunächst als einfaches „L", später als „U" oder als „Box" werden bei fortschreitender Ausbildung ebenfalls einbezogen.
Als eine gute Übung des Kegelfahrtrainings hat sich eine „liegende Acht" bewährt, bei der zwei aneinander liegende Zirkel (anfangs mindestens 30 m) durch ein Kegelpaar gewechselt werden können.
Weitere Kegelfahrübungen zur Gymnastizierung können dem Musterparcours (siehe oben) entnommen werden.

Grundausbildung im Gelände

Ausfahrten dienen dem mentalen Ausgleich des Pferdes und sind daher bei geeigneten Möglichkeiten eine hervorragende Abwechslung, auch vor oder nach den Trainingseinheiten in der Halle oder auf dem Platz. Aber auch einige dressurmäßige Übungen (z.B. Übergänge, Tempounterschiede, Fahren von Wendungen und gebogenen Linien, Leinen-aus-der-Hand-kauen-Lassen) können im Gelände gefahren werden und wirken unterstützend bei der systematischen Geländeausbildung.
Durch das Fahren im Gelände werden sowohl die **Aufmerksamkeit** als auch die **Gelassenheit** gefördert. Gleichzeitig werden die **Balance**, die **Koordination** der Bewegungen und somit auch die **Trittsicherheit** und Geschicklichkeit verbessert.
Grundübungen wie das **Bergauf-** und **Bergab-Fahren** im gleichbleibenden Tempo, das gehorsame Durchfahren von flachen **Wasserstellen** oder das Überqueren von Holzbrücken gehören zur vielseitigen Grundausbildung, unabhängig vom späteren Einsatzgebiet des Pferdes.
Dem jungen Pferd gibt ein „erfahrener Lehrmeister" an seiner Seite viel Vertrauen und Sicherheit!

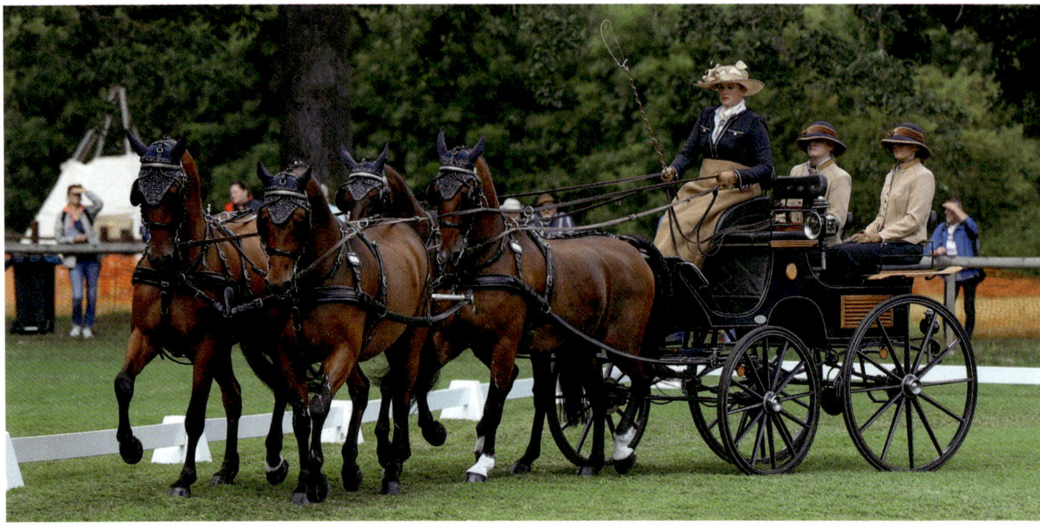

8.10 Fahrlehre Vierspänner

Für das Vierspännerfahren, das im Fahrsport auch als Königsklasse bezeichnet wird, ist es notwendig, sicher und routiniert mit Ein- und Zweispänner umgehen zu können.
Dies spiegelt sich im Fahrabzeichensystem wider. Nur derjenige, der zuvor das FA 5 und FA 4 für Ein- und Zweispänner abgelegt hat, wird für das erste Vierspännerabzeichen, das FA 3, zugelassen.
Beim Vierspänner werden vier Pferde paarweise vor den Wagen gespannt, die sich möglichst in Typ und Farbe ähneln. Dabei dürfen die Vorderpferde etwas gehfreudiger und edler sein, als die Stangenpferde, die am Wagen gehen. Der Wagen ist aufgrund der höheren Zugkraft der vier Pferde entsprechend schwerer und der Fahrer sitzt mit guten Überblick etwas höher.

8.10.1 Ausrüstung für den Vierspänner

Ebenso wie beim Zweispänner wird zwischen Kumt- und Brustblattanspannung unterschieden. Für den Vierspänner werden jedoch einige zusätzliche Ausrüstungsgegenstände benötigt.

- Je ein Leinenführungsring, der an den Fahrzäumen der Stangenpferde an der Außenseite von hinten in den Kehlriemen eingeschnallt wird und der Führung der Vorderleine dient.
- Je ein Vierspännermittelschlüssel auf dem Kammdeckel der Stangenpferde (anstelle des Aufsatzhakens

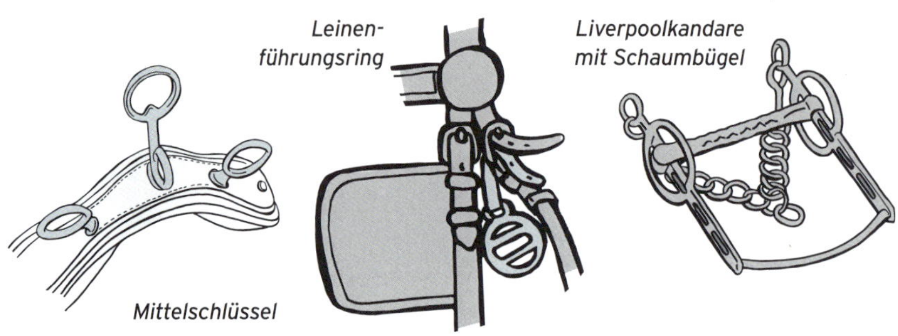

beim Zweispännergeschirr). Er dient zur Führung der Vorderleine und ermöglicht deren Kontrolle.

Zur Sicherheit empfiehlt es sich, bei den Stangenpferden eine Kandare mit Schaumbügel zu verwenden, um zu vermeiden, dass die Vorderleine beim Stangenpferd zwischen Maulspalte und Kandarenbaum geraten kann.

Die Deichselbrille eines zum Vierspännigfahren bestimmten Wagens muss so gearbeitet sein, dass an ihrem vorderen Ende die Möglichkeit zum Verschrauben oder Einhängen einer Vorderbracke gegeben ist. Bei herkömmlichen Deichselhaken muss dieser mit einem Lederriemchen verschlossen werden, damit die Stangenpferde sich nicht mit dem Gebiss festhaken. Mehr noch als beim Zweispänner ist es erforderlich, dass die Deichselbrille beweglich ist, um bei einem eventuellen Sturz eines Pferdes ausgleichen zu können.

Die Geschirre der Vorderpferde weisen gegenüber dem Zweispännergeschirr keine Besonderheiten auf, es werden lediglich zusätzlich Strangträger und ein Koppelriemen (Verbindungsriemen zwischen den Aufhalteringen der beiden Vorderpferde, ca. 80 bis 100 cm lang) eingeschnallt.

Die übliche Achenbach-Zweispännerleine ist für den Gebrauch als Hinterleine eines Vierspänners unpraktisch, denn die Kreuzschnallen liegen zu dicht vor den Händen und kommen so

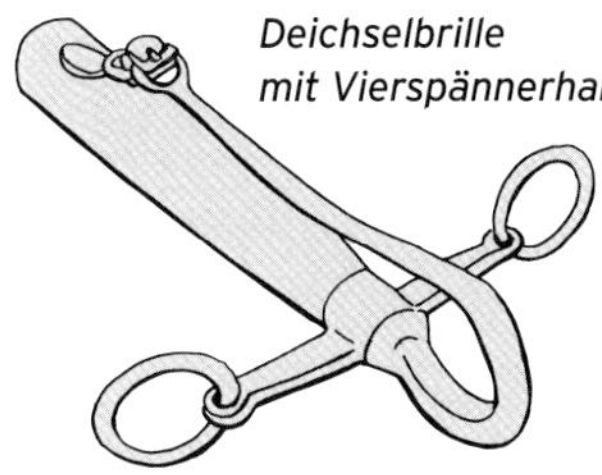

Deichselbrille mit Vierspännerhaken

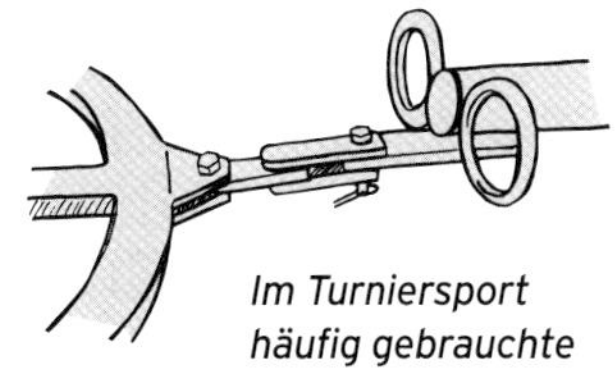

Im Turniersport häufig gebrauchte Deichselbrille mit Verbindung zur Vorderbracke

bei einigen Vierspänner-Leinengriffen in die Hände.

Die Vierspännerhinterleine (Stangenleine) ist abhängig von der Bauart des Wagens. Die Gesamtlänge der Außenleine beträgt 4,20 bis 4,50 m. Auf der durchgehenden Außenleine beträgt das Maß vom mittleren 6. Loch (Mittelloch) bis zur äußeren Gebissschnalle 2,45 m. Die Innenleine (12 cm länger) misst von der Kreuzschnalle bis zur Gebissschnalle der Innenleine (Kreuzstück) 2,57 m. Die Länge der ganzen Vorderleine beträgt 7,20 bis 7,50 m.

Bei der Vorderleine ist das Mittelloch von der äußeren Gebissschnalle 2,15 m entfernt, die Innenleine 2,27 m, damit die Vorderleinen gut auf den Vorderpferden liegen. Zum korrek-

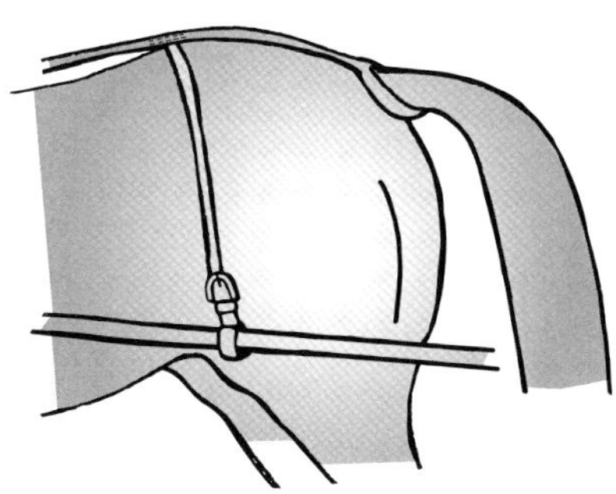

Strangträger

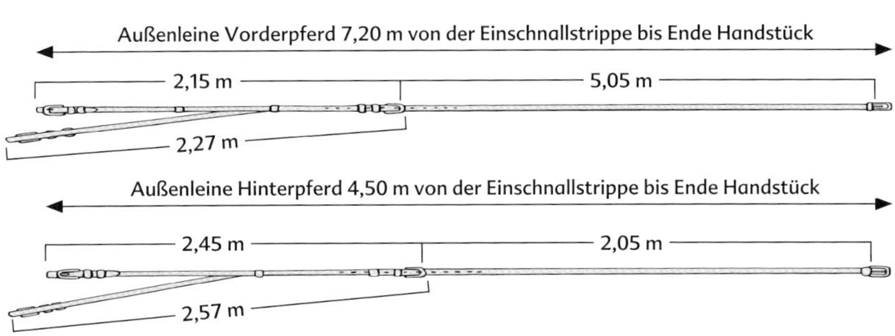

Vorderleine und Stangenleine (Hinterleine)

ten Abmessen der Leinen müssen die hinteren Nahtstellen auf beiden Leinen den gleichen Abstand zum Schnallstück am Gebiss haben. Mit der Achenbach-Vierspännerleine ist ein korrektes Vierspännigfahren jederzeit möglich. Die Verbindung der Vorderpferde zum Wagen wird durch die Vorderbracke mit den Vorderortscheiten hergestellt.
Unterschiedlich zum Zweispänner ist bei dem Mehrspänner in der Ausrüstung noch die Vierspännerpeitsche. Stilmäßig wird bei der Kumtanspannung die Bogenpeitsche benutzt, und beim Brustblattgeschirr die Stockpeitsche mit einer Stocklänge, die so lang sein soll, dass mit aufgeschlagener Peitsche die Stangenpferde in Höhe des Kammdeckels zu erreichen sind, ohne dass der Fahrer seine aufrechte Sitzposition aufgeben muss. Die Schnur der Peitschen muss so lang sein, dass auch die Vorderpferde erreicht werden können, ohne die Sitzposition zu verändern. Zu Trainingszwecken hat sich auch die ausziehbare Teleskoppeitsche bewährt.
Wegen der vergrößerten Länge des gesamten Gespanns eines Mehrspänners muss der Fahrer zum sicheren Überblick einen entsprechend erhöhten Fahrersitz haben. Zu diesem Zweck gehört zu der Ausrüstung des entsprechend für Mehrspänner geeigneten Wagens auch ein keilförmig gebautes Bockpolster, das mit der Sitzbank befestigt sein muss.

8.10.2 An- und Ausspannen des Vierspänners

Das Aufschirren der Pferde für einen Vierspänner erfolgt in gleicher Reihenfolge, wie es beim Zweispänner schon beschrieben wurde. Die Leinen der Vorderpferde werden von hinten durch die Leinenführungsringe am Kammdeckel, Kumt oder Brustblatt zum Kehlriemen geführt. Zwischen Kehlriemen und Kehle wird eine Schlaufe gelegt.
Bei den Stangenpferden wird zusätzlich im äußeren Kehlriemen der Leinenführungsring von innen nach außen eingeschnallt, sodass er zwischen Kehlriemen und Backenstück zum Liegen kommt.
Zuerst werden die beiden Stangenpferde an den Wagen gespannt, wie es auch bereits beim Zweispänner erläutert wurde. Anschließend werden die Vorderpferde vor die Stangenpferde gestellt und die Innenleinen sowie der Koppelriemen eingeschnallt. Als Nächstes werden die Leinen durch die Leinenführungsringe am Fahrzaum der Stangenpferde und dann durch den Mittelschlüsse auf dem Kammdeckel gezogen, zusammengeschnallt und zu den Stangenpferdeleinen unter den Oberblattstößel verwahrt.
Die weitere Anspannung erfolgt nach den gleichen Grundsätzen wie beim Zweispänner. Als zusätzliche Sicherung der Strangbefestigung dient ein Riemen am Ende des Ortscheites. Bei der Abschlussbesichtigung des ordnungsgemäß angespannten Vierspänners darf die Kontrolle des Verschlussriemens am Deichselhaken nicht vergessen werden.
Das Ausspannen der vier Pferde erfolgt in umgekehrter Reihenfolge wie das Anspannen.
Um eine Unruhe der Stangenpferde zu vermeiden ist es sinnvoll, alle vier Pferde gleichzeitig auszuspannen und vom Wagen wegzuführen.

Beim Ein- und Ausspannen eines Vierspänners müssen immer zwei Gehilfen zur Verfügung stehen.

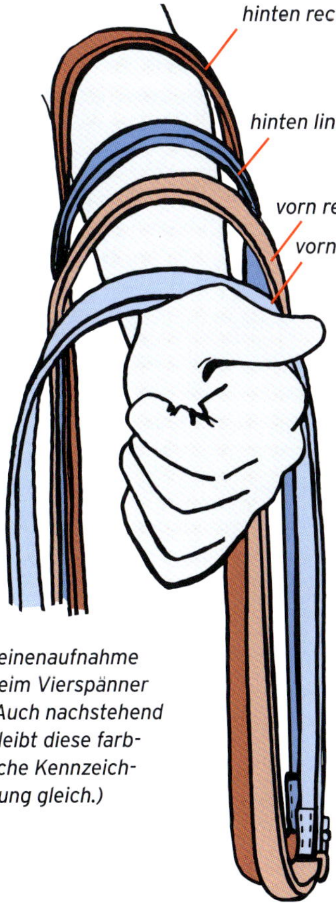

Leinenaufnahme beim Vierspänner (Auch nachstehend bleibt diese farbliche Kennzeichnung gleich.)

Leinenaufnahme beim Vierspänner

Das Leinenaufnehmen beim Vier- und Mehrspänner erfolgt analog zum Ein- und Zweispänner.

Nachdem der Fahrer die korrekte Aufschirrung und Anspannung noch einmal überprüft hat, stellt er sich auf der linken Seite des Gespanns in Höhe des Kammdeckels des linken Stangenpferdes circa eine Armlänge entfernt auf.

Dann nimmt er mit der rechten Hand alle Leinen aus der Verwahrung und legt sie sich geordnet von innen nach außen über den linken Unterarm, die rechte Stangenleine Richtung Ellenbogen, es folgen die linke Stangenleine, anschließend die rechte Vorderleine und die linke Vorderleine in Richtung Handgelenk.

Die rechte Hand ergreift die rechte Stangenleine zwischen Zeige- und Mittelfinger (V-Griff) direkt hinter der Kreuzschnalle und nimmt Fühlung (Kontakt) zum Pferdemaul auf.

Dann gleitet der Fahrer mit der Hand auf der Leine nach unten, bis der Arm senkrecht neben dem rechten Bein angekommen ist. Dieses Grundmaß hält er fest. Nun übergibt die linke Hand die linke Stangenleine hinter der Kreuzschnalle der rechten Hand zwischen Daumen und Zeigefinger. Die linke Hand zieht dann die linke Leine so weit nach vorn heraus, bis sich die Kreuzschnalle der linken Leine 5 cm über dem jeweiligen Normalloch der rechten Leine befindet.

Nun übergibt die rechte Hand die abgemessenen Leinen der linken Hand, indem man mit der rechten Hand unter den beiden Vorderleinen hindurchgreift, sodass der Mittelfinger die beiden Leinen teilt.

Nun ergreift die rechte Hand die rechte Vorderleine zwischen Zeige- und Mittelfinger (V-Griff) direkt hinter der Ansatznaht und nimmt Kontakt zum Pferdemaul auf. Dann gleitet der Fahrer mit der Hand auf der Leine nach unten, bis der Arm senkrecht neben dem rechten Bein angekommen ist. Dieses Grundmaß hält er wiederum fest.

Nun übergibt die linke Hand die linke Vorderleine hinter der Ansatznaht der rechten Hand zwischen Daumen und Zeigefinger.

Die linke Hand zieht dann die linke Leine so weit nach vorn heraus, bis sich die Ansatznaht der linken Leine 5 cm über der Ansatznaht der rechten Leine befindet.

Jetzt übergibt die rechte Hand die beiden Vorderleinen der linken Hand so, dass der Zeigefinger beide Leinen teilt.

Im Idealfall stehen alle vier Pferde im Zug. Sollten jedoch die Vorderpferde zurückgetreten sein, müssen die beiden Vorderleinen verlängert werden.

Je nach Entfernung des Kutschbocks verlängert der Fahrer die Leinen nach Bedarf. Der Fahrer geht jetzt mit Blick zu den Pferden seitwärts zum Wagen und steigt auf. Er setzt sich sofort hin, nimmt das Leinenende mit der rechten Hand vom linken Unterarm, öffnet geräuschlos die Bremse, nimmt die Peitsche in die Hand, stellt die Pferde ans Gebiss und ist bereit zum Abfahren. Die Beifahrer gehen auf die Seite des Gespanns zum Aufsteigen.

Grundhaltung beim Vierspänner

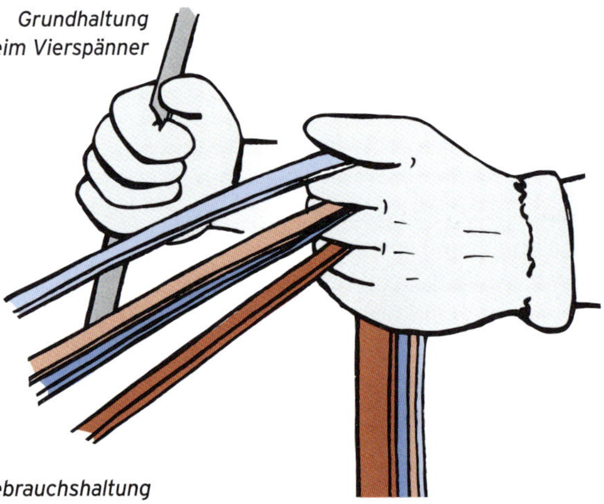

Gebrauchshaltung beim Vierspänner

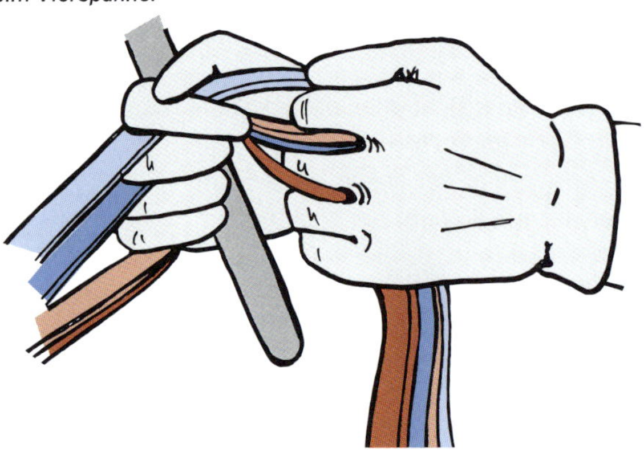

8.10.3 Haltung der Leinen beim Vierspänner

Wir unterscheiden zwischen Grundhaltung und Gebrauchshaltung. Die beim Zweispänner benutzte Arbeitshaltung (Dressurhaltung) entfällt bei Mehrspännern. Die **Grundhaltung** vereinigt alle vier Leinen immer in der linken Hand. Dort müssen die Leinen unverrückbar festliegen, wenn sie nicht bewusst durch die rechte Hand verändert werden. In der Grundhaltung werden die Vorderleinen durch den Zeigefinger und die Hinterleinen durch den Mittelfinger getrennt, die rechte Vorderleine liegt auf der linken Hinterleine zwischen Zeige- und Mittelfinger der linken Hand des Fahrers.

Zur **Gebrauchshaltung** geht die rechte Hand, die die Peitsche führt, unmittelbar vor die linke Hand und ergreift beide rechten Leinen (vorn rechts, hinten rechts) mit dem kleinen und dem Ringfinger, der Mittelfinger der rechten Hand schiebt sich zwischen die beiden linken Leinen, Daumen und Zeigefinger umfassen die linke Vorderleine. Schließt sich nun die rechte Hand in dieser Stellung, so kann die linke Hand, ohne jedoch die Leinen zu verlassen, entlastet werden. Die Leinenenden liegen außen am linken Oberschenkel des Fahrers herunter.

8.10.4 Verkürzen und Verlängern der Leinen – Ausrichten eines Vierspänners

Das Verlängern der Leinen

Um alle vier Leinen gleichmäßig zu verlängern, schließt sich in der Gebrauchshaltung die rechte Hand und zieht alle Leinen um das zu verlängernde Stück aus der sich leicht öffnenden linken Hand heraus. Danach schließt sich die linke Hand wieder fest und die rechte Hand gleitet auf den Leinen zur linken Hand zurück.

Das Verkürzen aller Leinen

Das Verkürzen aller Leinen gleichzeitig geschieht wie beim Zweispänner. Verkürzen der Leinen ist möglich durch

- zentimeterweises Verkürzen,
- Verkürzen um ein größeres Stück,
- vorübergehendes Verkürzen.

Verkürzen oder Verlängern der Vorderleine

Ziehen die Vorderpferde zu viel oder zu wenig, so sind die Vorderleinen allein zu verkürzen oder zu verlängern. Da die rechte Vorderleine in der linken Hand auf der linken Hinterleine liegt, muss zu einer Veränderung der Länge beider Vorderleinen zunächst die rechte Vorderleine auf den Zeigefinger gelegt werden. Dazu dreht sich der Zeigefinger nach vorn, wird aus den Leinen herausgenommen und schiebt sich dann unter die rechte Vorderleine. Beide jetzt aufeinander liegenden Vorderleinen werden von der rechten Hand vor der linken erfasst und in die linke Hand hineingeschoben oder, wenn die Leinen verlängert werden sollen, herausgezogen. Nach dem Verkürzen oder Verlängern wird der Zeigefinger der linken Hand wieder zwischen die beiden Vorderleinen geschoben.

Sollen beide Hinterleinen verkürzt werden, so geschieht dies entweder dadurch,

- dass zunächst alle vier Leinen verkürzt und anschließend die Vorderleinen verlängert werden oder
- dass erst die Vorderleinen verlängert und dann alle vier Leinen verkürzt werden.

Dies richtet sich danach, wie stark die Pferde im Zug stehen.

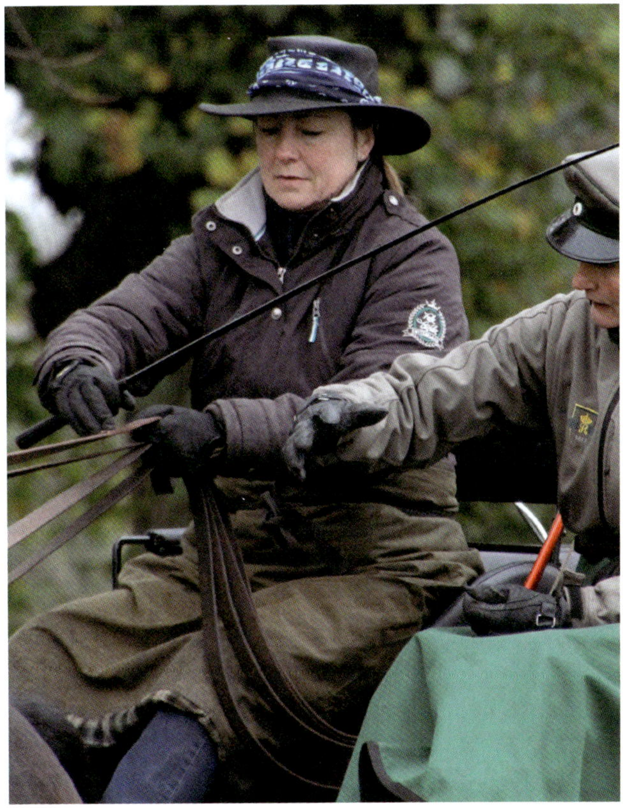

Um das Leinenmaß beim Vierspänner zu korrigieren, greift die rechte vor die linke Hand.

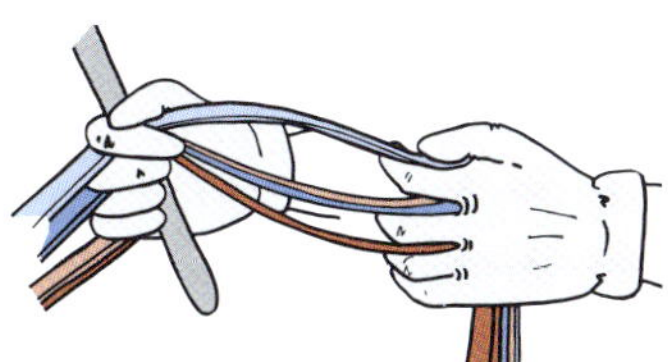

Verlängern und Verkürzen der Leinen um ein kurzes Stück

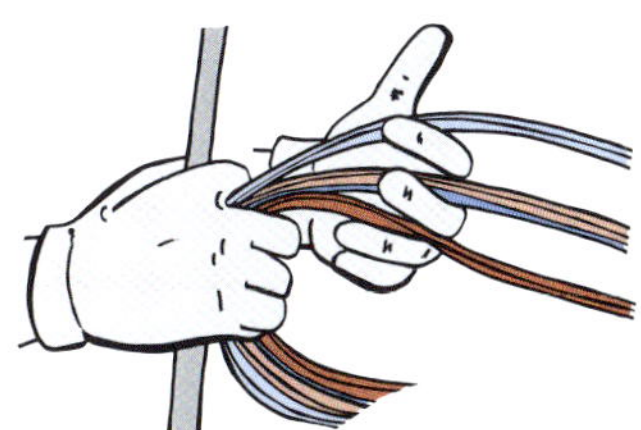

Verkürzen aller vier Leinen um ein größeres Stück

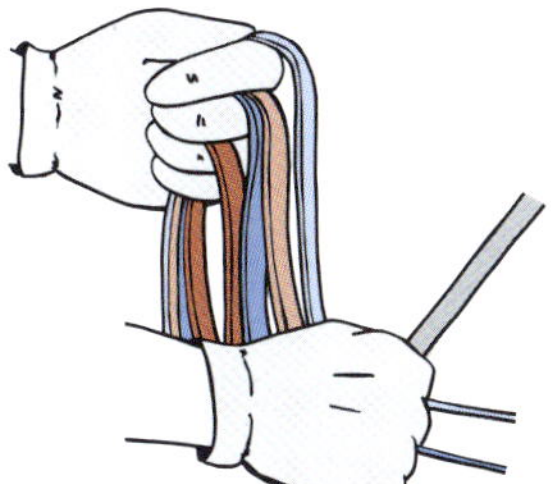

Verkürzen aller Leinen vorübergehend

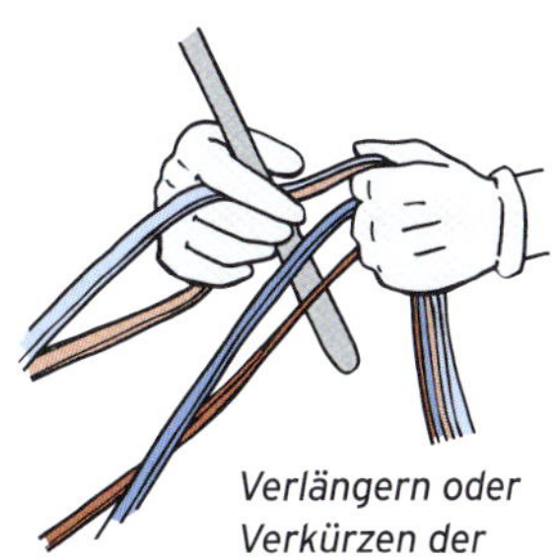

Verlängern oder Verkürzen der Vorderleinen

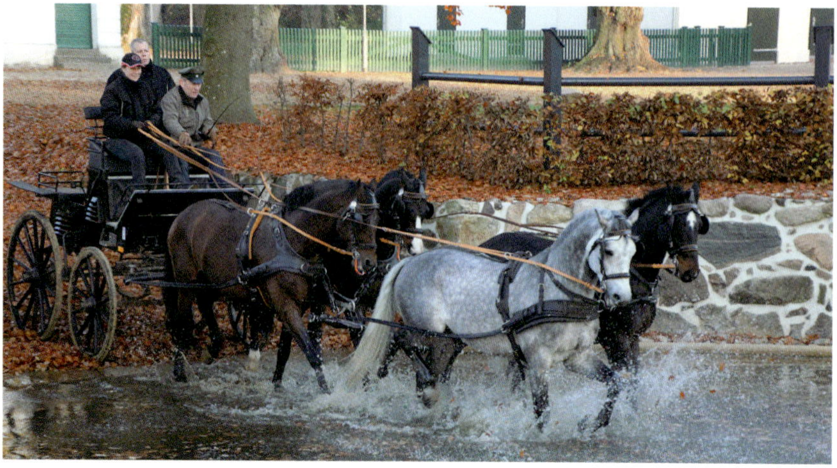

Vor der Ausbildung zum Vierspännerfahren ist viel Routine im Ein- und Zweispänner notwendig.

Sollen beide Hinterleinen verlängert werden, so geschieht dies entweder dadurch,

- dass alle vier Leinen verlängert und anschließend die Vorderleinen verkürzt oder
- zuerst die Vorderleinen verkürzt und danach alle vier Leinen verlängert werden.

Verkürzen oder Verlängern einzelner Leinen

Sollen einzelne Leinen verändert werden, so ist dies nur über die einzeln in der Hand verlaufende linke Vorder- und rechte Hinterleine, die sogenannten Korrekturleinen, möglich. Da die rechte Vorder- und die linke Hinterleine zwischen Zeige- und Mittelfinger aufeinanderliegen, darf eine Veränderung dieser Leinen niemals einzeln vorgenommen werden.

Das Verlängern oder Verkürzen der linken Vorder- oder der rechten Hinterleine erfolgt aus der Gebrauchshaltung, indem mit der rechten Hand die linke Vorderleine verlängert oder verkürzt wird. Gehen die Vorderpferde zu weit links, wird die linke Vorderleine verlängert, bis die Vorderpferde ausgerichtet sind. Sind die Vorderleinen zu lang geworden, werden sie verkürzt. Gehen die Stangenpferde zu weit nach links, wird die rechte Stangenleine verkürzt.

Gehen die beiden Vorderpferde zu weit nach rechts, wird die linke Vorderleine verkürzt.

Sind beide Pferde zu weit aus dem Zug gekommen, werden die beiden Vorderleinen verlängert.

Gehen die beiden Hinterpferde zu weit rechts, wird die rechte Stangenleine verlängert. Sind die Stangenleinen zu lang geworden, werden erst alle vier Leinen verkürzt und dann die beiden Vorderleinen verlängert.

Sind die Leinen insgesamt zu kurz geworden, werden alle Leinen um das gewünschte Maß verlängert.

8.10.5 Richtungsänderungen und Wendungen mit dem Vierspänner

Bei allen Richtungsänderungen und Wendungen mit einem Vierspänner hat der Fahrer größte Aufmerksamkeit auf den Straßenverkehr beziehungsweise auf einem Übungsplatz auf andere Benutzer wie Fußgänger, Reiter oder Fahrzeuge zu legen. Die Verkehrsvorschriften sind genau zu beachten. Im Straßenverkehr sind die notwendigen Verkehrszeichen auch von den Beifahrern zu geben oder ein Beifahrer sitzt zum Einweisen ab.

Links oder rechts heranfahren

Um mit dem Gespann links auszuweichen oder an die linke Seite heranzufahren, greift die rechte Hand etwa 15 cm vor der linken Hand die linke Vorder- und Hinterleine, den Mittelfinger zwischen beide gesteckt, schließt die Hand, geht dann mit der linken Hand in Richtung unter die rechte, auf diese Weise rechts nachgebend. Mit entgegengesetzter Hilfengebung wird an die rechte Straßenseite zurückgefahren.

Um rechts heranzufahren greift der Fahrer mit der rechten Hand auf den beiden rechten Leinen circa 15 cm vor die linke Hand. Die rechte Hand hält mit den unteren drei Fingern die Leinen fest und die linke Hand geht zum Nachgeben der linken Leinen Richtung der rechten Hand.

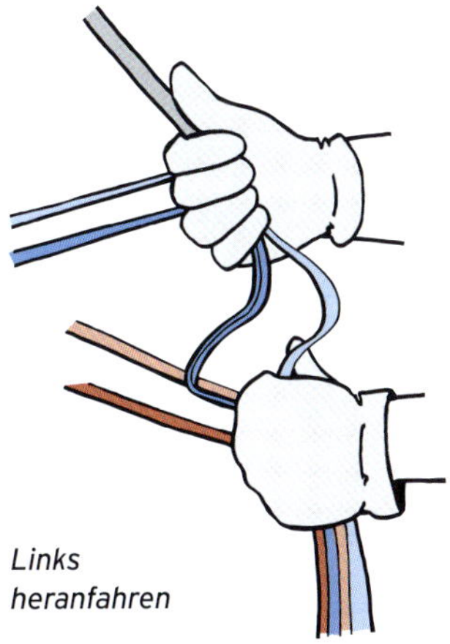

Links heranfahren

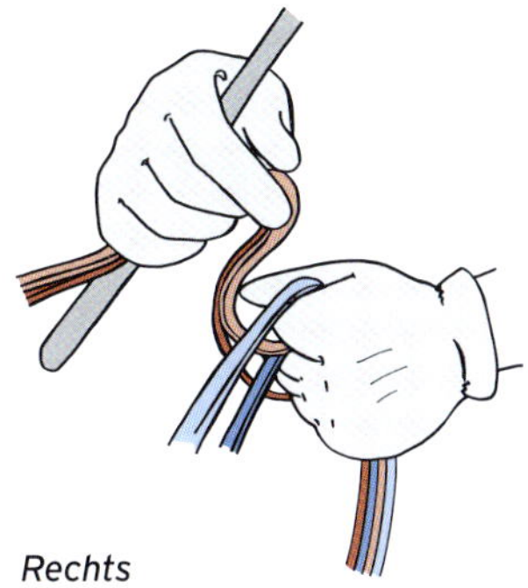

Rechts heranfahren

> Vor Wendungen ist das Trabtempo der Größe des Bogens und der Beschaffenheit des Bodens entsprechend zu verkürzen. Enge Rechtswendungen werden immer im Schritt gefahren.

8.10.5.1 Fahren von Wendungen

Beim Fahren von Wendungen mit einem Vierspänner muss beachtet werden, dass die Vorderpferde nicht am Zug beteiligt sein dürfen. Würden die Vorderpferde den Wagen ziehen oder auch nur am Zug beteiligt sein, wird die Wendung zu eng und nicht korrekt ausgefahren werden können. Die Richtung des Wagens in den Wendungen bestimmen immer die Stangenpferde, die deshalb von den Vorderpferden in der Beweglichkeit der Deichsel nicht behindert werden dürfen. In den Wendungen soll das innere Stangenpferd „Auf Lücke" (Luke) gehen, das heißt, es soll in Richtung zwischen die beiden Vorderpferde gehen.

Die Linkswendung

Die Linkswendung wird circa 15 m vor der Wendung durch Verkürzen des Tempos mit Gebrauch der Bremse und dem Vergewissern, ob die Fahrtrichtung frei ist, eingeleitet. Damit das innere, „auf Lücke" (Luke) gehende Pferd den Wagen korrekt durch die Wendung ziehen kann, muss der Fahrer durch die in die oder aus der Wendung gehende Leinenhand die Stangenpferde auf derselben Linie führen, auf der die Vorderpferde gelaufen sind. Bei Stangenpferden, bei denen das innere Pferd den Wagen nicht genügend durch die Wendung zieht, kann es gegebenenfalls erforderlich sein, einen sogenannten „Widerstand" zu legen. Hierzu wird vor der Wendung mit der rechten Hand, die rechte Hinterleine über den ausgestreckten Zeigefinger der linken Hand gelegt.

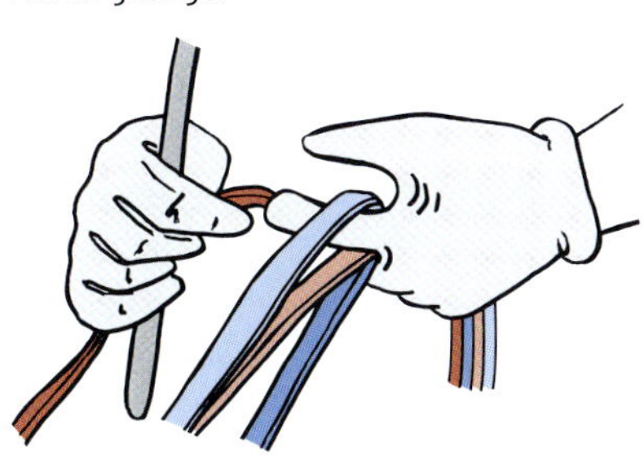

Widerstand für die Linkswendung

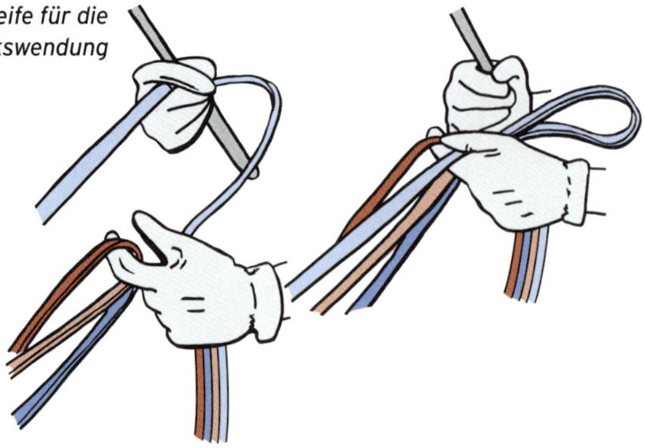
Schleife für die Linkswendung

Befinden sich die Vorderpferde mit dem Kammdeckel am Anfang der zu fahrenden Linkswendung, fasst die rechte Hand die linke Vorderleine zwischen Zeige- und Mittelfinger etwa 15 bis 20 cm vor der linken Hand, nimmt „vermehrte Fühlung" auf und legt dann mit dieser Leine eine Schleife unter den Daumen der linken Hand. Wenn nun die Wendung zu eng wird, kann die rechte Hand dann auf den beiden rechten Leinen nach vorn greifen und gegenhalten, während die linke Hand unter der rechten Hand zum Nachgeben nach vorn geht.
Um den Radius zu verkleinern, kann die rechte Hand auf den beiden linken Leinen nach vorn greifen und gegenhalten und wieder mit der linken Hand unter der rechten nachgeben.

Beim Schleifelegen muss immer die Schleife zur Leinenhand (linke Hand) kommen. Eine zu groß gelegte Schleife kann man immer passend machen. Eine zu klein gelegte Schleife kann schlecht korrigiert werden. Gehen die Pferde nach dem Legen der „Schleife" zu scharf in die Linkswendung, so ist dies nur durch das Leinenmaß zu korrigieren. Festhalten an der äußeren Leine führt zur Außenstellung.

Die Rechtswendung

Zur Rechtswendung wird das Tempo circa 15 m vor der Kreuzung bis zum Schritt verkürzt. Ein Verkürzen der Leinen kann erforderlich sein. Zum Widerstand für die Rechtswendung geht die linke Hand während des Einleitens der Wendung mit der Hand in die Wendung.
Die rechte Hand greift circa 15 bis 20 cm auf der rechten Leine vor und legt mit den unteren drei Fingern eine Schleife unter den Zeigefinger der linken Hand. Nach Bedarf kann die Schleife wieder unter dem linken Zeigefinger hinausgleiten. Die linke Hand geht wieder in die Ausgangsposition zurück.

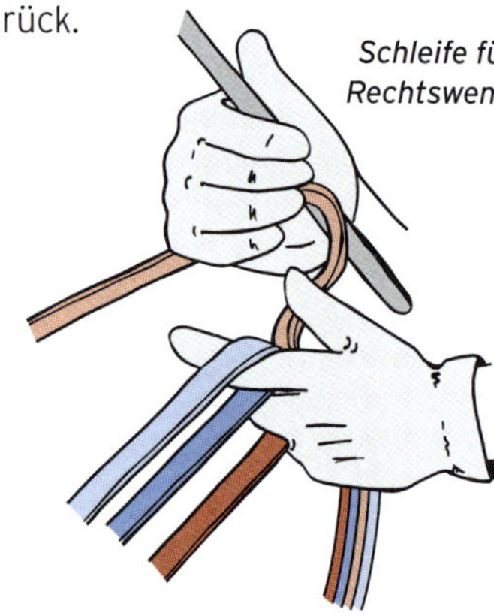
Schleife für die Rechtswendung

Kehrtwendungen

Kehrtwendungen dürfen auch im Vierspänner nur im verlangsamten Schritt gefahren werden. Auch hier gilt: „Rechtskehrtwendungen dürfen nicht im Straßenverkehr gefahren werden!"

Linkskehrtwendung

Zur Linkskehrtwendung wird zunächst auch wieder möglichst weit rechts herangefahren. Vor dem Einleiten muss nun der Widerstand auf den linken Zeigefinger geholt werden, anschließend wird die erste, etwas kleinere

Schleife unter den Daumen der linken Hand gelegt. Sobald die Vorderpferde die Wendung einleiten, wird nun der Widerstand losgelassen und eine zweite, etwas größere Schleife nachgeholt. Nun kann die rechte Hand wieder entsprechend gegenhalten.

Rechtskehrtwendung

Wenn nötig, wird auch zur Rechtskehrtwendung möglichst weit links herangefahren. Nun müssen alle vier Leinen verkürzt werden, um ein Davoneilen der Pferde zu vermeiden. Zur Verstärkung des Widerstandes kann gegebenenfalls die rechte Stangenleine durch Filieren etwas verlängert werden. Zusätzlich geht die linke Hand während des Einleitens wieder in die Wendung.

Zuerst legt nun die rechte Hand wieder eine kleine Schleife unter den Zeigefinger. Vor dem Legen der zweiten, etwas größeren Schleife geht nun die linke Hand wieder zur Körpermitte zurück. Wenn die Vorderpferde nun wieder in die neue Richtung blicken, wird durch Herausgleiten der Schleife unter dem Zeigefinger die Wendung beendet. Anschließend muss die rechte Stangenleine gegebenenfalls wieder zurückfiliert und alle vier Leinen müssen wieder etwas verlängert werden.

> Bei den Kehrtwendungen dürfen die Vorderpferde sich niemals am Zug beteiligen.

8.10.6 Rückwärtsrichten

Um einen Vierspänner ordnungsgemäß rückwärtszurichten, ist es notwendig, das Rückwärtsrichten am Zweispänner eingehend zu üben. Vor dem Rückwärtsrichten zuerst die Vorderleinen etwas verlängern, dann werden alle vier Leinen verkürzt, daraufhin nimmt der Fahrer die Leinen so viel an, bis die Pferde in gleichmäßigen Tritten rückwärtsrichten. Es muss darauf geachtet werden, dass die Pferde nicht von der geraden Linie abweichen. Soll das Rückwärtsrichten beendet werden, so geht die Hand wieder in Richtung Pferdemaul vor und die Leinen werden verlängert. **Es eignet sich als Leinengriff das vorübergehende Verkürzen.** Zweckmäßig ist es, bei Beendigung des Rückwärtsrichtens die Bremse zu bedienen.

8.10.7 Die Peitsche und ihr Gebrauch

Der Fahrer eines Vierspänners muss in der Lage sein, auch den Vorderpferden notwendige Hilfen zu geben. Dies muss vom Fahrer geübt werden. Die ersten Peitschenübungen werden am besten an der Übungsattrappe gemacht, wobei der Übende schon etwas erhöht sitzen sollte, um das Aufwerfen richtig zu lernen. Um mit der Peitschenschnur nicht am Rad hängen zu bleiben oder die anderen Pferde des Gespannes zu beunruhigen, muss die Schnur der Vierspännerpeitsche, wenn sie nicht an den Vorderpferden gebraucht wird, aufgeworfen werden. Das Aufwerfen der Peitsche wird erleichtert, wenn der Stock der Vierspännerpeitsche steif ist und am obersten Ende kleine, hervorstehende Ästchen hat, an denen die Schnur sich fangen kann. Diese muss weich sein und des Öfteren gefettet werden, damit sie sich gut um den Peitschenstock legt.

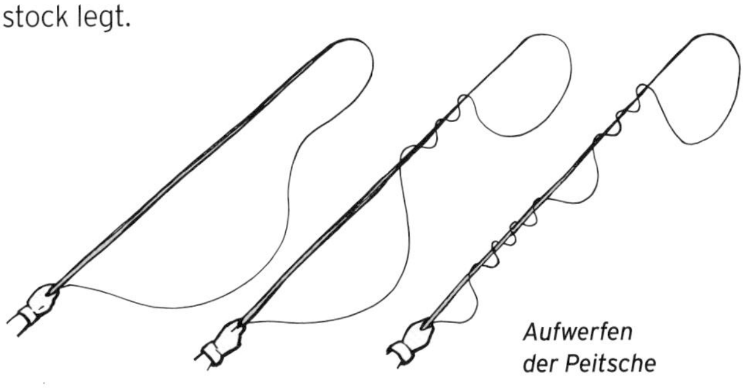

Aufwerfen der Peitsche

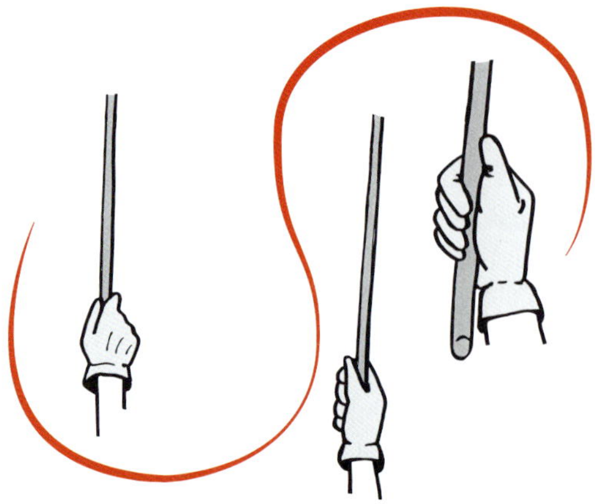

Die Handbewegung zum Aufwerfen der Peitsche

Zum Aufwerfen der Peitschenschnur umfasst die rechte Hand die Schnur am Ende zusammen mit dem Peitschengriff und lässt sie im großen Bogen herunterhängen. Das Aufwerfen der Peitschenschnur geschieht nun in umgekehrter S-Form, indem man mit der etwas über waagerecht erhobenen Peitsche eine Bewegung von links unten nach rechts oben macht. Dabei dreht sich die Faust so, dass man im unteren Bogen den Daumennagel und im oberen Bogen die Nägel der anderen vier Finger und den Daumen von seiner linken Seite sieht.

Der Arm wird dabei mäßig ausgestreckt. Man beginnt langsam etwas unter der Waagerechten. Gegen Mitte der Abbildung beschleunigt man die Bewegung etwas. Am anderen Ende ist sie dann schnell und wird durch plötzliches Stillhalten der Faust so unterbrochen, dass sich die Schnur mehrmals um den ganz still gehaltenen Peitschenstock wickelt. Die Faust muss dabei in der beschriebenen Weise etwas gedreht werden. Auf keinen Fall darf man mit dem Stock nach der Schnur schlagen, sondern die Schnur muss gegen den Stock fliegen und sich mit zwei gegenteiligen Windungen um ihn wickeln. Liegt die Schnur so, wie es die Abbildung zeigt, bringt die rechte Hand den Peitschenstock der vor der Mitte des Leibes stehenden linken Hand so entgegen, dass diese die Schnur erfassen kann. Die rechte Hand entfernt sich dann nach rechts so vom Körper, dass die feststehende linke Hand das untere Gewinde vom Stock abziehen kann, wobei aber das obere Gewinde unverletzt bleiben muss. Indem die linke Hand das Schnurende festhält, wird der Stock mit Schwung so um seine Längsachse gedreht, dass die große Schlaufe um den Stock herumschwingt, ohne dass sich das Gewinde abwickelt. Dabei wird der Stock in der rechten Hand durch die mittastenden Finger gedreht und die Schnur wickelt sich um den Stock, wobei sich das Gewinde in derselben Richtung nach unten fortsetzt. Bei der aufgeworfenen Vierspännerpeitsche hält der Daumen das Peitschenschnurende. Der am oberen Peitschenstock herabhängende Schnurbogen dient als Peitsche für die Stangenpferde.

Zum Gebrauch der Peitsche an den Vorderpferden wickelt der Fahrer die Schnur zunächst ab, indem er die Peitsche halb rechts nach unten hält und die Schnur durch Drehen aus dem Handgelenk vom Stock löst, dann lässt der Daumen das Ende der Schnur los und der Fahrer fasst den Peitschenstock durch Aufstoßen auf dem rechten Oberschenkel am Ende. Um das rechte Vorderpferd zu treffen, beschreibt der Fahrer mit der Peitsche aus dem Schultergelenk heraus einen Kreis nach rechts – umgedreht wie die Raddrehung – und legt den Schlag aus vollem Arm möglichst weit nach vorn an das Pferd. Um das linke Vorderpferd zu treffen, wird der Schlag der Peitsche mit einem leichten Schwung aus dem Handgelenk nach links herübergeworfen, ohne dabei die Pferde zu berühren. Nun beschreibt der Fahrer aus langem Arm mit der Peitsche einen Kreis nach links - wiederum entgegengesetzt der Raddrehung - und legt dann den Schlag weit nach vorn an das linke Pferd. Der Peitschenstock darf nicht sofort zurückgenommen werden, damit die Stangenpferde nicht von dem plötzlich zurückgezogenen Schlag getroffen werden. Dreht man beim Zurücknehmen des Schlages den Peitschenbogen langsam über den Pferden von links nach rechts, so fällt der Schlag auf den rechten Oberschenkel oder unter den rechten Arm. Von dort kann er von Daumen und Zeigefinger der rechten Hand aufgenommen und zusammen mit dem Peitschenstock festgehalten werden. Nach Aufnehmen des Schlages mit der rechten Hand geht diese an den linken Daumen heran. Dieser zieht den Schlag, ohne jedoch dabei die Leinen auch nur um das Geringste zu verändern, so weit hervor, dass der Schlag wieder zum Aufwerfen fertig ist. Peitschenhilfen müssen immer aus dem vollen Arm gegeben werden. Wer fälschlich aus dem Handgelenk schlägt und dadurch den Schlag zurückzieht, bleibt leicht am Geschirr oder an Bäumen hängen.

Nur häufiges Üben führt zum sicheren Peitschengebrauch.

Für Trainingszwecke eignet sich als Peitsche für die Vorderpferde ebenfalls eine Teleskoppeitsche, die 4 bis 5 m ausgefahren werden kann, mit Schlag als Stock- oder Bogenpeitsche. Sie hat den Vorteil, dass sie gezielter eingesetzt und bei Bedarf auch an der Innenseite der Vorderpferde angelegt werden kann.

8.11 Das Zweihandsystem

Seit einigen Jahren hat sich beim Gelände- und Kegelfahren das Zweihandsystem im Turniersport durchgesetzt. Seit dem Inkrafttreten der Ausbildungs-Prüfungs-Ordnung (APO) 2020 wird dieses System auch bei der praktischen Teilprüfung des Stilkegelfahrens abgeprüft.

8.11.1 Ein- und Zweispänner

Als Leinenhaltung bieten sich verschiedene Möglichkeiten an, wobei die sogenannte „Reitzügelhaltung" am meisten verbreitet ist, da sie von vielen Fahrern aus dem Reitsport übernommen wird. Diese Haltung ermöglicht es dem Fahrer, über das Drehen der Handgelenke ebenso feine Hilfen dem Gespann zu übermitteln wie das Achenbach-Fahrsystem. Jedoch bietet es den Vorteil, dem Fahrer gegebenenfalls ein schnelleres Annehmen und Nachgeben sowie Verkürzen und Verlängern des Leinenmaßes zu ermöglichen in den heute sehr schnellen Gelände- und Kegelfahrprüfungen.
Beim Einsatz der Peitsche ist darauf zu achten, dass die Anlehnung an der rechten Leine nicht verloren geht und

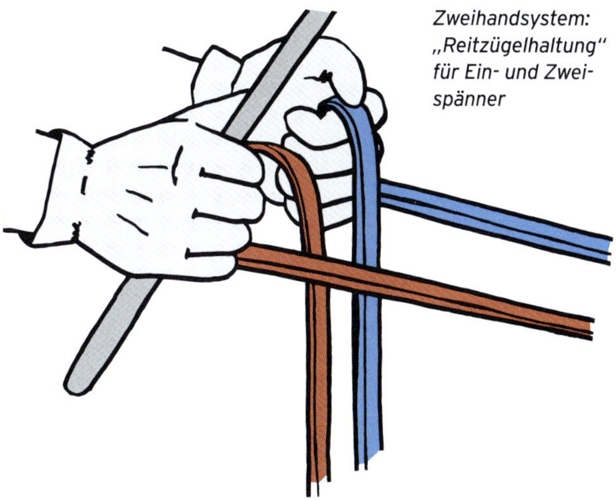

Zweihandsystem: „Reitzügelhaltung" für Ein- und Zweispänner

die Pferde dabei nicht im Maul gestört werden. Die Hilfengebung mit der Peitsche soll lediglich durch das Drehen des rechten Handgelenkes erfolgen. Da hierbei die Peitschenhilfen nicht aus der freien Hand gegeben werden, sollte das Zweihandsystem nur von Fahrern ausgeübt werden, denen das Achenbach-Fahrsystem bereits in Fleisch und Blut übergegangen ist.

Als Zweispännerleinen hat es sich als praktisch erwiesen, wenn die Kreuzschnallen ähnlich wie bei den Vierspännerstangenleinen etwas weiter von der Hand des Fahrers entfernt sind, um in engen Wendungen nicht in der Hand des Fahrers zu stören. Die Einschnallstrippen sind dafür oftmals etwas länger und mit drei bis vier Löchern ausgestattet, um einen eventuellen Ausgleich direkt am Gebiss durchführen zu können.

8.11.2 Vierspänner

Hierzu werden, ebenso wie beim Achenbach-Fahrsystem, dieselben Leinen verwendet, wogegen auf den Vorderleinen die Kreuzschnallen wegen des Hängenbleibens im Leinenführungsring fehlen und dafür die Einschnallstrupfen etwas länger sind, um den Ausgleich von circa drei bis vier Loch direkt vornehmen zu können. Des Weiteren braucht man zwei Schnallen Leinenfrösche (Leinenklammern), die vom Leinenende her eingezogen werden, und um die zusätzlich auf Vorder- und Hinterleinen angebrachten Löcher einzuschnallen. Es ist darauf zu achten, dass das Leinenmaß entsprechend kurz gewählt wird.

Die Schnallen sollten rund sein und nicht kantig, da sie in der Hand oder direkt hinter der Hand liegen müssen. Die Löcher auf den Leinen müssen so angebracht sein, dass bei aufrecht sitzendem Fahrer und leicht angewinkeltem Ellenbogen über die Fahrerhand zu den Leinen eine Linie besteht und die Verbindung zwischen Fahrerhand und Pferdemaul über die Leinen hergestellt worden ist. Dabei muss darauf geachtet werden, dass die Vorderpferde in den Hindernissen im Gelände wie auch beim Kegelfahren nicht am Zug beteiligt sind. Auf der Strecke können die Leinen so eingestellt werden, dass die Vorderpferde sich am Zug beteiligen und die Hinterpferde damit entlasten.

Das Zusammenschnallen der Leinen ist wichtig, damit einzelne Leinen nicht aus der Hand des Fahrers gleiten können. Die Schnallen liegen entweder direkt in der Hand oder direkt hinter den aufrecht stehenden Händen, wobei die beiden linken Leinen (Vorder- und Hinterleine) in der linken Hand und die beiden rechten Leinen in der rechten Hand liegen, die zusätzlich auch die Peitsche hält. Die Vorderleinen laufen zwischen Daumen und Zeigefinger, die Hinterleinen laufen unter dem kleinen Finger Richtung Pferdemaul.

Zum Fahren von Wendungen ist es wichtig, dass beide Fäuste senkrecht nebeneinanderstehen.

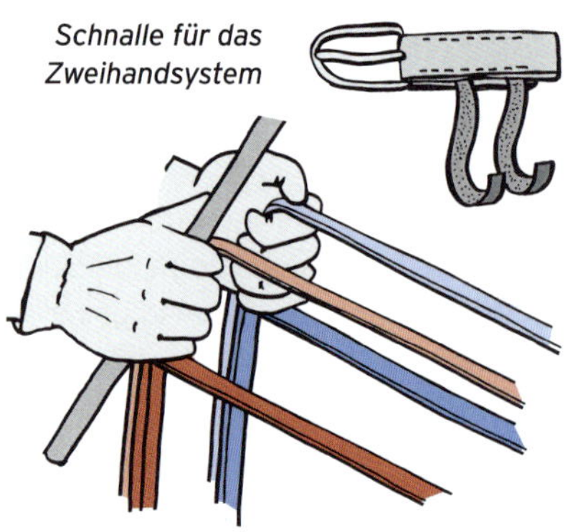

Das Zweihandsystem beim Vierspänner

Schleife bei der Linkswendung Holen der Schleife

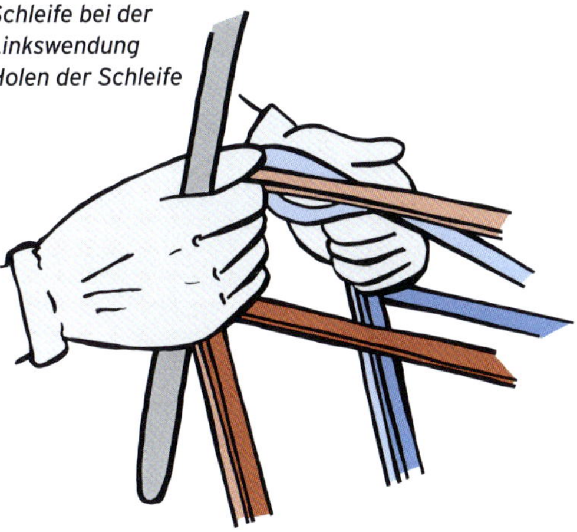

Die eingeholte Schleife

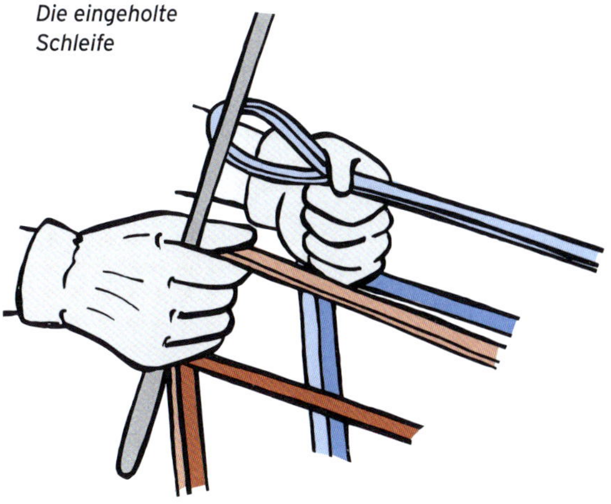

Zum Holen der jeweiligen Schleifen auf den Vorderleinen werden zum Beispiel für die Linkswendung der rechte Daumen und Zeigefinger benutzt, die nur kurz vor die linke Hand greifen, durch Drehen der Fäuste die linke Vorderleine nehmen, sich zurückdrehen und unter den linken Daumen legen. Dies wird so oft wiederholt, wie die Größe der zu fahrenden Wendung dies erfordert. Ein Nachgreifen ist jederzeit möglich. Die äußere Hand gibt dabei so viel nach, wie die Pferde für die jeweilige Wendung benötigen. Würde sie weiter nach vorn gehen, sodass die Außenleinen durchhängen, wäre die äußere Anlehnung zu den Pferden nicht mehr gegeben und sie würden in die Wendung fallen. Durch langsames Öffnen des Daumens wird nach Beendigung der Wendung die Schleife wieder Richtung Pferdemaul herausgelassen. Die Rechtswendungen werden genau in umgekehrter Reihenfolge durchgeführt.

Das Zweihandsystem ermöglicht einen schnelleren Wechsel zwischen Links- und Rechtswendungen als das Achenbach-Fahrsystem und ist im Kegelfahren und in der Geländeprüfung heute als unerlässlich anzusehen.

Die Peitsche wird durch Senken der rechten Hand für die Hinterpferde so eingesetzt, dass sie nicht im Maul gestört werden. Für die Vorderpferde wird das rechte Leinenpaar der linken Hand übergeben. Das rechte Leinenpaar liegt dann genauso in der Hand wie das linke Paar und der Fahrer hat die rechte Hand frei, um die Peitschenhilfen bei den Vorderpferden anzubringen.

Die annehmenden und nachgebenden Hilfen müssen bei diesem System genauso das A und O des Fahrers sein wie beim Achenbach-Fahrsystem. Nur der geübte Fahrer, der das Achenbach-Fahrsystem beherrscht, wird mit dem Zweihandsystem seine Pferde sicher und pferdeschonend bei den heutigen sportlichen Anforderungen im Gelände- und Kegelfahren zum Erfolg führen.

Das Achenbach-Fahrsystem ist nach wie vor für die Grundausbildung maßgebend und für das Fahren von Gebrauchs-, Dressur- und Stilprüfungen empfohlen.

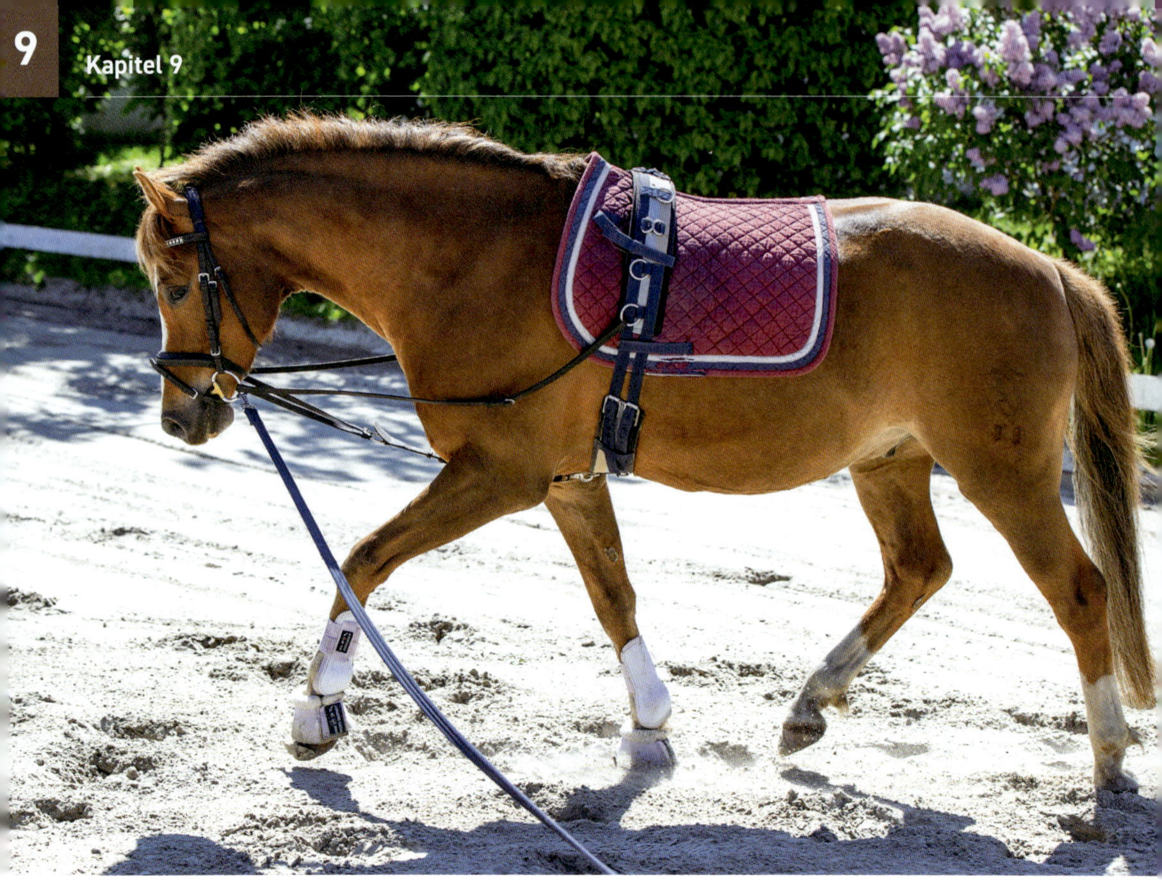

Longieren mit der einfachen Longe

9 Longieren von Fahrpferden

Das Longieren von Fahrpferden ist sowohl mit der einfachen als auch mit der Doppellonge nicht nur für die Gewöhnungsphase eine Notwendigkeit, sondern hat einen hohen Stellenwert in der gesamten Ausbildung des Fahrpferdes. Das ist der Grund dafür, dass im FA 4 das Longieren an der einfachen Longe und im FA 2 das Longieren an der Doppellonge abgefragt wird. Liegen hierfür das Longierabzeichen (LA) 5 beziehungsweise LA 3 vor, kann auf diese Teilprüfung verzichtet werden.

Ergänzende und vertiefende Aspekte für die Ausbildung des Longierens werden in dem Buch „Longieren, Richtlinien für Reiten und Fahren, Band 6" beschrieben.

Zunächst mit der einfachen Longe und später durch die Doppellonge wird das Pferd auf die Leinen-, Stimm- und Peitschenhilfe des Fahrers vorbereitet und macht ihm diese verständlich. Die oberhalb des Sprunggelenkes um die Hinterhand verlaufende äußere Longe gewöhnt das Pferd außerdem an die Berührungen durch Geschirrteile/Stränge. Durch das Longieren kann der Fahrer sein Pferd im Seitenbild beobachten und außerhalb des Gespanns gymnastizieren beziehungsweise ausbilden.

Ein abgegrenzter Longierzirkel vereinfacht die anfängliche Arbeit mit der Longe. Ein griffiger, nicht zu tiefer Boden, der nach außen leicht ansteigt, ist vorteilhaft, damit die Pferde auf dem Kreisbogen plan auffußen können.

Zur Ausrüstung des Longenführers gehören aus Sicherheitsgründen festes Schuhwerk und Handschuhe. Die Longe ist eine mindestens 8,50 bis

9,50 m lange Leine aus griffigen, festen Gurtmaterial mit einer Hak- oder Schnallvorrichtung und am anderen Ende mit einer circa 20 cm Handschlaufe. Die Longierpeitsche ist mindestens 7,50 m lang, sodass der Longenführer jederzeit mit der Longenschnur das Pferd erreichen kann.

Zur Grundausrüstung des Pferdes gehören eine gut sitzende Trense mit angepasstem Gebiss und ein Longiergurt (eventuell über den Sattel geschnallt) oder ein Sellet. Bandagen und Gamaschen schützen die Pferdebeine gegen äußere Verletzungen zum Beispiel durch „Streichen" oder Anschlagen.

Die Hilfzügel beim Longieren stellen eine Art Ersatz für die gewünschte Verbindung zur Reiter-/Fahrerhand dar, aber sie dürfen die Bewegung des Pferdes nicht einschränken. Die Stirn-Nasenlinie des Pferdes bleibt immer an oder vor der Senkrechten.

Die gebräuchlisten Hilfszügel sind die Ausbinder, die Dreieckszügel und die Laufferzügel. Je nach Voraussetzungen und Ausbildungsstand des Pferdes werden diese individuell ausgesucht und verschnallt. Die Anforderungen an die Verschnallung ändert sich sowohl innerhalb einer Trainingseinheit als auch während der gesamten Ausbildung. Da die Handhabung und Anbringung von Hilfszügeln eine gewisse Erfahrung voraussetzen, sollten unerfahrene Longenführer sich von einem erfahrenen Ausbilder helfen und beraten lassen.

Die Longe wird unterhalb des Hilfszügels in den inneren Gebissring eingeschnallt und in geordneten Schlaufen so in die Hand aufgenommen, dass ein reibungsloses Herauslassen möglich ist. Ein ungeordnetes Aufnehmen der Longe oder sogar „ein um die Hand wickeln" kann in bestimmten Situationen zu erheblichen Verletzungen führen.

Hilfszügel	Vorteile	Nachteile
Ausbindezügel	• Er bietet eine gute seitliche Führung. • Er ist starr (ohne Gummiring): Das Pferd kann sich vom Gebiss abstoßen.	• Das Pferd kann am Ausbindezügel nicht vorwärts-abwärts in Dehnungshaltung gleiten, ohne mit der Stirn-Nasenlinie hinter die Senkrechte zu kommen.
Dreieckszügel	• Das Pferd kann am Dreieckszügel vorwärts-abwärts in eine tiefe Dehnungshaltung gleiten, ohne mit der Stirn-Nasenlinie hinter die Senkrechte zu kommen. • Er ist starr: Das Pferd kann sich vom Gebiss abstoßen.	• Die seitliche Führung ist nicht gegeben. • Wenig losgelassene Pferde arbeiten gegen einen zu tiefen und engen Dreieckszügel und halten sich mehr fest.
Laufferzügel	• Das Pferd kann am tiefen Laufferzügel vorwärts-abwärts in Dehnungshaltung gleiten, ohne mit der Stirn-Nasenlinie hinter die Senkrechte zu kommen. • Er bietet eine gute seitliche Führung. • Er ist starr: Das Pferd kann sich vom Gebiss abstoßen.	• Der Laufferzügel ermöglicht nicht die gleiche tiefe, korrekte Dehnungshaltung wie der Dreieckszügel.

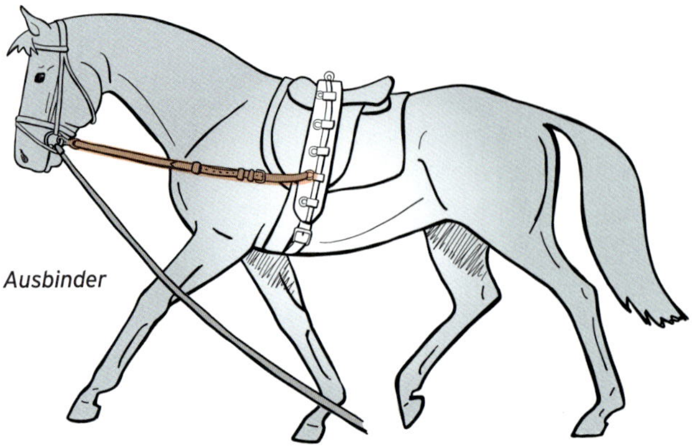

Ausbinder

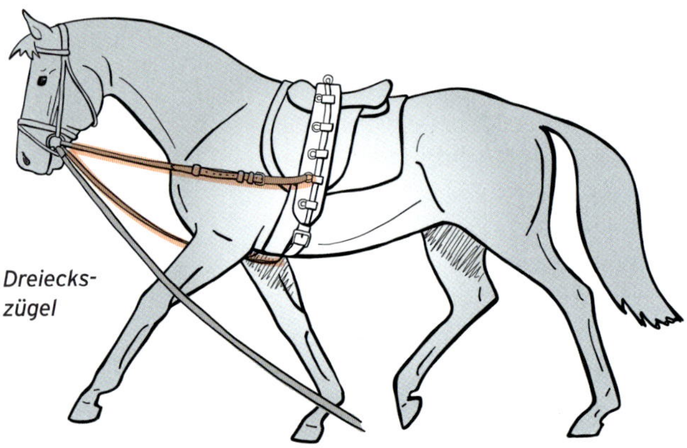

Dreieckszügel

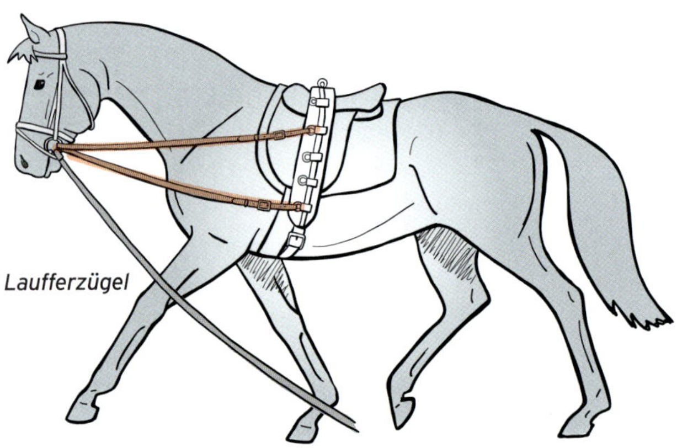

Laufferzügel

Die Peitsche wird in der Grundhaltung ungefähr in Richtung Sprunggelenk zeigend geführt. Damit wird das Pferd zwischen den Hilfen Longe und Peitsche eingerahmt. Nur durch ein gutes Zusammenspiel aller Hilfen lassen sich an der einfachen Longe die ersten vier Punkte der Ausbildungsskala erarbeiten, wobei ein Hauptaugenmerk auf dem Erreichen der Losgelassenheit liegt.

Aufgabenstellungen werden in Kapitel 14.5 „Anforderungen beim FA 4" beschrieben.

Für den erfahrenen Longenführer ist die Arbeit mit der Doppellonge noch effektiver als mit der einfachen Longe. Durch die äußere Longe hat er mehr Einwirkungsmöglichkeiten auf das Pferd und kann beispielsweise die Längsbiegung besser erarbeiten. Infolgedessen können Geraderichtung und Versammlung in einem höheren Maße erreicht und dann wieder auf das Fahren übertragen werden.

Aufgabenstellungen für die Doppellonge werden in Kapitel 14.7 „Anforderungen für das FA 2" beschrieben.

9.1 Erarbeitung der Ausbildungsskala

Selbstverständlich ist es für ein Fahrpferd von großem Vorteil, wenn es reiterlich dressurmäßig weit gefördert ist. Der Fahrer hat jedoch als Hilfen nur Stimme, Peitsche und Leinen zur Verfügung. Somit ähneln die Hilfen beim Longieren und besonders bei der Longenarbeit dem Fahren, und es ist die ideale Voraussetzung und Ergänzung in der Fahrausbildung. Mit ihr können gezielt die einzelnen Punkte der Ausbildungsskala erarbeitet und verbessert werden. Die Durchlässigkeit des Pferdes und das Gleichgewicht werden immer weiter gefördert.

Ein gut vorbereitetes und reell gearbeitetes Pferd wird sowohl im Fahrsport als auch bei Ausfahrten im Freizeitbereich die größtmögliche Präzision und Sicherheit bieten. Dazu sind in der Ausbildung der Fahrpferde diese Kriterien von besonderer Wichtigkeit:

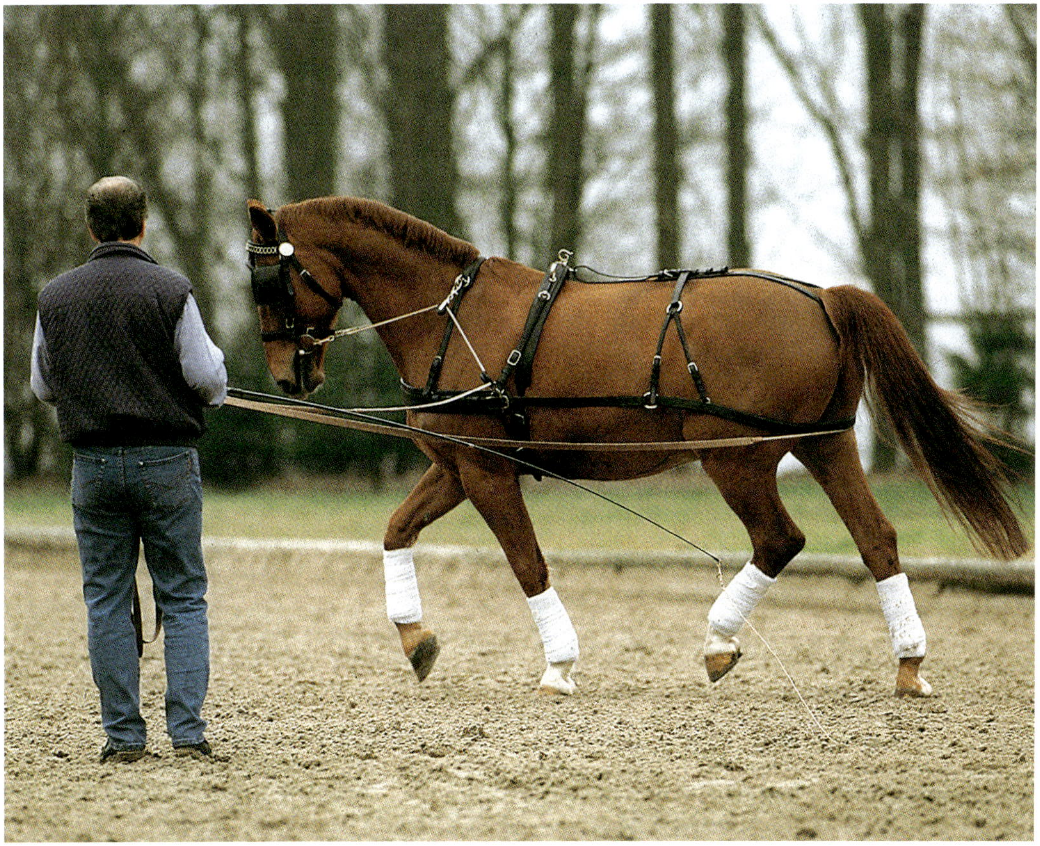

Schwungvoller Gebrauchstrab in sicherer Selbsthaltung an der Doppellonge

- **Erhaltung des natürlichen Taktes**
  Durch das fachgerechte Longieren wird der taktreine schwungvolle Gebrauchstrab gefestigt und die Durchlässigkeit im Galopp verbessert. Insbesondere werden der Gehorsam und die Geschmeidigkeit des Pferdes optimiert und damit die Kontrolle über das Gespann erhöht.
- **Wert der korrekten Losgelassenheit**
  Das Erreichen der korrekten Losgelassenheit fördert die Gesunderhaltung des Pferdes und ist ein grundlegender Baustein der täglichen Arbeit des Pferdes.
- **Sichere Kontrolle bei leichter Anlehnung – Verbesserung der Haltung:**
  Nie darf ein Fahrpferd fest in der Anlehnung werden. Durch Heranhalten der Hinterhand und Nachgeben an der Longe wird die Leichtigkeit der Anlehnung erreicht. Bei nicht korrekter Anlehnung kann durch eine Korrektur der Befestigungshöhe der Leinenführungsringe am Gurt versucht werden, diese zu verbessern.
- **Verbesserung von Stellung und Biegung**
  Hier kann der fehlerhaften Außenstellung einiger Fahrpferde gut mit der Arbeit an der Doppellonge entgegengewirkt werden. Die Peitsche wirkt dabei nach außen weisend in Richtung Schulter, sodass mit der inneren Longe dem Pferd die notwendige Stellung gegeben werden kann. Die äußere Longe verhindert ein Ausfallen der Hinterhand, somit wird die Längsbiegung verbessert.

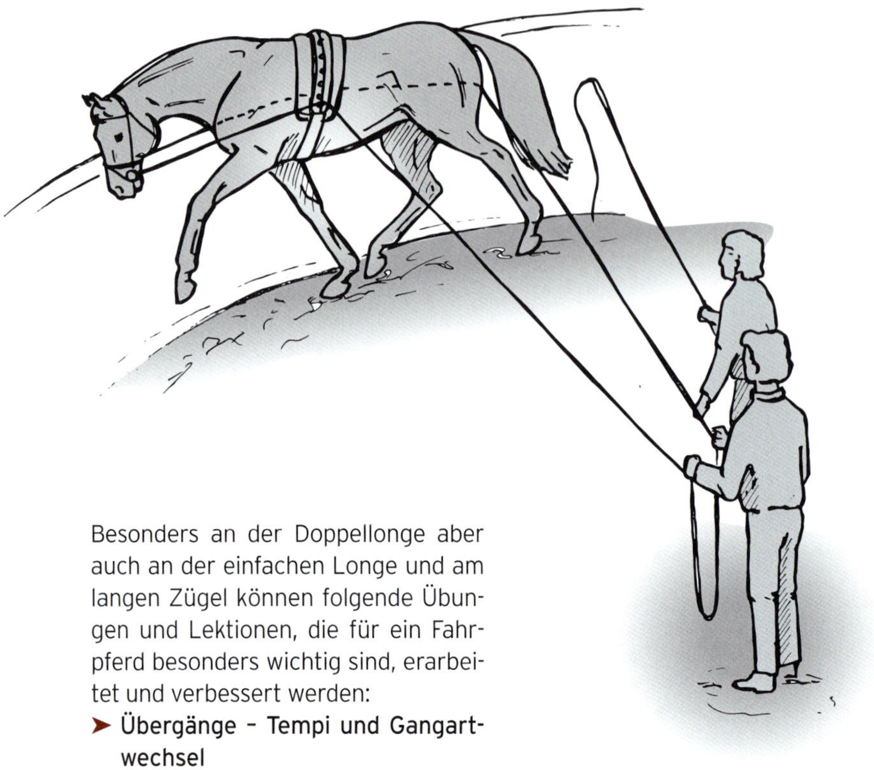

Besonders an der Doppellonge aber auch an der einfachen Longe und am langen Zügel können folgende Übungen und Lektionen, die für ein Fahrpferd besonders wichtig sind, erarbeitet und verbessert werden:

- **Übergänge – Tempi und Gangartwechsel**
  Insbesondere werden die korrekten Übergänge Schritt – Trab in korrekter Selbsthaltung herausgearbeitet sowie das Zulegen und Aufnehmen in kurzen Reprisen (ca. eine halbe Zirkelrunde).
- **Durch den Zirkel wechseln**
  Hierdurch werden die Geschmeidigkeit und die Reaktionsschnelligkeit des Pferdes verbessert. Die Übung stellt zugleich ein besonders gutes Training für den Fahrer dar, damit er beim Handwechsel in der Lage ist, ausschließlich auf das Pferd zu achten. Ist die Handhabung von Longe und Peitsche im Training sicher geworden, wird sie sich automatisiert abspielen.
- **Ein möglichst geschlossenes sicheres Halten und ruhiges Stehen**
  Dies ist eine unbedingte Voraussetzung für jedes Fahrpferd, zum Beispiel zur Grußaufstellung oder Lektion bei einer Dressurprüfung für Fahrpferde oder an einer Verkehrsampel. Bei Pferden, die zur Unruhe neigen, bringt längeres Stehenlassen die Pferde zum Abspannen und zur Ruhe.
- **Rückwärtsrichten (am langen Zügel)**
  Das Pferd sollte dabei vor allem gerade, in diagonaler Fußfolge willig zurücktreten (siehe Kapitel 8.9.2). Diese Übung dient der Verbesserung der Durchlässigkeit, des Gehorsams und der Versammlung. Besonders ist auf das gerade Rückwärtstreten zu achten, damit der Wagen nicht einschlägt und schief wird. Durch Anlegen der Handarbeitsgerte kann ein seitliches Ausweichen der Hinterhand vermieden werden.
- **Schenkelweichen (am langen Zügel)**
  Der Fahrer kann mit der Peitsche – wie der Reiter mit dem Schenkel

- das Pferd vorwärts und nach außen treiben. Am langen Zügel lässt der Longenführer das Pferd an der langen Seite in einem Winkel von knapp 45° vorwärts-seitwärtstreten. Das Pferd ist dabei entgegen der Bewegungsrichtung gestellt. Diese Art der Hilfengebung wendet der Fahrer immer wieder an, wenn ein Pferd dazu neigt, der korrekten Stellung und Biegung, zum Beispiel durch fehlende Geraderichtung, auszuweichen.

➤ **Volten und Kehrtvolten (am langen Zügel)**

Die Lektionen Volten und Kehrtvolten, wie sie auch in vielen Fahraufgaben verlangt werden, tragen wesentlich dazu bei, Stellung, Biegung und Durchlässigkeit zu verbessern. Hier wirkt die Handarbeitsgerte wie der Schenkel des Reiters seitlich treibend ein. Die innere Leine gibt die Stellung durch Annehmen und Nachgeben, die äußere begrenzt die Längsbiegung.

Ein an der Doppellonge beziehungsweise am langen Zügel fachgerecht gymnastiziertes Pferd wird es dem Fahrer gestatten, mit geringstem Aufwand zu fahren und so zu einem harmonischen Miteinander zu kommen. Dieses dient auch der Gesunderhaltung des Pferdes.

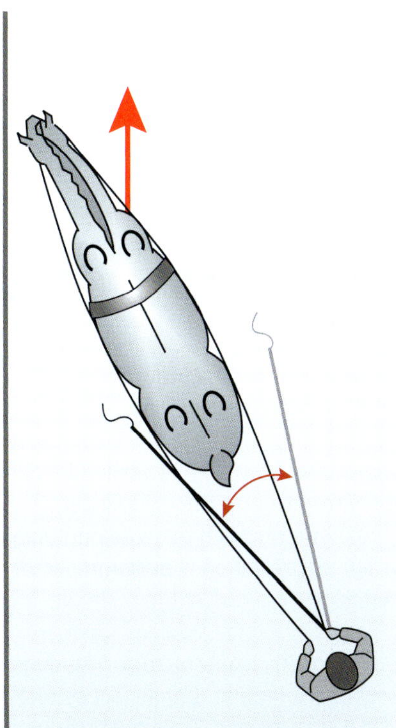

Williges „Schenkelweichen“ links, der Longenführer befindet sich so hinter dem Pferd, dass er die Peitsche auf beiden Seiten des Pferdes als Hilfe einsetzen kann.

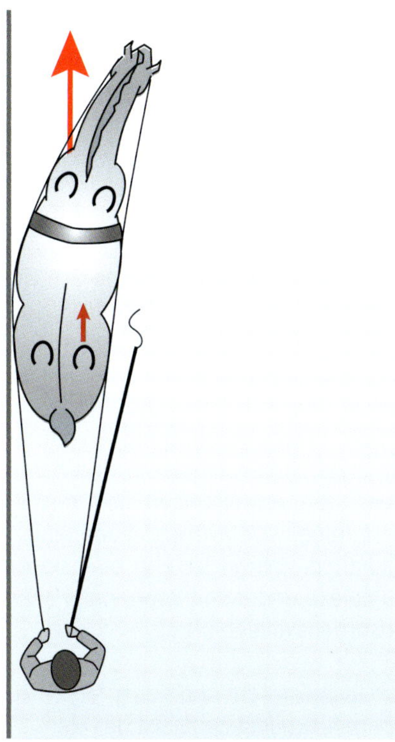

Schulterherein in vorbildlicher Stellung und Biegung. Zu sehen ist, dass das innere Hinterbein und das äußere Vorderbein nahezu auf einer Linie fußen.

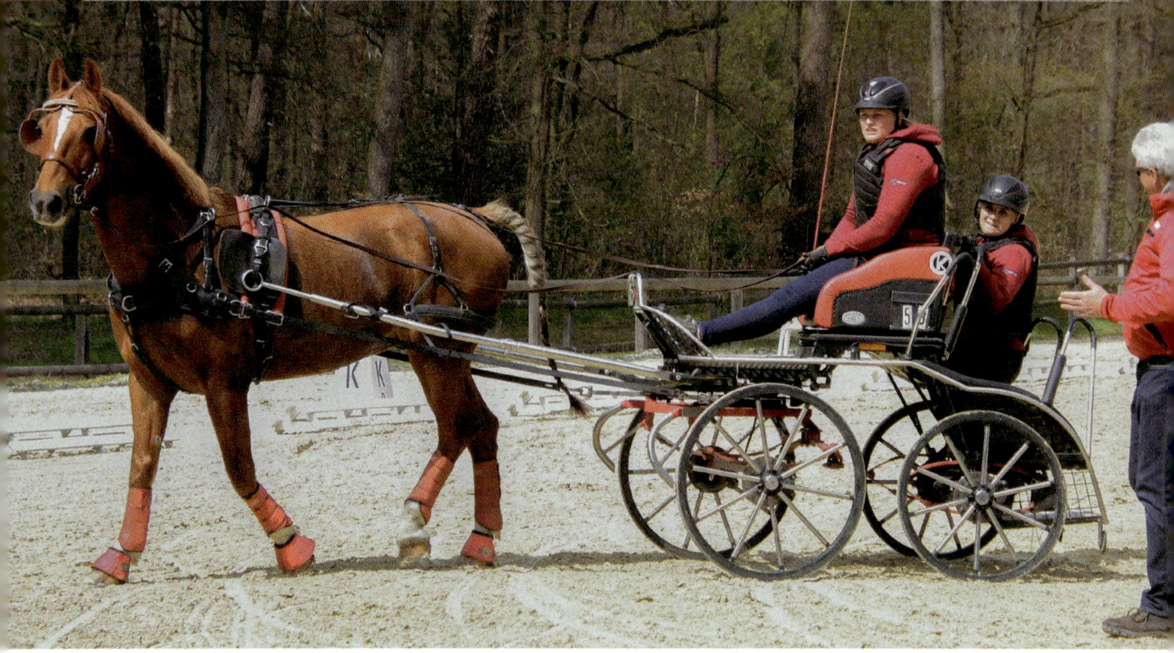

10 Trainingslehre

Fahren ist ein Sport, das wird jeder bestätigen, der schon einmal mehr als ein paar Minuten Schritt gefahren ist. Zwar bewegen sich tatsächlich vor allen Dingen die Pferde, aber auch der Fahrer kommt besonders bei schwierigen Aufgabenstellungen ins Schwitzen, die Puls- und Atemfrequenz erhöht sich, die Muskeln arbeiten. Dabei muss der Fahrer sich und seinen Körper zu jeder Zeit ausbalancieren, an die Bewegungen anpassen, situativ angemessen reagieren und dabei noch den Anweisungen des Ausbilders folgen oder vorgegebene Linien einhalten. Fahren ist also eine hochkomplexe und damit koordinativ sehr anspruchsvolle Sportart.

Um technisch gut und sicher fahren zu können, braucht zunächst der Mensch einen guten **allgemeinen Trainingszustand.** Nur dann kann er auch über einen längeren Zeitraum sicher und präzise fahren, feine und abgestimmte Hilfen geben und zu einer harmonischen Einheit mit dem Pferd beziehungsweise den Pferden kommen.
Dem Fahrer und vor allem seinem Gespann werden sportliche Leistungen abverlangt, bei denen allgemein anerkannte und bewährte Trainingsgrundlagen beziehungsweise -prinzipien zu beachten sind.

Grundlagen der Trainingslehre und Trainingsprinzipien

Jeder Fahrer, der seinen Pferden eine sportliche Leistung abverlangt, sollte sich mit den Grundlagen der Trainingslehre und den allgemeingültigen Trainingsprinzipien auseinandersetzen.

Die Begrifflichkeiten zum Trainingsbegriff (Hohmann, Lames & Letzelter, 2010) und zu den Trainingsprinzipien (Weineck, 2010) sind aus der gängigen Trainingswissenschaft für Sportler entnommen. Sie lassen sich aber unverändert auch auf das Training mit Pferden übertragen.

Was ist Training?
Training bewirkt Veränderungen im physischen, psychischen und sozialen Bereich und ist immer möglichst ganzheitlich und individuell zu gestalten.

Training ist der zielgerichtete, planmäßige und systematische Aufbau von
- konditionellen Fähigkeiten,
- koordinativen Fähigkeiten,
- Persönlichkeit

und dient der Steigerung, Erhaltung oder Wiederherstellung der **sportlichen Leistungsfähigkeit und der Gesunderhaltung.**

Das Fahrpferd braucht eine gute Grundlagenausdauer, um auch zum Ende der Ausfahrt, der Dressur-Aufgabe oder der Geländeprüfung noch leistungsfähig zu sein und diese ohne gesundheitliche Schäden und Folgeerscheinungen zu absolvieren. Ist die Ausdauer nicht ausreichend für die geforderte Leistung, stolpert das Pferd, wird unaufmerksam oder macht Fehler, eine technisch saubere Ausführung der Übung wird erschwert.

Sportliche Leistungsfähigkeit/ Die 4 Leistungsfaktoren
Um Fahrpferde dauerhaft und gesundheitsfördernd zu trainieren, sind im Wesentlichen vier Aspekte ausschlaggebend: die **Konstitution**, die **konditionellen** und die **koordinativen Fähigkeiten** sowie die **Psyche**.

- Die **Konstitution** könnte man wie in der Computersprache auch als „Hardware" bezeichnen. Sie beinhaltet die Anatomie, die körperliche beziehungsweise mechanische Belastbarkeit, die physiologische Belastbarkeit (Herz-Kreislauf, Stoffwechsel) und den psychischen, mentalen Zustand des Pferdes.

- Zu den **konditionellen Faktoren** zählen Ausdauer, Kraft, Schnelligkeit und Beweglichkeit:
  - **Ausdauer** ist die Wiederstandsfähigkeit des Organismus gegen Ermüdung und/oder Wiederherstellungsfähigkeit nach der Belastung.
  - **Kraft** ist die Fähigkeit, die maximal oder mit hoher Geschwindigkeit gegen einen Widerstand ausgeübt werden kann (im Sinne von Muskelkraft zur dynamischen Fortbewegung als auch als statische Haltearbeit).

Beim Pferd wird Kraft insbesondere als Schub- und Tragkraft gefordert. Demnach benötigt es Kraft vor allem für die Verstärkungen und die versammelten Lektionen oder auch für das Fahren in bergigem Gelände. Da diese Arbeit sehr anstrengend ist, sollte sie nur dosiert und mit viel Gefühl fürs Pferd erfolgen.

  - **Schnelligkeit** ist die Fähigkeit höhere Geschwindigkeiten zu erreichen und Bewegungsabläufe schnell auszuführen.
    Für den Fahrer ist die Reaktionsschnelligkeit besonders wichtig, da er sich ständig auf neue, oft unvorhersehbare Situationen einstellen muss.

Besonders im Geländehindernis benötigt das Pferd ein großes Maß an Beweglichkeit ...

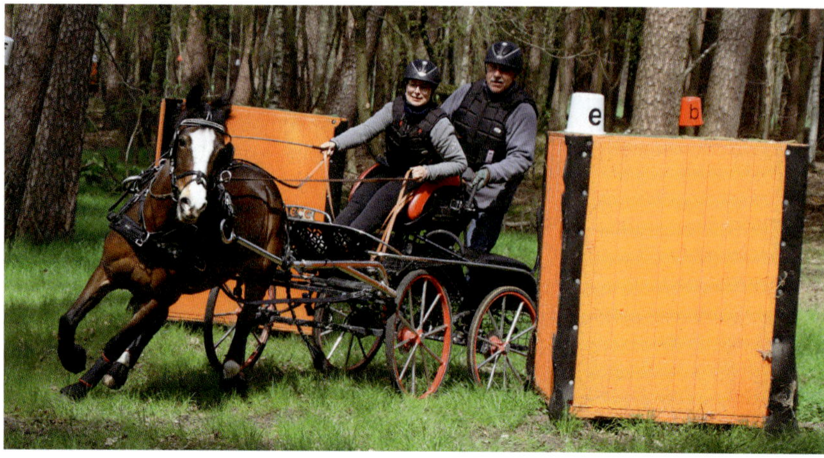

Das Fahrpferd benötigt ein gewisses Maß an Schnelligkeit, um eine Geländestrecke und deren Hindernisse in der geforderten Zeit zurücklegen zu können oder auch beim Kegelfahren eine gute Zeit zu erlangen. Allerdings wird bei diesen Beispielen schon deutlich, dass im Fahrsport nur selten eine konditionelle Fähigkeit allein wichtig ist, sondern häufig mehrere Faktoren eine Rolle spielen.

- **Beweglichkeit** gilt im Sinne von Gelenkigkeit oder auch Dehnfähigkeit der Muskeln, Sehnen und Bänder.

Diese werden im Allgemeinen durch die **Gymnastizierung** gefördert, sodass sich Fahrpferde sowohl im Leistungssport als auch im Freizeitbereich der Bewegung mit größtmöglicher Schwingungsweite den gestellten Aufgaben anpassen können.
So kommen zu den genannten konditionellen Fähigkeiten noch die sogenannten Mischformen hinzu. Das Pferd braucht zum Beispiel **Kraftausdauer**, um auch am letzten Hindernis der Geländestrecke noch genügend Energie aufzubringen oder auch auf tieferem Boden dynamisch traben zu können. **Schnellkraft** braucht das Pferd beim reaktionsschnellen Antritt beim Kegelfahren und beim energischen Abfußen in den Trabverstärkungen. **Schnelligkeitsausdauer** ist die zentrale Fähigkeit, die bei Fahrpferden trainiert werden muss, um relativ lange Geländestrecken im hohen Tempo ohne Ermüdungserscheinungen gesund absolvieren zu können.

➤ Unter **Koordination** werden die Bewegungsfertigkeit und die Steuerung von Bewegungen verstanden. Für das Fahren von Dressurlektionen, das Kegelfahren, aber auch für das Durchfahren von Geländehindernissen hat die Koordination eine besonders große Bedeutung. Deshalb wird traditionell im Fahrsport viel Wert auf die technisch richtige und fein koordinierte Aus-

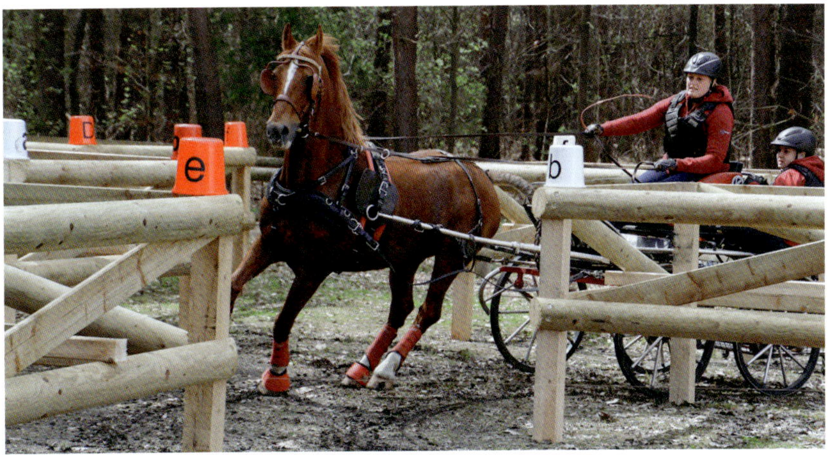

und Reaktionsschnelligkeit.

führung von Übungen und eine entsprechende Ausbildung gelegt. Koordinative Fähigkeiten entwickeln sich besonders gut durch ein vielseitiges, abwechslungsreiches und variantenreiches Training. Für den Fahrsport sind die koordinativen Fähigkeiten wie Gleichgewichtsfähigkeit, Rhythmusfähigkeit, Differenzierungsfähigkeit und die Orientierungsfähigkeit von besonderer Bedeutung.
Es ist jedoch zu beachten, dass die Koordinationsfähigkeit unmittelbar beeinträchtigt ist, wenn bestimmte Muskelgruppen ermüden.

- Die **Psyche** des Pferdes, die zunächst von Charakter und Temperament abhängig ist, wird durch positive Erfahrung sowie vertrauensförderndes und motivierendes Training gestärkt. Angst, Nervosität und Stress wirken sich negativ, Motivation, Zuversicht und Vertrauen positiv auf die Lernfähigkeit und Leistungsbereitschaft aus.

Insbesondere wenn **langfristige Ziele** erreicht werden sollen, sind Kenntnisse über Trainingsplanung, Trainingswirkung und Trainingsmethoden wichtig.

Die **Trainingsplanung** hängt vor allem von den Zielen ab, die sich der Fahrer gesetzt hat. Sie schafft einen zeitlichen Rahmen für Trainingsinhalte und -methoden und bietet allen Beteiligten Orientierung. Bevor mit der Planung begonnen wird, ist eine selbstkritische und ehrliche Analyse der Ausgangssituation notwendig – nur wer weiß, wo er wirklich steht, kann sich weiterentwickeln! Bei der Analyse des Status Quo sind neben dem Leistungsstand von Fahrer und Pferd auch die Rahmenbedingungen zu berücksichtigen, also die zeitlichen und räumlichen Möglichkeiten und das soziale Umfeld. Natürlich bietet der Trainingsplan immer nur einen Rahmen – kommt es zum Beispiel durch eine Verletzung zu Pausen wird der Plan angepasst.

Zur **Kontrolle des Trainings** werden zum Beispiel Leistungstests eingebaut. Ist das Ziel etwa der Start in einer Kombinierten Prüfung der Klasse M* am Ende der Saison, so geben dosierte Einsätze in ausgewählten A*- und A**-Prüfungen wertvolle Informationen über die Entwicklung. Neben dem Gesamteindruck und dem Gefühl, auf das sich Fahrer und Trainer stützen, hilft hier auch die Atem- und Herzfrequenzmessung als Trainingskontrolle. Im

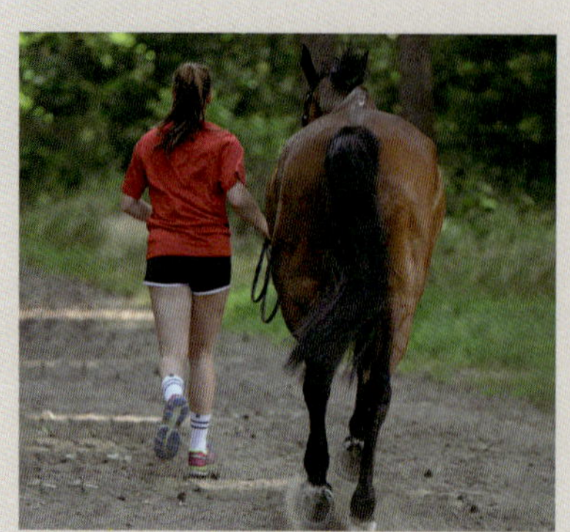

Kleiner Exkurs aus dem Humansport: Wer mit dem Joggen/Laufen anfängt, freut sich schon bald über eine Verbesserung der Ausdauer. Gern wird dann ganz euphorisch die Belastung erhöht, also länger, öfter oder schneller gelaufen. Und prompt kommt der Rückschlag in Form von Gelenk- oder Sehnenbeschwerden. Anpassung braucht eben immer Zeit!

Hochleistungssport wird zur Trainingskontrolle auch oft in Zusammenarbeit mit einem Tierarzt die Laktat-Konzentration im Blut gemessen.

Die **Trainingswirkung** betrifft immer den gesamten Organismus des Pferdes. Denn jeder Trainingsreiz ruft einen Anpassungsprozess hervor. Dabei ist es für jeden Fahrer wichtig zu wissen, dass Training in unterschiedlichen Geschwindigkeiten wirkt.

- Das **Herz-Kreislaufsystem** ist in der Lage, in einigen Tagen beziehungsweise wenigen Wochen auf Trainingsreize zu reagieren und sich anzupassen.
- Die **Muskulatur** benötigt für die Anpassungsprozesse (Wachstum) einige Wochen bis mehrere Monate.
- **Knochen, Sehnen, Bänder und Gelenke** brauchen für die Anpassung an die Belastung hingegen viele Monate oder gar einige Jahre.

Ein Pferd lässt sich also genau wie ein Mensch relativ schnell für hohe Leistungen trainieren. Das Herz-Kreislauf-System ist gut vorbereitet, die Muskulatur aufgebaut. Nur der Bewegungsapparat wird den hohen Belastungen nicht standhalten können - Verletzungen sind vorprogrammiert.

Daher sollte jedes Training langfristig angelegt sein und vor der sportlichen Höchstleistung genügend Zeit für die Entwicklung des langsam reagierenden Teils des Organismus - also der Sehnen, Bänder, Gelenke und Knochen einplanen.

Um das Training planmäßig und systematisch zu gestalten, gibt es einige grundlegende **Trainingsprinzipien**, die zu berücksichtigen sind.

- **Prinzip des trainingswirksamen Reizes**
  Grundsätzlich wirkt Training immer durch die gezielte Setzung von Trainingsreizen. Um trainingswirksam zu sein, muss der Reiz die aktuelle Leistungsfähigkeit übersteigen. Unterschwellige Reize sind wirkungslos und führen zu Leistungsabfall, Erhaltungsreize erhalten den Leistungsstandard, Überreizung schädigt den Organismus und kann irreparabel sein.

- **Prinzip der optimalen Relation von Belastung und Erholung**
  Beim Training gilt das Prinzip der **Superkompensation**: Nach einer Belastung gleicht der Körper in der Regeneration die verbrauchte Energie nicht nur aus, sondern

„überkompensiert". Dadurch stellt sich der Organismus auf höhere Belastungen ein. So kommt es zu einer Anpassung der sportlichen Leistungsfähigkeit. Allerdings müssen die **Pausen** zwischen den Belastungen passend gewählt werden. Sind sie zu kurz, hat der Körper nicht genug Zeit, die verbrauchten Reserven auszugleichen. Sind sie zu lang, nimmt der erreichte Trainingseffekt wieder ab. Dabei richtet sich der Rhythmus der Trainingseinheiten nach der Intensität der Belastung.

➤ Prinzip der ansteigenden Belastung

Die Belastung muss dem jeweiligen Trainingsstand angepasst werden, sonst wird die Leistungsfähigkeit nur erhalten, aber nicht ausgebaut. Zur **Steigerung der Trainingsreize** kann entweder die Intensität (Geschwindigkeit, Gewicht, Steigung) oder der Umfang (Dauer, Wiederholungen, Länge) oder die Häufigkeit erhöht werden. Beim Ausdauertraining des Pferdes wird allgemein empfohlen, zunächst den Umfang zu erhöhen und dann erst die Intensität.

➤ Prinzip der richtigen Belastungsfolge

Innerhalb einer Trainingseinheit sollte eine bestimmte **Reihenfolge** eingehalten werden, um den besten Erfolg und das geringste Verletzungsrisiko zu haben. Nach der Aufwärmphase wird mit den anspruchsvollsten Übungen begonnen, weil Koordination und Konzentration noch voll vorhanden sind, hierzu zählen zum Beispiel das Erlernen neuer Lektionen, anspruchsvolle Linien beim Kegelfahren oder neue Geländehindernisse.

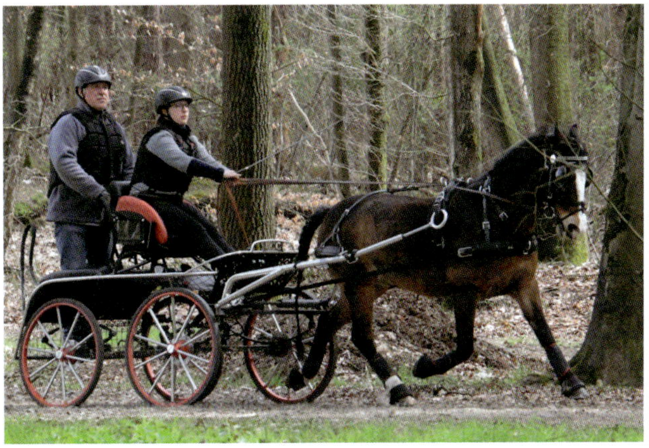

Training wird langfristig und systematisch geplant

Das weniger intensive Ausdauertraining kann auch noch am Ende einer Trainingseinheit stattfinden, zum Beispiel durch ausgiebiges Fahren im Gelände.

➤ Prinzip der Entwicklungsgemäßheit

Der jeweilige Entwicklungsstand des Pferdes muss unbedingt berücksichtigt werden. Dazu gehört, dass auch Pferde schwierige Phasen haben, in denen die Belastbarkeit sinkt – zum Beispiel wegen eines Wachstumsschubs.

➤ Prinzip der Individualität

Das Training ist immer ein sehr individuell zu gestaltender Vorgang. Ein fixer Plan für alle Pferde würde das eine Pferd unter- und das andere überfordern, vor allem aber würde kein Pferd optimal und seinen Stärken entsprechend gefördert werden.

➤ Prinzip des methodischen Vorgehens

Auch im Training geht es immer

- vom Bekannten zum Unbekannten,
- vom Einfachen zum Komplexen,
- vom Langsamen zum Schnellen,
- vom Wesentlichen zur Vielfalt.

Dieses Trainingsprinzip findet idealerweise in jeder Trainingseinheit Anwendung und bestimmt deren Aufbau. So entstehen Vertrauen und Bewegungssicherheit.

➤ **Prinzip des langfristigen Trainingsaufbaus (Periodisierung)**
Wie bereits erwähnt verläuft ein Trainingsprozess immer über mehrere Jahre. Dabei unterteilt er sich in
- Grundlagentraining
- Aufbautraining
- Leistungstraining

Grundlagen- und Aufbautraining werden im Pferdesport gern zum **Basistraining** zusammengefasst. Dafür sollten bei einem jungen Pferd insgesamt etwa 12 Monate eingeplant werden. In dieser Zeit wird das Pferd zwar schonend in Bezug auf die Intensität, aber dennoch abwechslungsreich und vielfältig gearbeitet. Es wird an unterschiedliche Bodenverhältnisse und Belastungsformen gewöhnt, an das Fahren im Gelände oder auf dem Platz, das Longieren oder Reiten und die Bodenarbeit.

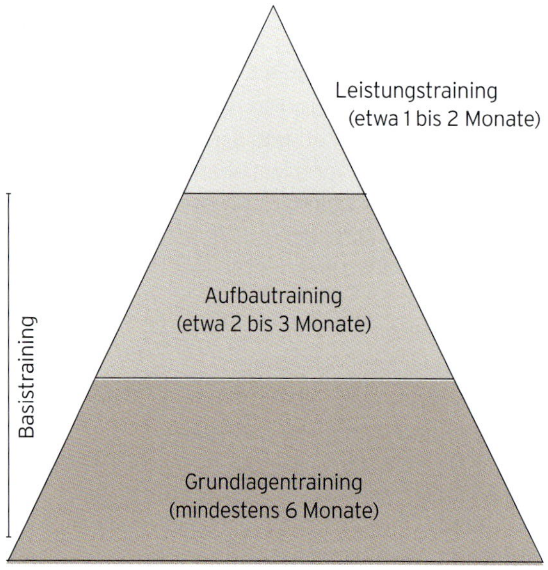

Die langsam reagierenden Teile des Organismus haben Zeit, sich anzupassen und abzuhärten. Ein Pferd, dem in jungen Jahren Zeit gelassen wurde, wird später auch mit höheren Belastungen besser zurechtkommen und widerstandsfähiger sein.
Ähnlich verhält es sich bei Pferden, die zum Beispiel wegen einer Verletzung längere Zeit pausieren mussten. Auch hier brauchen Sehnen, Bänder, Gelenke und Knochen mindestens drei Monate Basistraining - abhängig von Art und Schwere der Verletzung und Dauer der Unterbrechung, bevor wieder mit höherer Belastung begonnen werden kann.
Das Basistraining geht dann nahtlos in das **Leistungstraining** über und beide überlappen sich bis zum Schluss Die Inhalte des Leistungstrainings richten sich dabei nach dem ausgewählten Ziel.

Ein Jahrestrainingsplan oder zumindest eine **Saisonplanung** geben einen guten Überblick, wann beispielsweise mit dem Aufbautraining beziehungsweise dem Leistungstraining begonnen werden muss, wenn zu einem bestimmten Zeitpunkt der optimale Trainingszustand erreicht sein soll (Saisonhöhepunkt).

Trainingsmethoden

Die Trainingsmethode legt fest, wie und auf welchem Weg auf das angestrebte Ziel hingearbeitet wird.

Beim Ausdauertraining unterscheiden sich die
➤ Dauermethode und die
➤ Intervallmethode.

Für das Training eines Fahrpferdes hat sich die **Intervallmethode** bewährt, weil sie Erholungspausen vorsieht. Für das Ausdauertraining gilt dabei stets: es wird immer erst der

Trainingsumfang erhöht und dann die Intensität. Das heißt in der Praxis: erst länger fahren, dann schneller oder, noch besser, bergauf! Wie das Intervalltraining für ein Pferd sinnvoll gestaltet werden kann, hängt von vielen unterschiedlichen Faktoren ab, sodass einheitliche Trainingspläne nur wenig Sinn machen. Grob lässt sich sagen, dass das Pferd 2-mal pro Woche Konditionstraining machen sollte.

Auch beim **Krafttraining** gibt es unterschiedliche Methoden wie zum Beispiel Fahren von Steigungen, im tieferen Boden oder mit mehr Gewicht. Aber auch die versammelnde Arbeit an der Doppellonge, Trainingseinheiten unter dem Reiter oder Wassertraining kräftigt die Muskulatur. Diese Beispiele zeigen, dass neben den üblichen Fahreinheiten auch ergänzende Trainingsmaßnahmen zur Verbesserung bestimmter konditioneller Faktoren beim Fahrpferd beitragen können – so wie man es aus dem Humansport kennt.

Die Frage „Wie trainiere ich mein Pferd richtig?" ist sicherlich für jeden Fahrer von großer Bedeutung, kann doch nicht-sachgemäßes Training dem Pferd großen Schaden zufügen. Schon alleine aus diesem Grund sind theoretische Kenntnisse der Trainingslehre ab einem gewissen fahrerischen Ausbildungsstand unbedingt erforderlich. Und letztendlich findet in jeder Trainingseinheit eine Verknüpfung der Fahrlehre mit der Trainingslehre statt. So ergibt sich aus den Erkenntnissen der Trainingslehre folgendes **Grundgerüst** für jede Fahreinheit:

- 10 bis 15 Minuten Schritt
- 10 bis 20 Minuten lösende Arbeit
- 20 bis 30 Minuten Arbeitsphase
- 10 bis 20 Minuten Erholungsphase

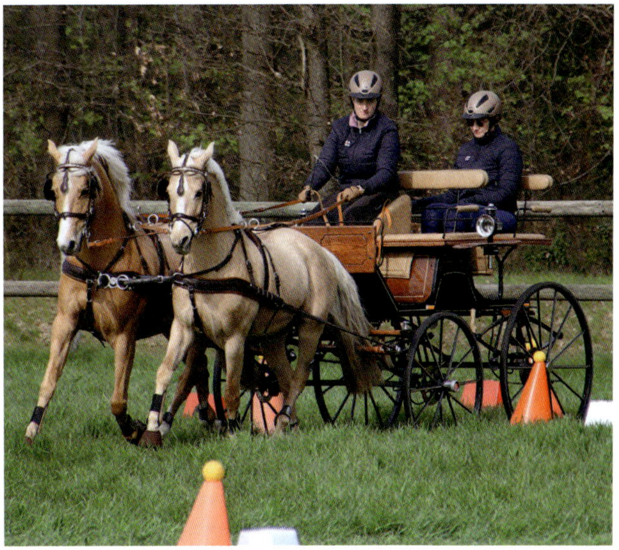

Das Leistungstraining baut auf das Basistraining auf.

In der Arbeitsphase erfolgt ein Wechsel von Belastung und Entspannung. Dabei wird sowohl das Pensum als auch die Intensität natürlich immer an das Pferd angepasst. Und schlussendlich gilt für das Training wie für viele andere Bereiche auch: der verantwortungsbewusste Fahrer hat immer das ganze Pferd im Blick, er sieht und fühlt, dass es seinem Pferd gut geht und kennt die **Zusammenhänge** zwischen Haltung, Fütterung, Training und Gesundheit.

Literatur

- Hirtz, P. (2007): Koordinative Fähigkeiten und Beweglichkeit. In: Meinel, K., Schnabel, G. (Hrsg.).: Bewegungslehre und Sportmotorik. Abriss einer Theorie der Sportlichen Motorik unter pädagogischen Aspekten. Meyer & Meyer, Aachen, S. 212-242
- Hohmann, A., Lames, Letzelter, M. (2010): Einführung in die Trainingswissenschaft. Limpert Verlag, Wiebelsheim
- Weineck, J. (2010): Optimales Training. Spitta Verlag, Balingen
- Deutsche Reiterliche Vereinigung (Hrsg.) (2020): FN-Handbuch Lehren und Lernen im Pferdesport, FNverlag, Warendorf

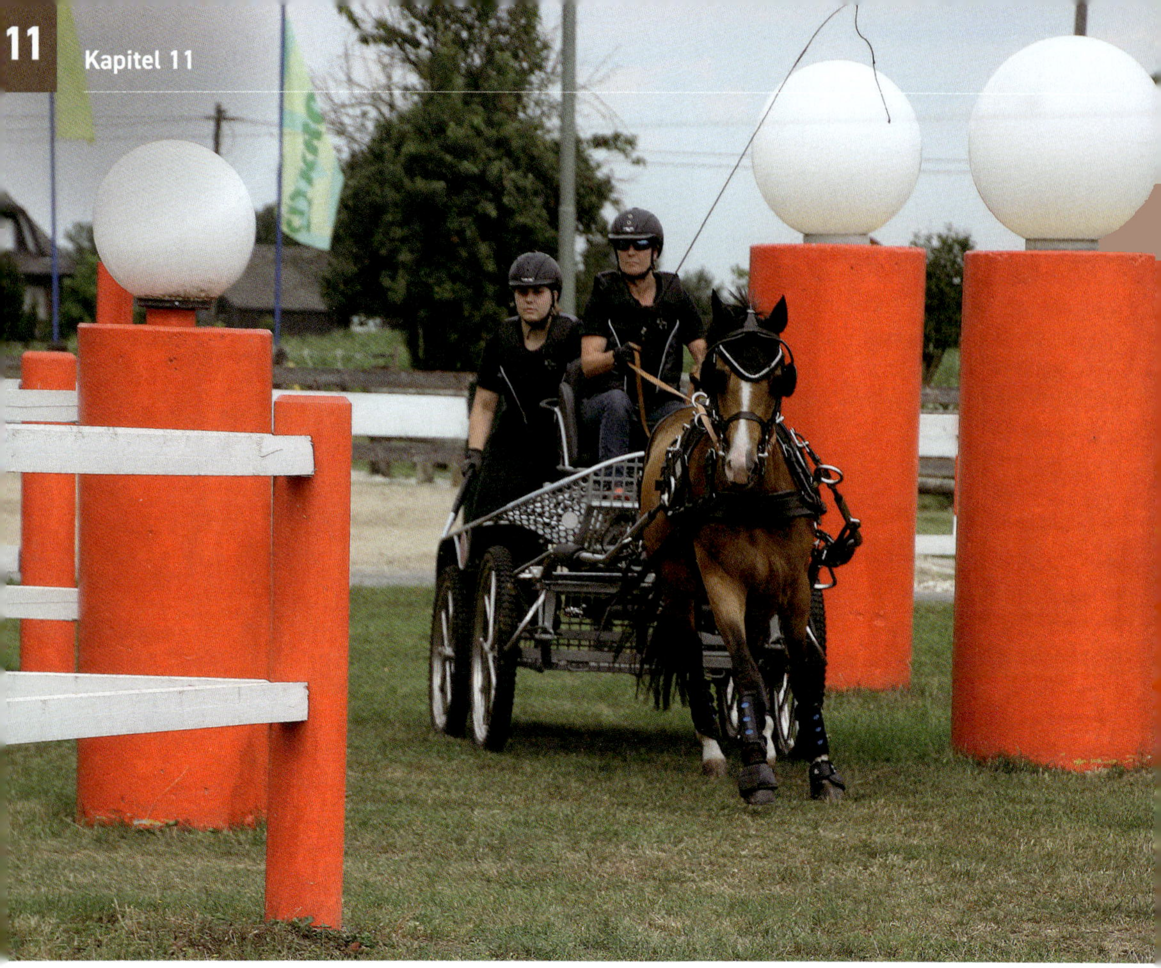

11 Organisation des Pferdesports

FA 4 11.1 Einstieg in den Turniersport

Auf einem Turnier zu starten, ist für viele Pferdesportler ein großes Ziel. Denn wo sonst lassen sich die eigenen Fortschritte und die des Pferdes gut überprüfen. Damit es richtig losgehen kann, muss man nicht nur bestimmte Leistungen abrufen können, es gilt auch einige Formalitäten zu erledigen. Die Stationsprüfung „Einstieg in den Turniersport (FA 4)" gibt dem Fahrer einen Überblick über die wichtigsten Fragen rund um den Turnierstart.

➤ Wie werde ich Turnierfahrer?

Das Turniersystem in Deutschland unterscheidet zwei Prüfungsarten, die auf einem Turnier ausgeschrieben werden können: Wettbewerbe gemäß **WBO** (Wettbewerbsordnung für den Breitensport) oder Prüfungen gemäß **LPO** (Leistungs-Prüfungs-Ordnung). Für Wettbewerbe gelten andere Voraussetzungen als für Prüfungen, daher ist es wichtig, sich hier vorab zu informieren.

Wettbewerbe gemäß WBO

In der WBO sind breitensportliche Wettbewerbe in allen Disziplinen verankert. Für den Fahrsport gibt es sowohl Einsteiger- und Geschicklichkeitswettbewerbe als auch Dressur-, Kegel- und Geländewettbewerbe. Für die Teilnahme an Wettbewerben ist **keine Jahresturnierlizenz** nötig. Allerdings gibt es in den einzelnen Landesverbänden unterschiedliche Regelungen, die beachtet werden müssen. Also gilt auch hier: Immer aufmerksam die Ausschreibung lesen und auf das Kleingedruckte achten!

Leistungsprüfungen gemäß LPO

Um in den Prüfungen gemäß LPO zu starten, wird eine **FN-Jahresturnierlizenz** mit der Leistungsklasse 6 (Lkl. 6) beantragt.
Für den Start in Klasse A ist eine Jahresturnierlizenz mit der **Leistungsklasse 6** notwendig. Voraussetzung hierfür ist das **Fahrabzeichen 5** und die **Mitgliedschaft in einem Pferdesportverein.** Die Erstbeantragung der Jahresturnierlizenz erfolgt mit einem schriftlichen Antrag, den es auf der Homepage der FN gibt (siehe auch QR-Code rechts).
Für die Beantragung der Leistungsklasse 5 ist dann das Fahrabzeichen 4 Voraussetzung.

Nennungen erstellen

Mittlerweile werden Nennungen für Turniere über die Internetseite www.nennung-online.de, kurz **NeOn**, erstellt. Dort können auch Jahresturnierlizenzen und Turnierpferdeeintragungen verlängert werden. Für eine Erstregistrierung wird der Button „Anmelden" auf der Startseite angeklickt und dann der Button „Noch nicht registriert". Daraufhin erscheint ein Registrierungsformular, das ausgefüllt und unterschrieben bei der FN einzureichen ist. Die Kennung und das Passwort werden dann per E-Mail versendet. Mit dieser Kennung und dem Passwort kann sich der Fahrer ein Konto anlegen, in dem die sportfachlichen Daten (Alter, Leistungsklasse, Ranglistenpunkte) und die Pferde des Fahrers hinterlegt sind. Mit diesem Konto ist das Erstellen einer Nennung dann kinderleicht.

➤ Wie wird mein Pferd Turnierpferd?

Für Wettbewerbe gemäß WBO braucht das Pferd einen Equidenpass zur Identifikation und gegebenenfalls einen Nachweis des Impfschutzes; eine Eintragung als Turnierpferd ist nicht erforderlich. Wer also zu einem WBO-Turnier möchte, muss sein Pferd oder Pony nicht vorher registrieren lassen, aber unbedingt an den **Equidenpass** denken. Bei Prüfungen gemäß LPO ist zusätzlich zum Equidenpass mit vollständigem Impfschutz die Registrierung als Turnierpferd Pflicht. Dazu wird der Original-Equidenpass mit dem ausgefüllten Formular für Turnierpferdeeintragung bei der FN eingereicht. Mit der Eintragung ist das Pferd dann automatisch für Nennung-Online freigeschaltet und kann vom Fahrer in die Pferdeliste aufgenommen werden. Hierfür benötigt man die Lebensnummer und das Geburtsdatum des Pferdes.

Impfungen

Für Pferde, die am LPO-Turniersport teilnehmen, schreibt die Deutsche Reiterliche Vereinigung e.V. (FN) die

FN-Jahresturnierlizenz Reiten und Fahren

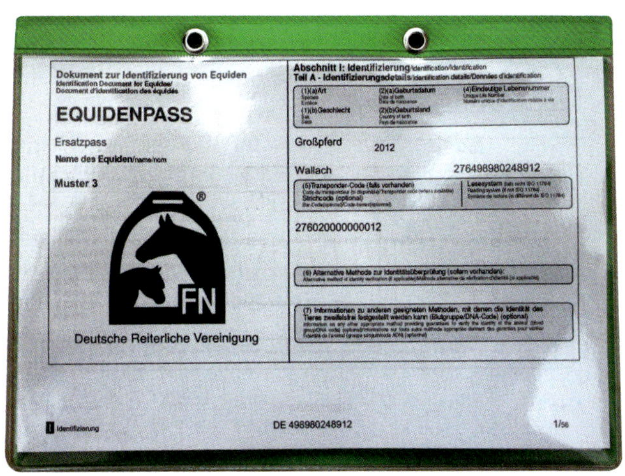

Die LPO regelt den Turniersport.

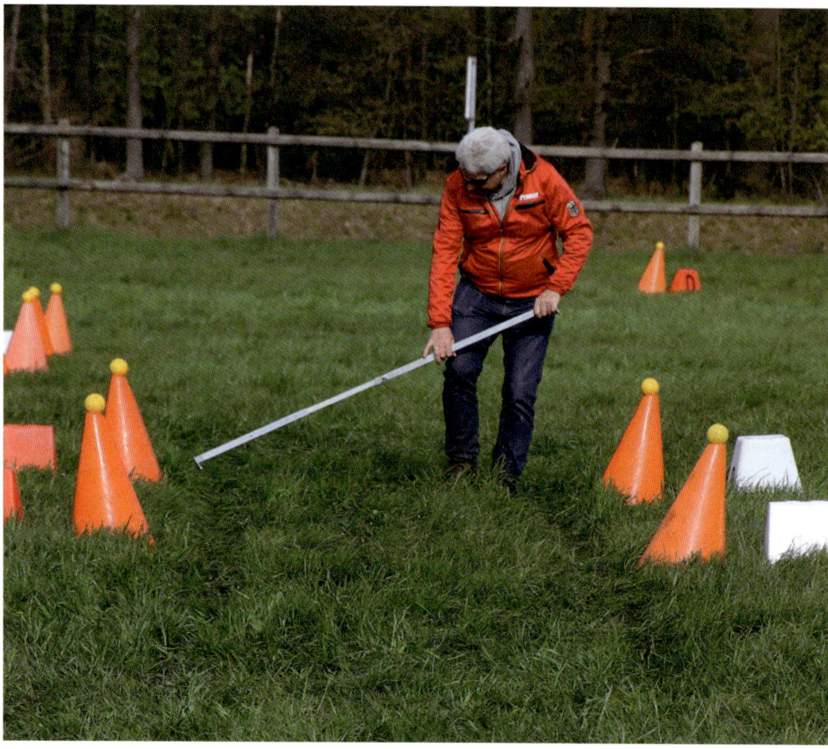

Influenza-Impfung nach erfolgter Grundimmunisierung alle 6 Monate vor. Der Grund ist einfach: Die Impfung gegen Influenzavirusinfektionen ist nach dem derzeitigen Stand der Wissenschaft die einzige Maßnahme, um speziell bei Pferden im Sport, die Infektion, das Auftreten der Erkrankung und deren Ausbreitung zu verhindern. Geregelt ist die Impfvorschrift in der **Leistungs-Prüfungs-Ordnung (LPO), § 66** „Allgemeine Teilnahmebeschränkungen von Pferden".

Nähere Informationen zum vorgeschriebenen Impfschutz gegen Influenzavirusinfektionen, zum Beispiel wie die Grundimmunisierung gegen das Influenzavirus durchzuführen ist und in welchen Abständen Wiederholungsimpfungen notwendig sind, finden sich in den Durchführungsbestimmungen der LPO. Die Impfvorschrift der WBO findet sich in Regel 14.4 sowie im Teil III der WBO.

Je nach den **„Besonderen Bestimmungen"** des zuständigen Landesverbandes/der zuständigen Landeskommission müssen auch Pferde, Ponys und andere Equiden, die an Breitensportlichen Veranstaltungen (das heißt an Turnieren ausschließlich mit Wettbewerben der WBO und ohne Leistungsprüfungen der LPO) teilnehmen, gemäß LPO-Vorgabe gegen Influenzavirusinfektionen geimpft sein. Zudem gelten die Vorgaben der genehmigten Ausschreibung des Veranstalters.

11.2 Die Leistungs-Prüfungs-Ordnung (LPO)

Wenn es dann endlich aufs Turnier geht, sind Grundkenntnisse des Regelwerks wichtig. In der **LPO** sind alle Bestimmungen zur Durchführung von nationalen Turnieren (korrekt: Pferdeleistungsschau/PLS) zu finden. Die LPO besteht aus vier Teilen:

A. Allgemeine Bestimmungen

Hier ist Allgemeines geregelt, zum Beispiel zu

- Voraussetzungen für die Teilnahme,
- Ausschreibungen, Nennungen, Ergebnisse,
- Durchführung von Leistungsprüfungen,
- Aufgaben der Richter/Turnierfachkräfte,
- Ausrüstung von Reitern und Pferden.

B. Besondere Bestimmungen

Hier stehen alle Details nach Farbe geordnet zu

- Voltigieren (rot),
- Basis- und Aufbauprüfungen (grau),
- Dressurprüfungen (blau),
- Springprüfungen (rosa),
- Vielseitigkeitsprüfungen (gelb),
- Fahrprüfungen (braun),
- Kombinierten Prüfungen (grau).

C. Rechtsordnung

Hier geht es um

- Einsprüche,
- Ordnungsmaßnahmen,
- FN-Anti-Doping-und Medikamentenkontroll-Regeln für den Pferdesport (ADMR),
- Anti-Doping-Ordnung für Athleten (ADO).

D. Durchführungsbestimmungen

Hier sind Ergänzungen zu finden zu

- Aufbau auf dem Vorbereitungsplatz Springen,
- Leistungsklassen,
- Impfungen gegen Influenza,
- Verfassungs-, Fitness- und Pferdekontrollen,
- Ausrüstungsgegenständen (z.B. Verschnallung des Reithalfters).

Der § 70 und der **Ausrüstungskatalog** der LPO zeigen, welche Gebisse, Reithalfter, Hilfszügel etc. in welcher Prüfung zugelassen sind. Bei Unsicherheiten lohnt sich auf jeden Fall ein Blick hinein, bevor es auf dem Turnier zu Problemen kommt.

Besondere Bestimmungen Fahren (§§ 700 bis 763)

In den Dressurprüfungen wird immer im **beurteilenden Richtverfahren** gewertet. In der Klasse A wird meistens eine Gesamtwertnote vergeben. Im getrennten Richten mit Einzelnoten erteilt jeder Richter für jede Lektion eine Einzelnote, diese werden addiert und ergeben die Gesamtsumme. Abzüge von der Note gibt es für Verfahren, wenn der Fahrer

- einen falschen Weg einschlägt,
- eine Lektion auslässt,
- eine Lektion an einem falschen Punkt fährt,
- eine Lektion in einer falschen Gangart fährt oder
- eine Lektion abbricht.

In diesen Fällen muss durch die Richter abgeläutet und die Lektion wiederholt werden. Abgezogen werden für das 1. Verfahren beim gemeinsamen Richten 0,5 Punkte beziehungsweise 5 Punkte beim getrennten Richten und für das 2. Verfahren 1.0 Punkte beziehungsweise 10 Punkte. Das 3. Verfahren führt zum **Ausschluss**.

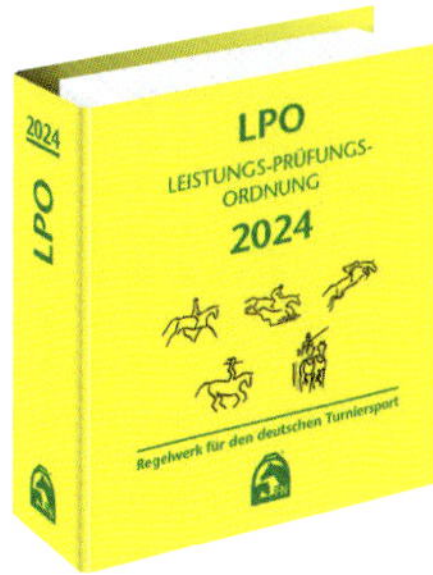

Ausrüstungskatalog der LPO (§ 70)

Dies gilt ebenso für das Absteigen des/der Beifahrer/s.
Für das Absteigen des Fahrers werden 2,0 beziehungsweise 20 Punkte abgezogen.

Weitere Abzüge gibt es bei:

- unvollständige/unkorrekte Ausrüstung 0,5/5 Punkte
- Handhabung der Leinen, Bremse oder Peitsche durch den Beifahrer 2,0/20 Pkt.
- deutliche Nicht-Anwendung des Achenbach'schen Fahrsystems in A 0,5/5 Punkte
- Ansprechen beziehungsweise Zeigen des Weges durch den Beifahrer 0,5/5 Punkte
- Unterbrechung: Ein Unterbrechung liegt vor, wenn sich das Gespann durch Stehenbleiben, Rückwärtsbewegung, Kehrtwendung, Steigen usw. der Vorwärtsbewegung entzieht.
  - 1. Unterbrechung: 0,5/5 Punkte
  - 2. Unterbrechung: 1.0/10 Punkte
  - 3. Unterbrechung: Ausschluss

Ebenso zum Ausschluss führen

- der Start vor dem Glockenzeichen,
- Verlassen des Vierecks durch das gesamte Gespann,
- Verwendung nicht erlaubter Ausrüstung,
- unsportliches Verhalten,
- verbotene fremde Hilfe,
- Betreten des Prüfungsplatzes vor der LP.

Besondere Bestimmungen Kegelfahren

Beurteilt wird das Gespann zwischen Start- und Ziellinie, ausgedrückt in Strafpunkten, Punkten, Sekunden und/oder Wertnoten - je nach Ausschreibung und Richtverfahren.

Am häufigsten sind

- Kegelfahrprüfungen nach **Richtverfahren A**: Der Fahrer mit den wenigsten Strafpunkten in der schnellsten Zeit gewinnt.

Abzüge, zum Beispiel:

- Hindernisfehler: 3 Strafpunkte
- 1. Unterbrechung: 5 Strafpunkte
  2. Unterbrechung: 10 Strafpunkte
  3. Unterbrechung: Ausschluss
- Absteigen Fahrer: 20 Strafpunkte
- 1. Absteigen Beifahrer: 5 Strafpunkte
  2. Absteigen 10 Strafpunkte
  3. Absteigen: Ausschluss
- unkorrekte/unvollständige Ausrüstung: 5 Strafpunkte
- Einwirkung durch den Beifahrer: 20 Strafpunkte
- Überschreiten der erlaubten Zeit: 0,5 Strafpunkte pro angefangener Sekunde

- Stil-Kegelfahrprüfungen nach **Richtverfahren D**: Der Fahrer mit der höchsten Wertnote gewinnt.

Abzüge zum Beispiel:

- Hindernisfehler: 0,3 Strafpunkte
- 1. Unterbrechung: 0,5 Strafpunkte
  2. Unterbrechung: 1,0 Strafpunkte
  3. Unterbrechung: Ausschluss
- 1. Absteigen Fahrer/Beifahrer: 0,5 Strafpunkte
  2. Absteigen: 1,0 Strafpunkte
  3. Absteigen: Ausschluss
- unkorrekte/unvollständige Ausrüstung: 0,5 Strafpunkte
- Überschreiten der erlaubten Zeit: 0,1 Strafpunkte pro angefangener Sekunde

Weitere Ausschlusskriterien sind:

- Nichtpassieren der Startlinie
- Fahren eines Hindernisses in der falschen Reihenfolge

- Verfahren ohne Korrektur/Auslassen eines Hindernisses
- andauernde Widersetzlichkeit des Pferdes
- nicht-erlaubte Ausrüstung
- unsportliches Verhalten
- Sturz eines Pferdes/Umkippen des Wagens

Die Anforderungen und die Hindernisbreiten in den jeweiligen Klassen sind in der LPO geregelt, dort steht auch wie viele Hindernisse ein Parcours mindestens haben muss.

Besondere Bestimmungen für Geländeprüfungen

Beurteilt wird die Leistung des Gespanns zwischen den jeweiligen Start- und Ziellinien nach Strafpunkten.

11.3 Organisation des Pferdesports

In Deutschland ist die Organisation des Pferdesports hierarchisch aufgebaut (siehe Abbildung Seite 177). Die einzelnen Ebenen dieser Hierarchie werden im Folgenden erläutert.

Der Reit- und Fahrverein (RFV)

Das Fundament des organisierten Pferdesports bildet der Pferdesportverein oder Reit- und Fahrverein. Seine Hauptaufgabe ist das Heranführen von Menschen aller Altersstufen an den Pferdesport und darüber hinaus die

- Förderung des Pferdesports unter Beachtung des Tierschutzes,
- Ausbildung im Reiten, Fahren und Voltigieren auf den Pferdesportanlagen und in der freien Natur,
- Durchführung von Veranstaltungen (Turniere, Jagden, Aus- und Wanderritte usw.),
- Jugendförderung,
- Vertretung der Mitgliederinteressen bei Behörden und Organisationen auf der Ebene der Gemeinde und im Kreisreiterverband.

Zur Gründung eines Pferdesportvereins sind mindestens 7 Mitglieder erforderlich. Es wird eine Satzung erarbeitet, die bei der Eintragung beim Vereinsregister des Amtsgerichts hinterlegt wird. Hinweise zur Gründung eines Pferdesportvereins, eine Vereinsmustersatzung sowie eine Jugendordnung finden man im Internet unter www.pferd-aktuell.de.

Der Kreisreiterverband (KRV)

Auf der nächsthöheren Ebene stellt der Kreisreiterverband einen Zusammenschluss der Pferdesportvereine auf Kreisebene dar. Aufgrund der geringen regionalen Größe verfügen nicht alle Landesverbände über die Struktur der Kreisreiterverbände. Die wesentlichen Aufgaben des KRV sind:

- Durchführung von Aus- und Fortbildungsmaßnahmen
- Durchführung von Kreismeisterschaften
- Abstimmung von Terminen im Einzugsbereich im LV
- Vertretung der Mitgliederinteressen auf Kreisebene

Der Landesverband und die Landeskommission (LV/LK)

Alle Kreisreiterverbände und damit alle Pferdesportvereine sind wiederum zusammengeschlossen in den Landesverbänden (LV). Aufgrund der regionalen Größe verfügen manche Landesverbände zusätzlich über die Struktur der Regionalverbände. In den Regionalverbänden sind dann die Kreisreiterverbände und damit alle Vereine angeschlossen. Die Regionalverbände sind wiederum Mitglieder der Landesverbände.

Die wesentlichen Aufgaben der Landesverbände sind:

- Förderung des Reit-, Fahr- und Voltigiersports als Breiten- und Leistungssport
- Förderung und Betreuung der Pferdehaltung
- Vergabe und Verlängerung der DOSB-Trainerlizenzen nach abgeschlossener Ausbilderprüfung
- Ausrichtung der Landesmeisterschaften und Landesturniere
- Bildung und Betreuung von Landeskadern
- Vertretung des Pferdesports im Landessportbund (LSB)
- Vertretung der Mitgliederinteressen bei Organisationen auf Landesebene und in der FN

Zu jedem Landesverband gehört eine **Landeskommission (LK)**. Diese hat die Aufgabe, die Einhaltung der Regeln aus APO und LPO/WBO zu überprüfen und sicherzustellen.
Schwerpunkte der LK sind:

- Planung und Förderung von Aus- und Fortbildungsmaßnahmen, Aus- und Fortbildung von Ausbildern und Turnierfachleuten
- Kennzeichnung von Ausbildungsstätten und pferdehaltenden Einrichtungen gemäß APO
- Koordination, Genehmigung und Beaufsichtigung der Turniere sowie der Sonderprüfungen
- Erlass von Richtlinien und „Besonderen Bestimmungen" für ihren Bereich

Vereinfacht ausgedrückt ist der Landesverband vor allem für die Ausbildung von Reiter und Pferd sowie für die Organisation des Pferdesports zuständig und eher ein „ausführendes Organ". Die Landeskommission ist als Bestandteil des Landesverbandes für die Einhaltung von Regeln zuständig und damit eher ein „Kontrollorgan".

Die Deutsche Reiterliche Vereinigung e.V./Fédération Equestre Nationale (FN)

1905 als „Verband der Halbblutzüchter" gegründet, hat die FN heute ihren Sitz in Warendorf. In der FN sind 17 Landesverbände und zusätzlich Anschlussverbände organisiert.
Circa 7.400 Vereine mit insgesamt knapp 700.000 Mitgliedern sind somit über die Landesverbände in der FN zusammengeschlossen.

Mitglieder der FN sind:

- 17 Landesverbände der Reit- und Fahrvereine
- Deutsches Olympiade-Komitee für Reiterei (DOKR)
- Deutscher Reiter- und Fahrerverband (DRFV)
- Deutsche Richtervereinigung für Pferdeleistungsprüfungen (DRV)
- 25 Pferdezuchtverbände
- Persönliche Mitglieder (ca. 60.000 Mitglieder)

Anschlussorganisationen der FN sind:

- Islandpferde-Reiter- und Züchterverband (IPZV)
- Verein Deutscher Distanzreiter (VDD)
- Deutscher Akademischer Reiterverband (DAR)
- Deutsches Kuratorium Therapeutisches Reiten (DKThR)
- Erste Westernreiter Union Deutschland (EWU)
- Internationale Gangpferde-Vereinigung (IGV)
- Bundesverband für klassisch-barocke Reiterei Deutschland (BfkbR)

Als Dachverband für den organisierten Pferdesport erfüllt die FN vor allem diese Aufgaben:

- Förderung des Freizeit- und Breitensports sowie Leistungssports
- Förderung und Verbesserung der Ausbildung von Reitern, Fahrern,

Voltigierern, Ausbildern und Pferden
- Steigerung von Gesundheit und Lebensfreude durch Ausübung des Pferdesports
- Förderung der Pferdezucht in Deutschland
- Förderung fachgerechter Pferdehaltung
- Förderung des Tierschutzes
- Förderung des Naturschutzes und der Landschaftspflege
- Information, Beratung und Unterstützung für Pferdebetriebe und Vereine
- Erstellung von Regelwerken und Bestimmungen für Ausbildung, Turniersport und Pferdezucht (APO, LPO, WBO, Aufgabenhefte)
- Interessenvertretung des Reit-, Fahr- und Voltigiersports sowie der Pferdezucht gegenüber der Öffentlichkeit und bei Behörden und Organisationen
- Jugendförderung
- Verleihung von Goldenen Abzeichen) sowie von Verdienstauszeichnungen
- Aufstellung, Betreuung und Fortbildung der Kader für internationale Wettkämpfe und Olympische Spiele durch das DOKR (Deutsches Olympiade-Komitee für Reiterei)
- Ausstellung des Internationalen Trainerpasses

Die FN ist u.a. Mitglied auf nationaler Ebene im:
- DOSB (Deutscher Olympischer Sportbund)
- DNR (Deutscher Naturschutzring)
- Kuratorium Sport und Natur
- ADT (Arbeitsgemeinschaft Deutscher Tierzüchter)
- DLG (Deutsche Landwirtschafts-Gesellschaft)
- VIT (Vereinigte Informationssysteme Tierhaltung e.V.)

Auf internationaler Ebene:
- in der FEI (Internationale Reiterliche Vereinigung)
- in der IAKS (Internationale Vereinigung Sport- und Freizeiteinrichtungen)
- in der FITE (Internationale Föderation für Pferdesport-Tourismus)
- im EPC (Euro-Pony-Club)

Die Internationale Reiterliche Vereinigung/Fédération Equestre Internationale (FEI)

Die FEI ist der internationale Verband für die Pferdesportdisziplinen Dressur, Springen, Vielseitigkeit, Fahren, Voltigieren, Distanzreiten, Reining (bis 2021) und Behinderten-Reitsport (Para-Equestrian) mit Sitz in Lausanne (Schweiz, gegründet 1921). Mitglieder können alle nationalen Föderationen werden, die in ihrem Staat Dachverband für den Pferdesport sind.

Die FEI entwickelt, koordiniert und veröffentlicht für den internationalen Turniersport ein eigenes Reglement und überwacht die Organisation aller internationalen Turniere einschließlich der internationalen Meisterschaften und der Olympischen Reiterspiele.

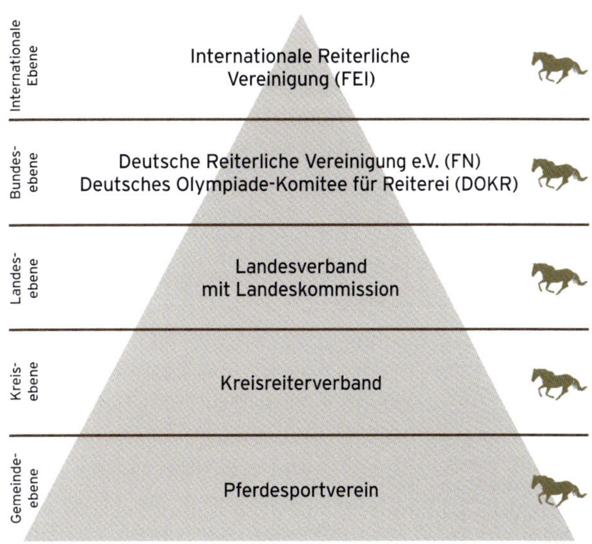

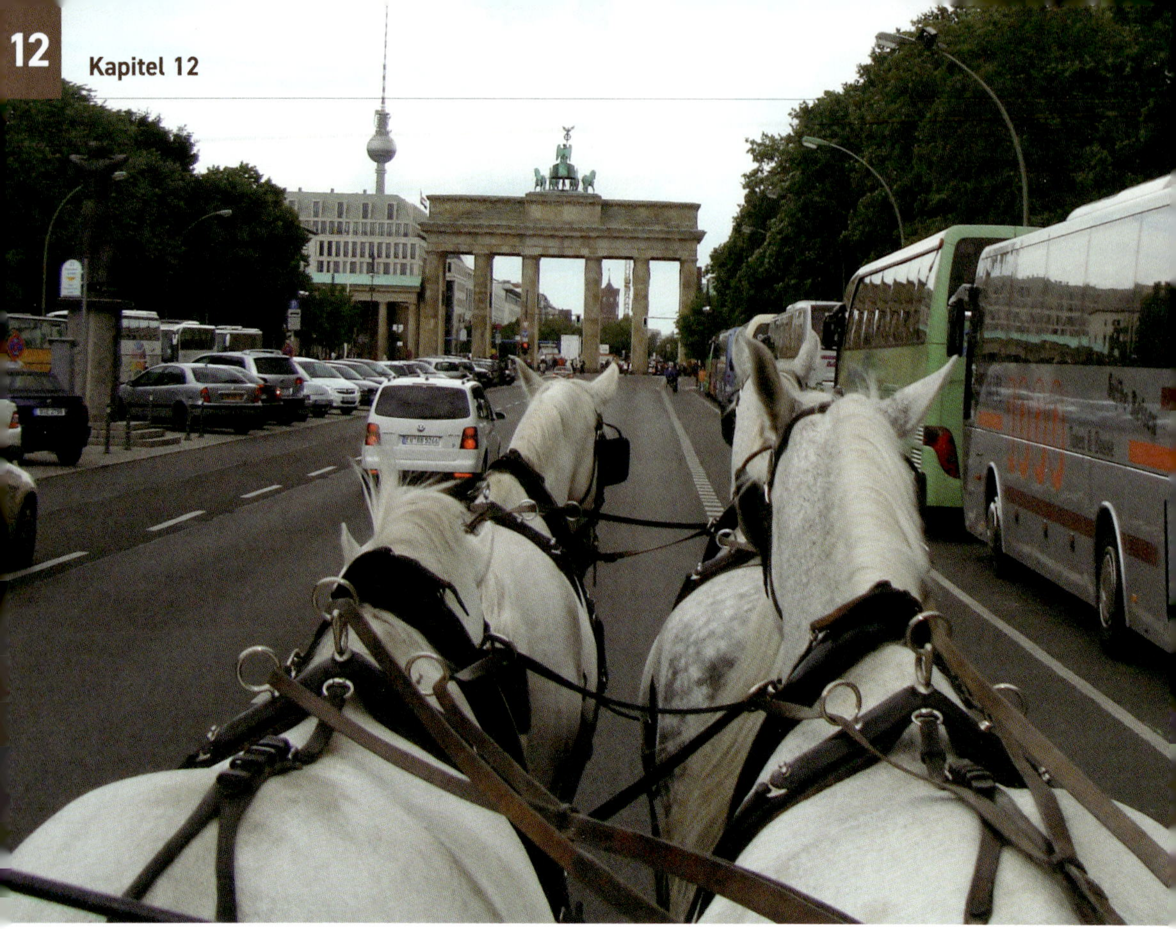

Das Fahren im Straßenverkehr erfordert eine gute Ausbildung von Pferden und Fahrern, um auch ungewohnte Situationen gut zu bewältigen.

12 Fahren im Straßenverkehr und im Gelände, Haftung/Versicherung, Transport

12.1 Fahren im Straßenverkehr[1]

Wer heute mit Pferden auf öffentlichen Wegen und Straßen unterwegs ist, muss nicht nur den Verkehr, sondern auch das Pferd ständig im Blick behalten und **vorausschauend** agieren. Dazu gehört auch, Gefahrensituationen zu erkennen und ein mögliches Fehlverhalten anderer Verkehrsteilnehmer einzukalkulieren.

Zu den besonders gefahrenträchtigen Situationen gehören Begegnungsverkehr, Überholmanöver, Abbiegen, das Überqueren von Kreuzungen und Straßen, das Fahren bei schlechter Sicht oder das Überwinden von Engstellen und Hindernissen wie Tunnel, Brücken oder Gleisen.

Im Gegensatz zu Reitern, die meist jahrelang Reitunterricht genommen haben, bevor sie ein Abzeichen machen, ist es bei den Gespannfahrern häufig der Fall, dass das Fahrabzeichen oder der Kutschenführerschein den Einstieg in das Hobby bildet. So ist es ganz natürlich, dass vielen Fahrern nach ihrem Abzeichen noch Erfahrung und Routine fehlen, um auch schwierige Situationen meistern zu können. Was mit den braven Schulpferden problemlos klappte, wird mit den eigenen, womöglich gerade erst eingefahrenen Fahrpferden anders, unter Umständen

1 (Text Anja Sagkob, Surwald, entnommen aus „Der Kutschenführerschein. Sicheres Gespannfahren im Straßenverkehr. Kutschenführerschein A – Privatperson", FNverlag, Warendorf 2018)

auch problematisch sein. Es ist daher zu empfehlen, noch eine Weile in Begleitung eines erfahrenen Fahrers oder Fahrlehrers an seiner Sicherheit zu arbeiten. Je öfter man verschiedene Situationen geübt hat, umso sicherer wird man sie bewältigen können. Das Gleiche gilt selbstverständlich für die Pferde. Aus diesem Grund sollte man die Anforderungen nur Schritt für Schritt steigern und zunächst auf ruhigeren Straßen fahren, bevor man sich im dichten Verkehr bewegt.

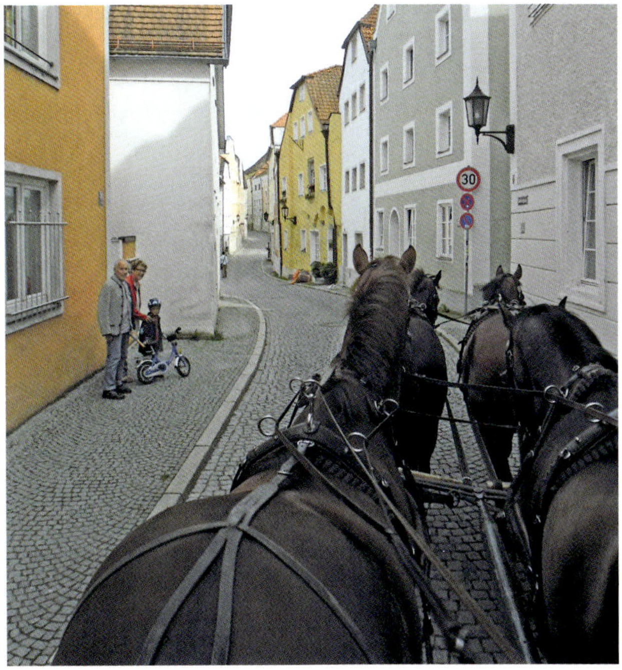

Das Fahren im Straßenverkehr erfordert eine gute Ausbildung von Pferden und Fahrern, um auch ungewohnte Situationen gut zu bewältigen.

12.1.1 Der Beifahrer

Der gut geschulte Beifahrer ist einer der wichtigsten Sicherheitsfaktoren, besonders beim Fahren im Straßenverkehr. Er kann viele kritische Situationen entschärfen. Passieren kann immer etwas: ein Schnellverschluss kann aufgehen, die Leine sich verfangen, ein Geschirrteil reißen, ein Pferd über den Strang treten – um nur wenige Beispiele zu nennen. Auch bei gefährlichen Kreuzungen, Ampeln und anderen Situationen, in denen die Pferde ruhig stehen müssen, kann der Beifahrer insbesondere bei jungen oder nervösen Pferden eine wertvolle Unterstützung und Absicherung darstellen.

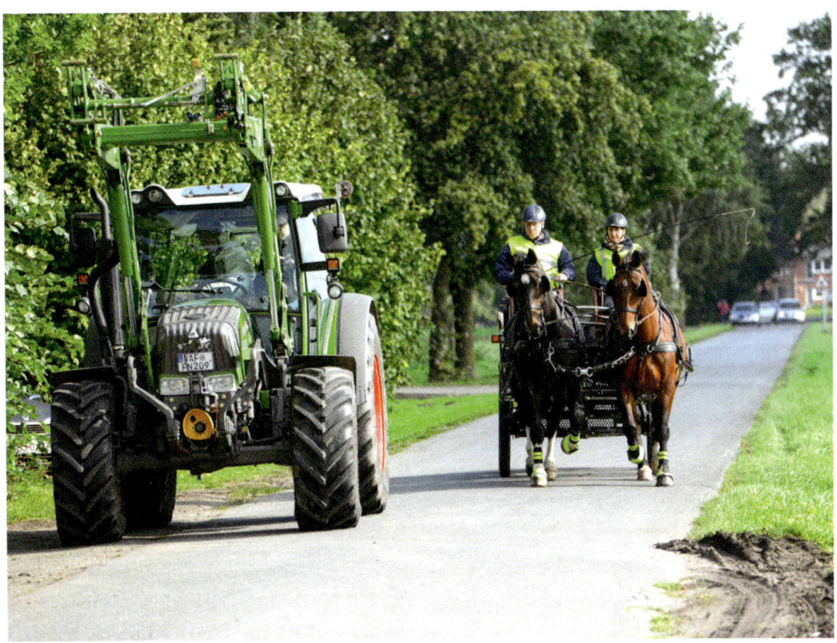

Abseits des Straßenverkehrs lassen sich bereits vielerlei Anforderungen üben, beispielsweise Begegnungsverkehr.

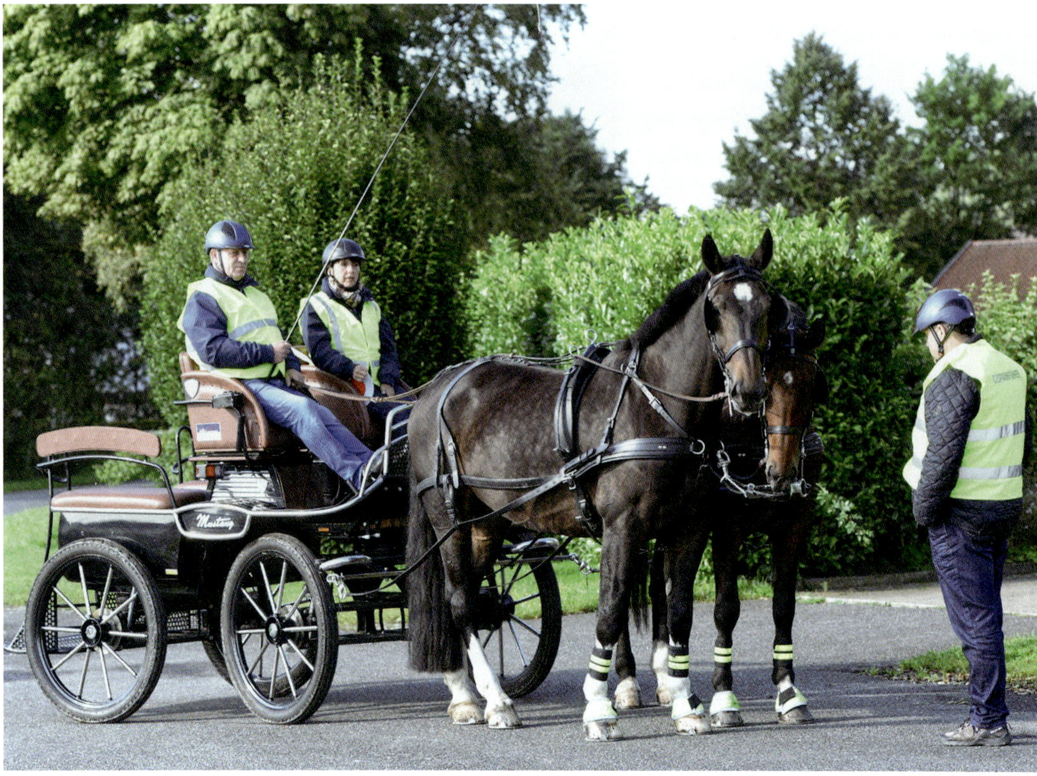

Ohne Beifahrer sollte niemals ausgefahren werden. Er trägt wesentlich zur Sicherheit des Gespanns bei.

Manchmal kann es sinnvoll sein, dass ein **Beifahrer** auf einer schnell befahrenen Land- und Bundesstraße mit **Sicherheitsweste** und **Anzeigekelle** auf das Gespann aufmerksam macht, wenn es aufgrund einer Kurve oder Kuppe für die herannahenden Autofahrer nicht sichtbar ist. (Aber Vorsicht: Mit der Anzeigekelle darf man keine Autofahrer anhalten oder den Verkehr regeln!)

- Als geeignete Beifahrer kommen andere Fahrer oder pferdeerfahrene Personen infrage. Sie sollten möglichst eine Sicherheitsweste tragen, um vom Verkehr gut gesehen zu werden, auch wenn sie einmal schnell absteigen müssen. Das sollten sie übrigens immer rückwärts tun und sich dabei gut festhalten!

12.1.2 Pflichten des Fahrzeugführers

Auf Straßen sowie auf öffentlichen Wegen in Wald und Flur gelten Gespanne im Sinne der Straßenverkehrsordnung als **Fahrzeuge** und unterliegen damit den Vorschriften der **Straßenverkehrsordnung** (StVO), dem **Straßenverkehrsgesetz** (StVG) und den Vorgaben zur Ausrüstung des Wagens gemäß **Straßenverkehrs-Zulassungs-Ordnung** (StVZO). Der Fahrzeugführer ist für die Verkehrssicherheit von Gespann und Ladung beziehungsweise Besetzung voll verantwortlich (§ 23 StVO „Sonstige Pflichten des Fahrzeugführers").

Er muss sich vor Fahrtantritt vergewissern, dass sich der Wagen, die Geschirre und die Ausrüstung in einem ordnungsgemäßen, verkehrssicheren Zustand befinden. Wer dies vernachlässigt, kann sich im Falle eines Un-

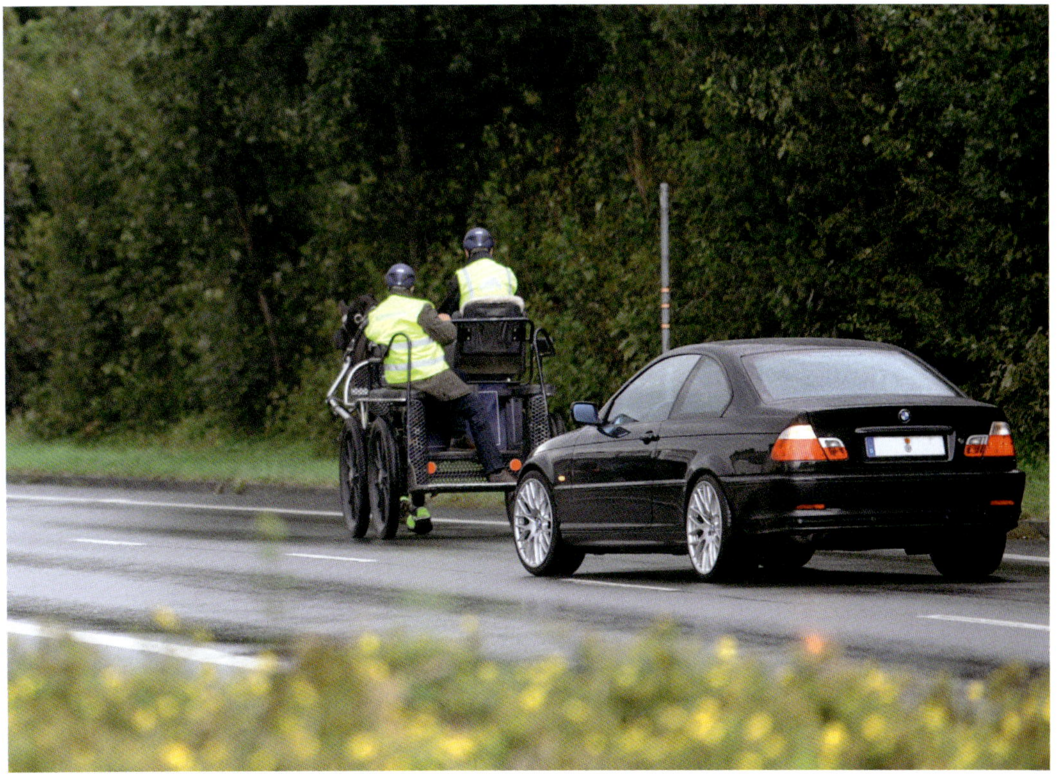

Mit Fehlverhalten anderer Verkehrsteilnehmern muss man rechnen.

falls nicht mehr darauf berufen, dass dieser für ihn nicht vorhersehbar gewesen wäre. Tiere sind im Straßenverkehr nur unter der Leitung einer sie führenden Person zugelassen, die ausreichend auf sie einwirken kann (§ 28 StVO „Tiere"). Das bedeutet, dass diese körperlich und geistig dazu in der Lage sein muss. Beispielsweise würde man einem Sechsjährigen diese Voraussetzungen ebenso absprechen wie einem alkoholisierten Fahrer. Der Nachweis einer entsprechenden Befähigung, beispielsweise über den **Kutschenführerschein A – Privatperson** oder ein **Fahrabzeichen** ist daher sinnvoll, um zu belegen, dass man in der Lage ist, ein Gespann im Straßenverkehr zu führen.

12.1.3 Mit Fehlern von anderen rechnen

Trotz aller gesetzlicher Ge- und Verbote, die das rücksichtsvolle Miteinander der verschiedenen Verkehrsteilnehmer im Straßenverkehr regeln sollen (§ 1 StVO „Grundregeln"), dürfen Gespannfahrer einen wichtigen Faktor nicht unterschätzen: die Unerfahrenheit vieler Kraftfahrzeuglenker mit Pferden im Straßenverkehr. Nicht selten wird das Tempo pferdebespannter Wagen falsch eingeschätzt, zu rasant aufgefahren und zu dicht überholt, manchmal sogar gedankenlos auf die Hupe gedrückt.

Eine vorausschauende, defensive Fahrweise sollte mit **Rücksicht** auf unseren „Partner Pferd" selbstverständlich sein. Oft ist es besser, auf Recht und Vorfahrt gegenüber einem Kraftfahrzeug zugunsten der Sicherheit des Gespanns zu verzichten.

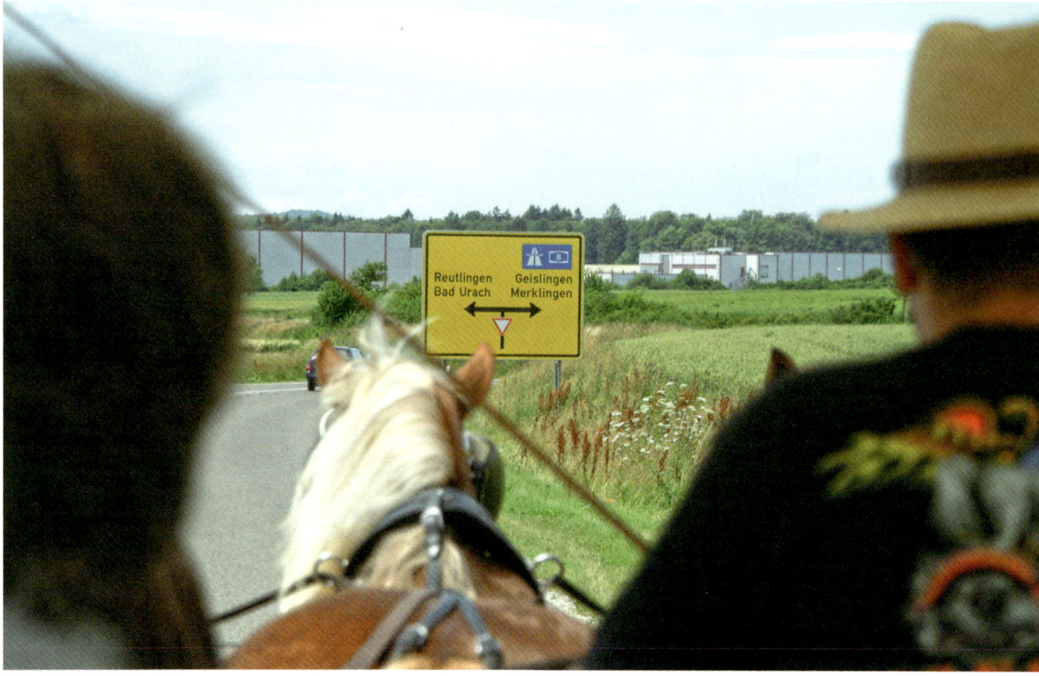

Gespanne dürfen nicht auf Kraftfahrstraßen und natürlich nicht auf Autobahnen fahren.

12.1.4 Straßenbenutzung

Als „Fahrzeuge" müssen pferdebespannte Wagen die Straßen benutzen (§ 2 StVO „Straßenbenutzung durch Fahrzeuge"). Geh- oder Radwege sind für sie tabu. Autobahnen und Kraftfahrstraßen ebenfalls, denn sie dürfen nur von Kraftfahrzeugen befahren werden, die durch die Bauart bestimmt eine Höchstgeschwindigkeit von mehr als 60 km/h erreichen (§ 18 StVO „Autobahnen und Kraftfahrstraßen").

Der Geltungsbereich der StVO und der StVZO erstreckt sich auf den sogenannten **„öffentlichen Verkehrsgrund"**. Gemeint ist damit jeder Grund, der ohne weiteres von Verkehrsteilnehmern betreten oder befahren werden kann. Dabei ist es unerheblich, ob sich dieser in Privatbesitz (sogenannter „tatsächlich-öffentlicher Verkehrsgrund") oder im Besitz der öffentlichen Hand („rechtlich-öffentlicher Verkehrsgrund") befindet. Zum „Privatgrund" zählen dagegen Grundstücke, sowohl in privater als auch in öffentlicher Hand, deren Zugang durch geeignete Maßnahmen wie beispielsweise einen Zaun oder eine Schranke versperrt ist. Schilder wie „Privat - betreten verboten" oder „Privatweg - Durchfahrt verboten" ohne jede Absperrmaßnahme genügen dazu nicht. Sie sind lediglich als Hinweisschilder ohne gesetzlichen Hintergrund zu sehen.

Alle Regelungen der Straßenverkehrsordnung, die sich allgemein auf „Fahrzeuge" beziehen, sind auch für Gespannfahrer gültig. Dazu gehören sämtliche **Verkehrsregeln** und **Verkehrsschilder**, beispielsweise das Verkehrsschild 250 (Verboten für Fahrzeuge aller Art). Dieses Schild findet sich an vielen Wald- und Wirtschaftswegen, oft mit dem Zusatzschild „Landwirtschaftlicher Verkehr frei". Aber auch dann darf das Pferdegespann dort nicht einfach fahren. Nicht relevant für Pferdegespanne sind Verbotsschilder für Kraftfahrzeuge, Radfahrer oder Reiter (251, 253 bis 255, 258, 260).

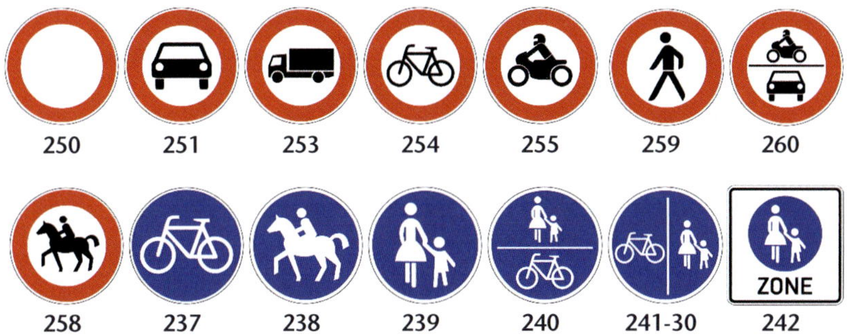

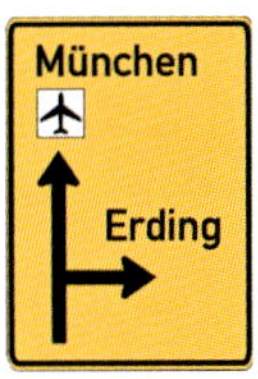

438

Das Verkehrszeichen 250 „Verbot für Fahrzeuge aller Art" ist auch von Gespannfahrern zu beachten. Die Zeichen 251, 253, 259 und 260 beziehen sich nur auf Kraftfahrzeuge, 254 auf Fahrradfahrer, 259 auf Fußgänger und sind für Gespannfahrer nicht relevant; die Tafel 258 betrifft nur Reiter; Pferde dürfen aber geführt oder auch gefahren werden. Anders dagegen die Zeichen 237 bis 242 – dort ist das Fahren für Gespanne verboten. Im Rahmen einer Veranstaltung kann aber ggf. eine Genehmigung eingeholt werden. Auf Bundesstraßen (siehe Tafeln links) dürfen Gespanne durchaus fahren, es sei denn, sie sind zusätzlich als Kraftfahrstraße (getrennte Fahrbahnen, blaues Schild) gekennzeichnet.

Wichtig:

➤ Ob Sondergenehmigungen für den örtlichen Fahrverein, die ansässigen Fahrer für ein Turnier oder eine Wanderfahrt möglich sind, sollte man bei der zuständigen Gemeinde erfragen. Oft ist es kein Problem, weil man gar nicht an Gespanne gedacht hat. Am besten erbittet man eine formlose, schriftliche Genehmigung, die man auf dem Wagen mitführen kann.

12.1.5 Rechtsfahrgebot und Überholen

Gemäß § 2 StVO gilt für alle Fahrzeuge das Rechtsfahrgebot. Langsam fahrende Fahrzeuge – dazu zählen Gespanne im Sinne des § 5 STVO „Überholen", Absatz 6 – müssen zudem notfalls warten oder, wenn möglich, den Seitenstreifen befahren, wenn nur so nachfolgende Fahrzeuge überholen können. Niemals sollten Fahrer und Beifahrer jedoch andere Verkehrsteilnehmer „durchwinken", denn dann geraten sie im Falle eines Unfalls mit in die Haftung.

Kraftfahrer sollen nach der gängigen Rechtsprechung beim Überholen einen größeren Seitenabstand (mindestens 2 m) von Pferden halten als von Radfahrern, da sie mit einer unvorhersehbaren Tierreaktion rechnen müssen.

Die Praxis zeigt aber immer wieder, dass Gespanne, die wie vorgeschrieben ordentlich rechts fahren, oft auch bei Gegenverkehr überholt werden; die Autofahrer werden dazu regelrecht verführt. Der Sicherheitsabstand lässt sich in diesem Fall kaum einhalten, sodass es ratsam ist, in solchen Verkehrssituationen die Fahrbahn lieber mittig zu befahren, als ein riskantes Überholmanöver zu provozieren.

Wichtig:

➤ Wird man von „leisen" Verkehrsteilnehmern wie Radfahrern oder Inlineskatern überholt, sollte man

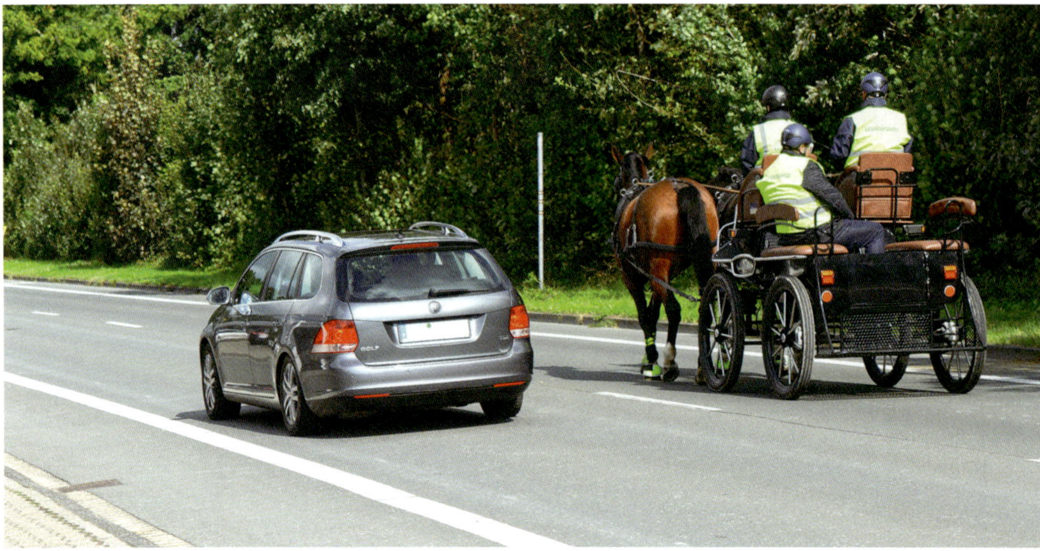

Gespanne sollten als mehrspurige Fahrzeuge auf der Straße fahren. Überholende Fahrzeuge haben einen ausreichenden Abstand zu halten.

beim Vorbeifahren mit ihnen sprechen (z.B. grüßen oder übers Wetter reden usw.), damit die Pferde sie rechtzeitig wahrnehmen, denn ihr Blickfeld ist durch die Blendklappen nach hinten eingeschränkt.

12.1.6 Abbiegen, Spurwechsel und Wenden

Zum Abbiegen, Wenden oder Wechseln der Fahrspur sind Gespanne wie alle anderen Fahrzeuge auch verpflichtet, sich rechtzeitig einzuordnen und ein deutliches **Richtungszeichen** zu geben (§ 9 StVO „Abbiegen, Wenden, Rückwärtsfahren"). Bei Planwagen und Kutschen mit unzureichender Rundumsicht des Fahrers – beispielsweise aufgrund eines Aufbaus – sind **elektrische Blinkleuchten** vorgeschrieben. Auf Wagen ohne Blinkanlage sollte man zur Fahrrichtungsanzeige immer eine Anzeigekelle mitführen, die vom Fahrer oder Beifahrer eingesetzt wird.

Motorradfahrer sollten bei Pferdegespannen besonders ruhig und mit deutlichem Seitenabstand überholen.

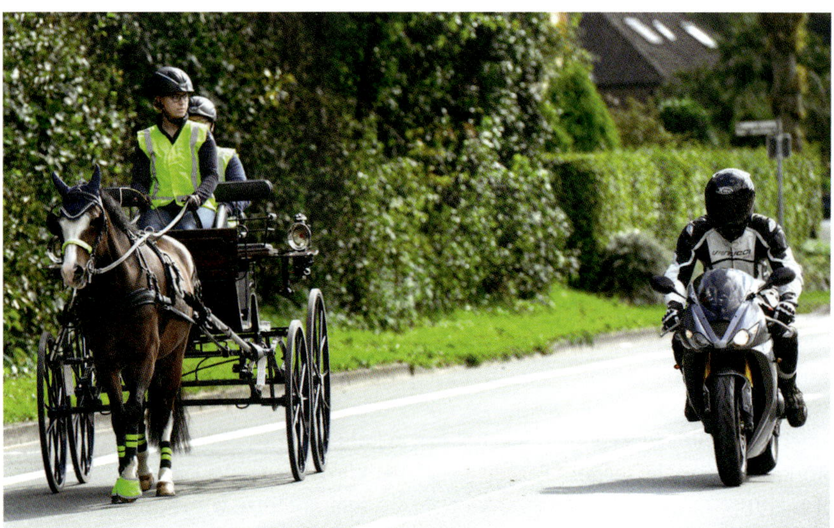

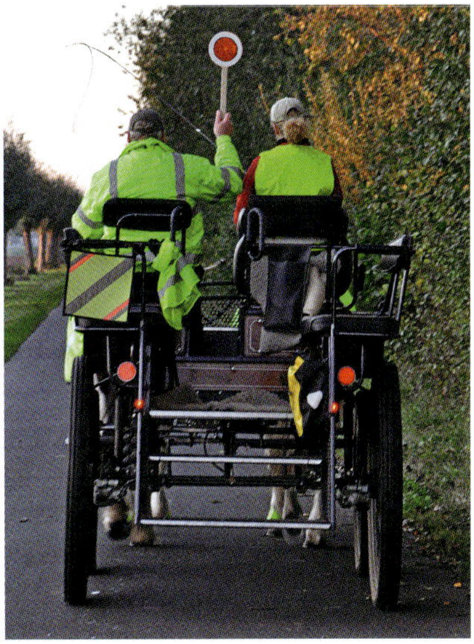

Das Hochstrecken der Anzeigekelle soll den nachfolgenden Verkehr aufmerksam machen.

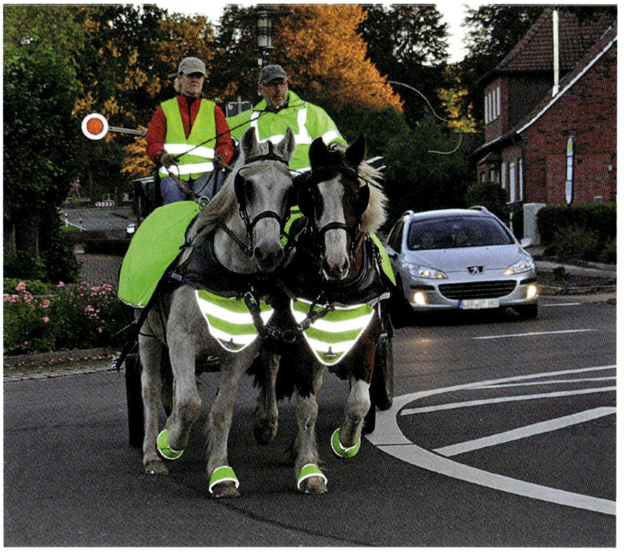

Für das Fahren im Straßenverkehr sind folgende Handzeichen vorgeschrieben:

1. Achtung: Der Arm mit der Anzeigekelle wird gerade nach oben gestreckt.

2. Rechtsabbiegen: Der Arm mit der Anzeigekelle wird nach rechts ausgestreckt.

3. Linksabbiegen: Der Arm mit der Anzeigekelle wird nach links ausgestreckt.

Handzeichen sind zwar erlaubt, werden im Straßenverkehr aber sehr schlecht gesehen und zudem von anderen Verkehrsteilnehmern oft falsch verstanden. So kann eine erhobene Hand auch als fröhliches Winken gedeutet werden. Besondere Vorsicht ist beim **Linksabbiegen** geboten. Oft hat zwar der Fahrer des unmittelbar folgenden Fahrzeugs die Richtungsanzeige gesehen, nicht aber die dahinter Fahrenden, sodass sie zum Linksüberholen ansetzen könnten! Auch hier ist ein aufmerksamer Beifahrer gefragt, der den Verkehr im Blick behält.

➤ Um die Handzeichen selbst geben zu können, muss der Fahrer einhändig fahren können. Sitzt er auf dem Bock rechts, wird es schwierig, den rechten Arm mit der Kelle so weit nach links zu strecken, dass der rückwärtige Verkehr ihn sehen kann. Daher ist es am sichersten, wenn der Beifahrer die Handzeichen nach Aufforderung durch den Fahrer gibt und den nachfolgenden Verkehr im Blick behält.

Auch beim Rechtsabbiegen ist es sinnvoll, die Hilfe des Beifahrers in Anspruch zu nehmen.

An Kreuzungen mit **Ampelanlagen** gelten die Regelungen zu „Wechsellichtzeichen, Dauerlichtzeichen und Grünpfeil" (§37 StVO) auch für Pferdegespanne. Die Lichtzeichen haben stets Vorrang vor Verkehrsregeln oder Verkehrsschildern, entbinden

Handzeichen sind im Straßenverkehr schlecht zu sehen und werden oft nicht verstanden. Besser ist daher immer die Anzeigekelle.

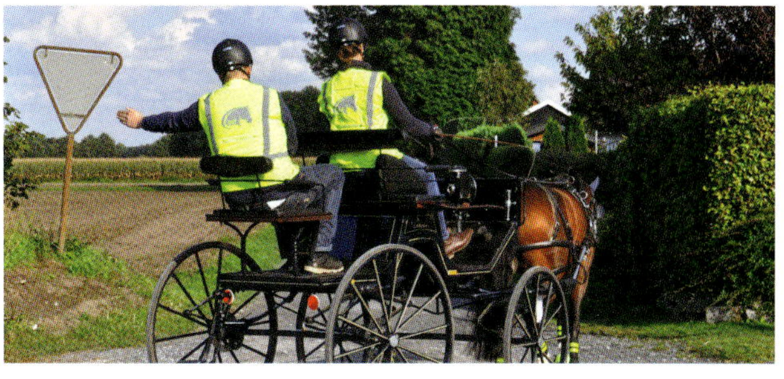

aber nicht von der Sorgfaltspflicht. Wer links abbiegt, muss entgegenkommenden Schienenverkehr durchlassen, wer rechts abbiegt, eventuell kreuzenden Radfahrern und Fußgängern Vorrang gewähren. Es ist außerdem nicht erlaubt, im stockenden Verkehr eine Kreuzung zu blockieren (§11 StVO, Absatz 1, Besondere Verkehrslagen).

12.1.7 Überqueren von Straßen

Gut ausgebildete Pferde haben gelernt, an Straßenkreuzungen ruhig zu warten, bei jungen oder noch unsicheren Pferden ist es empfehlenswert, die **Unterstützung des Beifahrers** in Anspruch zu nehmen. Er sollte rechtzeitig absteigen und mit ein paar beruhigenden Worten an den Pferden vorbei nach vorn gehen, sodass sie ihn trotz der Sichteinschränkung durch die Blendklappen wahrnehmen. Um das Gespann beim Überqueren der Straße abzusichern, kann er die Anzeigekelle mitnehmen, darf damit aber auf keinen Fall den Verkehr „regeln", beispielsweise Autos anhalten. Das darf nur die Polizei.

12.1.8 Fahren im Verband

Oft werden mit Gespannen Verbände (Kolonnen) gebildet, ohne dass den Teilnehmern das bewusst ist - zum Beispiel bei Stern- oder Wanderfahrten in der Gruppe. Schon ab drei Fahrzeugen gilt man als **„geschlossener Verband"** (§ 27 StVO „Verbände") und dieser bedarf einer Erlaubnis (§ 29 StVO „Übermäßige Straßenbenutzung"). Kriterien für einen geschlossenen Verband sind eine einheitliche Führung und eine geschlossene gleichartige Bewegung mehrerer Fahrzeuge beziehungsweise Personen. Für geschlossene Verbände gilt eine **Kennzeichnungspflicht** - je nach Art der Verkehrsteilnehmer beispielsweise mit Leuchten (vorn weißes und hinten rotes oder gelbes Blinklicht). Wird der Verband unterbrochen, muss jeder Abschnitt separat gekennzeichnet werden. Außerdem sind in „angemessenen" Abständen **Zwischenräume** zu lassen, um überholenden Fahrzeugen das Einscheren zu ermöglichen. Da die Beantragung der Genehmigung aufwendig ist und diese meist nur für polizeiliche oder militärische Zwecke ausgesprochen werden, sollten geschlossene Verbände vermieden werden. Am besten ist es, wenn bei einer Strecken- oder Wanderfahrt mit mehreren Gespannen die Teilnehmer um mindestens 5 Minuten zeitversetzt abfahren, sodass erst gar keine Verbände entstehen.

12.1.9 Alkohol an den Leinen

Leider ist teilweise auch Alkohol im Spiel, wenn Unfälle mit Gespannen untersucht werden. Auch wenn es im Straßenverkehrsgesetz (StVG) bisher keine festgesetzte Promillegrenze für Gespannfahrer gibt, schuf das Oberlandesgericht Oldenburg im Jahr 2014 über ein Urteil Klarheit: Es entschied, dass ein Gespannfahrer mit über 1,1 Promille absolut fahruntüchtig ist. Im Vergleich dazu liegt die Obergrenze für Radfahrer bei 1,6 Promille. Die Richter begründeten ihr Urteil damit, „dass der Kutscher eines Gespanns im Straßenverkehr vielfältige Anforderungen erfüllen müsse. So sei ein Pferd zu keiner angemessenen Eigenreaktion fähig, sondern verlasse sich auf den Fahrer. Ein Kutscher müsse anders als ein Radfahrer jederzeit in der Lage sein, schnell zu reagieren. Außerdem müsse er immer seine Stimme und die Fahrleinen einsetzen können."

Auch in Verbindung mit dem § 28 der StVO („Tiere") ist sehr zweifelhaft, ob ein alkoholisierter Gespannführer

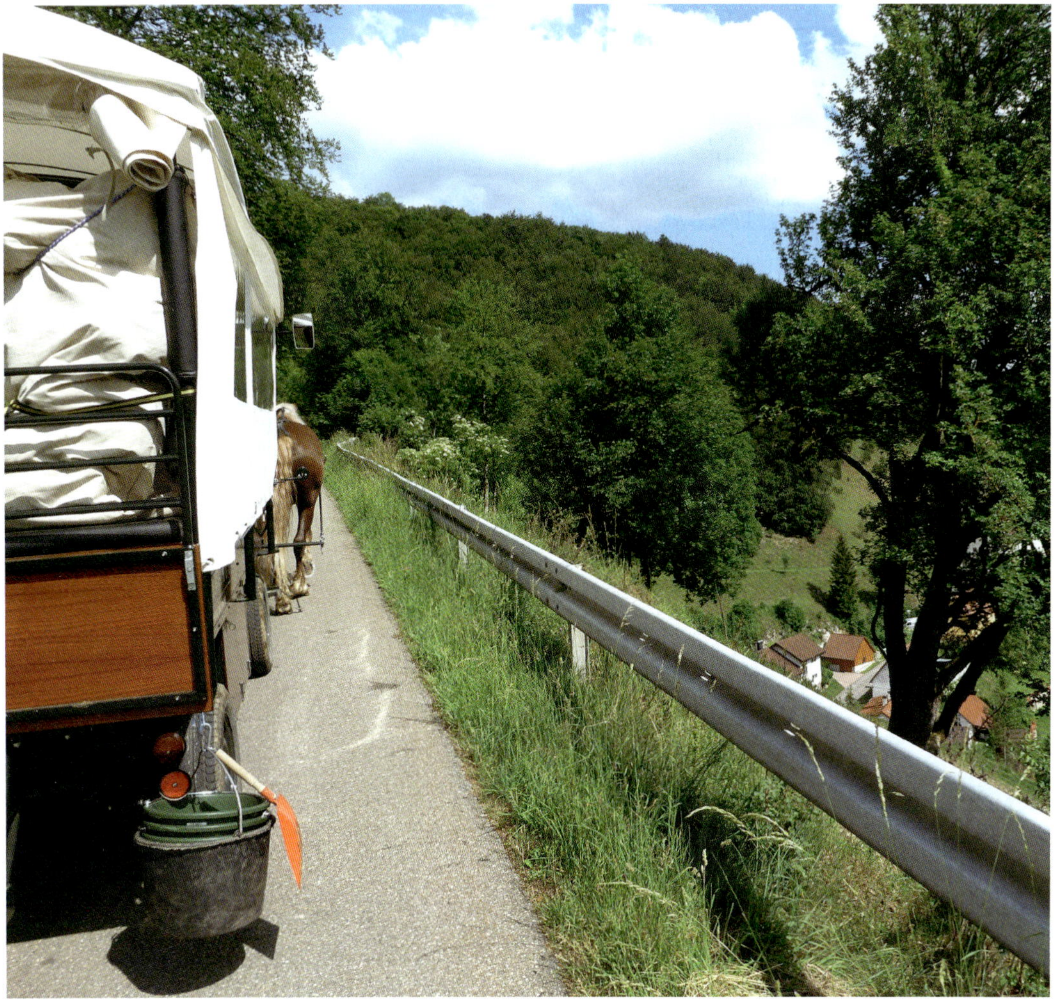

noch die geforderte Einwirkmöglichkeit hat.
Wer mit Alkohol an den Leinen erwischt wird, riskiert unter Umständen sogar den **Verlust seines Autoführerscheins**!

12.1.10 Sport im Straßenverkehr

Das Sporttreiben im Straßenverkehr verbietet § 31 StVO „Sport und Spiel", sofern es nicht entsprechende Zusatzschilder hinter den Verkehrszeichen 101 und 250 gestatten – so beispielsweise für das Inlineskaten. Für Gespannfahrer gibt es solche Zusatzschilder allerdings nicht.

12.1.11 Pferdeäpfel

Pferdemist ist gemäß § 32 StVO („Verkehrshindernisse") auf öffentlichen Straßen zu **entfernen** oder, falls dies nicht sofort möglich ist, zu kennzeichnen, wenn der Verkehr durch den Mist „gefährdet oder erschwert werden kann". Ob wirklich eine Gefährdung vorliegt, ist von der Situation abhängig, beispielsweise, wie viel Mist dort liegt und an welcher Stelle. Man sollte aber auf jeden Fall bedenken, dass, falls es durch einen glitschigen Kothaufen zu einem Unfall kommt, auch zivilrechtliche Konsequenzen auf den Gespannfahrer zukommen können.

Auf Ausfahrten gehört zumindest eine Kehrschaufel auf den Wagen, um Pferdeäpfel von der Straße zu entfernen.

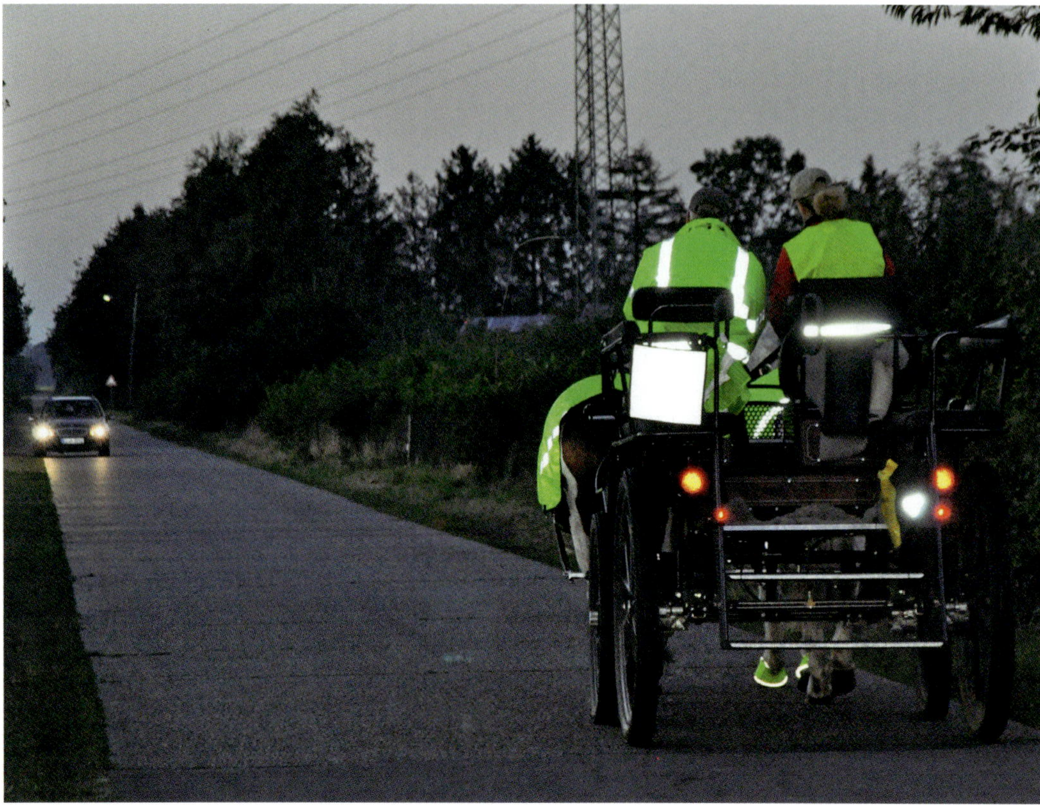

Bei schlechten Sichtverhältnissen (unter 500 m) muss der Wagen eine feste oder ansteckbare Beleuchtung besitzen.

Hinzu kommt gegebenenfalls auch ein Verstoß gegen kommunale Verordnungen zur Entfernung von Tierkot, der mit einem Bußgeld oder einer Rechnung über die Kosten der Straßenreinigung verbunden sein kann.
Um auf Nummer sicher zu gehen, sollten ein Eimer oder Plastiksack und eine Kehrschaufel bei Ausfahrten immer mitgenommen werden, damit der Beifahrer schnell reagieren kann. Natürlich ist im Einzelfall abzuwägen, ob das Entfernen der Pferdeäpfel bei dichtem Verkehr nicht gefährlicher ist als ein Belassen des Kots auf der Straße. Auf Feldwegen oder außerhalb von Ortschaften stellen Pferdehaufen normalerweise kein Problem dar, da Verkehrsteilnehmer besonders in ländlichen Gebieten mit Viehhaltung mit einer „ortsüblichen Straßenverschmutzung" rechnen müssen.
Unabhängig von geltenden Gesetzen sollte jeder Gespannfahrer aber darauf achten, nicht aufgrund seiner „Hinterlassenschaften" zu einem Ärgernis für Anwohner oder andere Freizeitsuchende wie Wanderer oder Radfahrer zu werden und somit die Akzeptanz aller Reiter und Fahrer zu beeinträchtigen.

12.1.12 Beleuchtung

Bei schlechten Sichtverhältnissen, beispielsweise bei Dämmerung und Dunkelheit, sind Gespanne entsprechend zu beleuchten (§ 17 StVO „Beleuchtung"). Unbespannte Fuhrwerke dürfen innerorts nicht unbeleuchtet auf der Straße abgestellt werden (§ 17 StVO Abs. 4).

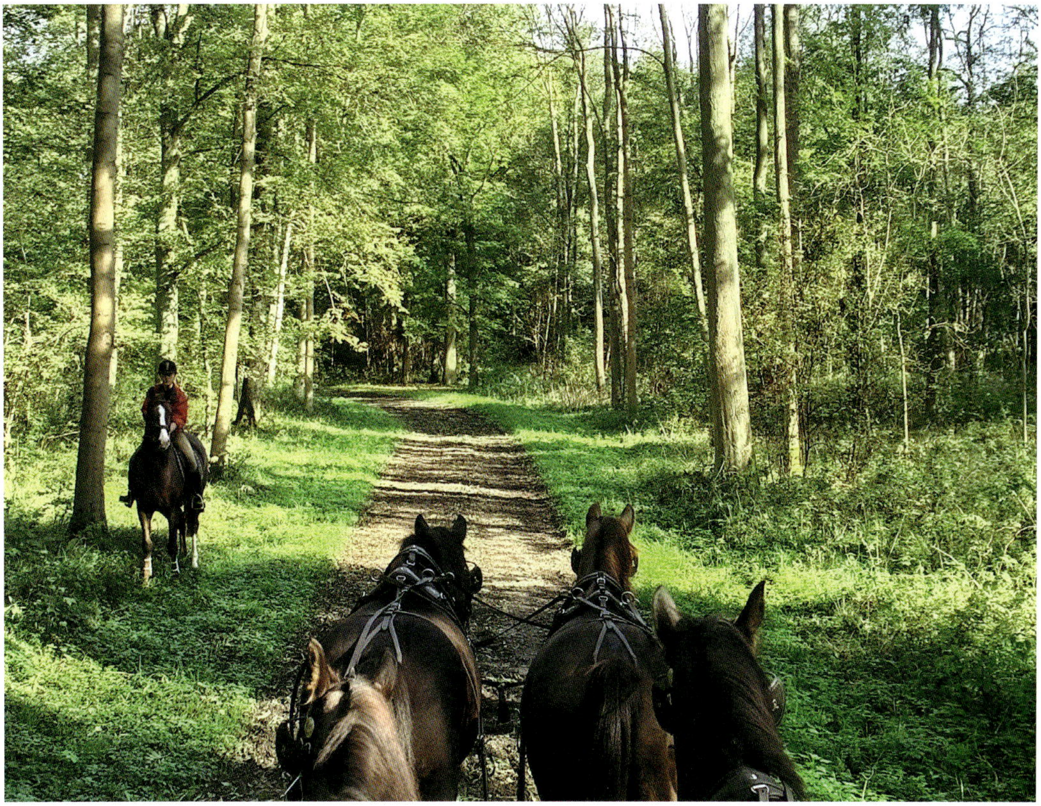

12.2 Fahren im Gelände[2]

12.2.1 Gesetzliche Regelungen für das Fahren in Wald und Flur

Reizvolle Wege durch den Wald und die freie Landschaft (Flur) abseits des Straßenverkehrs und asphaltierter Wege machen einen wesentlichen Teil der Faszination des Gespannfahrens aus. Doch die Möglichkeiten für das Durchfahren von Feld- und Waldgebieten sind für Gespanne in vielen Regionen Deutschlands eingeschränkt und die gesetzlichen Regelungen zudem sehr uneinheitlich.

Gespanne zählen im Sinne der Straßenverkehrsordnung zu den Fahrzeugen, wenn auch nicht zu den motorgetriebenen. Sie dürfen alle öffentlichen Wege und Straßen, mit Ausnahme von Autobahnen, Kraftfahrstraßen sowie Rad- und Fußwegen, benutzen und unterliegen den gleichen Straßenverkehrsregeln wie Kraftfahrzeuge.

So gilt beispielsweise die **Tafel 250** „Verboten für Fahrzeuge aller Art" (rundes weißes Schild mit rotem Rand) auch für pferdebespannte Fahrzeuge. Den Zugang zum Wald regelt in Deutschland das **Bundeswaldgesetz** von 1975 mit § 14 „Betreten des Waldes". Es gibt den gesetzlichen Rahmen vor, die Einzelheiten regeln aber, wie in Absatz 2 des Gesetzes erläutert, die Länder.

In vielen Gegenden ist es erlaubt, auf öffentlichen oder speziell ausgewiesenen Wegen durch den Wald zu reiten oder zu fahren. Wichtig ist, sich vorab über die örtlichen Regelungen zu informieren.

Unterschiedliche Länderregelungen

Die Bundesländer üben ihr Recht in sehr unterschiedlicher Form aus. Das beginnt bereits bei der Definition, was überhaupt mit „Weg" gemeint ist.

Während in einem Bundesland ein Weg so befestigt sein muss, dass er „ganzjährig durch zweispurige, nicht gelän-

2 (Text Anja Sagkob, Surwald, entnommen aus „Der Kutschenführerschein. Sicheres Gespannfahren im Straßenverkehr. Kutschenführerschein A - Privatperson", FNverlag, Warendorf 2018)

Gesetz zur Erhaltung des Waldes und zur Förderung der Forstwirtschaft (Bundeswaldgesetz)

§ 14 Betreten des Waldes

(1) Das Betreten des Waldes zum Zwecke der Erholung ist gestattet. Das Radfahren, das Fahren mit Krankenfahrstühlen und das Reiten im Wald sind nur auf Straßen und Wegen gestattet. Die Benutzung geschieht auf eigene Gefahr. Dies gilt insbesondere für waldtypische Gefahren.

(2) Die Länder regeln die Einzelheiten. Sie können das Betreten des Waldes aus wichtigem Grund, insbesondere des Forstschutzes, der Wald- oder Wildbewirtschaftung, zum Schutz der Waldbesucher oder zur Vermeidung erheblicher Schäden oder zur Wahrung anderer schutzwürdiger Interessen des Waldbesitzers, einschränken und andere Benutzungsarten ganz oder teilweise dem Betreten gleichstellen.

degängige, also normale Pkw, befahren werden kann", genügt in dem anderen ein fest angelegter Erd- oder Schotterweg, der durch Pferdehufe oder Wagenräder nicht dauerhaft geschädigt wird. Auch Maßangaben für die Wegebreite, zum Beispiel über 3 m (Baden-Württemberg) oder mindestens 2 m Breite (Hessen), sind möglich. Einige Landeswaldgesetze verweisen beim Thema Reiten und Fahren auf ihre **Landesnaturschutzgesetze**, die zusätzliche Regelungen enthalten können, sodass sich ein Blick in beide Gesetzestexte empfiehlt. In der Regel findet sich der entsprechende Paragraf in einem der Unterpunkte zur Überschrift „Betreten des Waldes". Hinzu kommen weitere Verordnungen sowie unzählbare regionale oder lokale Bestimmungen, u.a. in Schutzgebietsverordnungen.

Das durch das Bundeswaldgesetz garantierte Recht auf das „freie Betreten des Waldes" zum Zwecke der Erholung wird in den meisten Landeswald-/Naturschutzgesetzen dabei grundsätzlich nur Fußgängern eingeräumt. Für Reiter, Gespannfahrer, Radfahrer und Ähnliches gibt es Einschränkungen. In einigen Bundesländern gibt es zudem unterschiedliche Regelungen für Reiter und Fahrer. So dürfen sich Reiter abseits öffentlicher Straßen und befestigter Fahrwege in einigen Bundesländern nur auf ausgewiesenen Reitwegen bewegen, Gespannfahrer benötigen häufig eine Sondergenehmigung.

Dazu kommt in einzelnen Bundesländern, Regionen oder Landkreisen eine **Kennzeichnungspflicht** der Pferde

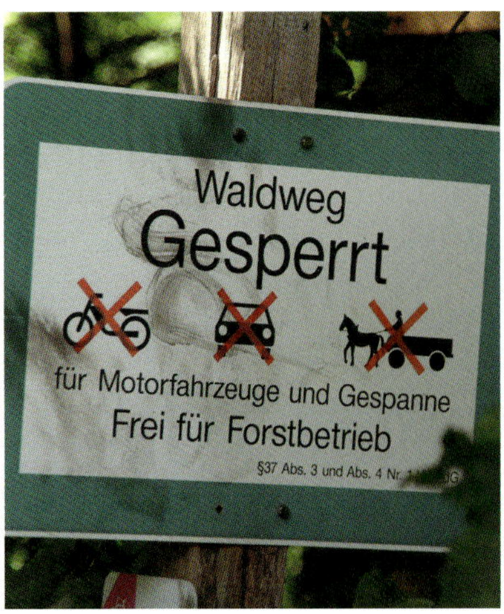

Hier ist es nicht erlaubt, den Wald mit dem Gespann zu befahren. Es handelt sich um ein Naturschutzgebiet.

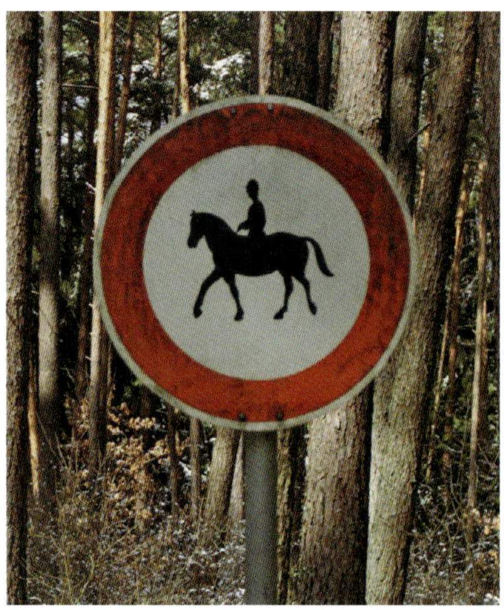

rechts: Das Verkehrsschild 258 untersagt lediglich das Reiten auf diesem Weg. Pferde dürfen dennoch geführt werden. Für Kutschen gilt das Verbot nicht.

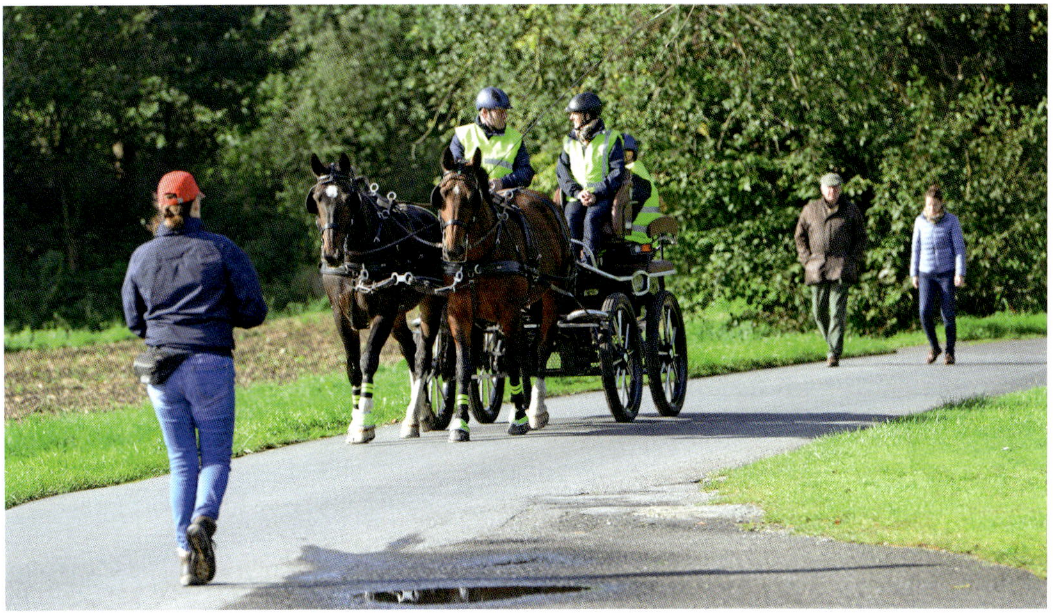

Viele Gespannfahrer genießen vor allem das Fahren in der Natur abseits des Straßenverkehrs. Auf andere Erholungssuchende sollte aber stets Rücksicht genommen werden.

mit einer kostenpflichtigen Plakette, die entweder einmalig oder jährlich ausgestellt wird, aber nicht immer auch für Gespannfahrer gilt. Maschinen- oder Holzrückewege sowie Waldeinteilungsschneisen zählen nicht zu den offiziellen „Wegen" und dürfen daher auch nicht beritten oder befahren werden. Außerdem ist in vielen Ländern auf ausgewiesenen Rad- und Wanderwegen sowie Lehr- und Sportpfaden Reiten und Fahren verboten.
Die Deutsche Reiterliche Vereinigung e.V. (FN) kämpft seit Jahrzehnten dafür, dass der Wald den Reitern und Fahrern nicht gänzlich verwehrt wird. Mit Erfolg – die Rahmenbedingungen für das Reiten und Fahren in der Natur konnten in einigen Bundesländern verbessert werden.

Wichtig:

➤ Auf www.pferd-aktuell.de findet sich eine stets aktuelle Übersicht der einzelnen Länderregelungen („Gesetzliche Vorschriften für das Ausreiten und Ausfahren in den einzelnen Bundesländern").

Sondergenehmigungen für Gespannfahrer

In vielen Gegenden besteht dennoch die Möglichkeit, als ortsansässiger/s Gespannfahrer, Fuhrunternehmen, Fahrstall oder Verein gegen Zahlung einer Jahresgebühr beim Forstamt oder dem Waldbesitzer eine Sondergenehmigung zu erhalten.

12.2.2 Verhalten in Wald und Flur

Entscheidend für die Akzeptanz von Pferdesportlern in der Natur ist, dass sie sich stets **rücksichtsvoll** gegenüber der Natur und anderen Erholungssuchenden verhalten. Die Deutsche Reiterliche Vereinigung e.V. (FN) hat dazu einen Verhaltenskodex, die „Zwölf Gebote für das Fahren im Gelände", aufgestellt.
Jeder Gespannfahrer sollte sich ganz besonders rücksichtsvoll gegenüber der Natur und anderen Erholungssuchenden verhalten und damit auch dafür sorgen, dass weitere gesetzliche Einschränkungen überflüssig sind.

12.2.3 Überwinden oder Passieren natürlicher Hindernisse

Bei Ausfahrten durch Wald und Flur stößt man immer wieder auf unvorhergesehene natürliche Hindernisse, umgefallene Bäume oder beispielsweise Wasserdurchfahrten nach starken Regenfällen. Darüber hinaus können Bahngleise, Brücken, Hügel oder enge Gassen Fahrer und Pferde vor Herausforderungen stellen, aber auch Begegnungen mit Weide- oder Wildtieren, Jägern, Pilzsuchern, Nordic-Walking-Gruppen oder Ähnlichem.

Um solche Situationen meistern zu können, ist es wichtig, dass die **Grundausbildung** des Pferdes so weit abgeschlossen ist, dass sie zugfest sind und auf die Hilfen durch Leine, Stimme und Peitsche zuverlässig reagieren. Der Fahrer sollte ebenfalls sehr sicher in seiner **Leinenführung** und **Hilfengebung** sowie im Umgang mit der Bremse sein und außerdem in allen Situationen möglichst ruhig und gelassen bleiben.

Grundvoraussetzung für das Fahren im Gelände ist eine entsprechende **Ausrüstung**. So sollte der Wagen möglichst kippstabil (breite Spur, tiefer Schwerpunkt) und technisch einwandfrei sein. Wagen mit separater Feststellbremse bieten im Gelände eine zusätzliche Sicherheitsreserve (siehe Kapitel 3.1 „Sicherheitsbestimmungen am Wagen"). Empfehlenswert sind außerdem Wagen, die durch große Räder und eine gute Federung auch über größere Unebenheiten leicht rollen.

Stabile, gut sitzende und korrekt angepasste Geschirre (mit Hintergeschirren) tragen ebenfalls zur Sicherheit im Gelände bei, denn nur so können die Pferde ihre Zugkraft auch bei schwierigen Bodenverhältnissen oder in hügeligem Gelände optimal einsetzen.

Für Fahrer und Mitfahrer sind dem Wetter angepasste Kleidung, Handschuhe und festes Schuhwerk obligatorisch, ein Helm ist dringend zu empfehlen, denn Stürze vom Wagen gegen einen Baum oder Stein können schwerste Kopfverletzungen nach sich ziehen.

Im Überblick:

Die Zwölf Gebote für das Fahren im Gelände

1. Verschaffe deinen Pferden täglich ausreichend Bewegung im Gespann oder unter dem Sattel und auf der Weide oder dem Paddock!
2. Gewöhne deine Pferde behutsam an den Straßenverkehr und das Gelände!
3. Vereinbare alle Ausfahrten mit Freunden: Zusammen mit anderen auf dem Wagen macht die Ausfahrt mehr Spaß und ist sicherer!
4. Sorge für ausreichenden Versicherungsschutz für dich, die Pferde und das Gespann!
5. Kontrolliere vor jeder Fahrt den verkehrssicheren Zustand von Zaumzeug, Geschirr, Leinen und Wagen!
6. Informiere dich über die gesetzlichen Regelungen für das Fahren in Feld und Wald in deiner Region!
7. Fahre nur auf Wegen und Straßen, niemals querbeet, und meide ausgewiesene Fuß-, Wander- und Radwege, Uferböschungen und Biotope!
8. Verzichte auf eine Ausfahrt oder nimm Umwege in Kauf, wenn Wege durch anhaltende Regenfälle weich geworden sind, und passe dein Tempo dem Gelände an!
9. Begegne Fußgängern, Radfahrern, Reitern, Gespannfahrern und Kraftfahrzeugen immer nur im Schritt und sei freundlich und hilfsbereit zu allen!
10. Melde unaufgefordert Schäden, die einmal entstehen können, und regele entsprechenden Schadensersatz!
11. Sprich mit Reit- und Fahrkollegen, die gegen diese Regeln verstoßen!
12. Du bist Gast in der Natur und dein Pferd bereichert die Landschaft, wenn du dich korrekt verhältst.

Quelle: FN (Stand 2/2017)

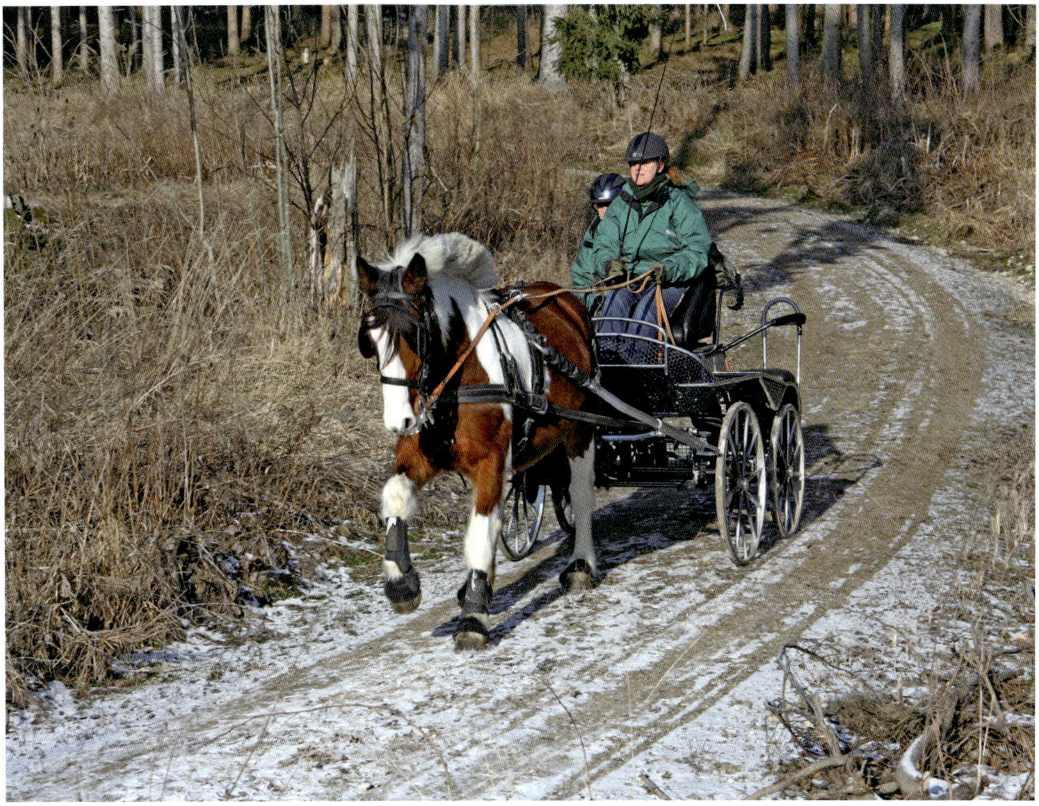

Mit der richtigen Ausrüstung und einem zugfesten Pferd ist das Training in der Natur effektiv und macht viel Spaß.

Bei Fahrten ins Gelände sollte immer eine Packtasche mit einer **Notfallausrüstung** auf dem Wagen mitgenommen werden, damit im Falle kleinerer Pannen eine Weiterfahrt möglich ist oder im Falle eines Unfalls zunächst Erste Hilfe für Menschen und Pferde geleistet werden kann, denn gerade im Gelände kann es schwierig sein, schnell Hilfe zu holen.

Notfallausrüstung auf dem Wagen

- Handy mit wichtigen Telefonnummern
- Warnwesten, Warndreieck
- Erste-Hilfe-Set für Menschen und Pferde
- Wagenlampen, Taschenlampe
- Halfter/Halsriemen, Stricke
- Eimer (ggf. Wasserkanister/Sack)
- Hufkratzer, ggf. Hufbeschlagwerkzeug zum Aufnageln oder Abziehen eines Hufeisens
- Taschenmesser
- Spanngurte
- Strohbänder, Kabelbinder (für Geschirr-Notreparaturen), Nieten
- Werkzeug (mit den passenden Schraubenschlüsseln, Zange, Klebeband etc.)
- Reifenflickzeug und Luftreifen (bei Luftreifen)
- Unterlegkeile

12.3 Haftung und Versicherung für private Gespannfahrer[3]

Gespannfahren ist mit gewissen Risiken verbunden, daher ist die Frage der Absicherung für private Pferdehalter und Fahrer wichtig. Um im Falle eines Unfalls oder Schadens zumindest kein unkalkulierbares, finanzielles Risiko einzugehen, ist es sinnvoll, sich über eine Versicherung entsprechend abzusichern.

12.3.1 Gesetzliche Regelungen

Die Haftungsfrage bei privaten Tierhaltern ist über das Gesetz in § 833 des BGB (Bürgerliches Gesetzbuch) geregelt. Wer ein Tier hält, haftet für alle Schäden, die durch dieses verursacht werden, unabhängig davon, ob ihn persönlich ein Verschulden trifft oder nicht. Der Halter haftet allein für die Gefahr, die er durch das Halten des Tieres für seine Umwelt schafft.
Man spricht in diesem Zusammenhang von „Gefährdungshaftung". Das betrifft natürlich auch die Pferdebesitzer.

> § 833 BGB
> „Wird durch ein Tier ein Mensch getötet oder der Körper oder die Gesundheit eines Menschen verletzt oder eine Sache beschädigt, so ist derjenige, welcher das Tier hält, verpflichtet, dem Verletzten den daraus entstehenden Schaden zu ersetzen."

Wichtig:

➤ Die Möglichkeit, sich durch Mitfahrer oder Schüler einen Haftungsausschluss unterschreiben zu lassen, schützt nur bedingt vor Schadenersatzansprüchen. Der Haftungsausschluss darf lediglich für Sach- und Vermögensschäden formuliert werden, und das auch nur für Schäden aufgrund leichter Fahrlässigkeit. Bei grober Fahrlässigkeit oder Vorsatz haftet der Fahrer immer. Eine Haftung für Körperschäden darf nicht ausgeschlossen werden.

12.3.2 Tierhalter-/Pferdehaftpflichtversicherung

Das Gesetz sieht eine unbegrenzte Haftung des Tierhalters vor. Eine Pferdehaftpflichtversicherung ist somit für jeden Pferdehalter erforderlich. Sie übernimmt Schadenersatzansprüche Dritter aufgrund der gesetzlichen Haftungsbestimmungen. Die Deckungssummen sollen dabei auch für mögliche größere gesundheitliche Schäden ausreichen, empfohlen werden mindestens 10, besser 15 Millionen Euro. Die Haftpflichtversicherung schützt den Versicherten nicht nur vor den finanziellen Folgen von berechtigten Schadenersatzansprüchen, sondern wehrt auch unberechtigte Forderungen ab und übernimmt somit eine gewisse Rechtsschutzfunktion.

Wichtige Zusatzklauseln für Gespannfahrer

Nicht immer sind in den gängigen Pferdehaftpflichtversicherungen die Besonderheiten des Gespannfahrens berücksichtigt. Daher ist es wichtig, darauf zu achten, welche Risiken in der Police eingeschlossen sind und welche nicht. In erster Linie ist dies die Verwendung des Pferdes als Fahrpferd, denn nur, wenn dies ausdrücklich mitversichert ist, werden die Schäden nach einem Kutschenunfall abgedeckt.
Des Weiteren muss der Betrieb einer Kutsche mit in die Haftpflichtversicherung eingeschlossen sein, denn wurde

3 (Text Anja Sagkob, Surwald, entnommen aus „Der Kutschenführerschein. Sicheres Gespannfahren im Straßenverkehr. Kutschenführerschein A – Privatperson", FNverlag, Warendorf 2018)

der Unfall nicht aufgrund einer Tiergefahr, sondern eines Fahrfehlers verursacht - beispielsweise wenn der Fahrer beim Rechtsabbiegen einen vorfahrtsberechtigten Radfahrer übersieht -, könnte dies dazu führen, dass die Versicherung ihrer Zahlung nicht nachkommen muss.

Ähnlich verhält es sich, wenn der Schaden nachweislich aufgrund eines Defektes an der Kutsche, beispielsweise nicht funktionierenden Bremsen, entstanden ist. In der Regel umfasst die Tierhalterhaftpflicht allerdings nur Schäden durch die Kutsche, solange sie hinter den Pferden angespannt ist. Das Risiko, dass eine abgestellte Kutsche losrollt und einen Schaden verursacht, kann unter Umständen über die private Haftpflichtversicherung des Fahrers abgedeckt werden.

Reit- oder Fahrbeteiligungen müssen ebenfalls ausdrücklich in den Versicherungsumfang eingeschlossen sein. Sie gelten rechtlich gesehen als „Mitbesitzer" des oder der Pferde/s. Schäden, die ein Pferd unter Obhut dieser Personen einem Dritten zufügt, werden aber nicht von jeder Pferdehaftpflicht übernommen. Nicht abgedeckt sind darüber hinaus Schäden, die eine Reit- oder Fahrbeteiligung selbst erleidet.

Eine weitere wichtige Zusatzklausel kann der Einschluss von Mietsachschäden oder Schäden an geliehenen Anhängern sein, dann nämlich, wenn man sich gelegentlich fremde Kutschen ausleiht oder das Pferd in einem fremden Stall, beispielsweise in einem Pensionsstall, untergebracht ist, wo es entsprechende Schäden verursachen könnte.

Vorsicht ist bei Kutschfahrten gegen Aufwandsentschädigung (beispielsweise Gesellschaftsfahrt, Hochzeit oder Festumzug) geboten. Sie werden in der Regel von einer privaten Tierhalterhaftpflichtversicherung nicht abgedeckt! Einige wenige Versicherungen bieten spezielle private Gespannpferde-Haftpflichtversicherungen an, die eine geringe Anzahl solcher Fahrten (beispielsweise zwei im Monat) in den privaten Versicherungsvertrag mit aufnehmen.

12.3.3 Privathaftpflichtversicherung

Wer gelegentlich privat fremde Gespanne fährt, sollte sicherstellen, dass seine private Haftpflichtversicherung dieses Risiko mit einschließt. Damit sind Schäden versichert, die aufgrund eines Fahrfehlers Dritten zugefügt werden. Schäden am Pferd und an der Kutsche sind damit in der Regel nicht abgedeckt.

Wird ein privates Gespann hin und wieder unentgeltlich an Freunde oder Bekannte verliehen, sollte der Eigentümer darauf achten, dass der Fahrer eine entsprechende Privathaftpflichtversicherung besitzt, in der das Führen fremder Gespanne mitversichert ist.

12.3.4 Unfallversicherung

Gegen das Risiko von Invalidität, Teilinvalidität, Todesfall oder auch Krankenhausaufenthalten sollten sich Fahrer über eine allgemeine Unfallversicherung absichern. Wichtig ist wiederum, dass diese das Gespannfahren mit einschließt. Spezielle Unfallversicherungen für Fahrer, wie sie für Reiter angeboten werden, gibt es nicht.

12.3.5 Versicherung von Wagen und Ausrüstung

Im Laufe eines Fahrerlebens sammelt sich oft eine erhebliche Ausstattung an Kutschen, Geschirren und sonstigen Ausrüstungsgegenständen an.

Wird der Fahrsport als Hobby betrieben, kann dieses meist über die Hausratversicherung abgesichert werden. Befinden sich die Gegenstände außerhalb der eigenen vier Wände, beispielsweise in einem Pensionsstall, muss geklärt werden, ob der Betreiber des Pensionsstalls den Inhalt der Sattel- und Geschirrkammer als fremdes Eigentum in seiner Betriebsversicherung abgesichert hat oder ob ein zusätzlicher Versicherungsschutz erforderlich ist. Dieser wird meist im Rahmen einer „Außenversicherung“ vereinbart und normalerweise auf einen bestimmten Prozentsatz der Versicherungssumme begrenzt.

Der Schutz von Hausrat beziehungsweise Außenversicherung erstreckt sich in der Regel auf Schäden durch Einbruchdiebstahl, Brand, Leitungswasser, Sturm und gegebenenfalls Elementarereignisse. Die Kutschen sind von diesem Versicherungsschutz üblicherweise nicht erfasst.

Für diese käme eine Kutschenkaskoversicherung infrage, die neben den reinen Betriebsschäden auch Schäden durch Diebstahl, Feuer und Sturm/Hagel abdeckt. Zur Wertermittlung und Bestimmung der Versicherungssumme dient eine Inventarliste als Grundlage. Sie sollte die Bezeichnung der einzelnen Gegenstände, das Anschaffungsdatum, den Kaufpreis und den Hersteller beinhalten. Zusätzlich empfiehlt es sich, Fotos der Gegenstände anzufertigen. Im Schadensfall dient die Liste als Nachweis für die Schadenhöhe.

12.4 Transport und Verladen

Das Verladen und Transportieren von Pferden gehört in der heutigen Pferdehaltung oftmals zum Alltag. Die gängigsten Transportmittel für Pferde sind der Anhänger für ein/zwei Pferde oder ein spezieller Pferdetransporter. Für einen Anhänger wird ein entsprechendes Zugfahrzeug, welches eine ausreichende Zuglast aufweisen kann, benötigt. Ein spezieller Pferdetransporter verfügt über eine größere Fahrsicherheit und Stabilität sowie ein größeres Raum- und Luftangebot.

Dennoch darf nie in Vergessenheit geraten, dass die Fahrt im Anhänger oder Transporter für Fluchttiere eine besondere Situation darstellt. Das Verladen sollte rechtzeitig und in Ruhe geübt werden.

Wichtige Aspekte beim Transport mit einem Pferdeanhänger:

- Die Anhängelast des Zugfahrzeuges muss hoch genug sein.
- Der Anhänger muss die erforderliche Zuladung haben.
- Der Anhänger muss über eine ausreichende Bodenfläche und Standhöhe verfügen.
- Die Rampe und der Boden müssen rutschfest sein.
- Seitenpolsterungen mindern die Verletzungsgefahr.
- Die Absperrstangen sollten verstellbar sein.
- Belüftungsmöglichkeiten müssen auch während der Fahrt gegeben sein.
- Helle Dächer mindern das Aufheizen bei Sonnenschein.
- Ein ausreichend großer Bewegungs- und Luftraum im Kopfbereich zum Balancieren, Entspannen und für die Atmung sind wichtig.

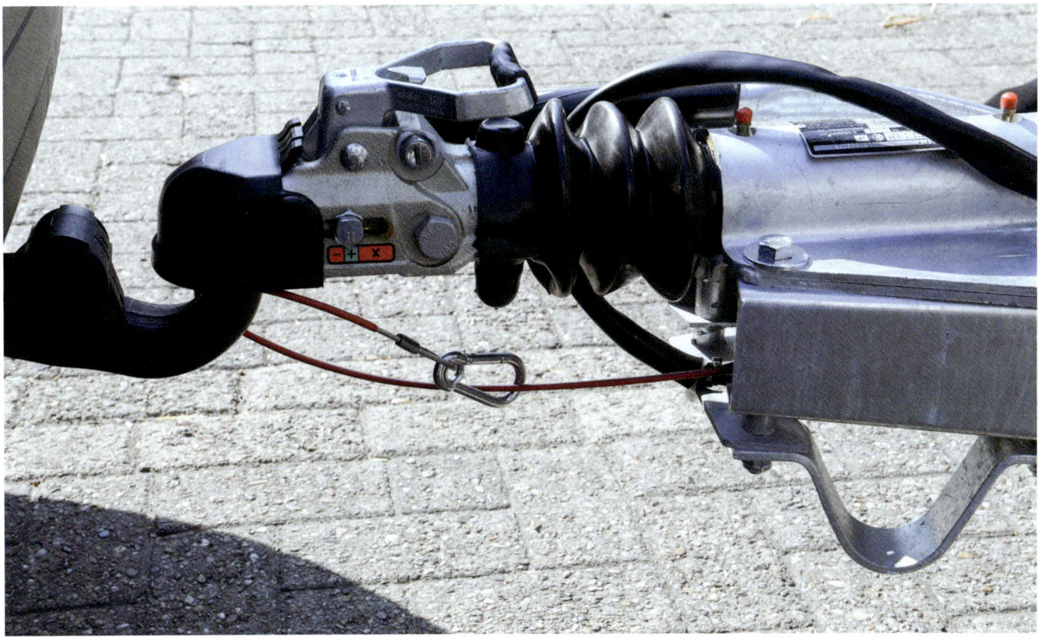

- Späne oder Stroh als Einstreu
- Trennwände sollten im unteren Bereich flexibel sein, sodass das Pferd zum Ausbalancieren seitwärts treten kann.
- Die Verträglichkeit der Pferde ist zu beachten.

Der Fahrer benötigt einen dem Transportmittel angepassten Führerschein und muss seine Fahrweise den Straßen- und Verkehrsverhältnissen anpassen. Dies beinhaltet u.a. das behutsame Anfahren und das frühzeitige und vorausschauende Bremsen. Pferdeerfahrung und Fachkenntnisse im Umgang mit dem Pferd sind Voraussetzung für einen pferdegerechten Transport.
Werden Pferde im Zusammenhang mit einer wirtschaftlichen Tätigkeit über mehr als 65 km transportiert, benötigt der Fahrer oder eine Begleitperson einen Tiertransportbefähigungnachweis (laut Tierschutztransportverordnung – TierSchTrV).

12.4.1 Vorbereitung zum Verladen

Vor dem Aufladen wird überprüft, ob die Anhängerkupplung sicher auf dem Kugelkopf des Zugfahrzeuges eingehakt und sowohl das Sicherungs-Bremsseil als auch der Anhängerstecker mit dem Fahrzeug verbunden ist.

Zur Sicherheit

- Der Anhänger darf nur dann beladen werden, wenn er mit dem Zugfahrzeug verbunden ist. Sollen Pferde auf dem abgestellten Anhänger verbleiben, darf der Anhänger nicht vom Zugfahrzeug getrennt werden.

Das Aufladen findet möglichst auf einem umzäunten, ruhig gelegenen Platz statt. Im unmittelbaren Umfeld des Anhängers sollten sich keine möglichen Gefahrenquellen für ein Pferd (z.B. landwirtschaftliche Maschinen, andere Fahrzeuge) befinden. Bei geöffneter Rampe dürfen die Riegel zum Schließen nicht seitlich vorstehen, damit das Pferd sich nicht daran ver-

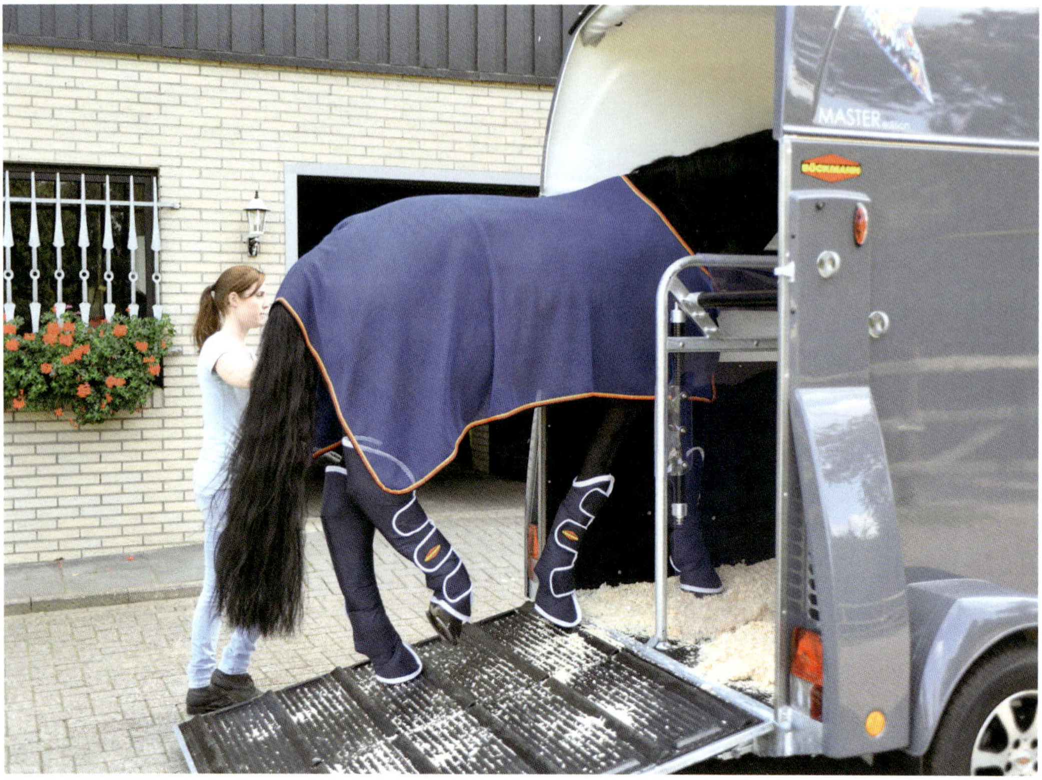

letzt, falls es neben die Rampe tritt. Im Anhänger selbst sollte es hell sein: entweder durch Öffnen der vorderen Ausstiegstür oder Einschalten der Innenbeleuchtung. Ein frisch gefülltes Heunetz sorgt für die Rauhfutterzufuhr und Beschäftigung.
Das Pferd kann mit Transportgamaschen und einer der Witterung entsprechenden, sicher sitzenden Decke ausgestattet werden.

Gesetzliche Vorschrift
Der Equidenpass (Pferdepass) muss bei jedem Transport eines Pferdes mitgeführt werden.

12.4.2 Das Verladen

Zur Sicherheit:

- Beim Verladen immer feste Schuhe und Handschuhe tragen!

Das Pferd wird am Strick gerade und zügig auf den Anhänger geführt. Beim Einladen steht eine zweite Person auf der Seite neben der der Rampe des Anhängers und begrenzt das Pferd seitlich, sodass es nicht von der Rampe tritt. Sobald das Pferd sich ganz auf dem Anhänger befindet, schließt die Begleitperson die hintere Stange. Dabei steht sie immer neben, nie hinter dem Pferd. Erst dann wird das Pferd angebunden.
Beim Ausladen der Pferde von Anhänger oder Transporter wird in umgekehrter Reihenfolge wie beim Einladen vorgegangen: erst losbinden, dann die hintere Begrenzungsstange öffnen. Ein Helfer sichert das Pferd seitlich, damit das Pferd nicht versehentlich von der Rampe tritt.
Bei jungen Pferden oder auftretenden Problemen ist es ratsam, bei erfahrenen Personen Hilfe zu holen.

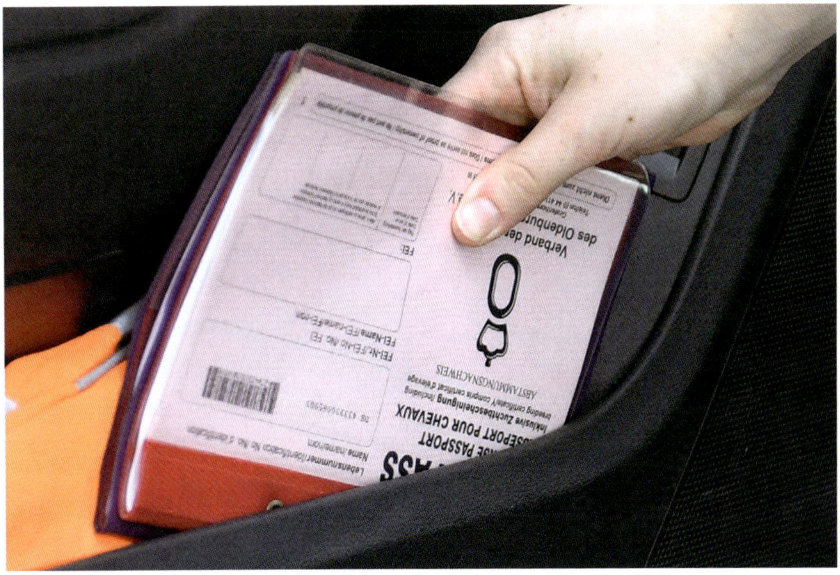

Im Überblick:

Sicheres Verladen

- Bodenarbeit mit Führaufgaben etwa über ungewohntes Terrain (Plane) sichert den nötigen Gehorsam des Pferdes für das Verladen.
- Pferde müssen in Ruhe an das Einladen in den Anhänger und das Fahren gewöhnt werden.
- Die Ausrüstung: Handschuhe, feste Schuhe, Halfter, Führstrick, Transportgamaschen, evtl. Decke
- Die Vorbereitung des Anhangers: Stroh oder Späne als Einstreu, Anbindemoglichkeiten und -stricke, sichere Verbindung zwischen PKW und Anhänger, Klappe liegt plan auf und wackelt nicht, Equidenpass ist griffbereit
- Der Ablauf des Verladens: eine Person steht neben dem Anhänger, Pferd wird zügig auf den Anhänger geführt, Helfer schließt die hintere Stange, Pferd wird angebunden, Klappe zu
- Der Ablauf des Abladens: erst losbinden, dann Stange öffnen, Pferd gerade herunterführen
- Die Nachbereitung des Anhängers: abfegen, reinigen, Sattelkammer ausräumen, parken
- Mittel, um einem Pferd den Einstieg in Anhänger oder Transporter zu erleichtern, sind: seitliche Begrenzung (Parken an einer Wand), Führpferd, Schrägstellen der Trennwand, Zwei-Longen-Methode, Vorsetzen der Hufe, Lockfutter.
- Fahren mit dem Anhänger erfordert besondere Vorsicht und Rücksicht. Alle heftigen Beschleunigungs-, Brems- und Lenkmanöver müssen vermieden werden.

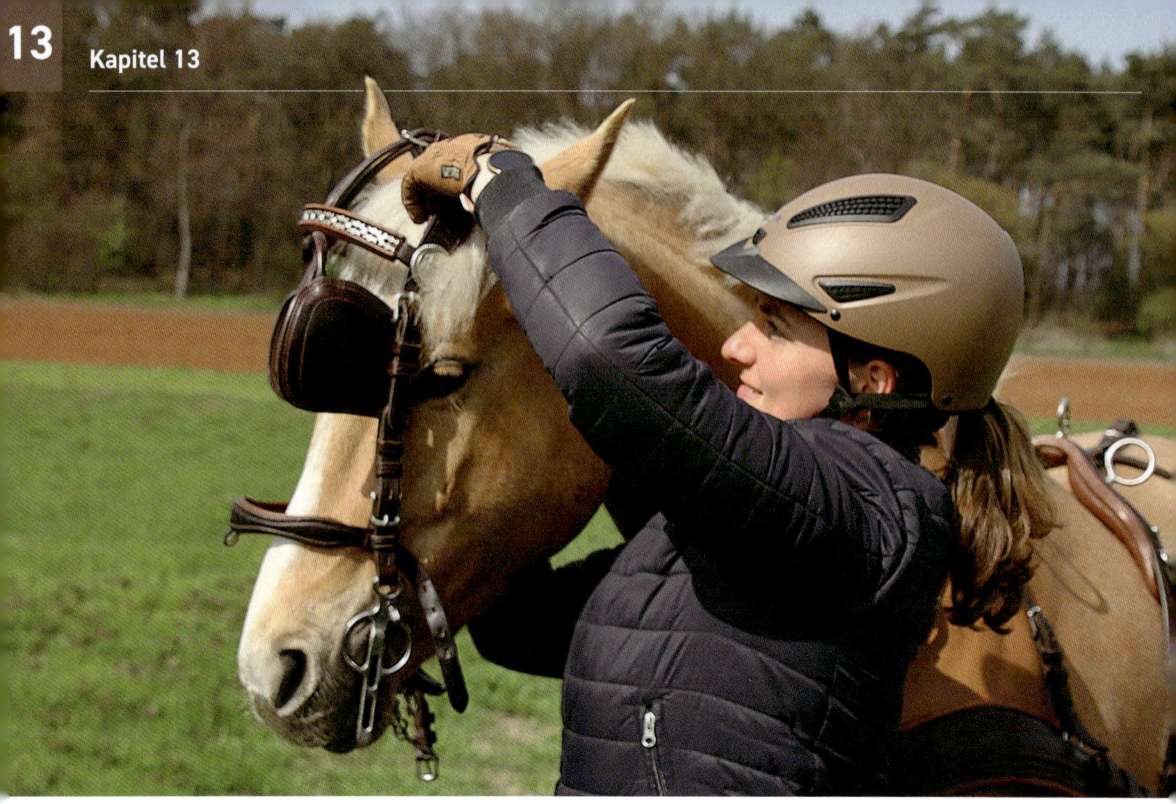

Das Auflegen des Fahrzaums wird praktisch geprüft.

13 Grundsätzliches zu den Prüfungen

- In den Stationsprüfungen erklärt der Teilnehmer dem Prüfer sein Handeln in den jeweiligen Aufgabengebieten.
- Grundsätzlich sollen komplexere Aufgaben gestellt oder entsprechende Aufträge erteilt werden.
- Die Bewertung ist nicht von dem Niveau der Prüfungsfrage abhängig sondern davon, in welcher Tiefe der Prüfling in der Lage ist, die Thematik zu erfassen und zu erläutern.
- Prüfer sollen sich auf Verständnisfragen und kleine Hilfen bei Verständnisproblemen des Bewerbers beschränken.
- Die **Richtlinien für Reiten und Fahren**, Band 5 und 6 bilden die Grundlage der Bewertung.
- Vor Prüfungsbeginn klären die Prüfer mit dem Lehrgangsleiter beziehungsweise Referenten welche Themenschwerpunkte behandelt worden sind.

13.1 Checkliste zur Erstellung handlungsorientierter Prüfungsaufgaben

- Die Sicherheit im Umgang mit dem Pferd und die Handlungskompetenz stehen bei den Stationsprüfungen im Vordergrund.
- Nach Möglichkeit finden alle Stationsprüfungen im Stall, am Fahrlehrgerät oder am Gespann statt.
- Jede Station braucht entsprechende Materialien, damit praxisnah und handlungsorientiert geprüft werden kann. Diese Materialien werden im Lehrgang mit den Teilnehmern besprochen und ausgewählt.
- Bei allen Aufgaben muss der Bezug zu den Regelwerken und den **Richtlinien für Reiten und Fahren**, Band 4, 5 und 6 deutlich werden. Die Aufgaben sollen inhaltlich den Angaben in der APO zu dem betreffenden Abzeichen entsprechen.

- Die Aufgaben sollen typische Arbeits- und Handlungsabläufe abbilden und möglichst ganzheitlich gestaltet werden. Dabei ist weniger meistens mehr. Die Aufgaben sollten daher nicht mit Stofffülle und Fachinhalten überfrachtet werden.
- Ist dies nicht möglich oder nicht ausreichend, werden Fallbeispiele bestimmt. Dazu können auch typische Situationen nachgestellt beziehungsweise im Rollenspiel erarbeitet werden (z.B. das korrekte Passieren eines angebundenen Pferdes in der Stallgasse).
- Isolierte Einzelaufgaben und reine Wissensabfragen sowie Frage- und Antwortaufgaben sind zu vermeiden.
- Wo immer es möglich ist, sollten echte Pferde oder Holzpferde Teil der Station sein. Wird zum Beispiel korrektes Anlegen und Verschnallen des Fahrzaums geprüft, sollte der Bewerber bei seiner Erklärung den Fahrzaum tatsächlich anlegen und sein Handeln am lebenden Pferd erläutern.
- Auch typische Probleme, Fehlerquellen und Risiken können in die Aufgabenstellung integriert werden und sollten von den Bewerbern selbstständig erkannt werden (z.B.: Wird der Besen, der im Weg liegt aufgehoben? Wird der umgestoßene Eimer auf der Stallgasse zur Seite geräumt? Wird erkannt, dass das Pony aus der Nachbarbox falsch angebunden ist?). Diese Checkliste ist angelehnt an die Checkliste des Bundesinstituts für Berufsausbildung (www.pruferportal.org)

13.2 Prüfungsgespräch zur Fahrlehre/Reflexion des eigenen Fahrens

Im Anschluss an das praktische Fahren findet ein Prüfungsgespräch über das eigene Fahren und die Fahrlehre statt. Die Beurteilung des Prüfungsgesprächs fließt in angemessener Gewichtung in die Noten für das praktische Fahren mit ein. So kann die fahrerrische Leistung durch das Gespräch sowohl auf- als auch abgewertet werden, wobei die Wertnote für das praktische Fahren in allen gefahrenen Teilprüfungen jeweils maximal um 1,0 verändert werden kann.

- Allgemein: Der Fahrer analysiert nach seiner Aufgabe seine eigenen Leistungen und die seines Gespanns. Dabei wird zunächst ein Gesamteindruck der gefahrenen Prüfung erstellt. Die positiven Aspekte sollten dabei in den Vordergrund rücken. Erst danach werden einzelne Aufgabenbereiche analysiert und auf Fehler eingegangen.
- Die Analyse lässt erkennen, dass der Fahrer nicht nur über ein gutes Gefühl verfügt, sondern auch Ursache und Wirkung erkennt und erläutern kann.
- Je nach Anforderungen in der Aufgabenstellung ist ein entsprechend fundiertes Wissen über die Fahrlehre, insbesondere über die Skala der Ausbildung erforderlich.
- Der Fahrer kann nicht nur die einzelnen Lektionen und Aufgabenstellungen, die er in seinem praktischen Teil absolviert hat, definieren und beschreiben, sondern auch in Zusammenhang mit der Ausbildung von Fahrer und Pferd und der Skala der Ausbildung bringen (Beispiel Durchparieren vom Trab zum Schritt: Definition, Beschreibung, Hilfengebung, Durchführung) und

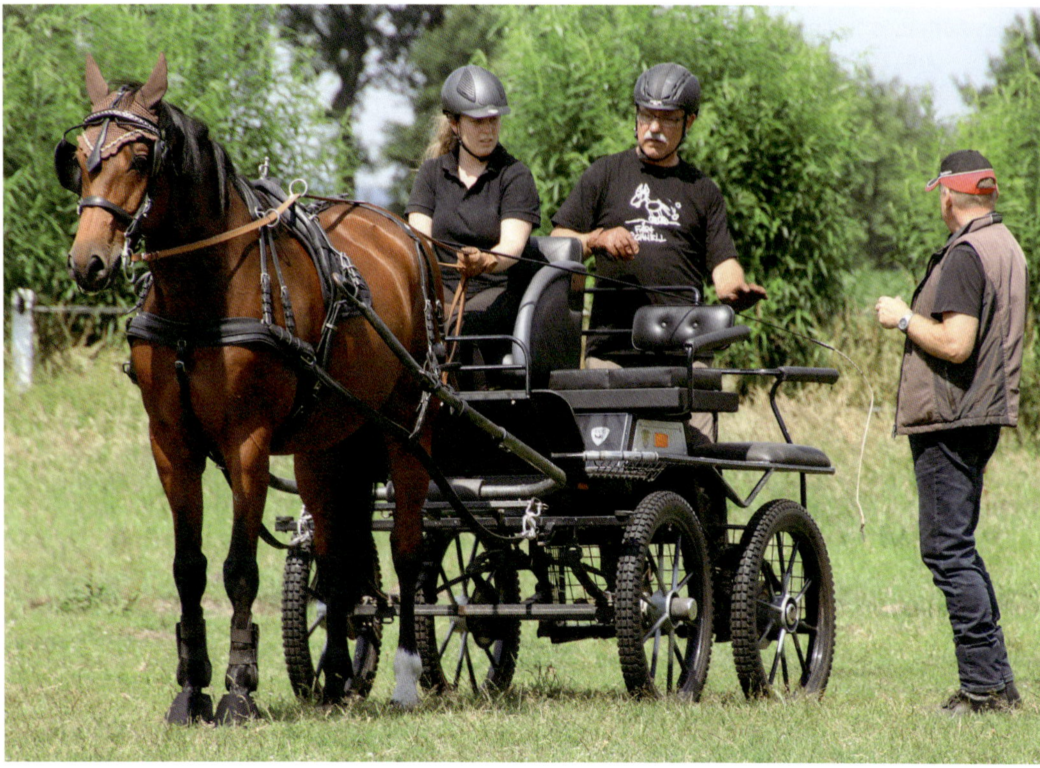

Die Reflexion des eigenen Fahrens kann gut in Lehrgängen geübt werden.

einen Bezug zu seiner Ausführung herstellen (Das Durchparieren am Punkt war heute fehlerhaft, weil ...).

- Aus der Beschreibung der eigenen Aufgabe/der eigenen fahrerischen Leistung ergibt sich dann ein Prüfungsgespräch zum jeweiligen Schwerpunkt.
- Das heißt in der Praxis: Der Erwartungshorizont richtet sich stets nach dem fahrerischen Niveau und ist demnach im FA 5 anders als im FA 2.
- Reflexion erfordert fahrerisches Gefühl. Idealerweise baut der Ausbilder schon lange vor dem Lehrgang zum Fahrabzeichen Übungen zur Schulung des Gefühls mit ein, indem er zum Beispiel öfter das Feedback des Fahrers einholt anstatt gleich die Korrektur zu liefern.
- Rückfragen und Analysen während und nach dem Training schulen den Fahrer und helfen ihm, sein Gefühl in die richtigen Worte zu fassen.
- Die korrekte Fachsprache ist dabei immer in Abhängigkeit vom Alter und Ausbildungsstand des Schülers zu bewerten.
- Videoaufzeichnungen sind besonders wertvoll, wenn die Analyse des eigenen Fahrens geübt werden soll.
- Auch das „Hospitieren" ist ein wertvolles Instrument zur Schulung. Hier wird das Fahren eines anderen Teilnehmers beobachtet und anschließend analysiert. So verbessern sich das Bewegungssehen und auch die Fähigkeit, das Gesehene in möglichst positive, wertschätzende und fachlich korrekte Worte zu fassen.

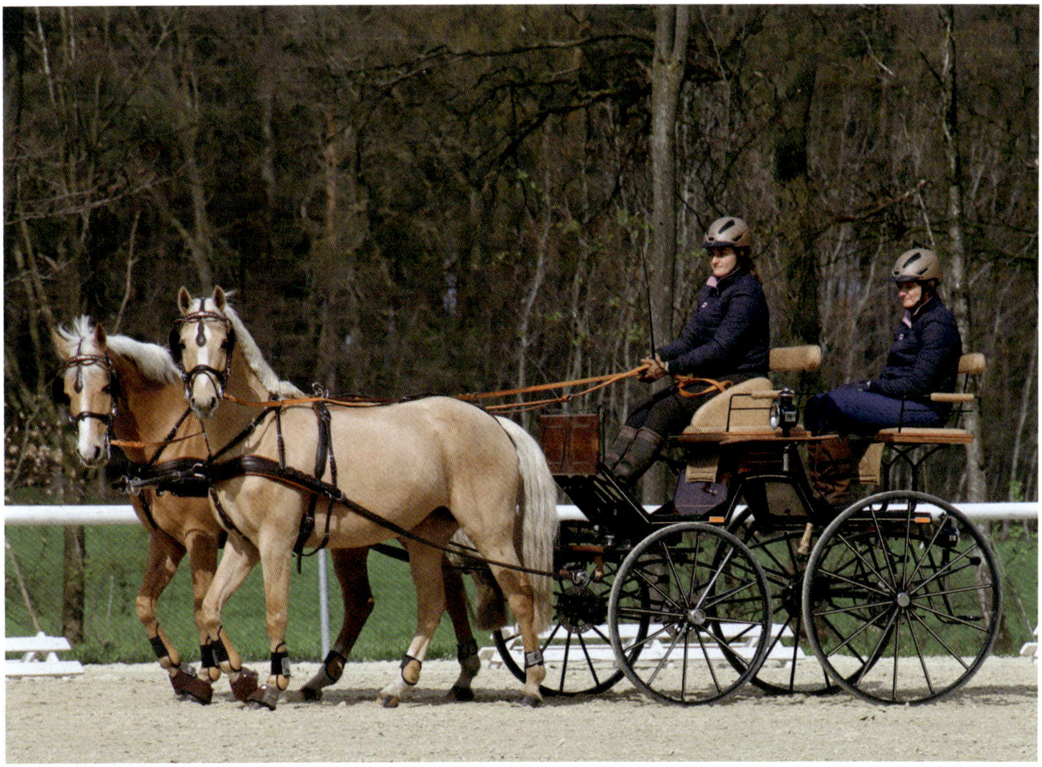

13.3 Praktisches Fahren

Bewertungskriterien am Fahrlehrgerät:

- Leinenführung und Peitschenhaltung
- Sicherheit in den Grifftechniken

Bewertungskriterien am Gespann:

- sachgemäßes Auf und Abschirren
- sachgemäßes An-und Ausspannen
- korrektes Aufnehmen der Leinen
- korrektes Abmessen der Leinen
- korrektes Auf und Absteigen
- Leinenverschnallung

Bewertungskriterien in der Teilprüfung praktisches Fahren:

- Fahrerische Leistungen, insbesondere die Haltung auf dem Bock, Peitschen-/Leinenführung und die harmonische Einwirkung stehen im Vordergrund
- Fahren auf sicherer Linie
- Fahren von harmonischen Übergängen, Wendungen und Handwechsel
- Fahren der Lektionen entsprechend der Aufgabe

Bewertungskriterien beim Stilkegelfahren:

- Bewertet werden Hilfengebung und Einwirkung, Handhabung der Leinen und Peitsche sowie die Haltung auf dem Bock, die harmonische Erfüllung der gestellten Aufgaben und der Gesamteindruck
- Finden und Einhalten des geeigneten Grundtempos sowie die Erhaltung von Takt, Losgelassenheit, Anlehnung und Schwung
- Linienführung/Wege

Bewertet werden die fahrerischen Leistungen, insbesondere die Haltung auf dem Bock.

Hinweis: Detaillierte Anforderungen für die Stationen Bodenarbeit und Longieren werden hier noch einmal zusätzlich aufgeführt.

14 Die Fahrabzeichen 10, 7 und 6, 5 bis 1

14.1 Fahrabzeichen 10 (FA 10)

14.1.1 Anforderungen an die Teilprüfung praktisches Fahren

- Bereitstellen des Wagens und Vorbereitung zum Fahren
- Pflege des Pferdes
- Mithilfe beim Anspannen/Ausspannen
- Verhalten auf der Kutsche

Beim Fahrabzeichen 10 wird noch kein eigenständiges Fahren gefordert, sondern es stehen die Aufgaben eines Beifahrers im Fokus. Dies beinhaltet das Bereitstellen des Wagens, die Mithilfe beim An- und Ausspannen und das Verhalten auf der Kutsche.
Beim Bereitstellen des Wagens ist darauf zu achten, dass der Wagen zum Anspannen auf einem genügend großen Platz steht und dass sich im näheren Umfeld keine Gefahrenquellen, wie zum Beispiel Mistgabeln, Schubkarren oder Putzboxen, befinden. Die Bremsen sind angezogen und die Peitsche steckt im Köcher.
Die Abläufe des An- und Ausspannens können in der richtigen Reihenfolge benannt oder selber ausgeführt werden. Stehen die Pferde vor dem Wagen, werden sie vom Beifahrer beaufsichtig, der aus Sicherheitsgründen rechts oder links von der Deichselspitze steht und wenn es erforderlich ist, in die Leinen greift.
Zu den Aufgaben des Beifahrers auf dem Wagen gehören die Richtungsanzeige (nach Aufforderung des Fahrers) aber auch die allgemeine Beobachtung des Straßenverkehrs. Außerdem gleicht der Beifahrer die Gewichtsverteilung auf dem Wagen durch seine eigene Sitzposition aus.

14.1.2 Stationsprüfungen

Station 1: Vorbereitung des Pferdes zum Fahren

- Pferdepflege
- Benennung/Anwendung des Putzzeuges und Versorgung des Pferdes vor und nach dem Fahren, siehe Kapitel 8.2
- Mithilfe beim Auf-/Abschirren einschließlich Fahrzaum und Leine, siehe Kapitel 8.5

Station 2: Grundkenntnisse der Geschirrkunde

- Benennung der wichtigsten Einzelteile und deren Zweck/Verschnallung, siehe Kapitel 8.3

Station 3: Bodenarbeit und Pferdeverhalten

- Ansprechen und Annähern an das Pferd
  - Das Ansprechen und Annähern an das Pferd kann zum Beispiel in der Box, auf der Stallgasse und auf der Weide erfolgen.
  - Das Pferd wird dabei zunächst verbal angesprochen, die Annäherung erfolgt möglichst von schräg vorn. Man bleibt neben dem Pferdekopf/-hals stehen und nimmt über Berührung Kontakt auf.
  - Bewertet wird, wie der Prüfling sich dem Pferd bemerkbar macht, sich ihm annähert und es aufhalftert oder beim Anlegen des Halfters mithilft.
- Führen und Halten an einem vorgegebenen Punkt
  - Es kann auf der Stallgasse, in der Reithalle oder auf dem eingezäunten Außenplatz geführt werden.

- Wichtig hierbei ist die Art und Weise der Interaktion mit dem Pferd. Dabei soll beim Führen am Halfter das Strick mit der rechten Hand (Führperson auf der linken Seite) je nach Situation bis zu 50 cm unterhalb des Halfters so umfasst werden, dass der Daumen bei geschlossener Faust oben ist. Es besteht auch die Möglichkeit das Strickende in die linke Hand zu nehmen. Die Führperson geht auf der linken Seite in einer Höhe zwischen Pferdekopf und -schulter zügig mit.
- Das Halten sollte aufgrund der Körpersprache der Führperson eingeleitet werden.
- Reagiert das Pferd nur bedingt auf die verhaltenden Signale, wird erwartet, dass durch angemessenes Verstärken der Einwirkung, wie zum Beispiel durch ein Stimmsignal, das Heben der linken Hand in Augenhöhe leicht vor dem Kopf des Pferdes und/oder leichte Impulse mit dem Führstrick zum Ziel kommt.
- Beim Führen werden Führposition, Körperhaltung, Stimmhilfe und der Einsatz von Hilfsmitteln, wie zum Beispiel Gerte und Strick/Seil, bewertet.

➤ Anbinden

- Es gibt zwei Möglichkeiten des Anbindens des Pferdes.
  → Zum einen kann das **einseitige Anbinden** gezeigt werden, bei dem man das Pferd mittels eines Stricks, der mit einem Panikhaken ausgestattet (Anbindestrick) und am Halfter befestigt ist, anbindet. Hierbei wird vorausgesetzt, dass der Sicherheitsknoten verwendet wird. Dabei soll der Prüfling das Pferd mit normaler Kopf-Hals-Haltung so anbinden, dass etwas Bewegungsspielraum zugelassen wird, ein Hineintreten in den Strick aber nicht möglich ist. Die ungefähre Länge zwischen Panikhaken und Anbindevorrichtung beträgt 60 bis 80 cm.
  → Zum anderen besteht die Möglichkeit, **beidseitiges Anbinden** an zwei Stricken (mit Panikhaken) zu zeigen. Dabei sind die Stricke an fest installierten Anbindevorrichtungen befestigt und werden in die Halfterringe links und rechts eingeschnallt.
- Wichtig ist die korrekte Ausführung des Sicherheitsknotens (siehe *Fahren, Richtlinien für Reiten und Fahren, Band 5*, S. 68), das Bemessen der richtigen Stricklänge sowie die Geschicklichkeit beim Absolvieren der Aufgabe und beim Umgang mit dem Pferd (das Hinstellen in der erforderlichen Position und Aufrechterhalten des ruhigen Stehenbleibens).

➤ Sicherheit auf der Stallgasse

- Beim Vorbereiten, bei der Pflege nach dem Fahren und beim Führen auf der Stallgasse werden Sicherheitsaspekte beachtet.
  Mögliche Aufgabenstellungen/Inhalte:
  → Berücksichtigung von offenen Türen, herumstehenden/-liegenden Gegenständen, der Bodenbeschaffenheit etc.
  → Pferd in die Box bringen und aus der Box herausholen unter Berücksichtigung von Sicherheitsaspekten, zum Beispiel Tür weit genug geöffnet
  → sicheres Anbinden und Führen mit genügend Abstand zu anderen Pferden
  → sichere, ordnungsgemäße Ausrüstung, zum Beispiel Panik- oder Karabinerhaken

14.2 Fahrabzeichen 7 (FA 7)

14.2.1 Anforderungen an die Teilprüfung praktisches Fahren

- Am **Fahrlehrgerät** werden die verschiedenen Leinenhaltungen, Leinengriffe zum Geradeausfahren, zum Fahren von einfachen Wendungen, Verkürzen und Verlängern der Leinen zentimeterweise gezeigt.
- Am **Gespann** werden die Mithilfe beim An- und Ausspannen und die Leinenaufnahme bewertet, zum Beispiel Heranführen des Pferdes/der Pferde an den Wagen, Ablauf des An- und Ausspannens kennen, richtige Vorgehensweise beim Leinenaufnehmen.
- Das **praktische Fahren** eines Ein- oder Zweispänners wird auf einem abgegrenzten Platz **oder** auf der Straße in Wald, Feld und Flur nach Weisung der Prüfer bewertet.

14.2.2 Stationsprüfungen

Station 1: Vorbereitung des Pferdes zum Fahren

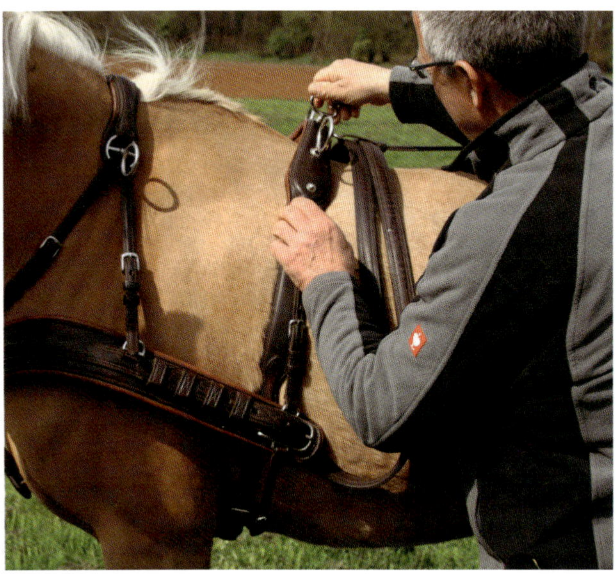

- **Pflege des Pferdes**
  - Benennung und Anwendung des Putzzeuges und Versorgung des Pferdes vor und nach dem Fahren, siehe Kapitel 8.2
- **Grundkenntnisse im Aufschirren, Verschnallen, Verwahren der Leinen,** siehe Kapitel 8.5
- **Grundkenntnisse beim Anlegen und Verschnallen des Fahrzaums,** siehe Kapitel 8.4

Station 2: Kenntnisse auf dem Gebiet des Pferdeverhaltens, der Identifizierung von Pferden mittels Farben, Geschlecht und Abzeichen, der Ethischen Grundsätze

- **Pferdeverhalten,** siehe Kapitel 2
- **Identifizierung,** siehe Kapitel 7
- **Ethische Grundsätze,** siehe Kapitel 2.5

Station 3: Bodenarbeit und Pferdeverhalten

Beim FA 7 gelten die Inhalte des FA 10 als Grundlage, die um folgende Übungen erweitert werden.

- **Das angebundene Pferd zur Seite weichen lassen**
  - Das angebundene Pferd wird um die Vorhand gewendet. Dabei soll das Pferd durch auffordernde Körpersprache mit Stimmhilfe und/oder seitlichem Berühren in Höhe des Oberschenkels oder Berühren am Rumpf hinter der Gurtlage und dabei gegebenenfalls Festhalten des Pferdekopfes und Stellen des Pferdes entgegen der Bewegungsrichtung, herumtreten.
- **Das Passieren anderer Pferde**
  - Unter Berücksichtigung der Sicherheitsaspekte wird auf der Stallgasse gezeigt, dass durch Einbeziehung einer Hilfsperson ein angebundenes Pferd passiert werden kann, oder auch, dass zwei mit Pferden aufeinander Zu-

kommende diese sicher aneinander vorbeiführen können.

➤ **Führen auf Trense**

- Ab dem FA 7 ist das Führen auf Trense Pflicht. Dieses kann in der Halle oder auf dem Außenplatz durchgeführt werden. Die Zügel werden über den Pferdekopf vom Hals genommen.
  Beim traditionellen Führen von links nimmt die rechte Hand die durch den Zeige- und Mittelfinger geteilten Trensenzügel auf. Die Zügelenden werden zusammengefaltet und liegen voll in der rechten Hand, wobei sie vom Daumen festgehalten werden. Die Zügelenden können offen oder geschlossen bleiben (siehe Abbildung Seite 21).
- Alternativ kann mit auf zwei Hände verteilten Zügeln geführt werden (Zügel in der rechten Hand, Zügelende in der linken Hand). Diese Führweise eignet sich besonders für Kinder, die nicht den gesamten Zügel in eine Faust aufnehmen können.
- Beim Führen werden Führposition, Körperhaltung, Stimmhilfe, Einsatz von Hilfsmitteln (z.B. Gerte) bewertet.

➤ **Führen geradeaus von beiden Seiten**

- Das Führen geradeaus von beiden Seiten kann auf der Stallgasse, in der Halle oder auf dem Außenplatz durchgeführt werden. Dabei wird das Pferd sowohl von der linken als auch von der rechten Seite (entsprechend mit der rechten beziehungsweise linken Hand) geführt. Auch auf der ungewohnten rechten Seite werden angemessene und gefühlvolle Signale gegeben.

➤ **Slalom**

- In der Halle oder auf dem Außenplatz werden Pylonen oder andere geeignete Gegenständen aufgebaut, durch die ein Slalom geführt werden kann. Dabei kann das Pferd von beiden Seiten geführt werden, jedoch wird innerhalb des Slalomkurses nicht gewechselt.
- Wichtig sind die Signalgebung (Führposition, Stimmhilfe, Körperhaltung insbesondere Drehung des Schultergürtels) sowie der Einsatz von Hilfsmitteln, wie zum Beispiel richtungsweisender Arm (Gerte als Verlängerung des Arms) oder Bodenarbeitsseil.

➤ **Gangmaßwechsel im Schritt**

- Die Durchführung von Gangmaßwechseln im Schritt kann in der Halle oder auf dem Außenplatz gezeigt werden. Dabei soll das Pferd der Tempoveränderung der Führperson folgen. Durch die treibenden und verhaltenden Signale (Führposition, Körperhaltung, Stimmhilfe, Tempo der Führperson, ferner Einsatz des Arms, der Gerte, des Stricks/Seils, Einwirkung am Halfter) wird das Gangmaß des Pferdes verkürzt und verlängert.

➤ **Führen von Hufschlagfiguren (z.B. Volte, aus der Ecke kehrt, einfache Schlangenlinie)**

- In der Halle oder auf dem Außenplatz werden verschiedene Hufschlagfiguren gezeigt. Sofern durch den Lehrgangsleiter/Prüfer keine Vorgaben gemacht werden, kann nach freiem Ermessen auf der rechten oder linken Seite geführt und ein Seitenwechsel im Halten oder Führen durchführt werden.
- Das Gehen der Führperson auf dem ersten Hufschlag bei Gehen des Pferdes auf dem zweiten Hufschlag ist ebenso erlaubt wie andersherum.

- Wichtig beim Führen sind die richtige Führposition, Körperhaltung, Stimmhilfe und der Einsatz von Hilfsmitteln (z.B. Gerte).

➤ Traben auf gerader Linie

- Das Traben auf gerader Linie kann in der Halle oder auf dem Außenplatz gezeigt werden. Das Pferd wird ohne fremde Hilfe auf gerader Linie einige Pferdelängen im Schritt, daraus mindestens 20 m im Trab, geführt und danach wieder zum Schritt durchpariert.
- Beim Traben auf gerader Linie und anschließendem Durchparieren werden die Signalgebung der Führperson (Führposition, Körperhaltung, energisches Loslaufen, Stimmhilfe, eventuell Gerte zum Treiben, Durchparieren mit Stimmhilfe, bei Bedarf Arm/Hand) und die Ausführung der Übung durch das Pferd (taktmäßiges Traben in gleichmäßigem, reguliertem Tempo, williges Antraben und Übergang zum Schritt) bewertet.

➤ Rückwärtstreten-Lassen

- Das „Rückwärtstreten-Lassen" kann in der Halle oder auf dem Außenplatz gezeigt werden.
- Das Pferd soll aus dem Halten eine Pferdelänge auf gerader Linie zurücktreten und danach wieder zum Halten kommen.
- Zum Zurücktreten kann sich die Führperson mit Blickrichtung zur Kruppe drehen und dabei neben dem Pferd mit den Zügeln in einer Hand stehen. Mit der anderen, freien Hand oder mit der Gerte darf ein leichter Impuls in Höhe des Buggelenks gegeben werden. Alternativ kann die Führperson in Blickrichtung des Pferdes stehen bleiben und das Pferd durch leichte Impulse und Stimmkommandos rückwärtstreten lassen.
- Beim „Rückwärtstreten-Lassen" werden die Signalgebung der Führperson (Körperhaltung, Stimmhilfe, Berührung mit Gerte oder Hand) und die Ausführung der Übung durch das Pferd (gehorsam, gerade, im Zweitakt) bewertet.

14.3 Fahrabzeichen 6 (FA 6)

14.3.1 Anforderungen an die Teilprüfung praktisches Fahren

➤ Am **Fahrlehrgerät** werden die Leinenhaltungen, Leinengriffe zum Geradeausfahren, zum Fahren von Wendungen, Verkürzen und Verlängern der Leinen und einer einzelnen Leine und das Fahren mit einer Hand gezeigt.

➤ Am **Gespann** werden das korrekte Anspannen und die Leinenaufnahme bewertet.

➤ Das **praktische Fahren** eines Ein- oder Zweispänners wird inklusive Fahren von Kehrtwendungen auf einem abgegrenzten Platz **und** auf der Straße in Wald, Feld und Flur nach Weisung der Prüfer bewertet.

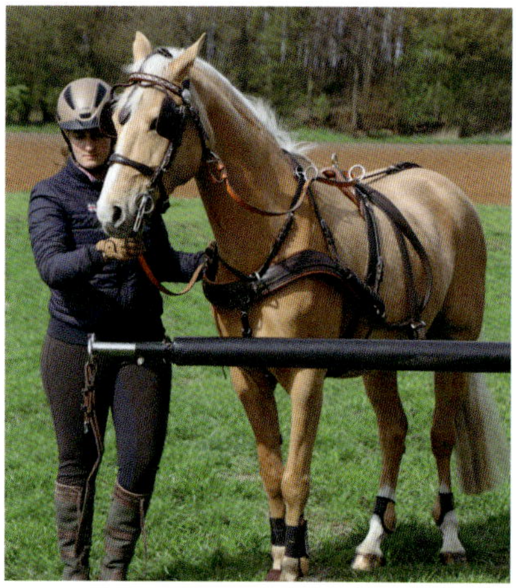

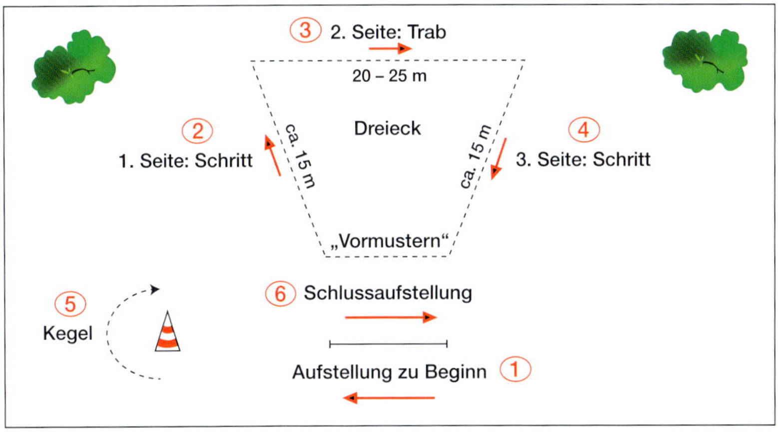

14.3.2 Stationsprüfungen

Station 1: Geschirrkunde und verkehrssichere Kutsche, siehe Kapitel 8.3 und 12

Station 2: Grundkenntnisse Pferdehaltung, Fütterung und Pferdegesundheit, siehe Kapitel 4, 5 und 6

Station 3: Bodenarbeit und Pferdeverhalten

Beim FA 6 gelten die Inhalte des FA 10 und FA 7 als Grundlage.

➤ **Vorführen auf der Dreiecksbahn**

Das Pferd wird nach folgenden Regeln auf der Dreiecksbahn vorgeführt:

- Beide Zügel werden beim Führen drei bis vier Handbreit hinter den Trensenringen gegriffen und durch Zeige- und Mittelfinger geteilt, der rechte Zügel soll dabei ein wenig kürzer angefasst sein. Die Zügelenden werden gefaltet in die rechte Hand gelegt.
- Die Führperson hält beim Führen die Zügel (mit den Zügelenden offen oder geschlossen, siehe Abbildung Seite 21) nur in der rechten Hand, die ruhig in angemessener Höhe und in jeder Gangart mit dem Pferdekopf mitgeht.
- Das Pferd wird 3 bis 4 m vor den Richtern so aufgestellt („Vormustern“), dass diese es im Seitenbild „offen“ stehen sehen; die den Richtern zugewandten Pferdebeine geöffnet, die den Richtern abgewandten geschlossen (siehe Foto Seite 65).
- Nachdem das Pferd korrekt steht, tritt die Führperson mit Blickrichtung zum Pferd vor das Pferd.
- Sobald die Führperson vor dem Pferd steht, teilt sie die Zügel folgendermaßen: Der rechte Zügel ist in der linken Hand, der linke Zügel mit dem Zügelende liegt in der rechten Hand.
- Aus dieser Position kann eine nicht direkt mit dem Halten erzielte „offene“ Aufstellung korrigiert werden.
- Die Führperson nennt Informationen zur Identifizierung des Pferdes, zum Beispiel Name und Alter des Pferdes - wahlweise Abstammung, Name der Führperson.
- Nach Aufforderung durch die Prüfer tritt die Führperson zurück in die Führposition, nimmt die Zügel wieder in die rechte Hand und führt dann das Pferd im Schritt von der Richtergruppe weg auf die erste Wendemarke der Dreiecksbahn zu.

- Wendungen werden auf der Dreiecksbahn grundsätzlich nach rechts ausgeführt.
- Nach Passieren der ersten Wendemarke trabt die Führperson das Pferd an. Kurz vor Erreichen der zweiten Wendemarke pariert sie es zum Schritt durch und kommt wieder auf die Richtergruppe zu. Dort wird das Pferd an der Richtergruppe vorbeigeführt nach rechts gewendet und zur Schlussaufstellung wieder offen aufgestellt, sodass die Richter das Pferd von der anderen Seite im Seitenbild betrachten können.

Bewertet werden die Korrektheit der Ausführung, die Signalgebung und die Harmonie zwischen der Führperson und Pferd.

Führen im öffentlichen Raum (siehe Seite 23)

Mithilfe und Grundsätze beim Verladen von Pferden
In der Prüfungssituation soll das Verladen eines Pferdes oder Ponys erfolgen. Der Prüfling muss nicht zwingend der Ausführende sein, sondern kann auch als Anweisender oder lediglich Mithelfer tätig sein. Dies hängt von der individuellen Prüfungssituation ab (z.B. Alter des Prüflings). Es muss erkennbar sein, dass der Prüfling aktiv mitwirkt und das nötige Wissen besitzt, um ein Verladen korrekt durchzuführen (siehe Kapitel 12.4).

Mögliche Aufgabenstellungen können sein:
- Vorbereitung des Pferdes zum Transport, zum Beispiel Anlegen von Transportgamaschen oder Bandagen mit gepolsterten Unterlagen, das Auflegen einer für den Transport geeigneten Decke.
- Das Verladen des Pferdes, wobei der Prüfling nicht zwingend der Ausführende sein muss, sondern seine Kompetenz auch über fachlich korrekte Anweisungen (z.B. Hinweise auf mögliche Gefahren, Positionierung von Helfenden an richtiger Stelle u.Ä.) und/oder Mitwirkung (zum Beispiel Einhängen der hinteren Stange, Schließen der Klappe) zeigt.
- Das Ausladen des Pferdes: erst Anbindeknoten lösen, dann Verriegelung der Stange lösen lassen, diese herausnehmen, gerades Rückwärts-Herausführen, seitliche Sicherung an der Anhängerklappe durch Helfer.
- Checkliste Auto und Anhänger

Bewertet werden die Kenntnisse über ein sicheres Verladen, die Entscheidungsfindung bei auftretenden Schwierigkeiten und die Fertigkeiten beim praktischen Verladen.

14.4 Fahrabzeichen 5 (FA 5) Ein- oder Zweispänner

14.4.1 Anforderungen an die Teilprüfung praktisches Fahren

- (selbstständiges), sachgemäßes Aufschirren und Anspannen beziehungsweise Ausspannen und Abschirren eines Ein- und/oder Zweispänners
- richtiges Auf- und Absteigen mit vorschriftsmäßigem Abmessen der Leinen, Leinenverschnallung bei Ein- und/oder Zweispänner
- Fahren einer Dressuraufgabe in Anlehnung an einen Dressurfahr-WB der WBO auf dem Platz oder in der Reithalle
- Fahren und Beherrschen eines Ein- und/oder Zweispänners mit vorschriftsmäßiger Leinen- und Peitschenführung geradeaus, in

Wendungen im Gelände und im Verkehr gemäß *Fahren, Richtlinien für Reiten und Fahren, Band 5.*

Im Anschluss an das praktische Fahren findet ein Prüfungsgespräch über das eigene Fahren und die Fahrlehre statt. Dieses fließt in angemessener Gewichtung in die Note für das Fahren mit ein (siehe 13.2).

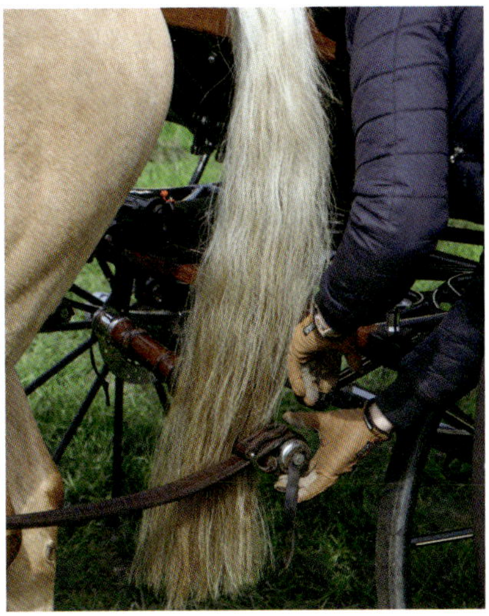

14.4.2 Stationsprüfungen

Station 1: Tierschutzgesetz, Transport, Straßenverkehrsrecht, Haftung/ Versicherung, Grundzüge der LPO, siehe Kapitel 11 und 12

Station 2: Sicherheit und Unfallverhütung, siehe Kapitel 2.5

Station 3: Bodenarbeit und Pferdeverhalten

Beim FA 5 gelten das FA 10, 7 und 6 als Grundlage.

- **Dreiecksvorführung** (siehe FA 6) (Beim FA 5 soll der Qualitätsanspruch höher sein als beim FA 6.) oder
  - Führen analog GHP/Verfassungsprüfung
  - Geschicklichkeitstraining/Training mit Stangen (z.B. Halten über der Stange, vielseitiges Stangenkreuz, Stangenlabyrinth)
- **Mithilfe und Grundsätze beim Verladen von Pferden** (siehe Kapitel 12.4)

Mögliche Aufgabenstellungen können sein:

- **Halten über der Stange**
  - Das Pferd soll aus dem Schritt über der Stange zum Stehen gebracht werden. Dabei können verschiedene Varianten gezeigt werden:
    - → Beim Halten über der Stange wird das Pferd an die am Boden liegende Stange herangeführt, wobei etwa 3 m vor der Stange das Tempo verlangsamt und das Pferd aus dem Schritt so angehalten wird, dass die Vorhand vor der Stange und die Hinterhand hinter der Stange stehenbleibt.
    - → Beim Halten über der Stange wird das Pferd an die am Boden liegende Stange herangeführt, wobei etwa 3 m vor der Stange das Tempo verlangsamt und das Pferd zunächst vor der Stange zum Halten gebracht werden soll. Daraufhin soll das Pferd aufgefordert werden, den ersten Schritt mit den Vorderbeinen über die Stange zu machen und danach stehenzubleiben.
- **Stangenlabyrinth**
  - Beim Stangenlabyrinth geht das Pferd im Schritt den vorgegebenen Weg innerhalb der gelegten Stangen. Die Aufgabe liegt darin, das Pferd fehlerfrei, das heißt, ohne seitliches Verlassen des Stangenlabyrinths und auch ohne Berühren von Stangen, zu führen. Die Position der Führ-

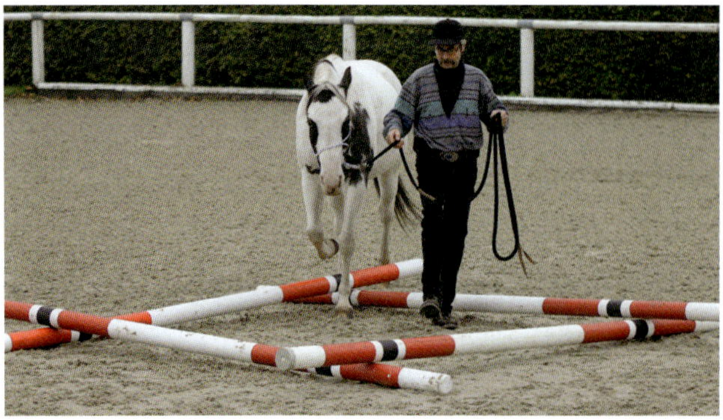

person darf beliebig wechseln, das heißt, sie darf auch außerhalb der Stangen gehen/stehen. Wichtig ist das ruhige Ausführen der Übung mit der Möglichkeit jederzeit anzuhalten, die korrekte Linienführung sowie die Eindeutigkeit und Feinheit der Hilfengebung/Kommunikation.

➤ **Unregelmäßige Stangenreihe**
  - Die Pferde sollen aufmerksam, gelassen und ausbalanciert im Schritt über eine festliegende unregelmäßige Stangenreihe gehen. Die unregelmäßige Stangenreihe wird im Schrittabstand aus Bodenstangen und Cavalettis bis zu einer Höhe von maximal 20 cm aufgebaut.

➤ **Stangenkreuz**
  - Beim Stangenkreuz wird das Pferd zunächst diagonal über die gegenüberliegenden Ecken der im Quadrat liegenden Stangen geführt (die Stangen ragen an den Ecken so heraus, dass ein Kreuz entsteht). Nach Aufbau des Stangenkreuzes (um ein Wegrollen zu verhindern liegt immer eine Seite einer Stange oben, die andere unten) wird das Pferd zunächst über eine Ecke, dann über die diagonal gegenüberliegende Ecke geführt. Die Ausführung der Übung durch das Pferd (Gelassenheit, Trittsicherheit, Gehorsam) und die Signalgebung der Führperson (korrektes mittiges Anführen des Pferdes) sind von Bedeutung. Bei auftauchenden Schwierigkeiten wird bewertet, wie gut die Führperson die Situation beurteilen und lösen kann (Verringern des Schwierigkeitsgrades, Beendigung der Übung mit einer gelungenen Ausführung).
    Dabei werden Führposition, Körperhaltung, Stimmhilfe sowie der Einsatz von Hilfsmitteln (z.B. Gerte) bewertet.

➤ **Gelassenheitstraining/ systematische Desensibilisierung (Umweltreize)**
  - Die Gewöhnung an unbekannte Gegenstände wird thematisiert und gegebenenfalls auch gezeigt. Dabei wird erklärt und demonstriert, wie man ein Pferd systematisch an Umweltreize gewöhnt, oder auch um unbekannte Gegenstände herumführt. Das Pferd soll die vorgegebenen Übungen aufmerksam, gehorsam und gelassen absolvieren. Wichtig ist hierbei Interaktion mit dem Pferd.

Mögliche Prüfungssituationen, zum Beispiel

➤ Jacke auf der Bande, Wasserschlauch am Boden

➤ Plane, Rappelsack, Flattervorhang, Regenschirme, Bälle

14.5 Fahrabzeichen 4 (FA 4) Ein- oder Zweispänner

14.5.1 Anforderungen an die Teilprüfung praktisches Fahren

➤ sachgemäßes Aufschirren und Anspannen beziehungsweise Ausspannen und Abschirren eines Ein- und/oder Zweispänners

Dressuraufgabe für Fahrabzeichen 4 (FA 4) mit integriertem Kegelparcours

Viereck 40 x 80 m
Dauer: etwas 8 Minuten

A-X	Einfahren im Gebrauchstrab.
X	Halten. Grüßen. Im Gebrauchstrab anfahren.
C	Rechte Hand.
C-A	Gebrauchstrab.
A-C	Schlangenlinien durch die Bahn, 3 Bögen, rechts beenden.
M-X-K	Durch die ganze Bahn wechseln, dabei Tritte verlängern.
K-A-B	Gebrauchstrab.
B-E-B	Mittezirkel (40 m).
Zwischen E und B	Leinen aus der Hand kauen lassen.
B-C-H	Gebrauchstrab.
H-X-F	Durch die ganze Bahn wechseln, dabei Tritte verlängern.
F-A-E	Gebrauchstrab.
E	Volte (30 m).
E-C	Schritt.
C	Halten. 10 Sekunden Unbeweglichkeit.
C-M	Schritt.
M-X-K-A	Gebrauchstrab.
A	Start Kegelparcours. Nach Beendigung des Kegelparcours vor den Richtern halten und grüßen.

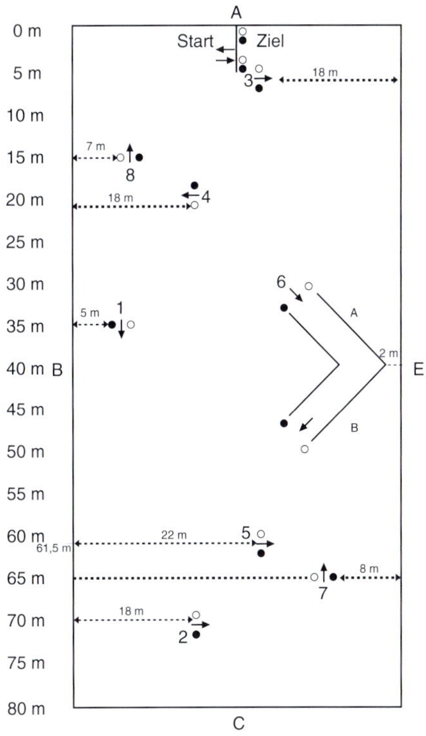

Dressuraufgabe für Fahrabzeichen 4 (FA 4) mit integriertem Kegelparcours

- richtiges Auf- und Absteigen mit vorschriftsmäßigem Abmessen der Leinen, Leinenverschnallung bei Ein- und/oder Zweispänner
- Fahren einer Dressuraufgabe der Klasse A gemäß Aufgabenheft Fahren
- Fahren einer Stilkegelfahrprüfung der Klasse A gemäß Aufgabenheft Fahren mit Standardanforderungen ohne Abzüge (siehe obenstehende Dressuraufgabe für Fahrabzeichen 4 mit integriertem Kegelparcours; entnommen aus dem Aufgabenheft Fahren)
- Longieren mit der einfachen Longe

Mögliche Aufgabenstellungen für das Longieren mit der einfachen Longe:
(Diese Teilprüfung entfällt bei Vorlage des LA 5.)

- fachgerechtes Longieren (einschl. Ausrüsten) von ausgebildeten Pferden in den drei Grundgangarten, dabei Übergänge zwischen den Gangarten Schritt und Trab sowie Trab und Galopp zeigen.
- Durchführung des Handwechsels

Folgende Aspekte sind beim Longieren mit der einfachen Longe (siehe *Longieren, Richtlinien für Reiten und Fahren, Band 6*) zu beachten:

- korrektes Ausrüsten, Sicherheit in der Verschnallung der Hilfszügel (Ausbinder, Laufferzügel, Dreieckszügel)
- Fachsprache/Vokabular
- korrekte Longierposition
- Einwirkung auf das Pferd, Sicherheit im Umgang mit den Hilfen (Stimme, Peitsche, Longe) und das Einrahmen des Pferdes mit den Hilfen einschließlich Körpersprache
- Gehorsam, Takt und Losgelassenheit des Pferdes

- weiche Verbindung zwischen Longenführerhand und Pferdemaul
- Sicherheit beim Handwechsel
- Erkennen des korrekten Handgalopps

Im Anschluss an das praktische Fahren findet ein Prüfungsgespräch über das eigene Fahren und die Fahrlehre statt. Dieses fließt in angemessener Gewichtung in die Note für das Fahren mit ein (siehe 13.2).

14.5.2 Stationsprüfungen

Station 1: Exterieurlehre/Veterinärkunde, siehe Kapitel 6 und 7

Station 2: Einstieg in den Turniersport, siehe Kapitel 11

14.6 Fahrabzeichen 3 (FA 3) Vierspänner

14.6.1 Anforderungen an die Teilprüfung praktisches Fahren

- sachgemäßes Aufschirren und Anspannen beziehungsweise Ausspannen und Abschirren eines Vierspänners
- richtiges Auf- und Absteigen mit vorschriftsmäßigem Abmessen der Leinen und Leinenverschnallung bei Vierspännern
- Fahren und Beherrschen eines Vierspänners in Schritt und Trab mit vorschriftsmäßiger Leinen- und Peitschenführung im Straßenverkehr und in Feld oder Wald
- Fahren auf einem Platz nach Weisung der Richter (im Rahmen einer Gebrauchsprüfung der Klasse A)

Im Anschluss an das praktische Fahren findet ein Prüfungsgespräch über das eigene Fahren und die Fahrlehre statt. Dieses fließt in angemessener Gewichtung in die Note für das Fahren mit ein (siehe 13.2).

14.6.2 Stationsprüfungen

Station 1: Erweiterte Kenntnisse des Leistungsprüfungswesens inkl. Verhaltens-/Ehrenkodex, siehe Kapitel 11

Station 2: Verpassen von Ausrüstungsgegenständen, siehe Kapitel 8

14.7 Fahrabzeichen 2 (FA 2) Ein- oder Zweispänner

14.7.1 Anforderungen an die Teilprüfung praktisches Fahren

- sachgemäßes Aufschirren und Anspannen beziehungsweise Ausspannen und Abschirren eines Ein- und/oder Zweispänners
- richtiges Auf- und Absteigen mit vorschriftsmäßigem Abmessen der Leinen, Leinenverschnallung bei Ein- und/oder Zweispänner
- Fahren einer Dressuraufgabe der Klasse M gemäß Aufgabenheft
- Fahren einer Stilkegelfahrprüfung mit Zweihandsystem der Klasse M gemäß Aufgabenheft mit Standardanforderungen ohne Abzüge
- Arbeit an der Doppellonge

Mögliche Aufgabenstellungen für das Longieren mit der Doppellonge:
(Diese Teilprüfung entfällt bei Vorlage des LA 3.)

- **In der Lösungsphase:** Aufzeigen der Dehnungshaltung in allen Grundgangarten auf beiden Händen, dabei Demonstration des „Zügel-aus-der-Hand-kauen-Lassens".
- **In der Arbeitsphase:** Vorstellen des Pferdes in entsprechender

Selbsthaltung/Aufrichtung je nach Ausbildungsstand (z.B. ganze Parade aus Trab, Schritt/Galopp, Galopp/Trab, Zulegen/Aufnehmen, Zirkel-Verkleinern/-Vergrößern, Zirkel-Verlagern).

Folgende Aspekte sind beim Longieren mit der Doppellonge zu beachten:

- Einwirkung auf das Pferd, Sicherheit im Umgang mit den Hilfen (Stimme, Peitsche, Longe, Körpersprache und das Einrahmen des Pferdes insbesondere bei den Tempiwechseln und Gangartwechseln)
- Skala der Ausbildung, insbesondere Gehorsam, Takt, Losgelassenheit und Anlehnung des Pferdes
- Sicherheit in den verschiedenen Möglichkeiten, die Doppellonge anzuwenden
- Sicherheit in der Verschnallung der Doppellonge sowie in der Ausrüstung für die Doppellonge
- sinnvolles, effektives und abwechslungsreiches Gymnastizieren des Pferdes

Im Anschluss an das praktische Fahren findet ein Prüfungsgespräch über das eigene Fahren und die Fahrlehre statt. Dieses fließt in angemessener Gewichtung in die Note für das Fahren mit ein (siehe 13.2).

14.7.2 Stationsprüfungen

Station 1: Trainingslehre (Ursache und Wirkung), siehe Kapitel 10

14.8 Fahrabzeichen 2 (FA 2) Vierspänner

14.8.1 Anforderungen an die Teilprüfung praktisches Fahren

- sachgemäßes Aufschirren und Anspannen beziehungsweise Ausspannen und Abschirren eines Vierspänners
- richtiges Auf- und Absteigen mit vorschriftsmäßigem Abmessen der Leinen, Leinenverschnallung bei Vierspänner
- Fahren einer Dressuraufgabe der Klasse M für Vierspänner gemäß Aufgabenheft Fahren
- Fahren einer Stilkegelfahrprüfung mit Zweihandsystem der Klasse M gemäß Aufgabenheft Fahren mit Standardanforderungen für Vierspänner ohne Abzüge
- Arbeit an der Doppellonge

Mögliche Aufgabenstellung für das Longieren mit der Doppellonge:
(Diese Teilprüfung entfällt bei Vorlage des LA 3.)

- **In der Lösungsphase:** Aufzeigen der Dehnungshaltung in allen Grundgangarten auf beiden Händen, dabei Demonstration des „Zügel-aus-der-Hand-kauen-Lassens".
- **In der Arbeitsphase:** Vorstellen des Pferdes in entsprechender Selbsthaltung/Aufrichtung je nach Ausbildungsstand (z.B. ganze Parade aus Trab, Schritt/Galopp, Galopp/Trab, Zuegen/Aufnehmen, Zirkel-Verkleinern/-Vergrößern, Zirkel-Verlagern).

Folgende Aspekte sind beim Longieren mit der Doppellonge zu beachten:

- Einwirkung auf das Pferd, Sicherheit im Umgang mit den Hilfen (Stimme, Peitsche, Longe,

Körpersprache und das Einrahmen des Pferdes, insbesondere bei den Tempiwechseln und Gangartwechseln)
- Skala der Ausbildung, insbesondere Gehorsam, Takt, Losgelassenheit und Anlehnung des Pferdes
- Sicherheit in den verschiedenen Möglichkeiten, die Doppellonge anzuwenden
- Sicherheit in der Verschnallung der Doppellonge sowie in der Ausrüstung für die Doppellonge
- sinnvolles, effektives und abwechslungsreiches Gymnastizieren des Pferdes

Im Anschluss an das praktische Fahren findet ein Prüfungsgespräch über das eigene Fahren und die Fahrlehre statt. Dieses fließt in angemessener Gewichtung in die Note für das Fahren mit ein (siehe 13.2).

14.8.2 Stationsprüfungen

Station 1: Kenntnisse im sachgemäßen Aufschirren und Anspannen, Ausspannen und Abschirren eines Vierspänners, siehe Kapitel 8.10

Station 2: Kenntnisse der einschlägigen Bestimmungen des Tierschutzgesetzes (siehe Kapitel 4 bis 7)**, des Straßenverkehrsrechts und des umweltverträglichen Verhaltens beim Fahren im Gelände** (siehe Kapitel 12)

14.9 Fahrabzeichen 1 (FA 1) Ein-, Zweispänner oder Vierspänner

14.9.1 Anforderungen an die Teilprüfung praktisches Fahren

- Fahren einer Dressuraufgabe der Klasse S für Vierspänner gemäß Aufgabenheft Fahren
- Stilkegelfahren der Klasse S mit Standardanforderungen gemäß Aufgabenheft Fahren

Im Anschluss an das praktische Fahren findet ein Prüfungsgespräch über das eigene Fahren und die Fahrlehre statt. Dieses fließt in angemessener Gewichtung in die Note für das Fahren mit ein (siehe 13.2).

Fotos

Archiv der Deutschen Reiterlichen Vereinigung e.V. (FN), Warendorf:
Seiten 171, 218;
Seiten 8, 11, 12 u., 13, 18, 19, 20 (3), 24, 25, 48, 65 li., 67, 75, 76, 77, 78 (2), 112, 187 (© Thoms Lehmann);
Seite 172 (© Foto Kaup);
Seiten 17, 203, 204, 205 (© Kiki Beelitz)

Sabine Begett, Hamm: Seite 3

Arnd Bronkhorst Pferde Fotografie, Garderen/NL: Seite 21

Dr. med. vet. Beatrice Dülffer-Schneitzer, Steinbach/Ts: Seite 54 (entnommen aus *Pferdegesundheitsbuch* von Dr. med. vet. Beatrice Dülffer-Schneitzer, FNverlag, Warendorf 2019)

Georg Frerich, Warendorf: Seite 65 re.

Peter Kees, Schwanau-Ottenheim: Seite 114 (entnommen aus *Die Fahrabzeichen der Deutschen Reiterlichen Vereinigung. Der Einstieg in die Fahrlehre* von Wolfgang Lohrer, Deutsche Reiterliche Vereinigung e.V. (Hrsg.), FNverlag, 3. Auflage, Warendorf 2018)

KÜHNLE Kutschenmanufaktur GmbH & Co. KG, Haiterbach-Beihingen: Seite 110 und Umschlagklappe hinten

Pferdefotografie Stefan Lafrentz, Plön: Seiten 12 o., 148, 162

Alois Müller, Meerbusch: Seite 165 (entnommen aus *Doppellonge - eine klassische Ausbildungsmethode* von Wilfried Gehrmann, FNverlag, Warendorf 2017)

Peter Prohn, Barmstedt: Seite 53 (2) (entnommen aus *Pferdegesundheitsbuch* von Dr. med. vet. Beatrice Dülffer-Schneitzer, FNverlag, Warendorf 2019)

www.pxhere.com: Seite 33 (2)

Susan und Uwe Reder, Dortmund: Seiten 6, 9, 10, 15, 22, 26 o., 70, 71, 72, 73, 80, 82 (2), 83, 84 (3), 85 (2), 86 (3), 89 (2), 90, 94 (2), 95 (2), 96, 101 (2), 102 (2), 104 (2), 105 (2), 107, 109, 111, 116, 118, 127, 131, 138, 140, 143, 145, 146, 153, 154, 168, 170, 171, 173, 175, 176, 178, 206, 208, 209, 212, 214, 217

Anja Sagkob, Surwold: Seite 191 u. (entnommen aus *Der Kutschenführerschein. Sicheres Gespannfahren im Straßenverkehr. Kutschenführerschein A - Privatperson*, Deutsche Reiterliche Vereinigung e.V. (FN) (Hrsg.), FNverlag, 2. Auflage, Warendorf 2020)

Thomas Sagkob, Surwold: Seiten 185 u., 186, 188, 190 (2), 191 o. (2), 193, 194, 196 (2), 197, 199 (entnommen aus *Der Kutschenführerschein. Sicheres Gespannfahren im Straßenverkehr. Kutschenführerschein A - Privatperson*, Deutsche Reiterliche Vereinigung e.V. (FN) (Hrsg.), FNverlag, 2. Auflage, Warendorf 2020)

Rolf Schettler, Haltern-Lippramsdorf: Seite 184 (entnommen aus *Der Kutschenführerschein. Sicheres Gespannfahren im Straßenverkehr. Kutschenführerschein A - Privatperson*, Deutsche Reiterliche Vereinigung e.V. (FN) (Hrsg.), FNverlag, 2. Auflage, Warendorf 2020)

Ute Schmoll, Bad Schwalbach: Seiten 26 u., 33 (2), 47

Wulf-Christian Schmoll, Bad Schwalbach: Seite 61

Anne Schulte, Aegidienberg: Seiten 185 o., 195 (entnommen aus *Der Kutschenführerschein. Sicheres Gespannfahren im Straßenverkehr. Kutschenführerschein A - Privatperson*, Deutsche Reiterliche Vereinigung e.V. (FN) (Hrsg.), **FN***verlag*, 2. Auflage, Warendorf 2020)

www.shutterstock.com: Seite 58

Christiane Slawik, Würzburg: Seiten 16, 28, 29, 30, 32, 34, 35, 36 (2), 38 (2), 39 (2), 40, 41, 43, 45, 46, 49, 50, 51, 52, 57, 62

Herm. Sprenger Metallwarenfabrik GmbH & Co. KG, Iserlohn: Seite 83 u. (3)

Illustrationen

Achim Beier Design, Bielefeld: Seite 66 (entnommen aus *Richtlinien für Reiten und Fahren, Band 4: Grundwissen zur Haltung, Fütterung, Gesundheit und Zucht*, Deutsche Reiterliche Vereinigung e.V. (Hrsg.), **FN***verlag*, Warendorf 2019)

Detlef Brähler (†), Hochberg: Klappe hinten innen

Jeanne Kloepfer, Winterkasten: Seite 14, 42, 64 (entnommen aus *FN-Abzeichen. Basispass Pferdekunde* von Isabelle von Neumann-Cosel, Deutsche Reiterliche Vereinigung e.V. (Hrsg.), **FN***verlag*, Warendorf 2001)

Cornelia Koller, Schneverdingen/ www.corneliakoller.de: Seiten 23, 124 (entnommen aus *Grundausbildung für Reiter und Pferd, Richtlinien für Reiten und Fahren, Band 1*, Deutsche Reiterliche Vereinigung e.V. (Hrsg.), **FN***verlag*, Warendorf 2019); Seiten 81, 87, 88, 91, 92, 93, 98, 99, 100, 106, 114, 115, 116, 117, 118, 119, 120, 121, 122, 123, 124, 132, 133, 134, 135, 139, 148, 149, 151, 152, 153, 155, 156, 157, 158, 159, 160, 161 (entnommen aus *Fahren, Richtlinien für Reiten und Fahren, Band 5*, Deutsche Reiterliche Vereinigung e.V. (Hrsg.), **FN***verlag*, Warendorf 2017); Seiten 164, 166, 167 (entnommen aus *Longieren, Richtlinien für Reiten und Fahren, Band 6*, Deutsche Reiterliche Vereinigung e.V. (Hrsg.), **FN***verlag*, Warendorf 2021)

Uwe Spenlen, Rösrath: Seite 68 (entnommen aus *Anatomie des Pferdes* von Bodo Hertsch, **FN***verlag*, Warendorf 2012)